本輯得到

中國歷史研究院2022年度學術性集刊資助項目

武漢大學“雙一流”建設引導專項資金

資助出版

武漢大學中國三至九世紀研究所　編

魏晉南北朝隋唐史資料

Journal of the 3-9th Century Chinese History

（第四十七輯）

上海古籍出版社

目　　録

Contents

《魏晉南北朝隋唐史資料》第四十七輯

2023 年 5 月，1—17 頁

漢末三國時期魏蜀吳三方遙領諸問題新探

胡世明

　　所謂遙領，即擔任某地軍、政等職務的官員，未親臨其管轄之地任職，而發生的人、地分離的現象。① 一般而言，大致可將其分爲兩類。其中一類即任職者“管轄”之地不在己方疆域或勢力範圍之内的遙領。洪亮吉《〈補三國疆域志〉序》云：“三國土壤既分，輿圖復窄，州郡之號，類多遙領。吳有犍爲之守，蜀存京兆之名。武都一郡，土歸西國，而名列扶風；房陵一區，實隸當塗，而虛領益土。近而易混，驟每不詳。”② 洪氏所指即這類情形。漢末三國是這類遙領現象大量出現并盛行的一個重要時期。此時王朝國家出現由統一走向各政權分裂割據的局面正是其出現并盛行的重要歷史背景。需要指出的是，還有一類遙領，即其所涉政區雖在疆域或勢力範圍之内，而居職者并不或不能前往就地實任。③ 就現存史料來看，漢末三國時期的遙領以前一類爲主。

　　由於遙領尤其是上述前一類遙領，與正常的地方官員莅地治民現象不同，且兩者又

---

　　① 史念海先生在論述漢末三國時期的遙領問題時曾云：“遙領者，不入版圖之地，而別於國内他處設刺史、郡守以轄之也。”顧頡剛、史念海：《中國疆域沿革史》，北京：商務印書館，1938 年，第 137 頁。史先生主要指的是下面提到的第一類情形。不過，正如胡阿祥先生所言，遙領官職除了刺史（包括州牧）、郡守（包括王國相）之外，還有節度使和縣令等。胡阿祥：《魏晉南北朝之遙領與虛封述論》，《南京師大學報（社會科學版）》2011 年第 5 期，第 47 頁。以往的研究較少留意這一時段州郡以外的遙領，茲舉幾例加以説明。例如，蜀漢曾有吳壹、傅僉曾先後任關中都督。詳見《三國志》卷四五《蜀書·楊戲傳》楊戲所撰《季漢輔臣贊》陳壽自注，北京：中華書局，1959 年，第 1083、1089 頁。初平三年（192），曹操以程昱爲壽張令。次年曹操征徐州，使程昱與荀彧留守甄城，而不久張邈等叛迎吕布，郡縣響應，曹操祇剩下甄城、范和東阿三個縣。詳見《三國志》卷一四《魏書·程昱傳》，第 426 頁。所以，程昱曾一度遙領壽張令。

　　② （清）洪亮吉撰，（清）謝鍾英補注：《補三國疆域志補注》，二十五史刊行委員會編：《二十五史補編》第 3 册，北京：中華書局，1955 年，第 2997 頁。

　　③ 建安十二年（207），曹操拜田疇“爲蓨令，不之官，隨軍次無終”。見《三國志》卷一一《魏書·田疇傳》，第 342 頁。正始九年（248）冬，李勝出爲荆州刺史，次年正月高平陵之變起，他未及赴任而被司馬懿誅殺。見《三國志》卷九《魏書·曹真傳附子爽傳》裴松之注引《魏略》，第 290 頁。類似這種任職者不赴職的實土遙領，非本文的研究對象。

不易直接區分,故而往往容易導致人們對歷史時期疆域政區的誤判。所以,通過對該現象的研究,就能够有助於避免或解決這一問題。另外,遥領的設置有其深刻的歷史和政治背景。它與當時的職官制度、行政區劃,乃至統治者的戰略思想等有着密切的關聯。通過對此進行研究,不僅有助於梳理和把握它的發展脉絡,而且有利於我們進一步發掘和探究此現象背後的歷史信息,從而加深對各方勢力或政權之間複雜的政治、軍事、外交等方面關係的理解。

對於漢末三國時期的遥領,前賢多有不同程度的揭示和研究。如清人趙一清、錢大昕、洪亮吉、洪飴孫、楊晨,以及今人盧弼都對其有所揭示或辨析。[①] 相對而言,當今的一些學者,如史念海、胡阿祥、周振鶴、汪清、陳健梅諸位先生對遥領的研究要更爲深入。總的來説,他們多是將遥領作爲一種特殊政區制度來研究,并依據各自的研究對象述及遥領的設置情況,其中部分學者對其設置的特點、成因及意義也有不同程度的揭示。[②] 在諸多研究中,胡阿祥先生《魏晉南北朝之遥領與虚封述論》一文對整個魏晉南北朝時期的遥領、虚封問題進行了全面、系統的研究。在該文中,作者主要依據是否具有争奪和彰顯正統地位這一標準,對漢末三國時期的遥領、虚封進行分類。在此基礎上,作者還對東晉十六國北朝遥領與虚封及其分類進行了深入研究,還涉及魏晉南北朝遥領、虚封的正統觀念與實踐等問題。因此,無論是在方法論還是研究發現上,該文對中國古代遥領與歷史政治地理研究方面都有很大的推進。

毋庸置疑,前人對漢末三國時期遥領的研究,已取得巨大的成績。但尚有值得繼續探討的餘地。例如,對於曹魏、蜀漢、孫吳三方所置部分州郡長官是否屬遥領及部分遥領的始置和存續時間等問題還可繼續商討。此外,三方所置遥領存在着差異。那麽具

---

① (清)趙一清:《三國志注補》,北京:國家圖書館出版社,2014 年(中華再造善本),卷一四第 30 頁下、卷四三第 4 頁上、卷四七第 25 頁下、卷五二第 13 頁上、卷五五第 7 頁上、卷五六第 12 頁下。(清)錢大昕著,方詩銘、周殿傑校點:《廿二史考異》,上海古籍出版社,2004 年,第 297、307 頁。(清)洪亮吉撰,(清)謝鍾英補注:《補三國疆域志補注》,第 2997、3082、3083 頁。(清)洪飴孫:《三國職官表》,(宋)熊方等撰,劉祜仁點校:《後漢書三國志補表三十種》,北京:中華書局,1984 年,第 1631—1632、1635 頁。(清)楊晨:《三國會要》,北京:中華書局,1956 年,第 115、116、119、177 頁。(晉)陳壽著,(南朝宋)裴松之注,盧弼集解,錢劍夫標點:《三國志集解》,上海古籍出版社,2009 年,第 1059、1299、2872、3155、3473、3569 頁。

② 顧頡剛、史念海:《中國疆域沿革史》,第 137 頁。胡阿祥:《孫吳特殊政區制度考論》,《贛南師範學院學報》1994 年第 1 期,第 76—78 頁。胡阿祥:《魏晉南北朝之遥領與虚封述論》,第 47—53 頁。周振鶴:《遥領、虚封與僑置:虚幻畸形的地方行政區劃(上)》,《中國方域——行政區劃與地名》1998 年第 3 期,第 6—7 頁。復見周振鶴:《中國地方行政制度史》,上海人民出版社,2005 年,第 260—263 頁。汪清:《兩漢魏晉南朝州、刺史制度研究》,合肥工業大學出版社,2006 年,第 108—119 頁。復見汪清、武欣:《三國時期"遥領州"制度探析》,《鄭州大學學報(哲學社會科學版)》2010 年第 1 期,第 137—139 頁。陳健梅:《孫吳政區地理研究》,長沙:岳麓書社,2008 年,第 13—17 頁。

體差異情況怎樣？又爲何有此差異？它與當時各方所面臨的內外形勢究竟關係如何？而且前人對三方遙領建置所依據的政區名稱也留意較少。下文筆者擬就上述問題展開探討，以期能豐富和深化對相關問題的認識。

一、遙領的判定及有關時間問題考辨

清人萬斯同在《漢將相大臣年表》中對遙領已有提及。不過，該表認爲建興八年（230）魏延領涼州牧、吳壹領荆州刺史。[①] 其實，建興五年魏延已任涼州刺史。[②] 而且，建興九年諸葛亮率衆參劾李嚴時，魏延仍是涼州刺史，吳壹已領荆州刺史。[③] 故建興八年魏延并未升任涼州牧。史載："建興八年，（吳壹）與魏延入南安界，破魏將費瑶，徙亭侯，進封高陽鄉侯，遷左將軍。"[④]據任乃強先生考證，魏延與吳壹擊破魏將費瑶、郭淮應在建興九年諸葛亮圍祁山時，陳壽之誤在於將作戰一事載於建興八年出師之時。[⑤] 故吳壹領荆州刺史在建興九年，即與他因功進封高陽鄉侯，遷左將軍同時。

曹魏曾有楊阜、趙顒、黃權領益州刺史。史念海先生在述及三國時期的遙領、虛封問題時曾舉遙領數例，其中便有益州刺史黃權。[⑥] 胡阿祥先生認爲楊阜、黃權任益州刺史是遙領。[⑦] 汪清先生則認爲趙顒、黃權任該職屬遙領。[⑧] 欲判斷其是否爲遙領，則需確認三人任此職期間曹魏一方是否據有益州下轄之郡縣。史載曹操在建安二十年三月開始西征張魯，至是年七月"巴、漢皆降"。[⑨] 不久，曹操部將張郃爲張飛所敗，三巴失守。同年十二月曹操從南鄭還軍，留夏侯淵屯漢中。建安二十四年，劉備擊殺夏侯淵，

---

① （清）萬斯同：《漢將相大臣年表》，（宋）熊方等撰，劉祜仁點校：《後漢書三國志補表三十種》，第1013頁。依據漢制，刺史秩六百石，州牧爲兩千石。

② 萬斯同在《漢將相大臣年表》中云建興五年魏延領丞相司馬、涼州刺史（第1012頁）。萬氏依據的是《蜀書·魏延傳》之記載，其所言不誤。不過，該表章武元年（221）左將軍馬超條并不見領涼州牧的記載（第1010頁）。若僅翻閱該表，便會產生蜀漢設職遙領涼州始於建興五年的錯覺。章武元年馬超領涼州牧見《三國志》卷三六《蜀書·馬超傳》，第946頁。

③ 《三國志》卷四〇《蜀書·李嚴傳》裴松之注引諸葛亮公文上尚書，第1000—1001頁。

④ 《三國志》卷四五《蜀書·楊戲傳》，第1083頁。

⑤ （晉）常璩撰，任乃強校注：《華陽國志校補圖注》，上海古籍出版社，1987年，第400頁。

⑥ 顧頡剛、史念海：《中國疆域沿革史》，第137頁。

⑦ 胡阿祥：《孫吳特殊政區制度考論》，第77頁。復見周振鶴主編，胡阿祥、孔祥軍、徐成著：《中國行政區劃通史·三國兩晉南朝卷》，上海：復旦大學出版社，2017年，第76頁。

⑧ 汪清：《兩漢魏晉南朝州、刺史制度研究》，第115頁。復見汪清、武欣：《三國時期"遙領州"制度探析》，第138頁。

⑨ 《三國志》卷一《魏書·武帝紀》，第45頁。

據有漢中。與此同時，劉備又遣孟達、劉封攻取漢中東邊由原漢中郡析置的房陵、上庸、西城三郡。隨着延康元年（220）七月孟達降魏，黃初二年申耽、申儀降魏，東三郡盡陷於魏。① 入魏後，諸郡遂束屬荆州。

至於楊阜、趙顒、黃權任益州刺史時間，史載：“太祖征漢中，以阜爲益州刺史。還，拜金城太守，未發，轉武都太守。”②由是可知，楊阜領益州刺史在建安二十年三月，而在曹操從南鄭還軍之前，即他被任命爲金城太守之前，漢中郡和東三郡皆爲曹操掌控。因此，從建安二十年三月至十二月，以該年七月曹操取得漢中爲節點的前、後兩段時間，楊阜爲益州刺史先屬遥領，後則不是。趙顒是曹操從南鄭還軍時接替楊阜任益州刺史的人，他與夏侯淵一起被曹操安排屯駐漢中。③ 故趙顒任益州刺史不屬於遥領。《蜀書·黃權傳》載：“及先主薨問至，魏群臣咸賀而權獨否。……後領益州刺史，徙占河南。大將軍司馬宣王深器之。”④劉備死於黃初四年（223）。司馬懿始任大將軍爲太和四年（230），青龍三年（235）改任太尉。⑤ 故黃權始領益州刺史在黃初四年至青龍三年之間。而此時原屬益州又重歸曹魏的東三郡已屬荆州。因此，黃權任益州刺史是遥領。

關於蜀漢越嶲太守是否屬遥領及有關時間問題，胡阿祥先生在舉例論證“雖在疆域之内，但統治實力不達之處”也有如遥領的情形時，曾引《蜀書·張嶷傳》“初，越嶲郡自丞相亮討高定之後，叟夷數反，殺太守龔禄、焦璜，是後太守不敢之郡，只住安上縣，去郡八百餘里，其郡徒有名而已”的記載，説：“這樣的狀況，自建興三年（225）諸葛亮南征斬越嶲夷王高定以後，一直延續到延熙三年（240）越嶲太守張嶷‘招慰新附，誅討强猾，蠻夷畏服，郡界悉平，復還舊治’纔告結束；換言之，其間的十五年，蜀漢越嶲太守之於

---

① 關於申儀降魏之事，《三國志》卷四〇《蜀書·劉封傳》裴松之注引《魏略》曰：“黃初中，儀復來還，詔即以兄故號加儀，因拜魏興太守，封列侯。”（第994頁）《華陽國志》卷二載：“黃初二年轉儀爲魏興太守，封鄖鄉侯。”見（晉）常璩著，任乃强校注：《華陽國志校補圖注》，第83頁。按，魏興郡即原西城郡，歸屬曹魏之時改名。

② 《三國志》卷二五《魏書·楊阜傳》，第704頁。

③ 關於趙顒，見《三國志》卷三二《蜀書·先主傳》，第884頁。《三國志》卷二五《魏書·楊阜傳》裴松之注引皇甫謐《列女傳》稱趙昂爲“故益州刺史”（第703頁）。即趙昂終於益州刺史之任。而趙顒同樣如此。在趙昂爲益州刺史之前，他先爲羌道令，建安中轉爲參軍事，後又與同鄉楊阜起兵趕走了馬超。排比趙昂的仕宦經歷，及楊阜、趙顒、嚴幹、黃權先後任益州刺史的時間等，頗疑趙顒與趙昂爲同一人，“趙昂”可能是真正的名字，而“趙顒”是蜀漢官方的誤記。當然，一人有多名也未可知。

④ 《三國志》卷四三《蜀書·黃權傳》，第1044頁。

⑤ 見《三國志》卷三《魏書·明帝紀》，第97、104頁。

破齊、北海、東安"①。故李整任青州刺史,孫觀任北海太守之初,皆爲遥領。

再如,嚴幹曾任益州刺史。"超破,爲漢陽太守。遷益州刺史,以道不通,黄初中,轉爲五官中郎將。"②曹操破馬超在建安十六年,魏文帝黄初年號行用了七年,"黄初中"應是黄初四年。如前所述,建安十六年至黄初四年之間,曹魏一方先後有楊阜、趙顒任益州刺史。趙顒在建安二十四年被劉備所殺,所以,嚴幹爲益州刺史的時間最早在建安二十四年正月趙顒死後。而此後曹操已經喪失對漢中地區的控制,雖然不久後東三郡又重歸曹魏,但已劃入曹魏荆州。故嚴幹任益州刺史也是遥領。又如,興平元年曹操以程昱爲東平相,屯范縣,建安五年以董昭爲魏郡太守,建安十四年拜閻行爲犍爲太守,皆爲遥領。

又如,建安十九年,孫權以劉備得益州而索要荆州未果,而設置的荆州"南三郡長吏"③。"南三郡"指長沙、零陵、桂陽三郡,當時由劉備占據。故而當孫權任命的三郡太守就地赴職時便遭到關羽阻攔和驅逐。孫權并未因此罷休,於是便遣吕蒙督鮮于丹、徐忠、孫規等兵兩萬奪得長沙、零陵、桂陽三郡。從當時形勢來看,在孫權奪得三郡之前,至少在關羽阻攔并驅逐他們之前,"南三郡長吏"應屬遥領。至於孫權是否以鮮于丹、徐忠、孫規分別爲長沙、零陵、桂陽三郡太守,史書失載。不過,對比建安四年孫策討伐黄祖之時任命周瑜爲江夏太守、吕範爲桂陽太守、程普爲零陵太守以及建安十五年孫權以步騭爲交州刺史圖取交州來看,這種可能性還是很大的。類似的情況還有建安初孫策以孫輔爲廬陵太守,在孫輔"撫定屬城,分置長吏"④之前屬遥領。還有景初二年魏明帝派司馬懿攻遼東時,又"密遣帶方太守劉昕、樂浪太守鮮于嗣越海定二郡"⑤,其事先所置此二郡守也是遥領。

二、魏、蜀、吳三方遥領州郡建置之比較及其差異成因探析

基於前述對漢末三國時期部分遥領的判定及有關時間問題的討論,現將曹魏、蜀漢、孫吳三方所設遥領州牧、刺史的情況分別列表如下:

① 《三國志》卷一《魏書·武帝紀》,第 17 頁。
② 《三國志》卷二三《魏書·裴潛傳》裴松之注引《魏略》,第 675 頁。
③ 《三國志》卷四七《吳書·吳主傳》,第 1119 頁。
④ 《三國志》卷五一《吳書·孫輔傳》,第 1211 頁。
⑤ 《三國志》卷三〇《魏書·烏丸鮮卑東夷傳》,第 851 頁。

表一　曹魏、蜀漢、孫吴三方遥領州牧、刺史設置情况表

	曹　魏	蜀　漢	孫　吴
遥領任職者及其始任時間	青州刺史李整（興平二年） 冀州牧董昭（建安四年） 冀州牧賈詡（建安四年） 益州刺史楊阜（建安二十年） 益州刺史嚴幹（建安二十四年後） 益州刺史黄權（見上文） 平州刺史田豫（太和六年①） 交州牧孫壹（甘露二年）	司隸校尉張飛（章武元年） 司隸校尉諸葛亮（章武元年） 涼州牧馬超（章武元年） 涼州刺史魏延（建興五年） 涼州刺史姜維（延熙六年） 交州刺史李恢（章武元年） 荆州牧劉備（建安十四年②） 荆州刺史吴壹（建興九年） 雍州刺史吴壹（建興十二年） 兖州刺史鄧芝（建興十二年） 兖州刺史胡濟（延熙十一年） 兖州刺史宗預（景耀元年） 冀州刺史張翼（景耀二年） 并州刺史廖化（景耀二年）	交州刺史孫輔（建安年間③） 交州刺史步騭（建安十五年） 益州牧劉璋（建安二十四年） 益州刺史劉闡（黄武二年④） 益州牧陸抗（永安三年） 徐州牧賀齊（黄武二年⑤） 徐州牧全琮（黄龍元年） 徐州牧丁奉（永安三年） 幽州牧孫韶（黄龍元年⑥） 幽州牧文欽（五鳳二年） 豫州牧諸葛瑾（黄龍元年） 豫州牧陸凱（永安元年） 青州牧朱桓（黄龍元年） 青州牧公孫淵（嘉禾二年） 青州牧諸葛誕（太平二年）

①　《三國志》卷一四《魏書·蔣濟傳》裴松之注引司馬彪《戰略》，第453頁。

②　劉備自領荆州牧在建安十四年劉琦死後，劉備入蜀尤其是建安二十四年荆州被孫權奪得之後算是遥領，稱帝後當停領此職。

③　《三國志》卷五一《吴書·孫輔傳》載："策西襲廬江太守劉勳，輔隨從，身先士卒，有功。策立輔爲廬陵太守，撫定屬城，分置長吏。遷平南將軍，假節領交州刺史。遣使與曹公相聞，事覺，權幽繫之。"（第1211頁）孫策擊劉勳在建安四年。建安十三年曹操欲南取荆州，劉表之子劉琮率衆投降。同書《吴主傳》載："是時曹公新得表衆，形勢甚盛，諸議者皆望風畏懼，多勸權迎之。"（第1117頁）孫輔"遣使與曹公相聞"概在此時。是故孫輔始領交州刺史最晚在建安十三年。孫輔遥領交州刺史當與漢末交州的局勢有着密切的關聯。建安二年漢廷遣張津爲交阯刺史，建安八年他與交阯太守士燮上表朝廷求立交阯刺史部爲交州。見（唐）歐陽詢撰，汪紹楹校：《藝文類聚》卷六《州部·交州》引晉人黄恭所撰《交廣記》，上海古籍出版社，1982年，第116頁，及《晉書·地理志》，北京：中華書局，1974年，第464—465頁。不久，張津被部將區景所殺，劉表遂遣賴恭代之爲交州刺史。而交州土著豪族士燮却親附曹操，但又與之遠隔千里。且賴恭又與劉表所遣蒼梧太守吴巨失和，後被吴巨逐出交州。參《三國志》卷四九《吴書·士燮傳》，第1192頁。與張津不同，賴恭刺之職由劉表私署，而孫權與劉表素有怨仇。孫輔當時在廬陵，廬陵南與交州相接，所以孫權很有可能利用張津死後交州的混亂局面來圖取交州。祇不過孫輔暗中通曹東窗事發，且當時曹操大軍壓嚮荆州，因而後來取交州的使命就由步騭來完成了。總之，孫輔始領交州刺史很可能在張津死後，即最早在建安八年，晚至建安十三年。

④　《三國志》卷三一《蜀書·劉璋傳》載："璋卒，南中豪率雍闓據益郡反，附於吴。權復以璋子闡爲益州刺史，處交、益界首。"（第870頁）雍闓反叛概在蜀漢建興元年，劉闡始任益州刺史當在此時，即孫吴黄武二年（223）。

⑤　《三國志》卷六〇《吴書·賀齊傳》載："黄武初，魏使曹休來伐……會洞口諸軍遭風流溺……休等憚之，遂引軍還。還後將軍，假節領徐州牧。"（第1380頁）曹休出洞口在黄武元年秋九月，至次年三月撤退。故賀齊始領徐州牧概爲黄武二年。

⑥　《三國志》卷五一《吴書·孫韶傳》載："自權西征，還都武昌，韶不進見者十餘年。權還建業，乃得朝覲……加領幽州牧、假節。"（第1216頁）孫權都武昌在黄初二年，還建業在黄龍元年（229）秋九月。故孫韶始領幽州牧在黄龍元年。

	曹　魏	蜀　漢	孫　吳
			青州牧濮陽興（元興元年） 冀州牧步騭（黄龍元年） 兖州牧朱然（黄龍元年）

　　説明：1. 該表括號中的始任時間，在《三國志》中無明確表述者，則依現有記載大致推測，并以脚注形式附記之。除表中羅列情況外，劉備還曾遙領過豫州牧、司隸校尉。由建安二十四年群下推他爲漢中王的表奏中見他仍領此職。他始領豫州牧在建安元年歸順曹操之時。曹操以之爲豫州牧，當初尚屬實任，後來劉備脱離曹操是爲遙領。劉備遙領司隸校尉在建安十六年，是劉璋表推。此外，孫權也遙領過徐州牧，建安十四年由劉備上表所推。由於這些職位非自置，而由其他割據勢力表推用以籠絡、示好任職者，而後雙方交惡，故未列入表中。2. 資料來源：（晉）陳壽著，（南朝宋）裴松之注，盧弼集解，錢劍夫標點：《三國志集解》，上海古籍出版社，2009 年。

　　由表一可知，孫吳設置的遙領州牧、刺史數量最多，其次是蜀漢，曹魏最少。就各方所置遙領涉及州的個數而言，孫吳、蜀漢最多，各涉及 8 個州，曹魏涉及 5 個州。這主要與各方實際控制地域範圍的大小緊密相關。孫吳、蜀漢兩方割據的地域範圍相對較小，因而能設置的遙領州牧、刺史就多，而曹魏情況正好相反。就設置頻次來看，黄龍元年、章武元年分别是孫吳和蜀漢設置遙領州牧、刺史最多的一年。自古以來，一個王朝或政權肇建之時，多會對有功之臣進行封官拜爵。而孫權、劉備分别於黄龍元年和章武元年稱帝，所以這兩年遙領州牧、刺史的設置就多。總體而言，孫吳遙領州牧、刺史的設置多集中於孫權統治時期，蜀漢則多集中於後主劉禪時期。這與他們在位時間較長有關。

　　從官職的設置來看，曹魏一方以刺史居多，有 5 人，另 3 人爲州牧。董昭以勸張楊部下薛洪、河内太守繆尚歸降曹操而獲任冀州牧。賈詡勸張繡於曹操、袁紹在官渡對峙的關鍵時刻降曹而功拜冀州牧。孫壹以孫吳宗室的身份北降曹魏獲拜交州牧。即三人獲任皆與歸降之事有關。而曹魏一方的實土州，也多置刺史，州牧并不常設。這反映出曹魏一方對外人歸降之事的重視。之所以如此，是因爲授之以高位，可“釂其來情”，而更重要的作用則在於以此來“招携致遠”。[1] 蜀漢與曹魏一樣，多置遙領刺史。馬超領涼州牧，是因爲其能勇冠西州、“信著北土”[2]，而且他在劉備集團中屬後來的降人，入蜀之前就“自稱征西將軍，領并州牧，督涼州軍事”[3]。諸葛亮稱其“兼資文武，雄烈過人，一世之傑，黥、彭之徒”[4]。故而劉備對其特別重視。

---

　　① 《三國志》卷四《魏書·三少帝紀》裴松之注，第 140 頁。
　　② 《三國志》卷三六《蜀書·馬超傳》，第 947 頁。
　　③ 《三國志》卷三六《蜀書·馬超傳》，第 946 頁。
　　④ 《三國志》卷三六《蜀書·關羽傳》，第 940 頁。

　　與曹魏、蜀漢遥領的設置多是刺史相比，孫吳所設則多爲州牧。那麽，爲何孫吳遥領的設置多是政治地位更高的州牧呢？質言之，這與曹、劉、孫三氏各自的家世出身及三方割據勢力所處的歷史、政治背景有着密切的關聯。三方之中，曹操占據中原，以丞相的身份“挾天子以令諸侯”，本爲實力最爲强大者。之後，曹丕又通過“漢魏禪代”建立了曹魏政權，因而具有無與倫比的政治影響力和號召力。而劉備父子則自恃“帝室之胄”，又標榜以“興復漢室”爲己任，所以在政治影響上也具有很大的優勢。相比之下，富春孫氏不過是江南一般的豪室。孫策南渡時還衹是袁術的部將，而袁術又以私自僭越而臭名昭著。加之孫權統事之初資歷尚淺，所以“孤微發迹”①的孫氏在政治上的影響力與號召力就相對有限。② 基於這一現實，於是在政權建立和發展的過程中，孫氏就不得不加大對各類人才的籠絡力度。因而依據自身實際情況，“超常”地授予臣下以及外來投靠勢力首領以較高的官職，提高其政治地位和待遇就成爲孫氏政權籠絡人才、凝聚人心策略的一個重要手段。③ 通過對比孫吳、蜀漢部分將領所任官職，就不難發現這一點。依漢制，“車騎、衛將軍、左、右、前、後，皆金紫，位次上卿”④。吳有車騎將軍朱然領兖州牧、衛將軍全琮領徐州牧、前將軍朱桓領青州牧、後將軍賀齊領徐州牧。蜀漢則是車騎將軍吳壹領雍州刺史、衛將軍姜維領涼州刺史、左將軍吳壹領荆州刺史。即在軍職等級相同甚至爲同一軍職的情況下，孫吳將領的遥領官職是州牧，蜀漢則爲刺史。清人趙翼在論述“三國之主用人各不同”時曾謂：“大概曹操以權術相馭，劉備以性情相契，孫氏兄弟以意氣相投。”⑤而實際上，在具體的用人策略方面，孫吳確與其他兩方有很大不同，但“以意氣相投”并不足以完全概括孫吳政權的用人策略，上述遥領的設置即可窺見一斑。

　　當然，曹魏、蜀漢遥領的設置多爲刺史，并非説明他們忽視人才的籠絡，而不過是反映了他們在州一級地方長官的官職設置方面相對保守。之所以如此，主要是因爲自東漢建武十八年光武帝“罷州牧，置刺史”⑥以來至東漢末年，刺史臨部是一種常態，而漢

---

① 《三國志》卷四六《孫破虜討逆傳》陳壽評，第1112頁。

② 前賢有關曹、劉、孫三方政治影響力與號召力强弱的論述頗多，此不備舉，代表性論述可參王夫之《讀通鑑論》：“蜀漢之義正，魏之勢强，吳介其間，皆不敵也。”（明）王夫之著，舒士彦點校：《讀通鑑論》，北京：中華書局，2013年，第276頁。

③ 孫氏政權提高部下政治地位和待遇的表現，仍可見於世襲領兵制的推行，以及孫氏賜予部分將領奉邑，賜予部分將領及其家屬田客和土地。而這是孫吳特有的現象。

④ 《續漢書·百官志》注引蔡質《漢儀》，見《後漢書》志第二四，北京：中華書局，1965年，第3563頁。

⑤ （清）趙翼著，王樹民校證：《廿二史劄記校證》，北京：中華書局，1984年，第140頁。

⑥ 《後漢書》卷一《光武帝紀》，第70頁。

末的州牧是朝廷爲鎮壓黄巾起義而不得不設置的。劉備定國號爲"漢",曹操以漢相自居,曹丕又代漢自立,他們自然要盡可能地效仿東漢的傳統。

上述爲三方所設遙領州牧、刺史的情況,下文是在前人研究及上文討論的基礎上,對三方遙領郡國守相的設置情況予以列表,如下:

表二　曹魏、蜀漢、孫吳三方遙領郡國守相設置情況表

	曹　魏	蜀　漢	孫　吳
遙領任職者及其始任時間	東平相程昱(興平元年) 廣陽太守曹仁(建安二年) 北海太守孫觀(建安三年) 魏郡太守董昭(建安五年) 丹陽太守蔣濟(建安十四年) 犍爲太守閻行(建安十四年) 武陵太守吉茂(見前文) 帶方太守劉昕(景初二年) 樂浪太守鮮于嗣(景初二年)	襄陽太守關羽(建安十四年) 弘農太守楊儀(章武元年) 越巂太守龔禄(建興三年) 越巂太守張嶷(延熙三年) 扶風太守張翼(建興十二年) 漢陽太守法邈(章武元年之後)	江夏太守周瑜(建安四年) 桂陽太守吕範(建安四年) 桂陽太守□□(建安十九年) 零陵太守程普(建安四年) 零陵太守□□(建安十九年) 廬陵太守孫輔(建安四年之後) 廬江太守孫河(建安五年) 廬江太守徐盛(黄初年間①) 廣陵太守孫韶(建安九年至黄初二年十一月②) 巴東太守顧徽(建安年間③) 長沙太守□□(建安十九年) 沛相凌統(建安十九年) 漢中太守周泰(建安二十四年) 永昌太守韓當(建安二十四年④) 襄陽太守潘璋(黄武元年⑤)

① 《三國志》卷五五《吴書·徐盛傳》載徐盛領廬江太守在曹操派邢貞封孫權爲吴王之後,夷陵之戰劉備軍敗之前(第1298頁)。覈之同書《吴主傳》,可知徐盛領廬江太守在黄初二年十一月至黄初三年閏六月之間(第1121—1125頁)。

② 《三國志》卷五一《吴書·孫韶傳》載孫韶爲廣陵太守在孫河死後,孫權爲吴王之前。而孫河於孫翊之後不久,且大概同年(第1214—1216頁)。查同書《吴主傳》,可知孫韶爲廣陵太守在建安九年至黄初二年十一月之間(第1117、1121頁)。

③ 《三國志》卷五二《吴書·顧雍傳》裴松之注引《吴書》載顧徽被派往曹操那裏打探敵情後被孫權授予巴東太守之職。顧徽返回後向孫權匯報曰:"敵國隱情,卒難探察,然徽潛采聽,方與袁譚交争,未有他意。"(第1228頁)袁紹於建安七年死後,曹操纔與袁譚、袁尚交争,至建安十年正月徹底擊破袁譚。故顧徽始領巴東太守當在建安七年至十年之間。

④ 《三國志》卷五五《吴書·韓當傳》載:"又與吕蒙襲取南郡,遷偏將軍,領永昌太守。"(第1285頁)"吕蒙襲取南郡"當指建安二十四年孫權遣吕蒙奪取荆州。故韓當領永昌太守亦在此時。

⑤ 《三國志》卷五五《吴書·潘璋傳》載:"劉備出夷陵,璋與陸遜并力拒之,璋部下斬備護軍馮習等,所殺傷甚衆,拜平北將軍、襄陽太守。"(第1300頁)據該書卷三二《蜀書·先主傳》可知馮習死於章武二年夏,即吴武元年(第890頁)。故潘璋領襄陽太守當在黄武元年。

續　表

	曹　魏	蜀　漢	孫　吳
			彭城相朱桓(黃武元年) 冠軍太守韓當(黃武二年) 犍爲太守陳化(黃武年間①) 儋耳太守陸凱(赤烏中) 珠崖太守聶友(赤烏中) 東海太守留略(五鳳二年) 清河太守朱育(太平三年之後)

説明：1. 該表括號中的始任時間，部分在《三國志》中無明確表述者，則依據現有記載大致推測，并以腳注形式附記之；孫權所置南三郡長吏，姓名失載，以"□□"表示。2. 資料來源：(晉)陳壽著，(南朝宋)裴松之注，盧弼集解，錢劍夫標點：《三國志集解》，上海古籍出版社，2009 年。胡阿祥：《魏晉南北朝之遙領與虛封述論》，《南京師大學報(社會科學版)》2011 年第 5 期。陳健梅：《孫吳政區地理研究》，長沙：岳麓書社，2008 年。陳健梅：《從政區建置看吳國在長江沿綫的攻防策略——以吳、魏對峙爲背景的考察》，《中國史研究》2010 年第 1 期。

　　由表二可知，三方遙領郡國守相設置數目的差異與三方所設遙領州牧、刺史的差異略有不同，爲孫吳居多，曹魏次之，蜀漢最少。至於孫吳、蜀漢遙領、虛封建置較多的原因，胡阿祥先生有相對宏觀的論述，此處不贅。② 故本文祇就孫吳遙領郡國守相設置較多的原因稍作具體的補充，并分析其特點。

　　其實孫吳遙領郡國守相的大量建置與孫氏政權早期面臨的内外形勢有關。建安五年孫策死後，孫權統事，"是時惟有會稽、吳郡、丹楊、豫章、廬陵，然深險之地猶未盡從，

---

　　① 《三國志》卷四七《吳書·吳主傳》載："(黃武四年)六月，以太常顧雍爲丞相。"裴松之注引《吳書》曰："以尚書令陳化爲太常……(陳化)爲郎中令使魏，魏文帝因酒酣，嘲問曰：'吳、魏峙立，誰將平一海内者乎？'……權以化奉命光國，拜犍爲太守，置官屬。頃之，遷太常，兼尚書令。"(第 1131—1132 頁)由此可知，陳化領犍爲太守應在黃武四年六月前不久。早前孫權因拒絕向曹魏納子任質，以至從黃武元年開始至黃武二年雙方交兵不斷。黃武三年九月曹丕又率軍至廣陵，臨江而還。在此期間雙方互派使節友好往來的可能性極小。《吳書·吳主傳》載黃武元年"然猶與魏文帝相往來，至後年乃絶"(第 1126 頁)。由此不難推測孫權最後一次遣使至魏應在黃武三年九月之後。《吳書·吳主傳》在記載曹丕出廣陵時裴松之注引《吳録》云："是歲蜀主又遣鄧芝來聘，重結盟好。權謂芝曰：'山民作亂，江邊守兵多徹，慮兽丕乘空弄態，而反求和。議者以爲内有不暇，幸來求和，於我有利，宜當與通，以自辨定。恐西州不能明孤赤心，用致嫌疑。孤土地邊外，間隙萬端，而長江巨海，皆當防守。丕觀釁而動，惟不見便，寧得忘此，復有他圖。'"(第 1131 頁)因黃武二年蜀漢派鄧芝使吳，吳、蜀雙方恢復了盟好關係，而此後魏、吳又互相遣使往來，蜀漢一方恐雙方盟好關係有變，所以又從鄧芝前來重結盟好，孫權便對鄧芝説明其中的原委，以釋嫌疑。據此可知，孫權在黃武三年九月曹丕退軍之後的確遣人與曹魏進行了聯絡。那麼孫權派遣至曹魏的使者是誰呢？從孫權的解釋及陳化使魏的經歷可大致確定黃武三年九月之後孫權派往曹魏的使者應該就是陳化。所以，陳化始領犍爲太守的時間應在黃武三年九月之後，黃武四年六月之前。

　　② 胡阿祥：《孫吳特殊政區制度考論》，第 77—78 頁。另見氏著《魏晉南北朝之遙領與虛封述論》，第 49 頁。并見周振鶴主編，胡阿祥、孔祥軍、徐成著：《中國行政區劃通史·三國兩晉南朝卷》，第 77—78 頁。

而天下英豪布在州郡,賓旅寄寓之士以安危去就爲意,未有君臣之固"①。這不僅是孫權統事之初,而且也是孫策死前不久孫氏政權所面臨的形勢。因其如此,所以孫氏要外擴勢力範圍,對内鎮撫山越,并加緊對各類人才的籠絡利用。孫氏遙領郡國守相的建置便是在這種背景下展開的。

孫氏已據數郡之地,故争奪長江上游荆、益二州作爲屏障就勢在必行。孫策渡江之前,張紘便建議他"收兵吳會,則荆、揚可一,讎敵可報。據長江,奮威德,誅除群穢,匡輔漢室"②。孫策深以爲然。之後,魯肅亦勸孫權立足江東向長江上游進取:"剿除黃祖,進伐劉表,竟長江所極,據而有之,然後建號帝王以圖天下,此高帝之業也。"③"夫荆楚與國鄰接,水流順北,外帶江漢,内阻山陵,有金城之固,沃野萬里,士民殷富,若據而有之,此帝王之資也。"④甘寧亦曾向孫權進言:"南荆之地,山陵形便,江川流通,誠是國之西勢也……圖之之計,宜先取黃祖……一破祖軍,鼓行而西,西據楚關,大勢彌廣,即可漸規巴蜀。"⑤孫權亦深表贊同。至於益州的戰略地位,兩漢之交李熊勸公孫述在此割據稱帝時曾曰:"蜀地沃野千里……北據漢中,杜褒、斜之險;東守巴郡,拒扞關之口;地方數千里,戰士不下百萬。見利則出兵而略地,無利則堅守而力農。東下漢水以窺秦地,南順江流以震荆、揚。"⑥清人顧祖禹則直言:"蓋蜀者,秦、隴之肘腋也,吳、楚之喉吭也,是誠攻取之先資也。"⑦對於其戰略地位的重要性,孫吳統治者必定是知曉的。除了前述甘寧等人建議孫權取益州之外,赤壁之戰後周瑜亦曾自薦與孫瑜一同規取巴蜀。當時孫權據有荆州部分之地,獲得了進一步向西發展的條件,因此應允了周瑜的請求。祗因後來周瑜途中暴卒而不得不暫時終止行動,而益州終爲劉備所得。總之,立足江東,逐漸向長江上游進取,是孫氏政權早期的基本軍事方略。

既向上長江上游進取,那麼作爲創業之主的孫策、孫權必定與盤踞當地的勢力發生衝突,在未争得敵對勢力所占地域之前便會設職遙領該地,以激勵將士效死力争。如孫策建安四年討伐黃祖設江夏、桂陽、零陵三郡太守,建安二十年孫權與劉備争奪荆州設

① 《三國志》卷四七《吳書·吳主傳》,第 1115—1116 頁。
② 《三國志》卷四六《吳書·孫破虜討逆傳》裴松之注引《吳曆》,第 1103 頁。
③ 《三國志》卷五四《吳書·魯肅傳》,第 1268 頁。
④ 《三國志》卷五四《吳書·魯肅傳》,第 1269 頁。
⑤ 《三國志》卷五五《吳書·甘寧傳》,第 1292—1293 頁。
⑥ 《後漢書》卷一三《公孫述傳》,第 535 頁。
⑦ (清)顧祖禹撰,賀次君、施和金點校:《讀史方輿紀要》卷六六《四川方輿紀要叙》,北京:中華書局,2005年,第 3095 頁。

"南三郡長史"等。因孫權時期向上游進取主要與劉備發生衝突,故而所設遙領郡國守相主要針對劉備,例如設置荆州"南三郡長史"及漢中太守周泰、永昌太守韓當、犍爲太守陳化。孫亮時遙領郡國守相設置減少,僅東海、清河兩遙領郡,又針對曹魏。這應與當時孫吳國内形勢趨於穩定,吳蜀業已聯盟抗曹,并締約"參分天下"有關。① 因而總的來看,孫吳所設遙領郡國守相在涉及的地域上,以荆、益二州的數量和頻次最多。這種情況主要存在於孫策時期及孫權稱帝之前。

授予遙領官職也是孫氏政權對各類人才籠絡利用的一種方式。表二中,除孫河、孫韶爲孫氏宗族以外,周瑜、吕範是南渡的江北大族,陳化至少也是自江北南渡的士人,顧徽、朱桓、陸凱屬江南舊有大族。他們的投靠和支持對孫氏政權的建立和發展壯大至關重要。而程普、凌統、周泰、韓當、潘璋等則是經孫氏培養成長起來的一類將領,②他們都參與了征伐山越的軍事行動,同時爲孫氏政權的開疆拓土衝鋒陷陣,立下汗馬功勞,故而陳壽評曰:"凡此諸將,皆江表之虎臣,孫氏之所厚待也。"③因此在政權草創之時孫氏兄弟必然要對他們進行籠絡,獎勵其功績,授予以高官,保持其政治和經濟利益。因此,我們可以看到孫吳遙領郡國守相的任命以上述這幾類人爲主,而時間上也集中於孫權稱帝之前。當然,表一中孫吳遙領州牧、刺史的任命也以上述這幾類人爲主,此處不再展開叙述。

三、論魏、蜀、吳三方遙領建置所依據的政區名稱

有關遙領州郡的建置特點,上文已初有揭示。尚有列表對比所不能反映的内容,故於此處略加陳述。

---

① 所謂"參分天下",即黄龍元年孫吳、蜀漢訂立盟約,遥分曹魏實際占有的北方諸州,以此劃分各自的勢力範圍的事情。詳見《三國志》卷四七《吳書·吳主傳》,第1134—1135頁。不久,兩國對各自已有的遥領、虛封按照"各守分土,無相侵犯"的規定進行調整。如蜀漢"從魯王永爲甘陵王,梁王理爲安平王,皆以魯、梁在吳分界故也"。《三國志》卷三三《蜀書·後主傳》,第896頁。因交州屬吳,蜀漢又解除李恢交州刺史之職。吳國則以兖、冀二州在蜀分,而解除了朱然兖州牧、步騭冀州牧之職。此後,兩國遥領、虛封的建置繼續遵循這一規定。

② 唐長孺先生在闡述孫氏政權基礎是以孫氏爲首的若干宗族聯盟這一問題時,對聯盟的成分做了上述劃分。唐長孺:《魏晉南北朝史論叢》,北京:生活·讀書·新知三聯書店,1955年,第19—20頁。何德章先生認爲,在孫吳軍隊形成和發展的過程中,初定江東的戰鬥收編,及立國前後對江南山區有計劃的大規模清剿行動,構成孫吳軍隊的基礎。豪族率私兵歸附的例子太少,不足以影響孫吳軍隊的性質,更不可能決定孫吳政權的政治特性。所謂"世襲領兵制"下將領所領之兵,皆由朝廷認可,也都難以視爲私有化的軍隊。何德章:《三國孫吳兵制二題》,《魏晉南北朝隋唐史資料》第25輯,第37—47頁。那麼,唐先生所謂孫吳政權基礎是以孫氏爲首的若干宗族聯盟的説法并不完全妥當。本文遵從何説,但筆者也認爲唐先生對孫氏政權内部成分的劃分是無誤的,孫氏政權能够建立和發展離不開他們的支持。

③ 《三國志》卷五五《吳書·程黄韓蔣周陳董甘凌徐潘丁傳》陳壽評,第1302頁。

除了設置於已方疆域或勢力範圍之内的實土遥領采用的是已方當時的政區名稱外,還有多數涉及地域在敵方疆域或勢力範圍内的遥領,那麽它們設置之初依據的是何時的政區名稱呢? 因政區設置後具有穩定性,短時間内變動不大,所以本文僅能從部分遥領入手加以分析。顧徽曾在被孫權派往曹操那裏打探敵情後歸來授予巴東太守一職,時間在建安七年至十年之間。而初平六年劉璋始分巴郡爲巴、永寧二郡。至建安六年,劉璋改巴郡爲巴西郡,改永寧郡爲巴東郡。① 巴東郡於是始有其名。由此可知,孫權以顧徽爲巴東太守順應了漢末巴郡析置調整的新形勢。再如建安十四年,關羽遥領襄陽太守。夷陵之戰後,孫權以潘璋領襄陽太守。而襄陽郡是建安十三年曹操分南郡編以北部分及南陽之山都置。② 類似的情況曹魏也有。如太和六年魏明帝以田豫爲平州刺史,使其渡海攻遼東。而兩漢無平州,其始自公孫度私置。尚有部分遥領,它所涉及的政區雖非新設政區,但可以肯定的是,它也是依據敵方當時的政區名稱來設置的。如建安四年孫策討伐劉表、黃祖即以周瑜領江夏太守,吕範領桂陽太守,程普領零陵太守。因遥領的設置表示爲對遥領地域的一種象徵性的事先"占領",而且三郡此前的領縣和幅員無較大變化,因此可以將其視爲依據敵方當時的政區名稱來設置的。類似的情況還有建安十九年孫權與劉備争荆州置"南三郡長吏",以及建安十五年孫權未取得交州之前任命步騭爲交州刺史等。

還有一些遥領的設置并未依據或遵循敵方當時的政區名稱。如建安十六年劉備被劉璋上表薦舉爲司隸校尉,建安二十四年群下推舉他爲漢中王的表奏中見其仍領此職。但建安十八年曹操已經以漢獻帝名義詔令天下合併十四州,恢復"《禹貢》九州"之制了,其中省司隸分屬豫、冀、雍三州。即建安十八年後司隸校尉部已不復存在,劉備仍遥領該地。蜀漢曾以法正之子法邈爲漢陽太守。漢陽郡原本爲天水郡,東漢明帝永平十七年(74)更名,魏黃初元年復舊名爲天水郡。法邈官至漢陽太守在章武元年之後。由此可知,蜀漢置漢陽太守依據的是東漢明帝永平十七年至魏黃初元年之間的政區名稱。孫吴有東海太守留略。東漢時期,東海或爲郡,或爲公國,或爲王國,但爲郡時間最長。魏黃初元年改東海國爲東海郡,太和六年曹霖受封爲東海王。故留略於五鳳二年領東海太守時東海郡已爲王國。再如黃武二年韓當遥領冠軍太守,而兩漢時期及當時并未有冠軍郡之設,冠軍不過是南陽郡下轄的縣。兩漢時曾有人被封爲冠軍侯、冠軍將軍。

---

① 張仲胤:《漢末巴郡分置考》,《中國歷史地理論叢》2021 年第 2 輯,第 130—134 頁。
② (清) 吴增僅撰,(清) 楊守敬補正:《三國郡縣表附考證》,第 378 頁。

孫權以之爲冠軍太守當有取其嘉名以示榮寵之意。吳增僅依據關羽於赤壁之戰後遥領襄陽太守一事來考證襄陽郡始置時間時曾提到:"三國諸臣遥領敵郡,皆實有其地,從無虚領其名者。"①而從上述幾例相關遥領的設置來看,其"名"之來源就有多種。

總之,曹魏、蜀漢、孫吳三方除了設置於己方疆域或勢力範圍之内的實土遥領采用的是己方當時的政區名稱外,多數涉及地域在敵方疆域或勢力範圍内的遥領的設置,一些依據的是敵方當時的政區名稱。還有一些并未如此,而此類之中,有的依據的是此前東漢的政區名稱,亦有取敵方轄縣之嘉名"自行置郡"而設職遥領的做法。

結　語

所謂遥領,即擔任某地軍、政等職務的官員,未親臨其管轄之地任職,而發生的人、地分離的現象。它是在一方、兩方或多方不願接受既定政治地理格局產生的現象,是分裂割據時期現實政治情勢刺激造成的結果。遥領并不僅僅存在於曹、孫、劉三方正式割據對峙時期,在此之前就已形成。漢末三國時期遥領形成的原因複雜多樣,其在形成前、後并非一成不變。因而在對其作出判斷時,需我們用動態、全面的視角去進行審視。一般認爲"人、地分離"即是一項重要的判斷原則,但我們往往容易忽視"地"的歸屬的動態變化。這種變化,有因設置遥領的一方政區的調整引起的,也體現在該地被多方勢力先後占有或有效地管控上。因"地"歸屬的動態變化,遥領的性質也易發生變化。有鑑於此,我們認爲在某一勢力占領或管控某地之前,或當其喪失對某地的占領或管控之後,其因該地而設的地方官職便屬於遥領。而無論是全部地占有或管控某地,還是占有或管控了該地之一部分(如看其轄有郡縣的狀況),某一勢力因該地而設的地方官職皆不屬遥領。

遥領的形成及其所涉地域的分布與漢末三國時期的政治地理格局密切相關。漢末三國分裂割據的政治地理格局,不僅爲遥領的形成提供了地理基礎,也直接影響各方遥領設置的數量及其所涉地域的分布。無論是曹魏、蜀漢、孫吳三方所置遥領州牧、刺史,還是遥領郡守、國相,其所涉地域多在敵對一方的疆域或勢力範圍之内。這種地域分布是由三方各自疆域或實際控制地域範圍的大小所決定的。不僅如此,新的地緣關係的變化也會對遥領設置的數量及其所涉地域的分布產生影響。黄龍元年孫吳、蜀漢結盟"參分天下"之後,兩國分别按照盟約規定的各自所屬的勢力範圍對其所設遥領進行了

---

① （清）吳增僅撰,（清）楊守敬補正:《三國郡縣表附考證》,第378頁。

調整。此番調整反映了孫吳、蜀漢"兩弱"共抗曹魏"一强"政治地理格局對兩國遙領設置數量及其所涉地域分布的影響。值得注意的是，由於郡的幅員較小，各方領有的數量較多，州的幅員較大，各方領有的數量少，故而漢末三國分裂割據的政治地理格局對各方所設遙領州牧、刺史的數量及其所涉地域分布的影響要更爲顯著。正是由於受此政治地理格局的影響，以及三方各自所面臨的內外形勢不同，他們各自遙領的設置遂呈現出不同的特點。此外，遙領的設置能一定程度上反映某一政權的地緣戰略，有時甚至直接對現實政治地理格局產生影響。前述孫策時期及孫權稱帝之前孫氏政權爲了向長江上游荆、益二州進取而設置的遙領郡國守相，以及景初二年魏明帝派司馬懿攻遼東時爲了越海定二郡而設置的帶方、樂浪二郡太守，皆可從不同程度上證明這一點。

　　儘管曹魏、蜀漢、孫吳三方遙領建置所依據的政區名稱複雜多樣，但他們各自由此構建起虛擬的政治空間。它不僅表現在地理上，也表現在職官上。其中，地理上的虛擬政治空間與現實控制的地域一起構成他們各自宣稱的版圖。通過這樣的一種建構，有利於統治集團內部政治秩序和政治認同的培育和發展。而各個政治集團之間亦可憑藉虛擬政治空間的建構來互表政治訴求，還可通過虛擬政治空間的調整或重新建構來達到相互緩和關係的目的。黃龍元年孫吳、蜀漢"參分天下"及其依據盟約對各自遙領、虛封做出調整即可很好地說明此現象。因此在某種意義上，這是一種通過行政區劃虛擬設置實現政治目標的政治手段。透過對遙領現象的深入剖析，有助於深入理解漢末三國時期的政治運作與不同政治集團之間的博弈過程。

《魏晉南北朝隋唐史資料》第四十七輯

2023 年 5 月,18—42 頁

孫吳田畝類型與性質新證[*]

凌文超

秦漢魏晉時期田畝的具體類型,傳世文獻中缺乏詳細的記載。不過,近年來陸續刊布的簡牘文獻記録了若干類型的田畝及其田租。其中,以長沙走馬樓三國吴簡嘉禾吏民田家莂的記録最爲系統,爲學界具體而微地認識孫吳田制及田租制提供了直接史料。然而,田家莂内容單調,本身可以相互參證、發明的内容相當少,學界即使從不同的角度對孫吳田畝的類型與性質開展研究,也仍然存在很大爭議,難以形成傾向性意見。[①] 隨着走馬樓吳簡竹簡的刊布,其中有不少與田制相關的材料。同時,秦漢簡牘中也出現一些與此相關的新材料。綜合利用這些簡牘文獻,從秦漢三國田租演變的角度展開探討,不僅有助於解答孫吳田畝類型與性質研究中遺留的難題,也助於孫吳田租制的深入探討。

一、"(漑)田"與"火種田"

田畝種類是田家莂記録的基本内容之一。關於田畝本身的分類,兹以三例嘉禾四年吏民田家莂予以説明。

1. ▨ 昭 丘男子張客,火種田三町,凡廿五畝,皆二年常限。其廿三畝旱田,畝收布六寸六分。定收二畝,畝收米四斗五升六合,爲米九斗一升二合。畝收布二尺。其米九斗一升二合,四年十月九日付倉吏李金。凡爲布一丈六尺,五年三月七

---

* 本文係教育部人文社會科學研究規劃基金項目"出土簡牘與秦漢魏晉田租制度研究"(22YJA770011)階段性成果。

① 關於吳簡中所見田畝類型和田租性質的研究,陳榮杰、凌文超有系統的總結,請參見陳榮杰:《走馬樓吳簡佃田、賦税詞語研究》,北京:人民出版社,2016 年;凌文超:《嘉禾吏民田家莂研究述評》之五《田畝種類、租税與性質》,《中國中古史研究》第 7 卷"何謂制度"專號,上海:中西書局,2019 年,第 113—118 頁。近來王承乾、晉文《再論吳簡"二年常限"田的含義》(《中國農史》2022 年第 2 期)對此有新的梳理和研究,請一并參看。

日付庫吏番有。其旱田畝收錢卅七,其𤏻田畝收錢七十。凡爲錢九百一十四錢,五年三月一日付庫吏番有。嘉禾五年三月十日,田戶曹史趙野、張惕、陳通校。(4.300)①

2. 𨛦伜丘縣吏張喬,田卅町,凡一頃卅畝。其一頃九畝,皆二年常限。其一頃七畝旱敗不收,畝收布六寸六分。定收二畝,畝收稅米一斛二斗,爲米二斛四斗。畝收布二尺。其廿一畝餘力田。其十六畝旱敗不收,畝收布六寸六分。定收五畝,收米四斗五升六合,爲米二斛二斗五升。畝收布二尺。其米四斛六斗五斗〈升〉,四年十一月十七日付倉吏鄭黑。凡爲布一匹三丈九尺一寸,准入米三斛九斗六升,四年十一月十一日付倉吏鄭黑。其旱畝收錢卅七,其𤏻田畝收錢七十。凡爲錢三千九百六十六錢,准入米二斛四斗八升五合,四年十二月廿日付倉吏鄭黑。嘉禾五年三月十日,田戶經用曹史趙野、張惕、陳通校。(4.262)

3. 𨛦湛上丘男子區懷(?),佃田十五處,合八十六畝。其十一畝二年常限。其七畝旱,畝收布六寸六分。定收四畝,畝收米一斛二斗,合四斛八斗。畝收布二尺。其七十五畝餘力火種田。其廿畝旱,畝收布六寸六分。定收五十五畝,畝收米四斗五升六合,斛加五升,合廿六斛三斗一升三合。畝收布二尺。凡爲米卅一斛一斗一升三合。其四斛八斗稅米,四年十二月八日付倉吏鄭黑畢。其廿六斛三斗一升三合租米,四年十月廿日付倉吏鄭黑畢。凡爲布三匹一丈三尺八寸,准入米六斛六斗九升,四年十二月九日付倉吏鄭黑畢。其旱田畝收錢卅七,其𤏻田畝收錢七十。凡爲錢五千一百卅九錢,准入米三斛二斗,四年十二月一日付倉吏鄭黑畢。嘉禾五年三月六日,主者史趙野、張惕、陳通校。(4.391)

吏民佃田大抵可分爲"火種田"(簡1)與"田"(簡2)。簡1中的火種田皆爲"二年常限"田,而簡3記録有"餘力火種田",由此可知,"火種田"分爲"二年常限"與"餘力田"兩類。與"火種田"分類相同,據簡2的記録,"田"亦分爲"二年常限"與"餘力田"兩類。此四類田畝根據收成,還可再分爲"熟田"與"旱田"。田家莂記録的田畝類型如下圖所示:

① 本文徵引吳簡標注卷次和整理號,例如"4.300"指嘉禾四年整理號爲300的田家莂,玖·4222指《竹簡〔玖〕》中整理號爲4222的竹簡。各卷出版信息如下:走馬樓簡牘整理組編著:《長沙走馬樓三國吳簡·嘉禾吏民田家莂》《竹簡〔壹〕》《竹簡〔貳〕》《竹簡〔叁〕》《竹簡〔肆〕》《竹簡〔伍〕》《竹簡〔陸〕》《竹簡〔柒〕》《竹簡〔捌〕》《竹簡〔玖〕》,北京:文物出版社,1999、2003、2007、2008、2011、2018、2017、2013、2015、2019年。

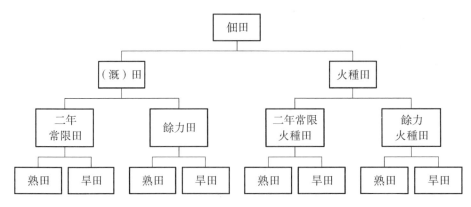

圖一　田家莂所記田畝類型示意圖

至於"佃田"的内涵,學界長期存在爭議。侯旭東認爲,秦漢三國時期,"佃"尚無作"租佃"的用法,"佃田"應作"治田""耕作田地"理解,[①]可從。兹爲此説增加一二早期證據。《論衡·偶會》云:"傳曰:'舜葬蒼梧,象爲之耕。禹葬會稽,鳥爲之佃。'"[②]"佃",《越絕書》作"耘"。[③]《孟子·萬章下》曰:"耕者之所獲,一夫百畝。"趙岐章句:"一夫一婦,佃田百畝。"[④]在這些用例中,"耕""佃"互文,"佃""耘"混用,又以"佃"釋"耕",均表明"耕""佃"義同。趙岐章句中的"佃田"也不意味着租佃關係。

近來刊布的簡牘文獻亦可爲此説提供新的佐證。在吴簡中,"火種租米"又記作"火佃租米",例如:

　4. 入廣成鄉嘉禾二年火種租米二斛胄畢⚡嘉禾二年十二月廿八日漂丘烝堂

———————————

① 侯旭東:《走馬樓竹簡的限米與田畝記録——從"田"的類型與納"米"類型的關係説起》,《吴簡研究》第 2 輯,武漢:崇文書局,2006 年,第 164 頁。吴榮曾雖然提出古代從開荒到耕種熟田,似乎都可謂之佃,但他認爲,孫吴"佃田"和漢代的地方官農業相近,似也受到軍屯一定的影響(吴榮曾:《孫吴佃田初探》,長沙市文物考古研究所編:《長沙三國吴簡暨百年來簡帛發現與研究國際學術研討會論文集》,北京:中華書局,2005 年,第 66、70—71 頁)。整理者將"佃田"理解爲租佃田地(走馬樓簡牘整理組著《長沙走馬樓三國吴簡·嘉禾吏民田家莂》上册,第 71 頁),得到大多數學者的支持。也有學者理解爲屯田(曹硯農:《從〈長沙走馬樓三國吴簡·嘉禾吏民田家莂〉看吴國在長沙郡的國家"營田"》,長沙市文物考古研究所編:《長沙三國吴簡暨百年來簡帛發現與研究國際學術研討會論文集》,第 72—76 頁;孟彦弘《〈吏民田家莂〉所録田地與漢晉間的民屯形式》,《中國社會科學院歷史研究所學刊》第 2 集,北京:商務印書館,2004 年,又收入其著《出土文獻與漢唐典制研究》,北京大學出版社,2015 年,第 35—45 頁)。

② 黄暉撰:《論衡校釋》卷三《偶會》,北京:中華書局,1990 年,第 103 頁。

③ (梁)蕭統編,(唐)李善注:《文選》卷五《賦·吴都賦》注引《越絕書》,北京:中華書局,1977 年,第 87 頁。

④ 《孟子》卷一〇《萬章章句下》,鄭玄等注:《十三經古注》第 10 册,北京:中華書局,2014 年,第 2126 頁。

關邸閣董基付三州倉吏鄭黑受(陸·2673)

5. 入廣成鄉二年火佃租米十八斛五斗胄米畢▨嘉禾三年三月廿六日水▨丘吳故關邸閣董基付倉吏鄭黑受(陸·5609)

6. 入都鄉嘉禾二年火種租田米三斛▨嘉禾二年十月廿七日橫溪丘民鄭高關邸閣李嵩付倉吏黃諱史潘慮受(捌·2860)

7. 入都鄉嘉禾二年火佃租米五斛▨嘉禾二年九月廿九日高沙丘男子□□關邸閣李嵩付倉吏黃諱潘慮受(捌·3945)

簡4與簡5、簡6與簡7分別記作"火種租米"與"火佃租米",兩者爲同鄉同年同類租米。"火佃"即"火種",這爲"佃"作耕種解提供了更加直接的證據。

又從秦漢"墾田租簿"的内容來看(節録):

8. 遷陵卅五年狠(墾)田輿五十二頃九十五畝,稅田四頃□□(里耶秦簡8-1519正)①

9. ·都鄉七年墾田租簿(走馬樓西漢簡)②

秦和西漢時期墾耕之田多稱作"墾田(輿)"。按《毛詩·信南山》:"信彼南山,維禹甸之。畇畇原隰,曾孫田之。"鄭玄箋:"甸,治也。畇畇,墾辟貌。""信乎彼南山之野,禹治而丘甸之。今原隰墾辟,則又成王之所佃。言成王遠脩禹之功。"③"甸""田"同義變文,作治田、佃田、耕作解。按鄭玄注解,"墾""佃"均指耕種。準此,秦漢三國官文書中所記的"墾田(輿)"與"佃田"應當都是墾耕的田地,兩者可能具有源流關係。這亦爲"佃"作耕墾解提供了佐證。

"火種田"與"田"的分類依據是值得探討的問題。嘉禾四年,"火種田"的特殊之處表現在兩個方面:(一)無論是二年常限火種田(簡1),還是餘力火種田(簡3),其熟田田租皆爲"畝收米四斗五升六合",相比普通吏民佃種的二年常限熟田畝收稅米一斛二

---

① 本文所引里耶秦簡,未特別標注者,均出自:湖南省文物考古研究所編《里耶秦簡》(壹)(貳),北京:文物出版社,2012、2017年;陳偉主編《里耶秦簡牘校釋》第1、2卷,武漢大學出版社,2012、2018年。僅標出簡號。

② 馬代忠《長沙走馬樓西漢簡〈都鄉七年墾田租簿〉初步考察》,《出土文獻研究》第12輯,上海:中西書局,2013年,第213—222頁。

③ 《毛詩》卷一三《小雅·信南山》,鄭玄等注《十三經古注》第2册,北京:中華書局,2014年,第266頁。

斗(簡2、3),火種田租米要輕不少。(二)但是,餘力火種田熟田租米有加徵,數量是"斛加五升"(簡3),比二年常限火種田熟田租米要重一些(簡1)。第二點與田家莂記錄的其他"餘力田"田租負擔輕於"二年常限"田是截然不同的。

表一　民田田租額

溉田畝收米(斛)				火種田畝收米(斛)			
二年常限田		餘力田		二年常限田		餘力田	
熟田	旱田	熟田	旱田	熟田	旱田	熟田	旱田
1.2	0	0.456	0	0.456	0	0.456 斛加五升	0

關於"火種田",先行研究雖然提出了多種不同的解釋,但研究取徑相同,都是從耕作方式來理解。[1] 嘉禾四年"火種田"并不多(參見表二),與"火種田"相對的"田"的數量占絕大部分,這類"田"又是一種什麼田呢?

在走馬樓吳簡竹簡中有"溉田"的記錄:

10. 縣□六年領吏民溉田三百|卅|三頃廿八畝六十步(伍・1512)

11. |縣|元|年領吏民溉田四百頃廿九畝一百卅一步(伍・1513)

12. 縣其領吏民溉田四百一十頃廿五畝一百六十七步(伍・1929)

所謂"溉田",即有水利灌溉設施的田畝。與此同類,走馬樓吳簡"隱核波田簿"中還記有"沃田""洨田",[2]如:

---

[1]　高敏、阿部幸信認爲是采用火耕的田地(高敏:《〈吏民田家莂〉中所見"餘力田""常限"田等名稱的含義淺析》,《鄭州大學學報(社會科學版)》2000年第5期;收入氏著《長沙走馬樓簡牘研究》,桂林:廣西師範大學出版社,2008年,第22—23頁;阿部幸信:《長沙走馬樓吳簡所見田種初探》,長沙吳簡研究會編:《嘉禾吏民田家莂研究——長沙吳簡研究報告》第1集,新潟:新高速印刷株式会社,2001年,第16—29頁)。張榮強、雷長巍認爲是采用火耕水耨的田地(張榮強:《孫吳〈嘉禾吏民田家莂〉"二年常限"解》,《歷史研究》2003年第6期;收入氏著《漢唐籍帳制度研究》,北京:商務印書館,2010年,第324—326頁;雷長巍:《試論三國吳簡中的"火種田"》,《出土文獻研究》第9輯,北京:中華書局,2010年,第227—231頁)。王子今認爲是合作經營農耕,即"夥種"(王子今:《試釋走馬樓〈嘉禾吏民田家莂〉"餘力田"與"餘力火種田"》,《吳簡研究》第1輯,武漢:崇文書局,2004年;收入氏著《長沙簡牘研究》,北京:中國社會科學出版社,2017年,第157—158頁)。

[2]　吳簡"隱核波田簿"的整理和釋文校訂,請參見凌文超:《走馬樓吳簡"隱核波田簿"復原整理與研究》,收入氏著《走馬樓吳簡采集簿書整理與研究》,桂林:廣西師範大學出版社,2015年,第424—454頁。

13. 逢 唐 一所,長三百丈,沃田 四 頃,溏兒民□□長沙郡劉張、馮漢等歲自
(叁·7236)

14. 逢唐波一所,長三百丈,沃田四頃,溏兒民〔長〕沙郡劉張、=馮漢等歲自墾
食(叁·7221 = 叁·7222)①

15. □ 一 所,深一丈二尺,長 卅 五丈,敗廿一丈, 沃 田□ 五 頃,枯蕪二
年,可用一萬 = □ 六千夫,民大男毛 布 、陳丈、陳建等自墾食(叁·7203 = 叁·
7206)

16. 亭下波一所,深一丈七尺,長廿丈,敗十一丈,汶田九頃,枯蕪十年,可用一
萬夫(叁·6320)

17. 右波二所,汶田卅五頃, 民 ……(叁·7209)

18. □□枯蕪 幾 年,汶田多少, 何 人□□□,及新故錢米已入□(叁·7218)

"沃田""汶田"與"溉田"都是從澆灌、灌溉而言的,所指田地的性質一致,或可統稱爲
"水田"。

據隱核波田簿(如簡 15、16)的記錄,孫吳臨湘不少陂塘的堤防毀敗,田地枯蕪。除
此之外,應當還有一些因地理環境限制,沒有修築水利設施的田地。枯蕪陂田和旱地的
共同點是都沒有水利保障,靠天吃飯。這類田地也應有個稱呼,應當就是田家莂記錄的
"火種田"。

"火種田"與"溉田"是從有無水利灌溉條件相對而言的。孫吳臨湘侯國墾耕的田
地主要是"溉田",爲時人所熟知,無需特別標記,因而經常省記作"田",甚至不記。"火
種田"比較特殊,因而需要具體記錄。

質言之,"火種田"與"溉田"應當主要是從耕作條件而言的。三國時期南方水稻種
植主要采取火耕水耨的方式。② 溉田種稻既采取"火耕",又實行"水耨"(灌溉除草)。
火種田則不同,在缺乏水利灌溉保障的情形下,雖然可以"火耕",但"水耨"難以實現。
火種田缺水并不適合種植水稻,即使種植水稻,其產量普遍也要低一些。相應地,其田
租米負擔要輕一些。

火種田更適合種植旱地作物如麥、粟。據吳簡記錄:

① " = "表示兩簡綴連。
② 參見許輝、蔣福亞主編:《六朝經濟史》第六章《農業》(張學鋒執筆),南京:江蘇古籍出版社,1993 年,第
255—264 頁。

19. ☑□年麦租廿六斛七斗,准米十三斛三斗五升 中 (貳·7474)

麥與稻的折納比例爲2∶1。火種田如若種麥,實際上畝收麥九斗一升二合(折合米四斗五升六合)。考慮到麥的畝産量比水稻要低一些,火種田麥租相比溉田稻租其實輕不了多少。對於吏民而言,火種田雖然田租米較輕,但不適合種水稻,難有好收成;火種田雖然適合種植麥等旱地作物,但田租較重。由此可見,孫吳官方對火種田田租折納的規定帶有明顯的自利性。

雖然火種田没有水利保障,但是,據田家莂的記録,火種田的旱敗率并不一定比(溉)田高(參見表二)。在嘉禾四年吏民田家莂中,既墾耕溉田又墾耕火種田的吏民共計8户,其中6户火種田的旱敗率要低於溉田,衹有2户火種田的旱敗率高於溉田。從整體上看來,同一民户有收成的熟田,餘力火種田比二年常限溉田的占比普遍要多一些。可見,嘉禾四年餘力火種田的收成普遍要好一些。孫吳規定餘力火種熟田的田租"斛加五升",能够增加租米收入。①

表二　吏民溉田、火種田旱敗率

編號	丘	姓名	溉田(畝)					火種田(畝)				
			二年常限田		餘力田		旱田比例	二年常限田		餘力田		旱田比例
			熟田	旱田	熟田	旱田		熟田	旱田	熟田	旱田	
4.554		唐□	1	21			95.5%			5		0%
4.587		鄧承	2	32			94.1%			45	12	21.1%
4.32	上和丘	謝箱	2	8			80.0%			39	6	13.3%
4.463	穀丘	潘調	2	24			92.3%			40	53	57.0%
4.391	湛上丘	區懷	4	7			63.6%			55	20	26.7%
4.213	合丘	烝穿	3	9			75.0%			78	25	24.3%
4.351	浸頃丘	潘惕	3	50			94.3%				79	100%
4.620			2	23			92.0%				35	100%

① 這些火種田很可能種植粟、麥等旱地作物,但田租按稻米折納。

總之,田家莂記録的佃田,按照耕作條件大體上可以分爲兩類:一類是没有水利灌溉條件的"火種田",另一類是有水利灌溉保障的"田",後者又稱作"溉田",是吏民佃種的主要田地類型。① 嘉禾四年餘力火種田的收成相對較好,孫吳官方提高了餘力火種熟田的田租"斛加五升",以增加收入。

諸如吳簡中的"火種田"與"溉田"之分,傳世文獻中有"陸田"與"水田"之分。如《傅子》曰:"陸田者命懸於天也,人力雖修,水旱不時,則一年功弃矣。田制之(水田之制)由人,人力苟修,則地利可盡,天時不如地利,地利不如人事。"②水、陸田也見於郴州晉簡:"出限外水、陸田五百八頃三畝,不應收租"(1-43),"領堤封水、陸田十七萬一千三百五十七頃五十畝"(1-64),"縣領水田八百一十八頃一畝六十步"(1-53),"其卅九頃五十七畝半限外水田"(2-173)。③ 比較而言,大抵"火種田"屬於"陸田",而"溉田"爲"水田"。

二、"二年常限"田與"餘力田"

田家莂記録的"溉田""火種田"都分爲"二年常限"與"餘力田"兩類。其中,吏民的"二年常限"田徵收租、税米,田畝性質是租田或税田;而"餘力田"徵收租米,田畝性質是租田。

關於田家莂記録的"二年常限"與"餘力田",學界積累了大量的研究成果。學界對餘力田的理解大同小異,普遍認爲是在"二年常限"田之外,吏民行有餘力而耕種的田地;對"二年常限"的理解則存在很大的爭議,一直没有形成傾向性認識。其"二年"或理解爲嘉禾二年,或理解爲兩年周期;其"常限"或理解爲限定田額,或理解爲限定税額,或理解爲限定佃種期限,或理解爲輪耕、休耕。④ 竹簡中與租、税田"二年常限"相關的材料很少,難以提供新認識。不過,根據竹簡的記録,限田也有"常限"與"餘力"之分。這爲分析租、税田的"二年常限"與"餘力田"之分提供了參照。

與限田相關的"常限",體現在户口簿籍中常見的吏民給"常限客",如:

① 根據簡3的記録,湛上丘男子區懷(?)佃田既有(溉)田,又有火種田。兩類田地雖然處於同一丘,但是,從"佃田十五處"來看,(溉)田與火種田應當分布在不同的位置(處)。田家莂中未見(溉)田和火種田位於同丘、同町(處)的記録。由此看來,(溉)田與火種田應當是因爲所處的位置不同,導致其耕作條件有所差異。

② 《太平御覽》卷八二一《資産部一·田》,北京:中華書局,1960年,第3658頁。"田制之",唐代馬總《意林·傅子》作"水田之制"。王天海、王韌撰:《意林校釋》卷五《傅子》,北京:中華書局,2014年,第556頁。

③ 湖南省文物考古研究所、郴州市文物處:《湖南郴州蘇仙橋遺址發掘簡報》,《湖南考古輯刊》第8集,長沙:岳麓書社,2009年,第98—102頁。

④ 關於"二年常限"田、"餘力田"理解的具體觀點,請參見沈剛《〈長沙走馬樓三國吳簡〉詞匯匯釋》"二年常限""餘力(火種)田"條,北京:中國社會科學出版社,2017年,第1—2、136—138頁。

20. 思子男伸年六十常限客　伸子男碓年廿六(壹·8396)

21. ☑年卅一盲右目　□貴年六十八常限客　貴妻譽年五十三踵右足(壹·8514)

22. 民鄧明年卅三一名□　　給常限客　☑(伍·5328)

23. □姪子男開年十三腹心病　□從弟政年五十六常限客(陸·899)

"常限客"與"限佃客""限佃民"應爲一類身份,如:

24. ☑五(?)十人給習射及限佃客爲官□☑(貳·6872)

25. 仁姪子男炅年卅給限佃客以嘉禾三年十二月七日被病物故(參·3841)

26. 其四户限佃客(柒·546)

27. 其八户限佃民　其一户中品　其七户下品(伍·6458)

28. 南鄉謹列嘉禾五年限佃人户口食人名簿　　·☑(貳·1131)

"常限客""限佃客""限佃民",應都是耕種限田繳納限米之人。如:

29. ·右一人給作溏民送詣宫,其年不限佃,不入限☑(玖·4521)

30. ·凡縣黃武六年領自首士、賊帥十人,其年部吏區光監將爲官限佃,收禾六(玖·5080)

所謂"不限佃,不入限(米)""爲官限佃,收禾六",都說明祇要從事"限佃"(耕種限田)就需要繳納限米。

還有迹象表明,限佃繳納限米似有固定的限額。例如,自首士限佃一般繳納限米40斛:

31. ·凡縣黃龍元年領自首士廿人見得佃,出限米人卅斛,合八百斛(玖·5077)

32. 凡縣嘉禾二年領自首士七人見得佃,出限米人卅①斛,合二百八十斛,已入畢(玖·1305)

33. 自首士雷圉年廿八　　出限米卅斛　已入廿四斛五斗　未畢十五斛五斗(玖·4517)

---

① "卅",原釋作"四",據圖版改。

當然也有未繳納完畢的例子,如簡 33。私學等耕種限田,則需要繳納限米 50 斛,如:

34. ☑劉䊈限田收米五十斛(玖·315)
35. ☑鄭黑限田收米五十斛,今曠(玖·758)
36. ☑限田收米五十斛(玖·2413)
37. ☑取 私學鄭泳限田收米五十斛(玖·2484)
38. ☑等八人限田收米四百 斛 ☑(玖·5431)

據簡 34—37,每人限田收米 50 斛。簡 38 所記的 8 人限田收米 400 斛,限佃者每人也需繳納限米 50 斛。

總的看來,限佃民、限佃客(常限客)耕種限田,根據耕種者的不同身份,限額繳納限米,或 40 斛、或 50 斛不等。再考慮到"限佃"之"佃"也應作耕種解,所謂"限佃"可能是限額耕種之意。換言之,"常限客""限佃客""限佃民"耕種限田應當有最低的限額。按限田畝收 2 斛,其限田的限額根據限佃者身份大抵是 20 畝或 25 畝不等。

限田民在耕種"常限"的限田(20 畝或 25 畝不等)之外,還耕作"餘力"田。竹簡中有不少"郡屯田掾利焉""屯田司馬黃松"既繳納"限米",也繳納"餘力(稅)米"的記錄:

39. ☑其廿六斛郡屯田掾利焉嘉禾二年限米(玖·3950)
40. 其九斛郡屯田掾利焉嘉禾二年餘力稅米(玖·4030)
41. 其三百卅一斛三斗四升郡屯田掾利焉嘉禾二年限米(柒·1558)
42. 入屯田掾利焉嘉禾三年餘力稅米二斛,二月入倉(柒·3325)
43. 入屯田司馬黃松嘉禾三年限米二百六十二斛(叁·1833)
44. 入屯田司馬黃松嘉禾三年餘力米六十斛(叁·1842)

簡 44 所記的"(屯田)餘力米",結合簡 39—43 來看,乃"(屯田)餘力稅米"之省,并與"(屯田)限米"相對。

與租、稅田之"餘力"繳納"租米"不同,限田的"餘力田"繳納"稅米"。據此,限田無論是"常限"還是"餘力"田,其田租都要重於租田、稅田。

綜合上述分析,孫吳租、稅、限田皆分爲"(二年)常限"與"餘力"田兩類,田租的負擔依次增加：租田的“二年常限”和“餘力田”皆繳納租米，稅田的“二年常限”和“餘力田”分別繳納稅米與租米，而限田的“二年常限”和“餘力田”分別繳納限米與稅米。如圖二所示：

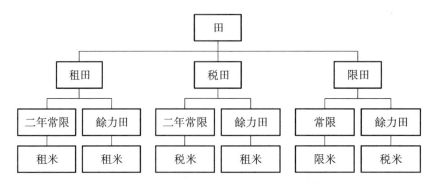

圖二　孫吳田畝性質及其田租示意圖

限田的“常限”與“餘力”之分，爲我們理解田家莂所記錄的租稅田“二年常限”與“餘力田”之分提供了綫索。限田之“常限”部分，有證據表明爲“限米”之限額（40 斛、50 斛不等），歸根結底應當是“限畝”，即限田按最低限額耕種（20 畝或 25 畝不等），超出部分則爲“餘力”限田。

租、稅田之“二年常限”，與限田之“常限”，應爲同類概念，亦應理解爲“限畝”。這在田家莂和竹簡中也有相應的證據。例如，田家莂中，嘉禾四年和五年州吏的租田限額 40 畝，超出則爲稅田或餘力田。[1] 又如，據“嘉禾二年安成縣州郡縣吏租田頃畝簿”的記錄，[2] 州郡縣吏租田最高限額 40 畝：

45 ·右州吏八人，復田合三頃廿，收租吳平斛米一百⃞八⃞⃞十⃞⃞七⃞斛二斗，又一人收米廿⃞三⃞斛四斗。 ·（伍·1694）

46 ·右郡吏六人，田⃞二⃞頃廿五畝⃞二⃞百一十七步，⃞收⃞租⃞米⃞一百七十斛七斗八升⃞六⃞合（伍·1728）

47 ·右縣吏卅六人，復□合一十七頃九十七畝⃞廿⃞三步，畝收租米七斗五升六

---

① 《嘉禾五年吏民田家莂解題》，《長沙走馬樓三國吳簡·嘉禾吏民田家莂》上册，第 165 頁。

② 參見鄧瑋光：《州郡縣吏田的復原與研究——兼論孫吳底層行政人員的生存狀態》，《中國中古史研究》第 9 卷，上海：中西書局，2021 年，第 43—64 頁；熊曲：《走馬樓吳簡安成州郡縣吏田簿及相關問題》，《簡帛》第 24 輯，上海古籍出版社，2022 年，第 223—239 頁。釋文修訂亦參兩文。

合,々(合)一千三百(伍·3157)

簡45所記州吏8人,租田(復田)320畝,即州吏每人租田(復田)限額40畝。簡46、47所記的郡、縣吏中,有的人租田(復田)不足40畝,如:

48. 郡吏沅 欽 (?)□卅三 畝 一 百 廿 三 步,畝收租米七斗五升六合,々(合)廿五斛三斗三升七合(伍·1722)

49. 郡吏伍 相 (?) 田 卅二畝九十四步, 畝 收 租米七斗五升六合,々(合)廿四斛四斗 八 升六合(伍·1727)

50. 縣吏李星田十七畝廿三步(伍·1752)

但絕大多數的州、郡、縣吏名下整齊地登記租田(復田)40畝。由此可見,州、郡、縣吏享有的租田(復田)優待限制在40畝以内。租田是享有優惠的"復田",孫吳根據官吏級別分別采取不同的最高限額。①

租田的"二年常限"與限田的"常限"雖然都是"限畝",但是,租田設上限,而限田設下限,兩者的"限畝"精神完全相反。究其原因,租田是享有優惠田租的田畝,所以對其上限加以控制;而限田是田租負擔最重的田畝,所以對其下限加以強制,其背後仍然是官方田租徵收的自利性。

那麼,稅田究竟是設上限還是下限呢? 走馬樓吳簡中没有相應的材料可以直接反映這一點,不過,我們可以結合田家莂所記録的"二年常限"和"餘力田"的情況對此進行推論。在分析之前,我們還需要對"二年常限"之"二年"作出論斷。租、稅田的"二年常限",相比限田之"常限",多出了"二年"。此"二年"應非"嘉禾二年"一類的特定年份。從孫吳嘉禾年間頻繁地田租改革來看,如簡46、47嘉禾二年郡縣吏佃種租田繳納租米,至嘉禾四年和五年田家莂中,郡縣吏佃種稅田繳納稅米(參簡2),②當時應當并不存在嘉禾二年或黄武、黄龍二年田制、田租穩定地延續到嘉禾四年、五年的事實。③ 由

---

① 據簡伍·1700,安成縣縣長租田(復田)達97畝之多,遠超州郡縣吏40畝的限額。這主要是因爲長吏地位要高於屬吏,因而享受更高的優待。

② 參見韓樹峰:《論吳簡所見的州郡縣吏》,《吳簡研究》第2輯,武漢:崇文書局,2006年,第46—48頁。

③ 關於孫吳田租改制多變性的分析,請參見淩文超:《孫吳田租改制考》,《歷史研究》2022年第4期,第30—32頁。

此看來,此"二年"理解爲兩年周期較爲合適。

嘉禾四年、五年田家莂被放置在一起,或有可能嘉禾四年和五年即一個"二年"周期。準此,考察嘉禾四年和五年吏民佃田的總畝數,筆者將嘉禾四年、五年身份、姓名完全相同的吏民所佃種的"二年常限"和"餘力田"的田畝數羅列如下,如表三所示。考慮到田家莂殘損嚴重,嘉禾四年吏民田家莂不足原莂册的三分之一,嘉禾五年吏民田家莂不足原莂册的二分之一,[①]而且同一吏民同年度可能在不同丘皆佃種田畝,[②]表三很可能是不完整統計。即使如此,在這兩年中,吏民耕種的租、税田"二年常限"部分在兩年周期中也祇有超過了 30 畝,纔能擁有在田租方面享有優待的"餘力"田。

表三　嘉禾四年、五年吏民佃種"二年常限""餘力田"田畝數額表

姓名	身份	嘉 禾 四 年			嘉 禾 五 年			總畝數	
		簡號	二年常限	餘力田	簡號	二年常限	餘力田	二年常限	餘力田
巨碩	男子	4.370	4		5.464	8		12	
鄧莨	男子	4.455	9		5.1079	5		14	
烝衆	男子	4.196	10		5.203	5.71		15.71	
鄧蘭	男子	4.271	5		5.244	12		17	
黄布	大女	4.84	10		5.105 4	7		17	
潘邸	男子	4.264	7		5.679	10.29		17.29	
周毛	男子	4.538	9		5.562	10		19	
唐姜	大女	4.135	12		5.384	8		20	
烝頡	男子	4.199	13		5.206	11.04		24.04	
鄧春	男子	4.71	25		5.706	7.42		32.42	
陳若	男子	4.254	12		5.518	20.96		32.96	

①　嘉禾四年田家莂共計 782 枚(含部分殘簡),嘉禾五年田家莂共計 1 269 枚(含部分殘簡),不明年份田家莂共計 90 枚(皆爲殘簡)。孫吳臨湘侯國吏民户數約 2 600 餘户,"定領户二千六百五十三户,口一萬四千二百卅九口"(陸·2016)。

②　例如:嘉禾四年男子雷元在梨下丘(4.379)和緒中丘(4.449)、男子周梁在五唐丘(4.101)和頃丘(4.356)都有佃田;嘉禾五年州吏黄楊在上利里(5.38)和湛丘(5.702)、縣吏烝循在利丘(5.305)和杷丘(5.411)皆有佃田。

姓名	身份	嘉　禾　四　年			嘉　禾　五　年			總畝數	
		簡號	二年常限	餘力田	簡號	二年常限	餘力田	二年常限	餘力田
張客	男子	4.300	25		5.728	8		33	
張設	男子	4.22	10	4	5.14	23.71		33.71	4
五孫	男子	4.5	12		5.326	25		37	
文粟	男子	4.111	20	22	5.803	17.42		37.42	22
盧仲	男子	4.85	23		5.583	15		38	
烝澆	男子	4.256	19	6	5.520	20		39	6
黃元	軍吏	4.19	21		5.336	18.25		39.25	
勇羊	男子	4.14	19	5	5.13	20.79		39.79	5
彭囊	男子	4.23	25		5.471	15.375		40.375	
烝騎	男子	4.218	30		5.307	12		42	
鄧疇	男子	4.465	10		5.869	33		43	
謝雙	男子	4.234	32		5.322	15		47	
區高	男子	4.67	29		5.393	20	6	49	6
烝兼	大女	4.216	33		5.302	17		50	
黃倉	男子	4.258	35		5.675	15.75		50.75	
劉苴	男子	4.482	39	10	5.903	12		51	10
劉方	男子	4.204	24		5.133	28.53		52.53	
何表	郡吏	4.31	32		5.43	23		55	
區張	男子	4.20	28	23	5.699	34.04		62.04	23
鄧角	男子	4.27	55	12	5.15	7.29		62.29	12
鄭囊	男子	4.229	34		5.318	29		63	
潘奇	男子	4.205	44	35	5.1066	20		64	35
盧異	男子	4.86	50		5.1093	17		67	

續　表

姓名	身份	嘉 禾 四 年			嘉 禾 五 年			總畝數	
		簡號	二年常限	餘力田	簡號	二年常限	餘力田	二年常限	餘力田
黃溺	男子	4.227	49		5.313	22		71	
胡諸	男子	4.12		61	5.696	71.58		71.58	61
殷獵	男子	4.476	69		5.887	5		74	
李張	男子	4.467	51		5.877	24		75	
劉露	州吏	4.230	40		5.733	40		80	
謝蘇	男子	4.244	58		5.323	24		82	
殷常	男子	4.473	43	6	5.881	41		84	6
黃赤	男子	4.478	55	10	5.891	29		84	10
唐靖	男子	4.193	67	20	5.196	17.625		84.625	20
謝丁	男子	4.206	8		5.225	76.67		84.67	
謝覽	男子	4.235	67		5.818	18		85	
謝赤	男子	4.232	62		5.788	24		86	
廖裕	郡吏	4.24	41	5	5.801	45.96		86.96	5
李緢	男子	4.352	29		5.297	58		87	
烝蘇	男子	4.298	10		5.308	77		87	
曹仙	男子	4.573	54		5.112	36		90	
黃饒	男子	4.66	76		5.538	15		91	
李息	男子	4.466	47	6	5.108	46		93	6
謝經	男子	4.88	52		5.116	42		94	
殷落	男子	4.474	59	3	5.884	38		97	3
劉棠	男子	4.484	62		5.906	42		102	
謝仁	男子	4.128	50		5.815	52.125		102.125	
婁小	男子	4.480	98		5.895	10		108	

姓名	身份	嘉禾四年			嘉禾五年			總畝數	
		簡號	二年常限	餘力田	簡號	二年常限	餘力田	二年常限	餘力田
張聲	州吏	4.386	40		5.676	82.25		122.25	
張惕	縣吏	4.21	66	21	5.800	58.67		124.67	21
劉伯	男子	4.481	64	10	5.841	63		127	10
松枲	縣吏	4.250	100	40	5.345	133.92		133.92	40
劉康	男子	4.153	85		5.875	51.92	20	136.92	20
黃杲	男子	4.223	87		5.311	62	10	142	10
周匠	男子	4.469	80		5.878	64		144	
烝棠	男子	4.217	92		5.304	57		149	
謝贛	男子	4.89	93		5.1100	70		163	
周柏	郡吏	4.9	96	68	5.516	71.46		167.46	68
烝宗	男子	4.354	52		5.301	117	10	169	10
黃鳳	男子	4.479	81		5.893	97		178	
鄭仙	男子	4.416	104	20	5.897	84		188	20
鄭喜	男子	4.586	93	30	5.1074	218		311	30

　　由此看來,普通吏民耕種稅田(二年常限)祇有超出限畝(大抵在 30 畝以上),纔有可能耕種享有田租優惠的"餘力田"。不過,這一限額并非限田那樣的強制下限,也并非租田那樣設定的上限。稅田是吏民佃種的普通田地,也是官方田租最主要的來源,官方不可能規定上限,也不可能給平民設定強制的下限。田家莂記錄的吏民佃種的"二年常限"田,少則一畝(4.462、5.537),多則高達百多畝甚至近兩百畝(4.221、5.320)。爲了鼓勵平民更多地耕種稅田,孫吳官方規定,當吏民耕種"二年常限"稅田達到一定畝數(約 30 畝以上),就允許他們耕種"餘力田"(也可以不種,沒有強制要求),繳納田租較輕的租米。

　　綜合上述分析,孫吳租、稅、限田皆分爲"常限"與"餘力"兩部分。"常限"的本質爲限畝,而"餘力"田則是"常限"(限畝)之外,吏民行有餘力而耕種的田地。限田不稱

"二年常限"，但有"常限"之稱，當以一年爲期，最低限畝根據耕種者身份設定爲 20 畝或 25 畝不等，强制繳納限米 40 斛、或 50 斛不等；稅田可能以兩年爲期，當吏民耕種"二年常限"稅田超過 30 畝，就可以佃種"餘力田"，繳納田租較輕的租米。租田享有優惠，州吏租田每年最高限額 40 畝（二年則爲 80 畝），超出部分爲稅田（二年常限）或餘力田，繳納稅米或租米。質言之，吏民祇有耕種超過"常限"（限畝）之外的田畝，纔有可能耕種"餘力田"，享受田租優惠。不足"常限"（限畝）的則無資格耕種"餘力田"。"二年常限"與"餘力田"都是基於"限畝"而言的。①

三、"孰田"與"旱田"

田家莂記錄的田租與"孰田""旱田"直接相關。② "孰田"正常繳納田租，而"旱田"有所減免。關於"旱田"與"熟田"之分，學界主要存在六説，至今尚無定論。具體而言，一説與旱災等引發的收成豐歉有關；二説與耕作方式有關；三説與田地、作物類别有關。四説與官府行政上的"定"直接相關；五説與水源灌溉有關；六説"旱田"與"水田"相對，"熟田"與"生田"相對。③ 隨着走馬樓吳簡竹簡相關内容以及秦漢田租管理等史料的刊布，爲準確認識"孰田""旱田"提供了新依據。

從田家莂標題簡來看，"旱"與"孰"是一組相對概念：

51. 南鄉謹列嘉禾四年吏民田家別頃畝旱孰收米錢布付授吏姓名年月都莂（4.1）

"孰"在田家莂中具體記作"孰田"（簡 1—3），而"旱"有不同的記載，或記作"旱田"（簡 1），或記作"旱敗不收"（簡 2），或記作"旱"（簡 3）。

"孰""旱"在走馬樓吳簡竹簡也有相應的記錄。首先來看有關"孰"的記錄：

52. ☑爲意，今禾稻孰，記到，察□佃畕吏魁帥絞詭白（肆·1355）

---

① 至於限畝的對象是吏民個人還是家户，考慮到魏晉時期田租徵收逐漸從課户向課人轉變，或有可能吳簡中的限佃、州吏租田針對的是個人，而"二年常限"田仍然延續着課户的傳統。

② "孰田"，即"熟田"。"孰""熟"古今字，簡文寫作"孰"。

③ 具體觀點的論述，請參見沈剛《〈長沙走馬樓三國吳簡〉詞匯匯釋》"旱田""熟田"條，第 115—117、284—285 頁。

53. 連仍,今年雖收孰,□遇窨敗,民佃種無幾收穫,未訖,詭(肆‧1246)

簡 52 記録的"禾稻孰",簡 53 記録的"收孰"及"收穫",皆與農作物成熟、收成有關。相應地,孰(熟)田應爲有收成的田畝,可以正常課税。田家莂記録的孰田就是如此。

"孰(熟)田"在正史中也有記載,用法大抵相同。《後漢書‧張禹列傳》載:

> 徐縣北界有蒲陽坡,傍多良田,而堙廢莫修。禹爲開水門,通引灌溉,遂成孰田數百頃。勸率吏民,假與種糧,親自勉勞,遂大收穀實。鄰郡貧者歸之千餘户,室廬相屬,其下成市。後歲至墾千餘頃,民用温給。
>
> 李賢注引《東觀記》曰:"墾田千餘頃,得穀百萬餘斛。"①

所謂"孰田",即能够"大收穀實""得穀百萬餘斛"的"墾田"。"孰田數百頃""墾千餘頃"應當都是源於當時官文書中的統計數據。至魏晉時期,這類"孰田"一直被調查、登記在册。《晉書‧良吏傳‧王宏》載:

> 今司隸校尉石鑒上汲郡太守王宏勤恤百姓,導化有方,督勸開荒五千餘頃,而熟田常課頃畝不減。②

司隸校尉石鑒上表表彰汲郡太守王宏勸農有方,汲郡開荒墾辟的"熟田",每年能够據以課税的頃畝數保持穩定,相關數據亦爲朝廷所掌握。秦漢上計制度規定,縣"秋冬集課,上計於所屬郡國",上計的内容主要是"户口墾田,錢穀入出,盜賊多少"③,其墾田和錢穀入出,勢必包含了旱、熟頃畝數及其田租徵繳。具體反映在田家莂當中,就是每户吏民的"孰田""旱田"畝數及其田租徵繳都有具體的登記。

與"孰田"(有收成的田畝)相對的就是"不收"之田(收成欠佳甚至没有收成的田畝)。在表彰王宏勸農有方的過程中,晉武帝詔書特別提到:"朕惟人食之急,而懼天時

---

① 《後漢書》卷四四《張禹列傳》,北京:中華書局,1965 年,第 1497—1498 頁。
② 《晉書》卷九〇《良吏傳‧王宏》,北京:中華書局,1974 年,第 2333 頁。
③ 《續漢書‧百官五》及劉昭注引胡廣曰,第 3622—3623 頁。按:本注曰内容當截至"皆秦制也",指出漢代上計制等皆延續秦制。中華本分段有誤。

水旱之運,夙夜警戒,念在於農。"①可見影響農作物收成的因素,主要是水旱灾害。水旱之灾影響收成在吳簡中也有相關的記録:

> 54. 今者縣界連年遭遇水旱,吏民并貧困無所收入養(肆·1364)【注】"者"及"無所收入"上有塗墨痕迹。

臨湘侯國"連年遭遇水旱",説明當地農田水利尚不發達,從"隱核波田簿"登記的大量枯蕪、毁敗的陂塘來看,孫吳嘉禾年間臨湘侯國的農田水利尚未恢復到漢代的水平,農業生産的保障條件比較脆弱,容易遭受到水旱灾害。

水灾影響田畝收成,在走馬樓吳簡竹簡中有具體的記録,例如:

> 55. 其 廿② 五畝卅一步,水敗不收(柒·2261)
> 56. 其廿五畝卅一步,民作邊□爲大水所氾潰,不□(伍·7331)
> 57. 其廿五畝 卅③ 一步,民作邊□爲大水所 氾④ 潰, 不⑤ (陸·162)

簡55—57應爲同一事情的不同記載。其田畝被大水所淹浸而没有收成,被稱作"水敗不收"。

相比水灾,吳簡中旱灾的記録更多一些。與"水敗不收"(簡55)相對的是"旱敗不收"(簡2),以及"旱死不收""旱不收"一類的記録,例如:

> 58. 司馬陳義白主 田 (?)□十(?)□畝□一十三 步⑥ ,鼠□□ 旱 敗(柒·1443)
> 59. ☑ 其十九畝二百廿二步,旱 敗 死不收(捌·6041)
> 60. 其廿四畝六十九步,旱 死⑦ 不收(玖·1308)
> 61. ☑一十九畝九十五步,旱 死 不收☑(玖·2335)

---

① 《晉書》卷九〇《良吏傳·王宏》,第2333頁。
② "廿",原釋作"卅",據圖版及對應簡例伍·7331、陸·162改。
③ "卅",原釋作"卅",據圖版及對應簡例伍·7331改。
④ "氾",原闕釋,據圖版及對應簡例伍·7331補。
⑤ "不",原闕釋,據圖版及對應簡例伍·7331補。
⑥ "步",原釋作"谷",據圖版改。
⑦ "死",原釋作"敗",據圖版改。

62. ☑其一十九畝一百一十一步,旱死☑(玖·2350)

63. ☑□十九①步,旱死☑(玖·3031)

64. 其一頃廿八畝廿步旱不可收　☑(肆·3996)

65. □□卅頃五十七畝百 十 五步,旱不 收(伍·1516)

66. ☑其二千五百六十斛五斗三升, 旱 不 收 (肆·5580)

67. ☑其卅斛八斗,旱不收(伍·5)

68. ☑　其八十斛七斗,旱不收(伍·22)

69. ☑　其二百一十四斛,旱不收　□(伍·135)

70. ☑　·其六十五斛,旱不收(伍·264)

71. ☑……四斛□斗,旱不收　☑(伍·282)

對於農作物遭遇旱災没有收成的情况,吳簡的記録主要分爲兩類:一類是統計"旱(敗)死不收"的田畝數(簡58—65),②另一類是統計"旱不收"的田租收米數(簡66—71)。對於後者,竹簡中還有更具體的記録,如:

72. 歲 出 限 米五十斛,過年旱,無用輸入,到今☑(伍·3102)

如前所論,50斛爲限佃者繳納限米的限額之一。簡72記録的"歲出限米五十斛"當爲限佃者一人的限米負擔。因爲去年他佃種的田畝遇旱缺少收成,所以"無用輸入",不需要繳納限米。

　　還有一些田畝因爲遇旱而歉收,竹簡中也有具體記録:

73. ☑户下品,過年佃種遇旱,三分收一,忌貸户三斛,先給種一斛(肆·3482)

74. ☑□連年遭遇枯旱,禾 稻③不收,□□□□貴,各貧窮,少有糧(叁·906)

簡73具體記録民户的户品以及去年耕種的田畝遇旱,僅有三分之一的收成,以此作爲貸食和給貸種糧的依據。這類遇旱的田畝不可能完全絶收,因此,嘉禾四年孫吳對旱田

---

① "十九",原闕釋,據圖版補。

② 有的簡要地記作"☑·其卅畝旱　☑"(貳·2842)。

③ " 稻 ",原闕釋,據圖版補。

(旱敗不收)仍然有所課稅,徵收較少的田畝錢、田畝布,至嘉禾五年纔完全免徵田租。

吏民遭遇水旱之災,農作物缺乏收成,減免田租是漢晉時期的普遍做法。[1] 例如,西漢成帝鴻嘉四年(前 17)春正月針對"水旱爲灾,關東流冗者衆",下詔:"已遣使者循行郡國。被灾害什四以上,民貲不滿三萬,勿出租賦。"[2]又如,東漢桓帝延熹九年(166)春正月,因"比歲不登,民多飢窮,又有水旱疾疫之困。盜賊徵發,南州(長沙、桂陽、零陵等郡)尤甚",而下詔:"其灾旱盜賊之郡,勿收租,餘郡悉半入。"[3]再如,西晉武帝太康三年(282)冬十二月,"詔四方水旱甚者無出田租。"[4]漢晉時期,遇到水旱灾害,民衆饑饉,減免田租是國家賑灾的重要舉措。

如果説上述因水旱之災而免除田租的記載是非常年份的特殊舉措,那麽,出土文獻中也有不少新史料大抵能反映秦漢時期根據田畝收成而課稅。例如,睡虎地秦簡《秦律十八種·田律》規定:

> 雨爲澍〈澍〉,及誘(秀)粟 ,輒以書言澍〈澍〉稼、誘(秀)粟及狠(墾)田暢毋(無)稼者頃數。稼已生後而雨,亦輒言雨少多,所利頃數。早〈旱〉及暴風雨、水潦、螽(螽)蚰、群它物傷稼者,亦輒言其頃數。近縣令輕足行其書,遠縣令郵行之,盡八月□□之。田律[5]

秦代各地田畝墾辟、莊稼長勢以及遭到水旱等灾害的情況,都要求各縣在八月底之前上報中央。國家切實掌握農業生產的基本情況和收成,應與田租徵收有直接關係。岳麓秦簡《爲吏治官及黔首》中"度稼得租""舉苗□不□"一類的記載,根據臧知非的研究,"度稼得租"是判定莊稼長勢確定田租,而"舉苗"是"度稼"的環節,是"取程"的内容,指的是苗情、莊稼生長的情況,也與田租徵收有關。[6] 結合秦《田律》的規定,秦田租的

---

[1] 學界一般認爲,西漢成帝時期逐步形成參照户貲的什四免租制,爲後朝所延承并有所發展。參見鄭學檬主編:《中國賦役制度史》,厦門大學出版社,1993 年,第 43—44 頁。

[2] 《漢書》卷一〇《成帝紀》,北京:中華書局,1962 年,第 318 頁。

[3] 《後漢書》卷七《桓帝紀》,第 317 頁。

[4] 《晉書》卷三《武帝紀》,第 74 頁。

[5] 睡虎地秦墓竹簡整理小組編:《睡虎地秦墓竹簡》,北京:文物出版社,1990 年,第 19 頁。

[6] 臧知非:《説"税田":秦漢田税徵收方式的歷史考察》,《歷史研究》2015 年第 3 期,第 27 頁。關於"取程"的研究,請參見楊振紅:《從新出簡牘看秦漢時期的田租徵收》,《簡帛》第 3 輯,上海古籍出版社,2008 年,第 331—342 頁。

徵收依據,歸根結底,就是田畝的收成。《商君書·墾令》中所謂的"訾粟而稅",①與
"度稼得租"應爲同類的田租徵收方式,②即以田畝收成爲據徵課田租。

秦代的田租徵收與農作物收成有關,相應地,田畝遇到水旱灾害絕收,也應如同漢
晉時期那樣减免田租。這在秦簡中似乎也有反映。據里耶秦簡"墾田租簿"的記録:

75. 遷陵卅五年狠(墾)田興五十二頃九十五畝,稅田四頃□□。户百五十二,
租六百七十七石。衛(率)之,畝一石五;户嬰四石四斗五升,奇不衛(率)六斗。
(8–1519 正)

啓田九頃十畝,租九十七石六斗。都田十七頃五十一畝,租二百卌一石。貳田
廿六頃卅四畝,租三百卅九石三。凡田七十頃卌二畝。·租凡九百一十。六百七
十七石。(8–1519 背)

遷陵田總計 7 042 畝,應收田租 910 石。然而,徵收田租的墾田興爲 5 295 畝,實際按
"稅田四頃□□"收租 677 石。相比之下,還有 1 747 畝的田租 233 石没有徵收。究其
原因,可能也是因爲遭受水旱灾害而不收。换言之,我們推測,"墾田興"是有收成的田
畝,正常收租(秦代按"稅田"和"户"來徵收);③未收的田租則對應受灾之田,簡文對此
雖然没有明確記録,但是,從"凡田"與"墾田興"、"租凡"與"租"的數值之差大致可以
體現出來。

根據田畝收成確定田租,在漢簡中也有相應的記録。例如,居延漢簡有這樣一
枚簡:

76. 狠(墾)田簿署歲上中下度得穀口率,其有畜害者署頃畝□率□☑(113·
6+139·24)④

漢代居延地區的墾田簿,不僅分三等登記收成,其標準是口均得穀數(相當於里耶秦簡

---

① 蔣禮鴻撰:《商君書錐指》卷一《墾令》,北京:中華書局,1986 年,第 6 頁。
② 參見王勇:《稅田與取程:秦代田租徵收方式蠡測》,《簡帛研究二○一六(秋冬卷)》,桂林:廣西師範大學
出版社,2017 年,第 91 頁。
③ 臧知非:《説"稅田":秦漢田稅徵收方式的歷史考察》,第 24—29 頁。
④ 謝桂華、李均明、朱國炤:《居延漢簡釋文合校》,北京:文物出版社,1987 年,第 184 頁。

墾田租簿中的"户嬰四石四斗五升,奇不衛(率)六斗",不過秦代按户,漢代按口計算平均數),而且要登記田畝受災的情况(其有菑害者),可能也有一個標準,祇是因爲"頃畝□率□"有若干字難以釋讀和殘缺而難以探討。

簡75與76的内容在很大程度上具有對應性,里耶秦簡墾田租簿登記的田畝、田租及户嬰田租,相當於居延漢簡墾田簿"署歲上中下度得穀口率",而前者登記的總田數與興田數之差,實際上就是後者所記的"其有菑害者署頃畝□率"。可以説,漢代延續了秦代按田畝收成徵課田租的做法并有所變革。

東漢時期仍然如此,在"度田"過程中,仍然需要調查田畝收成以確定田租。東漢明帝時,劉般上書批評度田不實時稱:

> 又郡國以牛疫、水旱,墾田多减,故詔敕區種,增進頃畝,以爲民也。而吏舉度田,欲令多前,至於不種之處,亦通爲租。可申敕刺史、二千石,務令實覈,其有增加,皆使與奪田同罪。①

官吏爲了增加墾田面積,度田時甚至將"不種之處,亦通爲租"。易言之,實際情况應是不種之田(没有收成)不收租。可見度田過程中也應調查田畝收成以確定田租的徵收。②

與此相關的還有旱灘坡東漢簡中的一條律文:

> 77. 鄉吏常以五月度田,七月舉菑害,匿田三畝以上坐。③

"菑害"原釋作"畜害",但簡77僅與度田、田畝有關,與牲畜没有直接聯繫,釋作"畜害"頗爲可疑。其字形"菑"也與"畜"有所差異。聯繫簡76中的"菑害"之"菑"(菑),此兩字皆應爲"菑"的異體字。"舉菑害"之"舉"當作記録、登記解,④相當於簡76中的"署"(記録)。基於此,這條律令可作如下理解:東漢律令規定,鄉吏在五月度田調查

---

① 《後漢書》卷三九《劉般列傳》,第1305頁。
② 參見臧知非:《説"税田":秦漢田税徵收方式的歷史考察》,第36頁。
③ 武威地區博物館:《甘肅武威旱灘坡東漢墓》;《文物》1993年第10期,第30、32頁。
④ 《左傳》襄公二十七年:"仲尼使舉是禮也,以爲多文辭。"陸德明《經典釋文》:"沈云:舉,謂記録之也。"(唐)陸德明撰,黄焯斷句:《經典釋文》,北京:中華書局,1983年,第267頁。

田畝耕墾情況，①在七月調查登記田畝受灾情況，以判斷田畝收成，將有收成的田畝隱瞞不報或登記爲遭受灾害歉收或絶收的田畝達三畝以上，②鄉吏有罪。

秦漢時期，田畝收成與田租徵收直接相關。然而，無論是"度稼"，還是"度田"，每年都需要耗費大量的人力，有没有更爲簡便的方式呢？東漢章帝時期，秦彭在山陽太守任上，創立了一種新做法：

> 　興起稻田數千頃，每於農月，親度頃畝，分别肥墝，差爲三品，各立文簿，藏之鄉縣，於是奸吏踧踖，無所容詐。彭乃上言，宜令天下齊同其制。詔書以其所立條式，班令三府，并下州郡。③

秦彭以土地"肥瘠"（指土地的肥沃和磽薄）爲依據，將田畝劃分爲三品。從"每於農月，親度頃畝"來看，劃定田畝三品有可能還會以收成作爲依據。祇是，劃分的依據最終落實到田畝肥瘠之上。以田畝肥瘠和收成爲依據，確定田畝的等級，"各立文簿"，從而一勞久逸地爲田租徵收提供基本依據，不再需要逐年"度稼""度田"及"舉菑害"，節約了人力資源。因此，該做法得到章帝的肯定，并下詔推廣。

不過，"差爲三品"的做法仍然具有局限性，它雖然適應於旱澇保收的田畝，但是，那些缺乏農田水利設施保障的田畝，仍然靠天吃飯，收成的豐歉仍然需要實地調查。從前舉東漢桓帝延熹九年免收"灾旱盗賊之郡"的田租，以及西晉武帝太康三年免除"四方水旱甚者"的田畝，都應是實際報告和調查的結果。

具體到田家莂中記録的"旱田"與"𤉷田"，也應是實際田畝收成調查的結果。④ 一方面，嘉禾四年、五年田畝"旱""𤉷"比有很大的變化，嘉禾四年田畝旱敗率達75%左

---

① 張家山漢簡《二年律令·田律》規定："縣道已墾（墾）田，上其數二千石官，以户數嬰之，毋出五月望。"張家山二四七號漢墓竹簡整理小組編著：《張家山漢墓竹簡〔二四七號墓〕（釋文修訂本）》，北京：文物出版社，2006年，第42頁。"五月度田"與此具有一致性。參見臧知非：《説"税田"：秦漢田税徵收方式的歷史考察》，第36頁。

② 秦漢以來，都是依據田畝收成徵課田租，不種或没有收成的田畝不收租。由此看來，度田過程中的"匿田"，從本質而言，主要是隱瞞有收成的田畝。

③ 《後漢書》卷七六《循吏列傳·秦彭》，第2467頁。

④ 參見陳明光、丘敏：《六朝經濟》，南京出版社，2010年，第200—212頁。臧知非則認爲是沿襲東漢"差爲三品"而加以變通，"祇是把東漢的田分三等變爲兩等而已"。孫吳分别制定統一的旱田、熟田的標準畝產量，確定兩種統一的田租額，徵之於民。臧知非：《三國吳簡"旱田""熟田"與田租徵納方式》，《中國農史》2003年第2期，第35—37頁。

右,嘉禾五年下降到 40% 左右。① 這類靠天吃飯的田畝,不可能像"差爲三品"那樣確定田畝等級去徵收田租。另一方面,走馬樓吳簡竹簡中也有不少田畝數"旱死不收",或田租斛數"旱不收",或"·其四頃九十畝旱敗不收錢布"(貳·5472)的登記,這應當就是秦漢以來通過"度稼""度田""舉菑害"等確定田租徵課和減免等做法的延續。

　　基於以上研究,筆者認爲,田家莂中的"旱田""塾田"之分與田畝收成直接相關。"旱田"是旱敗絶收或歉收的田畝,田租有所減免;而"塾田"是有收成的田畝,可以正常徵收田租。

_____

① 田家莂田畝旱敗率,李卿的統計結果爲嘉禾四年 75%,嘉禾五年 40%(參見其作《〈長沙走馬樓三國吳簡·嘉禾吏民田家莂〉性質與内容分析》,《中國經濟史研究》2002 年第 1 期,第 130 頁),阿部幸信統計結果爲嘉禾四年 75.3%,嘉禾五年 43.1%(參見其作《小型竹簡と旱敗率よりみた"丘"》,《長沙吳簡研究報告》第 2 集,2004 年,第 23 頁)。

《魏晉南北朝隋唐史資料》第四十七輯

2023 年 5 月,43—57 頁

新郡置立與地域性軍政集團

——對東晉荆州武寧、綏安、長寧三郡的考察

馮博文

東晉安帝時,荆州新置武寧、長寧與綏安三郡,大抵位於江漢之間。武寧郡領長林、樂鄉二縣,長寧郡領長寧、上黃、綏寧、僮陽四縣,綏安郡領縣不明。[①] 長林、長寧縣名相似,加之後來隋朝將二縣合爲一長林縣,致使武寧、長寧二郡沿革頗爲紊亂;綏安郡之地望、面貌,亦因史料有限而不甚清晰。

三郡置立皆發生於桓玄都督荆州時期。隆安年間,"玄建牙聚衆,外托勤王,實欲觀釁而進,復上疏請討之(按,指討孫恩)。會恩已走,玄又奉詔解嚴。以偉(按,指桓玄之兄桓偉)爲江州,鎮夏口;司馬刁暢爲輔國將軍,督八郡,鎮襄陽;遣桓振、皇甫敷、馮該等戍湓口。移沮漳蠻二千户於江南,立武寧郡;更招集流人,立綏安郡"[②]。據此,諸郡置立於桓玄"建牙聚衆"之際,應是玄構建其軍政集團的重要環節。因此,本文擬首先厘清武寧、長寧、綏安三郡地望與置立過程,分析三郡在桓玄代晉事件中的作用,考察新郡置立與地域性軍政集團形成之關聯,進而闡發此一時期新郡置立的意義。

一、武寧郡、江南與"沮漳蠻"

學界一般將武寧郡地望定在今湖北荆門市北,然對其具體位置多未加詳究。[③] 論者所據大抵皆爲《水經注》與《太平寰宇記》若干記載,然對相關記載的理解,似仍有重加檢討之必要。

[①]　武寧、綏安二郡置立於隆安五年,見《晉書》卷九九《桓玄傳》,北京:中華書局,1974 年,第 2590 頁;長寧郡置於安帝年間,見《宋書》卷三七《州郡三》,北京:中華書局,2018 年,第 1221 頁。

[②]　《晉書》卷九九《桓玄傳》,第 2589—2590 頁。

[③]　周振鶴主編,胡阿祥、孔祥軍、徐成著:《中國行政區劃通史·三國兩晉南朝卷(修訂版)》,上海:復旦大學出版社,2017 年,第 839 頁。

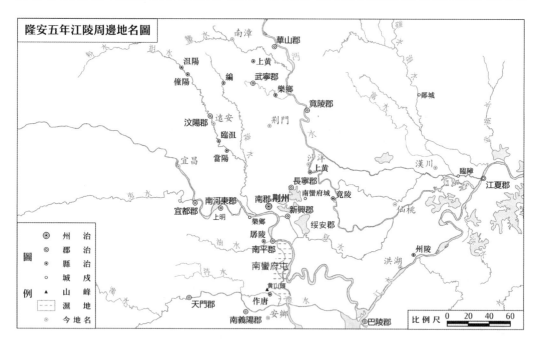

圖一　隆安五年江陵周邊地名圖

資料來源: 河流資料來自《中國歷史地圖集》第三册,并參考魯西奇、潘晟所著《漢水中下游河道變遷與堤防》(武漢大學出版社,2004年);地名定位參考《中國歷史地圖集》第三册與本文考證結果。

　　《太平寰宇記》荆門軍長林縣叙:"晉安帝隆安五年,刺史桓玄立武寧郡於故編縣城,其屬有長林縣,與郡俱立,分編縣所置也。"①據此,編縣廢於隆安五年之前,後復立;桓玄置武寧郡與長林縣於編縣故城。《水經注》提到編縣曾經徙治。永樂大典本《水經注·漳水》載:"漳水東南流又屈西南逕編縣南縣舊東北一百四十里高陽城西南移治許茂故城城南臨漳水又南歷臨沮縣之漳鄉南。"②然"縣舊東北一百四十里高陽城西南移治許茂故城"一句似有抵牾。朱謀㙔增一字,將其改爲"縣舊城東北一百四十里高陽城西南移治許茂故城"③。戴震在朱箋本基礎上改爲:

　　【注】漳水東南流,又屈西南,逕編縣南,縣舊城之東北百四十里也,西南高陽

　　　———————————

　　① (宋)樂史著,王文楚點校:《太平寰宇記》卷一四六《荆門軍·長林縣》,北京:中華書局,2007年,第2846頁。

　　② 《永樂大典本水經注》卷一一一三九《水·水經十三》,《水經注珍稀文獻集成》第二輯第九册,成都:巴蜀書社,2017年,影印《續古逸叢書》本,第16頁。爲免歧義,此處不加標點。

　　③ (明)朱謀㙔:《水經注箋》卷三二《漳水》,《水經注珍稀文獻集成》第二輯第十册,影印明萬曆四十三年刻本,第60頁。

城,移治許茂故城。城南臨漳水,又南歷臨沮縣之章鄉南。(標點自加)①

戴震進而認爲:"漢編縣即今荊門州西高陽城,晉隆安中東北移百四十里,即今南漳縣之許茂城。"此後諸家與戴氏意見大體一致,②唯趙一清與之不同。趙氏《水經注釋》作:

> 【注】漳水東南流,又屈西南,逕編縣南。【小字注】縣舊城在東北一百四十里高陽城,西南移治許茂故城,城南臨漳水。又南歷臨沮縣之彰鄉南。(標點自加)③

趙氏以區分"注中注"的形式對此段文字進行處理。然則,編縣向西南徙治於漳水之濱,方向與戴氏理解相反。

據酈注,編縣新城位於漳水自東南折向西南之水灣北岸,當無疑義。漳河上游沿岸階地較少,滿足置縣條件的僅有南漳縣巡檢鎮亮家台、小漳河、擂鼓坪、馬家坪等處。儘管在亮家台暫未發現遺址或墓葬,其東北不遠處的"古墓崗"則暗示存在古代墓葬的可能,編縣新城可暫定於此。④《太平寰宇記》謂桓玄立武寧郡於編縣故城,⑤又引盛弘之《荊州記》云:"當陽縣東有櫟林長坂。昔時武寧至樂鄉八十里中,拱樹修竹,隱天蔽日,長林蓋取名於此。"⑥按戴氏認識,編縣舊治(武寧郡治)在編縣新城西南 140 里(約合今 60 公里),已遠至今遠安縣境內,與樂鄉縣(今鍾祥市雙河鎮樂鄉關)相隔遠超 80 里(約合今 33 公里)。⑦按趙氏認識,自亮家台向東北延展 60 公里,至荊門市仙居鄉,此地有大批漢晉墓群,距樂鄉約 30 公里,與"武寧至樂鄉八十里"相合。因此,武寧郡治(或曰編縣故城)當在今沮河上游的荊門市仙居鄉一帶(參見圖一),武寧郡境即今沮河流域。

---

① 《水經注》卷三二《漳水》,《水經注珍稀文獻集成》第一輯第十冊,影印武英殿本,第 43 頁。

② (清)楊守敬、熊會貞疏:《水經注疏》,南京:江蘇古籍出版社,1989 年,第 2702 頁。陳橋驛校證:《水經注校證》卷三二《漳水》,北京:中華書局,2007 年,第 753 頁。

③ (清)趙一清釋:《水經注釋》卷三二《漳水》,《水經注珍稀文獻集成》第三輯第三冊,影印乾隆五十一年小山堂刻本,第 176 頁。

④ 劉甫將亮家台定爲編縣舊城,見氏著"編縣"小考,《荊楚學刊》2019 年第 6 期。

⑤ 《太平寰宇記》卷一四六《荊門軍·長林縣》,第 2846 頁。

⑥ "當陽縣東有櫟林長坂"與"昔時武寧至樂鄉八十里中",顯然不屬於同一地志。前者當出自某一《荊州記》,描述"櫟林長坂"與當陽縣的相對位置,應在當陽縣條目下;後者則是解釋長林縣得名。樂史將兩段文字拼連,易造成長林縣在當陽縣東的印象。

⑦ 樂鄉縣遺址見國家文物局主編:《中國文物地圖集·湖北分冊》,西安地圖出版社,2002 年,下冊,第 397 頁。

　　若上述考證勉能成立,《晉書·桓玄傳》中"立武寧郡"的相關記載便需要重新理解。《宋書·州郡志》謂桓玄以沮、漳降蠻立武寧郡,《晉書·桓玄傳》又記"移沮漳蠻二千户於江南,立武寧郡"。結合兩條史料,將得出桓玄以沮漳蠻立武寧郡於"江南"的結論,進而帶來"江南"何所指的疑問。將"江"理解爲江水,①則武寧郡在今荆門市北、洲河上游的結論與"江南"相抵牾。若將"江"理解爲漢水支流蠻河,②然而二水獨立注入漢水,將洲河上游視作蠻河之"江南",頗爲勉强;且漳水與洲河上游相距僅數公里,移"沮漳蠻"於洲河上游,近乎於并未移動。因此,"移沮漳蠻"與"立武寧郡"應當是兩項同時不同地的措施。

　　實則,南郡之"江南"確有"蠻"的綫索。《水經注·江水》謂:"(公安)縣有油水,水東有景口,口即武陵郡界。景口東有淪口,淪水南與景水合,又東通澧水及諸陂湖。自此淵潭相接,悉是南蠻府屯也。故側江有大城,相承云倉儲城,即邸閣也。"③江南之地屬南平郡(國),油水、景水、淪水與諸多陂湖構成河湖交錯的廣闊濕地,南蠻校尉府屯田與倉城即位於此地。④《太平廣記》引《靈鬼志》曰:"南平國蠻兵,義熙初,隨衆來姑熟,便有鬼附之。"⑤南平領江安、孱陵、作唐、南安四縣,俱在江南。南平國蠻兵與《水經注》所載南蠻府屯在公安以南相合,兵屬南蠻府,屯於南平境内。元興元年(402),桓玄執政,自建康出居姑熟;據何法盛《桓玄録》,玄在姑熟"大築府第",⑥蠻兵應是隨桓玄屯戍姑熟的荆州軍之一部。因此,"移沮漳蠻二千户於江南"是指桓玄將"沮漳降蠻"注爲南蠻府兵籍,使之屯於南平;另置武寧郡於"沮漳降蠻"活動故地,以鎮撫之。

　　南蠻府兵屯戍於此,或與"江南"開發和僑民棲居的歷史格局相關。荆江以南,今

---

① 吴永章:《湖北民族史》,武漢:華中理工大學出版社,1990 年,第 78 頁。

② 石泉:《古文獻中的"江"不是長江的專稱》,《古代荆楚地理新探》,武漢大學出版社,2013 年,第 61 頁。

③ 《水經注校證》卷三五《江水》,第 801—802 頁。《資治通鑑》胡注引《水經注》作"府屯兵",見《資治通鑑》卷一二八《宋紀十》孝武帝孝建元年"罷南蠻校尉"條注,北京:中華書局,2011 年,第 4088 頁。

④ 對景口、淪口的定位,參見張修桂:《〈水經·江水注〉枝江—武漢河段校注與復原(上篇)》,《歷史地理》第 23 輯,2008 年;張步天:《水經注河川概論》,北京:綫裝書局,2017 年,第 194 頁。

⑤ (宋)李昉等編:《太平廣記》卷三二二《鬼七》"蠻兵"條,北京:中華書局,1961 年,2008 年重印本,第 2557 頁。此條後叙文又云:"予爲國郎中,親領此土。荆州俗語云,是老鼠所作,名曰鬼侯。"義熙二年(406),劉毅封南平郡公,劉敬叔爲南平國郎中令,七年免官。可知此條乃劉敬叔親履南平時獲知,編入《異苑》,後被抄入《靈鬼志》。周一良已據《異苑》指出"似取蠻人爲兵不自元嘉始"。參閲氏著:《南朝境内之各種人及政府對待之政策》,《魏晉南北朝史論集》,北京:商務印書館,2020 年,第 108 頁。

⑥ (南朝梁)蕭統編:《文選》卷二二《詩乙·遊覽·南州桓公九井作》注引《桓玄録》,上海古籍出版社,1986 年,第 1032 頁。

松滋、公安等地是丘陵向沖積平原過渡地貌,自漢晉以來便吸引屯軍和僑民居於此處。朱然、陸抗先後戍兵於樂鄉(約在今松滋市涴市鎮),西晉末年的巴蜀流民亦聚集於樂鄉,①桓沖在上明(今松滋市老城鎮)開闢軍屯、興築水利。② 這一狹長地帶,土壤、灌溉條件優越,晉時均被河東等地僑民占據。③ 荊江以南的今津市、安鄉等地,是武陵山餘脉、丘陵和澧水下游濕地,漢代置作唐縣,東晉時義陽僑民寓居於此,這一帶的大批漢晉墓群當屬僑民葬地。④ 自今公安縣南至安鄉縣黃山頭,油水、景水、淪水與江水、澧水相匯,是"淵潭相接"的廣闊濕地,自然環境較安鄉、松滋爲劣,開發難度大,故未被僑民占據。南蠻府兵屯於南平,應與此有關。

二、綏安郡:流動的流民武裝組織

綏安郡同爲桓玄所立,然其置廢過程與地望皆不清晰。史籍中對該郡似僅有如下記載:

(1)《晉書・桓玄傳》謂:"更招集流人,立綏安郡。"⑤

(2)《南齊書・州郡志》江州總序:"何無忌表:'竟陵去治遼遠,去江陵正三百里,荊州所立綏安郡民戶,參入此境,郡治常在夏口左右,欲資此郡助江濱戍防,以竟陵還荊州。又司州弘農、揚州松滋二郡,寄尋陽,人民雜居,宜并見督。'"⑥

(3)《宋書・州郡志》荊州永寧太守條:"宋初五縣,後省綏安";郢州巴陵太守條:孝建二年(455)"度長寧之綏安屬巴陵";巴陵太守州陵侯相條:泰始四年(468)"以綏安縣并州陵"。⑦

綏安郡是桓玄招集流民所置,其地望、屬縣現有兩説。一説在今荊門市北,⑧當是

---

① 《晉書》卷四三《王澄傳》,第 1240 頁。

② 《晉書》卷七四《桓沖傳》,第 1951 頁。

③ 隋平陳後,聞喜、譙縣被省入松滋,永安被省入公安,説明三縣雖同爲僑縣,但不同治於一城,而是分散在松滋與公安之間。見《隋書》卷三一《地理下》,北京:中華書局,2019 年,第 1000 頁。

④ 《水經注・澧水》載:"澧水又東,澹水出焉。澧水又南逕故郡城東,東轉逕作唐縣南。"見《水經注校證》卷三七《澧水》,第 867 頁。"故郡"即義陽僑郡。儘管漢時已置作唐縣(今安鄉縣北),但與作唐縣配套的墓群集中在城北的黃山頭,劉弘墓即在此處。

⑤ 《晉書》卷九九《桓玄傳》,第 2590 頁。

⑥ 《南齊書》卷十四《州郡上》,北京:中華書局,2019 年,第 291 頁。

⑦ 參見《宋書》卷三七《州郡三》,第 1221、1225 頁。安田二郎就綏安郡的土斷問題有過梳理。參閲〔日〕安田二郎:《僑州郡縣制と土斷》,川勝義雄、礪波護編:《中國貴族制社會的研究》,京都大學人文科學研究所,1987年,第 624 頁。

⑧ (清)顧祖禹撰,賀次君、施和金點校:《讀史方輿紀要》卷七七《湖廣三・荊門州》"荊門城"條,北京:中華書局,2005 年,第 3593 頁。

因綏安後隸屬永寧郡以及認爲永寧在荊門北境之故。然永寧郡不在荊門北境(參見第三節),此說當誤。一說綏安郡後更名長寧、永寧,胡三省謂"綏安郡治長寧縣,隋省長寧入長林",洪亮吉認爲綏安郡領長寧、綏安、僮陽、綏寧四縣,[①]石泉指出:"綏安郡、長寧郡之屬縣(例如長寧縣、綏安縣)相同,而晉、宋記載中又從未見有此二郡并列之記載。據此可知,長寧郡當爲綏安郡之改稱,宋明帝以後,又改名永寧郡",長寧(綏安)郡之綏安縣便"不出今荊門東北境與鐘祥西北境之漢水西岸地"。[②] 然晉安帝時置長寧郡,義熙時尚有綏安郡,前後僅隔數年,二郡應當并存。

綏安郡民主體是桓玄招集之流人,初期應居於江陵近郊,受桓玄"漁民飼養魚鷹樣的"管理和調遣。[③]桓玄舉兵東進後,綏安郡民遷至夏口。桓玄兵敗,玄侄桓振復取江陵,以馮該、孟山圖領萬人防守夏口、魯山;[④]此役後,馮、孟、桓所領軍隊應散布於夏口周邊。義熙元年初,劉毅再陷江陵,桓振逃往郳城(今湖北省安陸市),[⑤]後舉兵於此,并殞命於臨障(今武漢市蔡甸區的臨嶂山城址)。[⑥] 自郳城順溳、沔二水可達夏口。上述戰事表明,桓振的最後兵力分布在沔、溳下游,與夏口相接,這恰與何無忌之描述相合。義熙二年,何無忌都督江、荊二州;六年,盧循、徐道覆自廣州北上,何無忌沿江防守,表奏:"荊州所立綏安郡民戶,參入此境,郡治常在夏口左右,欲資此郡助江濱戍防,以竟陵還荊州。"就何氏所云,綏安流民"常在夏口左右",其活動地與夏口之役和桓振最後起兵之地相合。因此,綏安郡民曾追隨桓玄、桓振東進,故義熙年間"常在夏口左右"。

綏安郡領有民戶,可被隨時徵發爲軍,郡治游離不定,這些特徵表明該郡實爲一流動的武裝流民組織,供所隸都督驅使。[⑦] 桓玄置綏安郡,是爲招募流人組建兵團,構成荊州軍之一部。桓氏覆滅,綏安流民武裝改由劉道規、何無忌都督,說明該郡武

---

① 《資治通鑑》卷一一二《晉紀》安帝隆安五年十二月,第 3588 頁;(清)洪亮吉:《東晉疆域志》卷二《荊州》,《二十五史補編》,北京:中華書局,1955 年,第三冊,第 3609 頁。

② 石泉:《漢魏六朝華容雲夢澤(巴丘湖、先秦"江南之夢")故址新探》,《石泉文集》,武漢大學出版社,2006 年,第 342 頁。

③ 〔日〕安田二郎著,夏日新譯:《劉宋大明年間的襄陽土斷》,載李錦章主編:《湖北歷史文化論集(二)》,武漢:中國地質大學出版社,2000 年,第 31 頁。

④ 《晉書》卷八五《劉毅列傳》,第 2206 頁。

⑤ "郳城"地望存有多說,桓振所至"郳城"既在溳川(溳水),應是今安陸。

⑥ 《晉書》卷九九《桓玄傳》,第 2602—2603 頁;《晉書》卷八五《劉毅傳》,第 2206—2207 頁。

⑦ 綏安郡與曾爲桓宣淮南部曲所置義成郡相仿,後者是東晉中晚期雍州軍府的主力軍。參閱安田二郎:《晉宋革命と雍州(襄陽)の僑民:軍政支配から民政支配へ》,《東洋史研究》1983 年第 1 期;中譯本見《日本中青年學者論中國史·六朝隋唐卷》,上海古籍出版社,1995 年,第 133—136、138 頁。

裝在數年間仍有實力。此後,該郡武裝或有所削弱,故在晉宋之際被降格爲縣,屬長寧郡。[①] 孝建二年,宋孝武帝析荆、湘等州置郢州,以削弱荆州,將綏安縣改屬巴陵郡;泰始四年,綏安被省入州陵縣。然則,劉宋中期綏安郡流民已活動在州陵一帶(今洪湖市烏林鎮),[②]這應是義熙六年何無忌調遣該郡防守江濱的結果。

綜而言之,有關綏安郡的零星史料仍可展示其基本歷程:該郡是受桓玄招募組建的武裝流民組織,隨桓玄、桓振東征,義熙初年活動在湨水下游至夏口一帶;義熙六年,受江州都督何無忌調遣,移駐州陵一帶,隨後被降格爲縣;因劉宋政權析置郢州、削弱荆州,該縣改隸巴陵郡;當流民式微、荆州局勢緩和之際,綏安郡流民最終被整合進地方民政體制之中。

三、長寧郡:蠻、流之雜合

武寧郡長林縣與長寧郡長寧縣,於隋開皇七年後被省併爲一縣,故論者多以爲二郡相鄰,亦將長寧郡定在今荆門市北。如胡三省謂"永寧郡置於襄陽南漳縣界",[③]清人將其定在荆門市西或西北,《中國歷史地圖集》等將其標識在今荆門市西北方向。[④]此外,乾隆《荆門州志》謂:"長林縣城在州東南一百四十里,即今後港。自晉析治於長湖東北隅,在黄歇冡之北。唐貞元二十一年復移長林於此。下有關門岡,後被水冲塌,移城於東岡,今有遺址。"[⑤]據此,東晉南朝之長寧縣與唐貞元以前之長林縣,俱在今湖北沙洋縣後港鎮黄歇冡北。《讀史方輿紀要》又謂"長林廢縣,今州治",《中國行政區劃通史》據此將唐代長林縣定在今荆門市區,[⑥]這意味着東晉長寧郡、長寧縣亦當在此。

上述意見皆以推理或明清文獻爲據,缺乏早期記載的直接證據。實則,南朝唐宋文

① 何無忌在義熙六年戰死,所部受到重創。《宋書·州郡志》謂宋初時綏安已是縣。義熙九年,劉裕主持土斷,一批僑郡被省廢,綏安郡被省爲縣或在此時。

② 余向東:《湖北省洪湖市小城濠、大城濠、萬鋪塌遺址調查》,《江漢考古》1992 年第 4 期。

③ 《資治通鑑》卷一六三《梁紀十九》大寶元年九月,第 5054 頁。

④ 《中國歷史地圖集》第四册(東晉十六國·南北朝時期),北京:地圖出版社,1982 年,第 34—35 頁;《中國行政區劃通史·三國兩晉南朝卷(修訂版)》,第 1492 頁。

⑤ (清)舒成龍:《荆門州志》卷三三《古迹》"長林縣城"條,國家圖書館藏乾隆十九年刻本,第 36b 頁。在光緒《湖北輿地圖》中,"長林故城"被標在沙洋縣後港鎮應家集一帶,應即《荆門州志》所云唐貞元二十一年後的長林縣城。參見《湖北輿地圖》之《荆門州輿圖西南》,不分卷,國家圖書館藏光緒二十七年石印本,無頁碼。

⑥ 周振鶴主編,郭聲波著:《中國行政區劃通史·唐代卷(修訂版)》,上海:復旦大學出版社,2017 年,第 842 頁。

獻中存在相關綫索。南朝齊梁時多以一人領新興、永寧二郡太守，如張稷、馮道根、張齊、魚弘，然則二郡應相去不遠。新興郡位於今荆州市東郊的岑河鎮，①永寧郡應同在今荆州東郊。《宋書·州郡志》謂該郡"去（荆）州陸六十"，②後港鎮至今荆州約 26～30 公里，與《宋志》所謂 60 里相合。《元和郡縣志》佚文謂"櫟林長阪在長林縣西北九十里。"③《讀史方輿紀要》引"胡氏（三省）"曰："長坂在當陽縣東南百二十里長林城北。"④一般認爲長坂在今當陽市東北、荆門市西南的範圍，唐長林縣（亦即晉長寧郡）在其東南 90～120 里，即今沙洋以西、荆州東北。儘管晉長寧郡在今後港之説僅見於清代方志，但上述證據皆支持此説。

既明確長寧郡治所在，便可推知其屬縣地望。宋初，長寧郡領五縣——長寧、綏安、僮陽、綏寧、上黄，經過省併，存長寧、上黄二縣。上黄地名初見於《襄陽記》"粗中在上黄界"，"粗中"即今湖北宜城市、南漳縣間的丘陵河谷。《水經注》載："（沶水）又東歷轑鄉，謂之轑水，晉武帝平吳，割臨沮之北鄉、中廬之南鄉立上黄縣，治轑鄉，沶水又東歷宜城西山，謂之沶溪，東流合於夷水，謂之沶口也。"⑤沶水流經南漳縣南部，上黄縣約在今南漳縣的安集一帶。若將晉長寧郡上黄縣視爲西晉上黄縣，則長寧郡確應在南漳、荆門交界地區。⑥ 然而，南朝實際有兩個上黄縣，一屬華山郡（宋初屬襄陽郡，後改隸華山僑郡），一屬長（永）寧郡。《南齊書·蠻傳》謂"北上黄蠻文勉德寇汶陽"，⑦"北上黄蠻"與汶陽郡（位於今遠安縣）接境，當指華山郡之上黄。與之對應，當存在"南上黄縣"，即長（永）寧郡之上黄。554 年，西魏置上黄郡與禄麻縣，後更名章山縣，⑧在長林縣東北

---

①　朱翰昆：《荆楚研究雜記》，湖北省荆州行署地方志辦公室，1994 年，第 27 頁。

②　《宋書》卷三七《州郡三》，第 1222 頁。安田二郎、胡阿祥認爲此里數有誤，安田二郎認爲可能是"百六十里"，但這是基於永寧郡在今荆門市北之假設的反推，參閲〔日〕安田二郎：《僑州郡縣制と土斷》，川勝義雄、礪波護編：《中國貴族制社會の研究》，第 624 頁；胡阿祥：《宋書州郡志匯釋》，合肥：安徽教育出版社，2006 年，第 181 頁。其實荆州距建康 3 380 里，永寧郡距建康 3 430 里，則荆州、永寧相距 60 里應當無誤。

③　（宋）王象之：《輿地紀勝》卷七八《荆門軍·古迹》引《元和郡縣志》，北京：中華書局，1992 年，第 2564 頁。

④　《讀史方輿紀要》卷七七《湖廣三·荆門州》，第 3595 頁。這句話可理解爲長林城在當陽縣東南百二十里，長坂在其北；亦可理解爲長坂在當陽縣東南百二十里、長林城北。檢《資治通鑑》胡注，有"當陽長坂在今荆門軍當陽縣東南百二十里"之説，無"長林城北"四字。見《資治通鑑》卷六五《漢紀五十七》獻帝建安十三年八月"操以江陵有軍事"條，第 2127 頁。

⑤　《水經注校證》卷二八《沔水》，第 667 頁。

⑥　胡三省"永寧郡置於襄陽南漳縣界"的看法或源於此。

⑦　《南齊書》卷五八《蠻傳》，第 1116 頁。

⑧　《隋書·地理志》竟陵郡章山縣條："西魏置，曰禄麻，及立上黄郡。開皇七年郡廢，大業初縣改名焉。"見《隋書》卷三一《地理下》，第 1001 頁。

百二十里。① 以路程揆之,上黃郡與禄麻縣當在今沙洋縣新城村。② 該郡顯然得名於上黃縣,長寧郡上黃縣當即在此。綏寧縣被省入上黃,應與之相鄰;僮陽縣被省入長寧,應同在今沙洋以西、荆州東北。

　　在晉、宋地理志中,長寧郡與南義陽、東義陽兩僑郡皆爲安帝時所置。③《晉書·桓玄傳》未提及長寧郡,似非桓玄所置。在明確該郡地望的基礎上,尋繹郡民來源,便可知此郡與江陵其他僑郡有所不同。上黃、僮陽二縣在今荆州東北,又與沮漳蠻區的兩縣同名,表明二縣不是以流民所置的一般僑縣。"北上黃"始置於西晉,"南上黃"始置於東晉,則後者是因前者僑置。據《南齊書》,"北上黃"在南齊時是"沮漳蠻"活動範圍,晉末亦如此。④ 然則,"南上黃"應是以北上黃"沮漳蠻"所置。此外,長寧郡僮陽縣也對應汶陽郡所領同名縣。僮陽縣因潼水而得名,地處沮水蠻活動腹地。⑤ 僮陽與上黃對應沮漳蠻區的兩縣,應皆是因沮漳降蠻"僑置"。據此而言,有一部分"沮漳降蠻"被置於江陵城東、沔水以西,桓玄以上黃、僮陽二縣領護之。因此,長寧郡雖是僑郡,郡民亦包括被遷移而來的"蠻",這使之與河東、新興、義陽等僑郡不同。⑥

　　長寧諸縣本無地緣或血緣關聯,而是由來歷不一的蠻、流人群雜合所置,這解釋了該郡爲何以嘉名命名。孝建二年(455)後,長寧四縣被省并爲上黃、長寧兩縣,蠻與流人被整合在一起。長寧(永寧)郡至隋時方被省爲縣。

---

① 《舊唐書·地理志》荆州長林縣條謂:"武德四年,於縣東北百二十里置基州及章山縣。"見《舊唐書》卷三九《地理二》,北京:中華書局,1975年,第1553頁。

② 乾隆《荆門州志》卷三三《古迹》"古绿麻縣城"條云:"在州東南一百二十里绿麻山上新城。"(國家圖書館藏乾隆十九年刻本,第35頁b)新城在今沙洋縣李市鎮新城村。

③ 《晉書》卷一五《地理下》謂晉安帝僑立南義陽、東義陽、長寧三郡(第458頁)。

④ 桓玄曾伐蠻於洌河流域,漳水、洌河、蠻水相鄰,則"北上黃"在晉時便已是蠻人活動區。蠻河下游的楚皇城遺址曾出土"漢夷邑君"與"晉蠻夷率善邑長"兩枚印章,可見漢晉時蠻夷在此活動。見王仁湘、郭德維、程欣人:《湖北宜城楚皇城勘查簡報》,《考古》1980年第2期。

⑤ 《水經注》載:"沮水東南流逕汶陽縣東南,縣有潼水,東逕其縣南,下入沮水。"見《水經注校證》卷三二《沮水》,第752頁。潼水即今霸王河,僮陽縣或即今南漳縣重陽坪。

⑥ 就位置而言,長寧郡亦與南蠻府城相鄰。《水經注·沔水》載:"(揚水)又東北,路白湖水注之,湖在大港北,港南曰中湖,南堤下曰昏官湖,三湖合爲一水,東通荒谷……春夏水盛,則南通大江,否則南迄江堤,北逕方城西。方城,即南蠻府也。又北與三湖會,故盛弘之曰:南蠻府東有三湖,源同一水。蓋徙治西府也。"(《水經注校證》卷二八《沔水》,第669—670頁)江陵城東有"方城",即南蠻校尉府城。"蓋徙治西府也"語義不明,似指南蠻府後從方城徙治於荆州城。三湖應即今荆州市東北的長湖、借糧湖。然則,長寧郡在三湖北,南蠻府城在三湖西,相距甚近。

四、三郡置立與桓玄軍政集團之形成

上述三郡的置立基礎不同,但目的一致,即通過聚合蠻、流人群建立武力,從而在桓玄舉兵的背景下具有特別的政治意涵。隆安五年,桓玄"本謂揚土飢饉,孫恩未滅,必未遑討己,可得蓄力養衆,觀釁而動"。次年二月,司馬元顯聲討桓玄。在已掌控荆、江諸州之際,桓玄"甚懼,欲保江陵";他雖在卞範之勸説下舉兵,依然"慮衆不爲用,恒有回旆之計"。① 桓玄舉兵之際的躊躇,表明他對其軍政集團之實力不無憂懼。梳理桓玄起兵之路,有助於理解桓玄軍政集團的結構性問題,并由此認識三郡對此軍政集團之意義。

桓玄之謀始於殷仲堪都督荆州時。桓氏天然具有的"荆楚之望"的輿論優勢,首先對桓玄重建以己爲核心的軍政集團產生抑制作用。桓石民逝後,晉孝武帝先後以王忱、殷仲堪都督荆州,制衡司馬道子,并抑制桓氏在荆勢力。"桓玄時在江陵,既其本國,且奕葉故義,常以才雄駕物。忱每裁抑之。"②執政者也對桓玄疑而不用,故而玄23歲始拜太子洗馬,後出爲義興太守,又棄官回到江陵。荆州雖有"故義",桓玄卻無法以此建立自身武力,祇能假藉殷仲堪達成此目標。③ 基本武力的缺失,乃桓玄營造軍政集團的首要難題。

隆安二年(398)七月,殷仲堪與豫州刺史庾楷、兗州刺史王恭舉兵反對司馬道子,這成爲桓玄建立軍府的契機。殷仲堪在荆州勢力孤微,④遂由桓玄與晚渡士族楊佺期領兵,玄因之獲得五千荆州兵。⑤ 在司馬元顯許諾授楊佺期雍州、授桓玄江州、以桓脩鎮荆州的安排下,楊佺期退兵,桓、殷退至江州,相與盟誓。此後,殷仲堪仍爲荆州都督,三人間形成極不穩定的平衡態勢:殷仲堪鎮荆州,既與楊佺期結爲姻親,又戍兵北境、防備楊氏,亦勸阻楊氏襲擊桓玄;楊佺期在殷仲堪默許下奪取襄陽,其兄楊廣任南蠻校尉,其弟孜敬任江夏相。殷仲堪意使楊、桓相互制衡,桓玄遂在其默許下奪取江夏,其兄桓偉代楊廣出任南蠻校尉。同時,建康亦試圖離間三方,故以楊佺期所督雍州四郡給予桓玄。桓玄的基本武力——"江夏之衆"就此建立。

① 以上均見於《晉書》卷九九《桓玄傳》,第2590頁。
② 《晉書》卷七五《王忱傳》,第1973頁。
③ 《資治通鑑》卷一百九《晉紀三十一》安帝隆安元年,第3504頁。
④ 殷仲堪都督荆州時的僚佐或親黨,可考者有:胡邁(京口人,後投桓玄)、羅企生(豫章人)、劉山民、庾仄、庾彬(新野人,非僑民)。
⑤ 《晉書》卷九九《桓玄傳》,第2587頁。

在建府前後，"荊楚之望"所附着的"義故"遺産迅速轉化爲桓玄的人際資源。隆安三年，桓玄從殷仲堪、楊佺期手中奪取荊襄，卞範之、郭銓、符宏和馮該居功最高。卞範之結識桓玄，應在太元十七年以前，桓玄任太子洗馬時，於桓玄在江州時被引爲長史、謀主。① 郭銓乃荊州順陽人，桓冲、桓石民舊部，因任梁州刺史途經夏口，就此加入桓玄軍府。馮該同爲桓石民部屬、荊州舊將。② 符宏乃符堅長子，於太元十年（385）前秦敗亡時南奔，被長期閑置於江州，他與桓玄相識應是桓玄駐軍尋陽時。符宏南奔時帶有"母妻宗室男女數千騎"，③此部騎士或隨符宏隸屬桓玄。可以認識到，桓玄軍政集團草創之際，以桓氏舊將與桓玄個人私交爲權力集團核心成員，以五千荊州兵與符宏所部構成其基本武力。

桓氏既世居荊楚，荊州僑土人士在桓玄幕府中發揮何種作用？楊佺期謀奪雍州時，雍州文武皆云："佺期來者，誰不戮力！若桓玄來，恐難與爲敵。"④這表明襄陽軍將對桓玄聲望之忌憚。桓玄奪江陵時，據稱荊州"人士無不詣者"。⑤ 不過，桓玄自建立軍府至代晉稱帝，幕府僚佐可考者 13 人中，無一爲荊州人。⑥ 南陽宗炳曾受徵爲荊州主簿而不就；順陽人郭銓自太元六年（381）出任竟陵太守，一直在桓氏軍中領兵，桓氏故舊的身份更甚於其荊州人身份。桓玄、郭銓雖與南陽劉氏聯姻（玄妻爲劉耽女，劉凝之爲郭銓婿），但此種關繫或形成於桓溫、桓冲時期，且劉耽曾不受桓玄之官職。⑦ 張法順、庾楷先後向司馬元顯報告"玄始得荊州，人情未附"，當更得其實。⑧ 據曾任桓玄參軍的胡藩所言，追隨桓玄的"義故"和"西人"羽林射手僅八百人。⑨ 桓玄覆亡後，荊州人劉期公、習辟疆、王騰等人反對劉裕，打的是前荊州都督王忱侄孫王慧龍的旗號。此外，僑寓荊州的晚渡士族也不見與桓玄合作。楊佺期家族早已覆滅，部曲歸於魯宗之；魯宗之興起於南陽，是消滅桓振的重要武力；⑩北地傅弘之寓居江陵，曾與南陽庾氏謀殺荊州刺

① 《晉書》卷九九《卞範之傳》，第 2603 頁。

② 《晉書》卷七四《桓石民傳》，第 1946 頁。

③ 《晉書》卷一一四《符堅載記下》，第 2928 頁。

④ 《晉書》卷八四《楊佺期傳》，第 2201 頁。

⑤ 《晉書》卷八九《羅企生傳》，第 2322 頁。

⑥ 陳春雷：《幕府與晉宋政治研究》，復旦大學博士學位論文，2012 年，第 37—38 頁。

⑦ 桓玄乃劉耽女婿，見《晉書》卷六一《劉喬附劉耽傳》，第 1676 頁；劉凝之乃郭銓女婿，見《宋書》卷九三《劉凝之傳》，第 2509 頁。

⑧ 《資治通鑑》卷一一二《晉紀三十四》安帝隆安五年，第 3589 頁。

⑨ 《宋書》卷五十《胡藩傳》，第 1574 頁。

⑩ 《宋書》卷七四《魯爽傳》，第 2102 頁。

史桓石康。① 綜上言之,桓温荆州幕府的人際網絡没有傳遞給桓玄,桓玄與荆州僑土人士之間較爲疏離。②

桓玄權力集團擴大後,仍具有顯著的單一性。其僚佐、部將約爲三種類型:

(1)積極加入桓玄軍府的桓氏故將。《晉書·王忱傳》謂"(玄)奕葉故義,常以才雄駕物",可知玄與桓氏荆州故舊保持聯繫。桓玄起兵伊始,郭銓放棄出任梁州,直接加入桓玄軍府,馮該亦與之同,共爲桓玄部將之中堅。吴甫之、皇甫敷等人,不知是否是桓氏故舊。

(2)願爲桓玄"爪牙"者,多爲所謂"不逞之族"。③ 苻宏南奔後被冷落多年,後緊隨桓玄。何澹之在王恭幕府下與劉牢之有隙,遂投靠桓玄。④ 晉初刁協之後裔本居於京口,兄弟子侄皆"不拘名行,以貨殖爲務",氣類與建康士族迥然不同,且與劉裕有隙。刁氏逵、暢、弘兄弟以及刁聘、刁預,皆參與桓玄之事到最後,最終舉族受誅,⑤刁氏家族因而被後世史家稱作"玄之爪牙"。⑥ 晚渡的太原人王懿受到冷落,亦曾附於桓玄。⑦ 此類人來歷不一,多因政治失意而追隨桓玄,没有統一的政治訴求。

(3)諸桓亦有追隨桓玄起事者。桓氏親族中,桓振、桓謙、桓希等子侄輩出力甚大,但桓脩、桓偉等人對桓玄不予完全合作。桓偉是桓玄親兄,桓玄攻江陵時,他將桓玄行動透露給殷仲堪。桓脩是桓沖之子,長期在建康,"與玄志趣不同",曾於殷仲堪起兵時,謀劃自代殷仲堪出鎮荆州。⑧ 桓玄入主建康後,"荆州刺史桓偉卒,大將軍玄以桓脩代之。從事中郎曹靖之説玄曰:'謙、脩兄弟專據内外,權勢太重。'玄乃以南郡相桓石康爲荆州刺史。"⑨桓石康乃玄侄,可見諸桓之間的猜忌。新野人庾仄偷襲襄陽,玄侄桓亮起兵討之,桓玄竟"徙亮於衡陽,誅其同謀桓奥等"⑩。桓氏親族未與桓玄合力,由此

---

① 《宋書》卷四八《傅弘之傳》,第1556頁。

② 桓温前後所建四府,可考僚佐有47名,23人爲南渡之家(11人爲豫州人),南方土著11人(10人爲荆州人),可以認爲,桓温在荆州時與荆州人士關繫密切。參見林校生:《桓温幕府僚佐構成考説》,《北大史學》第3輯,北京大學出版社,1996年。

③ "不逞之族"見於宋元嘉二十四年豫章胡誕世反時。胡三省注曰:"不逞之族,謂廢放之家不得逞志於時者也"。參見《資治通鑑》卷一二六《宋紀八》文帝元嘉二十八年,第4027頁。

④ 《晉書》卷八四《劉牢之傳》,第2189頁。

⑤ 《晉書》卷六九《刁協附刁逵傳》,第1845頁;《魏書》卷三八《刁雍傳》,北京:中華書局,2017年,第959頁。

⑥ (唐)許嵩撰,張忱石點校:《建康實録》卷一一《宋武帝》,北京:中華書局,1986年,第366頁。

⑦ 《宋書》卷四六《王懿傳》,第1511頁。

⑧ 《資治通鑑》卷一一三《晉紀三十五》安帝元興元年,第3589頁。

⑨ 《資治通鑑》卷一一三《晉紀三十五》安帝元興二年,第3608頁。

⑩ 《晉書》卷九九《桓玄傳》,第2593頁。

可見一斑。

此外，建康高門如王謐、王瑜、謝景仁等人，僅爲桓楚政權"門面裝點"。[①]

綜上言之，"荆楚之望"的政治遺産對桓玄而言利弊參半：一方面，桓玄受到建康忌憚，無從建立武力；另一方面，桓玄得以在合適契機迅速聚集桓氏故將，結合其私交人士與桓氏宗人，形成核心權力集團。太原王懿見桓玄稱帝，稱"自古革命誠非一族，然今之起者恐不足以成大事"[②]，蓋指桓玄幕府與桓楚政權高度依賴桓玄私人交際，未能獲得建康士族與荆州地域勢力的支持。桓玄權力集團由桓氏故將、桓玄私交與桓玄宗親三類人群聚合而成，缺乏統一政治訴求、明確政治旗號或明顯的地域性。在此背景下，招集流、蠻人群以擴充荆州武力，成爲桓玄强化其軍事實力的一種選擇。一方面擄蠻爲兵，移"沮漳蠻"於江南，使之成爲南蠻校尉府兵，再以部分降蠻置長寧郡上黄、僮陽二縣。桓玄敗亡，"桓謙匿於沮中"蠻區，荆、豫二州蠻酋數十年後仍假藉桓玄之子名義起兵，[③]此種現象或皆爲桓玄治蠻、用蠻之後續影響。另一方面募流爲兵，臨時招徠和徵發流民，組成軍事性、流動性特徵較强的綏安郡及長寧郡長寧、綏寧二縣。

蠻、流武裝解決了桓玄的兵源問題，荆州軍仍面臨内部凝聚力缺失的制約。從綏安、長寧郡名可見，二郡所屬人群之間的地緣或血緣聯繫較爲薄弱，各郡由來歷不一的蠻、流人群雜合而成。由此構成的荆州軍，由郭銓、馮該、苻宏、皇甫敷、何澹之等背景不一的將帥臨時統領，軍將與兵士之間的凝聚力與同爲招募組建的北府兵有較大差距。[④]桓玄控制建康後，以桓弘、刁逵、桓脩出鎮青、豫、兗州，意圖控制北府與西府；桓玄用以抵抗劉裕的士卒也被更换爲北府兵，表明他更願以北府兵作爲稱帝後的武力保障。桓弘、刁逵的參佐多爲北府人士，[⑤]兩人無力控制二府。總之，桓玄以臨時招集之流民與虜獲之"降蠻"組成荆州軍，以個人心腹與桓氏故將加以統領；此種臨時組建之武力，最終不敵兵將同籍、長期統屬、兵源穩定的北府兵。[⑥]

餘　論

通過考述，可以認知：

---

① 桓玄每出行，殷仲文、卞範之等人騎馬，謝景仁陪輦。見《宋書》卷五二《謝景仁傳》，第 1627 頁。
② 《宋書》卷四六《王懿傳》，第 1511 頁。
③ 王素：《蠻王桓誕考》，《漢唐歷史與出土文獻》，北京：故宮出版社，2011 年，第 41—44 頁。
④ 朱子彦：《論東晉王朝桓氏家族與西軍關繫——兼對禁軍與北府兵的側面考察》，《學術月刊》2003 年第 8 期。
⑤ 如桓弘主簿孟昶、桓弘中兵參軍劉道規、刁逵參軍諸葛長民。
⑥ 田餘慶：《北府兵始末》，《秦漢魏晉史探微（重訂本）》，北京：中華書局，2011 年，第 353 頁。

（1）武寧郡以“沮漳降蠻”置立，郡治在今荆門市仙居鄉，領長林、樂鄉二縣，所轄境域爲今漳河流域。綏安郡所領爲流民，郡治屢屢遷移，領縣不詳，義熙初年屯駐在夏口周邊，後移駐州陵一帶。長寧郡以流民與“沮漳蠻”置立，所屬長寧、綏寧、上黃、僮陽四縣分布在江陵城東北至沔水西岸之間。

（2）三郡置立與桓玄軍政集團的形成密切相關。桓玄征伐“沮漳蠻”，立武寧郡加以鎮撫；此後，該郡太守常選武人，領兵鎮守。[①] 一批降蠻被桓玄遷至江陵城南，成爲南蠻府兵；另一批被遷至江陵城東北，組織爲上黃、僮陽二縣。桓玄立長寧郡，旨在組織起一批來歷不一的蠻、流人群，使之從征作戰。[②] 綏安郡“郡治”不定、民户流移的特點，同樣反映出該郡作爲流民武裝組織之實質。上述三郡的置立，皆爲組織、征發蠻流武裝，服務於桓玄軍政集團。

由此，我們觸及到魏晉南北朝時期新郡置立的功能問題。漢末，巴郡太守但望奏分巴郡，疏云：“孝武以來，亦分吳蜀諸郡。聖德廣被，民物滋繁。增置郡土，釋民之勞，誠聖主之盛業也。”在但望所列宜於分郡的原因中，“民物滋繁”與郡境廣袤之矛盾乃首要考量因素，郡治環境不佳、巴東與巴西風俗相異、地方豪族出錢帛支持府寺建設，皆爲次要原因。[③] 郡以分割地域、管理民户爲核心功能，故而置立新郡首先遵循地域開發與便於行政的原則。[④] 本文所考武寧、綏安、長寧三郡，反映出東晉南朝時期的新郡置立與地域性軍政集團之間存在密切關聯。軍政集團在形成過程中，因其參佐、兵源與地域社會的聯繫，往往與特定地域結合形成地域性軍政集團，或至少帶有不同程度的地域性。桓玄除利用私交、桓氏舊部與宗親外，武寧、綏安、長寧三郡所組織的蠻、流武裝成爲其基本兵源所在。可以認爲，新置三郡在桓玄軍政集團中具有特別的意義，其實質是桓玄立帥統兵的組織手段。在東晉南朝社會中存在多元權力來源的背景下，武寧、長寧、綏

---

① 《梁書》卷五十《臧嚴傳》，第797頁。

② 《晉書》本紀謂太興二年（319）六月“罷御府及諸郡丞”；《宋書》謂晉成帝咸康七年（341）又省諸郡丞，元嘉四年（427）復置。參見《晉書》卷六《元帝紀》，第152頁；《宋書》卷四十《百官下》，第1363—1364頁。《晉書·桓玄傳》謂桓玄置武寧、綏安郡後又置諸郡丞。然此事僅見於玄傳，恐是桓玄私舉，目的是試圖控制郡兵。桓玄起兵相關史料中，較少見到桓玄委任部將爲荆州屬郡太守，僅見竟陵太守胡邁（未到任）、江夏太守桓道恭。玄姊夫王敬弘自建康出任天門太守，桓玄遣信邀他過江陵，敬弘不僅不見，而且在轉任桓偉長史、南平太守後仍屢召不至（《宋書》卷六六《王敬弘傳》，第1893頁）。桓玄對荆州郡兵控制較弱，這可能是他招撫流蠻、置立新郡的另一背景。

③ （晉）常璩著，任乃强校注：《華陽國志校補圖注》卷一《巴志》，上海古籍出版社，2013年，第20頁。

④ 漢晉新郡多在郡都尉、屬國都尉的基礎上成立。分郡謀劃背後的政治與社會因素自然不應忽略，參見侯旭東：《地方豪右與魏齊政治：從魏末啓立州郡到北齊天保七年并省州郡縣》，《中國史研究》2004年第4期，第53—80頁。

安、義成這一類新置郡的首要目標,是以郡縣守長之名號統合蠻與流雜人群,爲政治動員與軍事征發提供組織保證,爲特定的地域性軍政集團效力。

王鳴盛曾指出南朝"無屬縣之郡",謂"《宋志》有無屬縣之郡,如南豫州之南陳左郡是,此等祇可闕疑,不必致詳。至越州所領之郡凡九郡,祇有合浦一郡領縣七,其餘八郡皆無屬縣,蓋在荒外,不可以内地常例論,且此州是明帝泰始七年方立,屬郡亦多有'新立'字,規制殆皆未定。"①實則東晉南朝之時,新置郡規制未定的現象不僅存在於越州七郡,亦不祇是"無領縣"一種表現。新置郡或不領縣,或治所、邊界、統屬關繫等形式性要素不明,或無民户,皆是此一時期的普遍現象。作爲地域性軍政集團聚合武力的具體組織手段,新置"郡"統合蠻、流武裝的政治目的被置於首位,其形式性要素自然居於次要位置。這一時期,新置郡的規制不定,便是源於郡在據地以治民的基本功能之外,被賦予了特定軍政集團組織手段之目的。

---

① (清)王鳴盛著,黄曙輝點校:《十七史商榷》卷五七"無屬縣之郡"條,上海古籍出版社,2016年,第717頁。

《魏晉南北朝隋唐史資料》第四十七輯

2023 年 5 月,58—71 頁

蕭梁"母子同陵""長子位"及相關風波

嚴耀中

許志强先生最近發表的《南朝時期的母子同陵和墓側長子位——讀〈南史·梁武帝諸子傳〉劄記》①一文注意到了宋孝武帝與生母路太后,宋明帝與生母沈太后,梁元帝蕭繹與生母阮太后,宋昌武王劉渾和生母江太后,梁昭明太子蕭統和生母丁貴嬪等南朝"母子同陵"現象及蕭統在貴嬪墓側"長子位"埋物所引出的政治事件,這些現象很值得作進一步探討。

鑒於《南史》卷五三《梁武帝諸子·昭明太子統傳》的一段記載與本文重點討論的"母子同陵"和"長子位"兩個概念及所引發之政治風波關聯密切,先引之如下:

> 初,丁貴嬪薨,太子遣人求得善墓地。將斬草,有賣地者因閹人俞三副求市,若得三百萬,許以百萬與之。三副密啓武帝,言太子所得地,不如今所得地於帝吉,帝末年多忌,便命市之。葬畢,有道士善圖墓,云"地不利長子,若厭伏或可申延"。乃爲蠟鵝及諸物埋墓側長子位。有宦監鮑邈之、魏雅者,二人初并爲太子所愛,邈之晚見疏於雅,密啓武帝云:"雅爲太子厭禱。"帝密遣檢掘,果得鵝等物。大驚,將窮其事。徐勉固諫得止,於是唯誅道士,由是太子迄終以此慚慨,故其嗣不立。後邵陵王臨丹陽郡,因邈之與鄉人爭婢,議以爲誘略之罪牒宫,簡文追感太子冤,揮泪誅之。②

一、關於"母子同陵"及"長子位"的疑問

首先,"母子同陵"的提法就不妥當。皇帝的墓葬和太后的墓葬位置靠得再近,也

---

① 文載《南京曉莊學院學報》2021 年第 5 期,第 31—34 頁。

② 《南史》卷五三《梁昭明太子統傳》,北京:中華書局,1975 年,第 1312—1313 頁。

不能稱之爲"同陵",而是分別爲陵。如據《宋書》,孝武帝之陵名曰景寧陵,其母路太后之陵"號曰修寧陵";又明帝之墓爲高寧陵,其母沈太后之墓則是崇寧陵,皆各自分別有陵,而非"同陵"。且陵是陵園的中心,園內的道路建築等都依附這個中心,故而一個陵園不可能有二個中心,所謂"母子同一個陵園"也是毫無制度依據的。特別要指出的是路太后修寧陵的位置并非出於其子孝武帝劉駿的選擇,而是由宋明帝劉彧所決定,也就是說所謂"母子親情"不是做出這個決定的動機。這是因爲當時已即帝位的劉彧幼時"少失所生,爲(路)太后所攝養,太宗盡心祗事,而太后撫愛亦篤",所以他即帝位後爲其"謚曰昭皇太后,葬世祖陵東南,號曰修寧陵"①。而且,因"古不祔葬。且漢世帝后陵皆異處"②,是可以作爲太后陵寢位置另行選擇在禮制上的依據,但這也意味是其單獨築陵。事實上,不要説帝后之陵寢須嚴格按照禮制,就是對一般人來説成年男子與母親合葬同一墳中也是不允許的,因爲如此違背傳統倫理與禮制。同墳猶如同陵,男女之間祗適合夫妻。因此使用"同陵"一詞非常容易導致誤解,不是很妥當的。而作爲蕭梁時期"母子同陵"依據之一的 2013 年在南京棲霞獅子冲所發掘的兩座南朝大型磚室墓狀況則是:"兩墓坐北朝南,東西并列。M1 居東,M2 居西,墓坑相距 9.3~10 米。"③可見兩墓的相對位置并非是主墓和墓側的輩分關係,更似夫妻伴葬,難以成爲和傳統禮法相差甚遠的"母子同陵"之證據。且對獅子冲兩個并列大墓考古發掘因兩者"墓坑比鄰,封土相接,同處一個陵園,共用一組神道石刻",來斷定此"爲母子同陵的生動例證"④,實係證據不足,并有疑問。第一,既然昭明太子蕭統在丁貴嬪陵寢"爲蠟鵝及諸物埋墓側長子位"之後引起蕭衍的震怒,⑤很難想象蕭統還會打算自己死後再埋在那裏。同理,蕭統逝世後,無論是梁武帝還是他的同母弟簡文帝都不會將其遺體還是安葬在這個位置,來印證此地對墓主之"不利"。故爾可以肯定貴嬪墓側即使有所謂"長子位"的地方應該始終是空着的。第二,丁貴嬪是在其兒子蕭綱即帝位之後被"追崇曰穆太后"的,如果要所謂"母子同陵",按宋孝武帝、宋明帝先例,豈不應該把太后陵墓與繼爲太子再做皇帝的蕭綱"同陵"要比放在蕭統的陵側顯得對她更爲尊崇?第三,丁貴嬪和蕭統母子都死于梁武帝生前,而該墓地之神道石刻"是南京地區現存南朝陵墓神道石獸

① 《宋書》卷四一《文帝路淑媛傳》,北京:中華書局,1974 年,第 1287—1288 頁。
② 《宋書》卷四一《孝懿蕭皇后傳》,第 1281 頁。
③ 南京市考古研究所:《南京棲霞獅子冲南朝大墓發掘簡報》,《東南文化》2015 年第 4 期,第 33 頁。
④ 許志强:《南朝時期的母子同陵和墓側長子位——讀"南史·梁武帝諸子傳"劄記》,第 33 頁。
⑤ 《南史》卷五三《梁昭明太子統傳》。《資治通鑑》卷一五五所載略同,有助於證明相關內容之可靠。

中最爲矯健精美的一對",①如此甚至過於葬武帝父母之建陵和郝皇后之修陵(此亦是梁武帝之陵)。這豈不是違背禮法,也和史云梁武帝"身衣布衣,木綿皂帳,一冠三載,一被二年。……五十外便斷房室。後宮職司貴妃以下,六宮褘褕三翟之外,皆衣不曳地,傍無錦綺"②的一貫態度作風大相徑庭,有違情理。

其次,在此事件中的"長子位"應該理解爲墓葬的地勢位置影響着墓主長子今後的處境遭遇。由此需要解決的一個問題是"墓側"和"長子位"的關係,如果以丁貴嬪墓側留有長子位而言,則史無前載。相反,對於家族墓地或皇家陵園裏的安葬位置,在禮制是有一定規矩的。如在敦煌文書《葬録》(斯·2263)中不僅有包括"帝王起墳"在内的"置墓山道山門起墳碑獸等法",而且對墓葬的位置分布還有圖例具體説明,如圖:

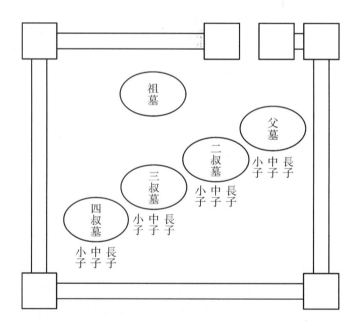

圖中所標墓葬位置皆按父係輩分而長幼有序,這是附合宗族社會之禮法規則的。又據此件背面的《葬録卷上并序》(斯·2263 背),該文書雖寫成于唐乾寧三年(896年),但其"所録者多取漢丞相方朔之要言。……事無不盡,理無不窮。後諸達解者,但依行用,得真無假"③。而"相墓之法,蓋自古有之,《詩》曰:'相其陰陽,觀其流泉'。卜

① 王志高:《梁昭明太子陵墓考》,《東南文化》2006 年第 4 期,第 46 頁。
② 《梁書》卷三《武帝紀下》,北京:中華書局,1973 年,第 97 頁。
③ 二件文書之録文及圖,均載郝春文主編《英藏敦煌社會歷史文獻釋録》第十一卷,北京:社會科學文獻出版社,2014 年,第 394—400 頁。

宅如是,卜墓亦如是"①。據説郭璞也撰有《葬書》一卷。② 此後"葬書一術,乃有百二十家,各説吉凶,拘而多忌"③,故爾如此陵園或墳園中之墓葬布局當亦流行於南北朝無疑。且依葬録所示,側位并非與主墓并列,如果是把昭明太子蕭統葬于其母丁貴嬪墓側,所形成的陵園顯然是母主子從之布局。但《儀禮·喪服》"婦人有三從之義,無專用之道,故未嫁從父,既嫁從夫,夫死從子",因此兩者有着原則上的衝突。如果兒子年尚幼小而夭折,或其母地位甚高,於是長子死後葬於母墓之側,體現子以母貴,似乎還説得過去,而丁貴嬪與蕭統母子關係却是相反。其實反思一下便可明白,即使是按古制夫妻分葬,子女葬地至多也是隨父不隨母的,更不用説爲母者之身份是嬪妃或妾了,這是其一。其二,假若一母生多子,母墓一側分地而葬的次子位、三子位、四子位不可能與母墓依次并列。他們之間纔應該是在墓側之下位并列而葬的,但如此亦當是在父墓之側而非母墓,否則豈不禮制亂套,成何體統?史實是"太子定位"後,有司本着"'母以子貴',義著《春秋》"上奏,"於是貴嬪備典章禮數,同于太子"。④ 因此蕭統死後不可能葬於其母墓側附屬的"長子位",從而形成所謂的"母子同陵"。故而那個"道士善圖墓"者把丁貴嬪墓側與"長子位"聯繫起來説事,顯然是不懂禮數而在張冠李戴,妄言吉凶。

梁武帝"本出諸生,有勝流之目"⑤,也是一位禮學大家,嫻熟禮法。"天監初,則何佟之、賀瑒、嚴植之、明山賓等覆述制旨,并撰吉凶軍賓嘉五禮,凡一千餘卷,高祖稱制斷疑。於是穆穆恂恂,家知禮節。"⑥又在天監七年下詔:"建國君民,立教爲首,砥身礪行,由乎經術。朕肇基明命,……思欲式敦讓齒,自家刑國。"⑦可以説五禮制度之規範在梁武帝主持下已經系統化和在文字上一定程度的具體化,因此蕭衍纔會對其子被這種胡説所迷惑而大爲生氣。再説,難道梁武帝還會別出心裁地將自己的妃嬪和兒子的墓葬"同處一個陵園,共用一組神道石刻",成了一種前無古人後無來者的葬法,却是與聲稱要"砥身礪行"奉行經術自相矛盾和不合邏輯的。

---

① 尚秉和:《歷代社會風俗事物考》卷十八"墳墓"條,北京:中國書店,2001 年,第 270 頁。
② 《宋史》卷二〇六《藝文志五》,北京:中華書局,1977 年,第 5257 頁。
③ 《通典》卷一〇五"喪禮雜制",(唐) 杜佑撰,王文錦、王永興、劉俊文、徐庭雲、謝方點校:《通典》,北京:中華書局,1988 年,第 2750—2751 頁。
④ 《梁書》卷七《高祖丁貴嬪傳》,第 160—161 頁。
⑤ 葉適:《習學記言序目》卷三二"梁本紀",北京:中華書局,1977 年,第 469 頁。
⑥ 《梁書》卷三《武帝紀下》,第 96 頁。
⑦ 《梁書》卷四八《儒林傳序》,第 662 頁。

二、在丁貴嬪墓地之蜡祭與厭伏引出的風波

蕭統在其母丁貴嬪墓側所埋下的"蠟鵝及諸物"其實是在進行蜡祭,目的在於厭伏的此舉即是引發一場宮室風波的直接導火索。

蜡祭有着很古的淵源,據"《禮傳》:'夏曰嘉平,殷曰清祀,周曰大蜡,漢改爲臘。'臘者,獵也,言田獵取禽獸,以祭祀其先祖也。"①但是因爲蜡祭傳統源遠流長,内容覆蓋的範圍又廣,在實際的風俗中會存在着不同的導向,或擊鼓角力以酬勞作之民,或爲自保而祈神福佑和消灾,或包藏禍心而加害他人。如"臘者,歲終祭衆神之名"②。又常以蠟物祭神以求禳灾,其中也包括禽類。若《周禮》所謂蜡祭,"大殺群牲,割之也。臘謂以畋獵所得禽祭也"③。墳墓之地,古人因爲陰氣所聚處,其過甚則不利於人,彌補的辦法之一是若"鄭玄云:'陰祀自血起,貴氣臭也。'……埋沈副辜同爲陰祀"④。而"毛蟲,毛而後生;羽蟲,羽而後生;毛羽之蟲,陽氣之所生也"⑤,即在墓地進行禽祭亦可以是爲了免禍而厭禱。厭伏之法還有"瘞埋之典,必以犧牷與珪幣并用",但"其制度可以互相發明"⑥。故爾蕭統埋羽禽於墓側而祭禱之,希冀以此中和陰陽,或可若道士之言能夠延宕乃至消解不利之地勢,猶如《禮記·郊特牲》所言,"迎貓,爲其食田鼠也,迎虎,爲其食田豕也,迎而祭之也"⑦,這恐怕也是蕭統相信道士之言而用蠟鵝來用之厭伏的原因。而且在蕭統于丁貴嬪墓地進行的蜡祭與厭伏之前,早已有類似的先例。在劉宋時孝武帝劉駿駕崩後,劉彧發動政變廢除了以太子繼位的劉子業,是爲宋明帝。這引發了孝武帝第三子劉子勛等舉兵反抗,史載"先是,晉安王子勛未平,巫者謂宜開昭太后陵以爲厭勝"⑧。昭太后即孝武帝之母路太后,所謂"厭勝"和"厭伏"或"厭禱"是一樣的禳灾或驅邪之指向,這里即是把路太后的修寧陵挖開,以破她兒子劉駿一脉的風水,使她的孫子劉子勛等再也做不成皇帝,而讓劉彧坐穩江山。或許因爲蕭統也與當時一般士人無異,對此類方術"涉獵而無須深究"⑨,祇有半吊子的認識,所以他信從道士之言後的

① 《風俗通義》,王利器校注本,北京:中華書局,1981年,第397頁。
② 《後漢書》卷四六《陳寵傳》注,北京:中華書局,1965年,第1548頁。
③ 《太平御覽》卷三三《時序部·臘》引《禮記·月令》注,北京:中華書局,1960年,第155頁。
④ 《隋書》卷六《禮儀志序》,北京:中華書局,1973年,第111頁。
⑤ 《大戴禮記》卷五《曾子天圓》,《漢魏叢書》,長春:吉林大學出版社,1992年,第83頁。
⑥ 丁山:《中國古代宗教與神話考》,上海文藝出版社,1983年印本,第504頁。
⑦ 《禮記·郊特牲第十一》,長沙:岳麓書社,2001年,第346頁。
⑧ 《宋書》卷四一《文帝路淑媛傳》,第1288頁。
⑨ 樓勁:《魏晉南北朝隋唐時期的知識階層》,蘭州大學出版社,2017年,第30頁。

作爲僅是沿襲習俗而已。需要注意的是,蕭統是蕭衍和丁貴嬪的兒子,與劉彧和路太后劉駿母子的關係大不一樣,故爾同樣是"厭伏",彼此手段却差別很大,他并没有做得很過分。由此亦可知,經歷千餘年的演變,南北朝時的蜡祭和厭勝之内容已經很是複雜多樣了。

蕭統爲其母墓地位勢舉行蜡祭及厭禱之傳統在於當時人們對人與天地合爲一體之認知,就此事而言則是受到五行風水説流行的影響。"風水的基本思想是:人是宇宙的產物。因此,人的住宅和葬地必須安排得與自然里即風水協調一致"①。故爾所謂"土失其性而爲灾"②是人爲的結果,選地建陵必然會擾動土性,而墓地的方位形勢又反過來影響墓主家族成員的命運。如此以地理方位與人事關聯之意識由來已久,如從漢代"《周公卜宅經》《圖宅術》等書術,可見當時人在修建宅第墳墓時已經考慮許多吉凶禁忌,其中當包括陰陽(即剛柔)五行的問題",且以《後漢書・袁安傳・郭鎮傳》中所載"例子都説明,墓葬方向的考慮在堪輿術中當占重要的地位"③。敦煌文書 S. 5654《司馬頭陀地脉訣》云:"墓近大驛,男女寬弘,更有辛水東流,商賈甚多,宜利男女";又 P. 3865《黃帝宅經》:"占葬者辯山崗善惡,營域征(正)邪,鬼神安危,子孫隆絕"。黃正建先生再"據 P. 3492 號文書,這宅經的内容首先是講何爲陽宅,何爲陰宅;然後講陰陽二宅的'福、德、刑、禍'各在何方;然後推街曲的吉凶,推地形"④。這些敦煌卷子雖然成於唐代,但其中關於占卜陰宅之吉凶講究的地勢與方位等内容則淵源甚古。在先秦清華簡《五紀》的"天爲首,地與四荒與行"等行文中,一些學者解讀出"以'五紀'爲中心,將五德與星辰曆象、五德與神祇司掌、神祇與六甲之旬祝宗禱祀、神祇與人體部位骨骼關節、星辰曆象與人事行用等成組繫聯相配"⑤。六朝時人們對此更是深信不疑,若認爲"山川位象,吉凶有徵,……山氣多男,澤氣多女,平衍氣仁,高凌氣犯"⑥等。若於墓地望氣"六朝時此術已盛行"⑦,如南朝時"富陽人唐寓之僑居桐廬,父祖相傳圖墓爲業,寓

---

① 馮友蘭:《中國哲學簡史》第十二章,北京大學出版社,1996 年,第 114 頁。

② 《宋書》卷三四《五行志五》,第 979 頁。

③ 蒲慕州:《墓葬與生死——中國古代宗教之省思》第三章,北京:中華書局,2008 年,第 95—96 頁。

④ 黃正建:《敦煌占卜文書與唐五代占卜研究》第三章,北京:中國社會科學出版社,2014 年,第 63、67、76 頁(包括轉引之録文)。

⑤ 參見馬楠《清華簡"五紀"篇初識》、賈連翔《清華簡"五紀"中的'行象'則與'天人'關係》,皆載《文物》2021 年第 9 期,第 80、87 頁。

⑥ (晉)張華撰,范寧校證:《博物志》卷一,北京:中華書局,1980 年,第 7、12 頁。

⑦ (清)趙翼撰,王樹民校證:《廿二史劄記校證》卷八《相墓》,北京:中華書局,1984 年,第 174—175 頁。

之自云其家墓有王氣,山中得金印,轉相誑惑"①。由此"足見風鑒之術,在六朝已開其端矣"②,信者遍及社會上下。其中,既然神祇在天時地利與人事德行之間任有司掌之職,在墓地若以蜡祭向地祇祝禱能夠糾止或申延地勢導致之不利結果,後世就成了想當然之堪輿模式。因此就爲消解不利地形之行事目的而言,丁貴嬪陵墓之"側"在史文中作爲地脉方位的利害示意,僅僅是符合五行風水説的傳統,并非是儒家之正道。

江南的民風素來"信巫鬼,重淫祀"③,且在宗教的因果報應説的影響下,致使六朝社會民俗都會在人與鬼神的關係中"講究實用性和現實性的的互相利用"及"企圖用微薄的牲幣來換取鬼神的福佑"④,即使有着太子的身份也不會例外。此事就蕭統之本意,進行蜡祭是爲了破解其母墓地脉對長子不利之形勢,可是傳到梁武帝的耳朵里,却是太子在"厭禱",從而有祝詛之疑,引起了他的震驚。不過梁武帝畢竟是個明白人,很快就弄清楚蕭統此舉并非是有意針對他的,況且此事初因在於他搶先購買了蕭統原本想要的"善墓地",所以他不僅没有因此廢了蕭統的太子名位,而且聽取了大臣徐勉的諫言,没有於此大事聲張,但内心的不滿還是有的。梁武帝對蕭統的行爲感到驚訝與氣憤大概有這麼幾點:其一,蕭統因其母陵寢墓側之位對長子不利而進行蜡祭既無禮制上的依據,亦無史載有先例可以援引。且以儒家觀念視之"下里庸人,多信厭禱,小兒婦女,甚重符書。蘊匿崇奸,構虛成實。坎土用血,誠伊戾之故舉;掘地埋桐,乃江充之擅造"⑤。因而厭禱之舉很不正統,還有陰謀之嫌,不是以太子的身份所應該做的事。梁武帝清楚"三代舊制存諸書,墓藏廟祭不可亂"⑥,且"喪祭之禮廢,則臣子之恩薄"⑦,所以爲臣者如此也是犯忌的。其二,早在天監七年,梁武帝以朝議"仲春之月,祀不用牲,止珪璧皮幣。斯又事神之道,可以不殺明矣。況今祀天,豈容尚此? 請夏初迎氣,祭不用牲"⑧爲是,而令行之。這或許與他信奉佛教,推重食素有關,如甚至"又敕太醫不

---

① 《南齊書》卷四四《沈文季傳》,北京:中華書局,1972 年,第 776 頁。
② 朱偰:《金陵古迹圖考》第五章,北京:中華書局,2006 年,第 132 頁。
③ 《漢書》卷二八下《地理志下》,北京:中華書局,1962 年,第 1666 頁。
④ 簡修煒、莊輝明、章義和:《六朝史稿》,上海:華東師範大學出版社,1994 年,第 384 頁。
⑤ (唐)張鷟:《朝野僉載》卷三,《西京雜記》,上海古籍出版社,1991 年,第 243 頁。
⑥ 韓愈:《豐陵行》,方世舉:《韓愈詩集編年箋注》,北京:中華書局,2019 年,第 188 頁。
⑦ 《大戴禮記》卷二《禮祭》,第 73 頁。
⑧ 《隋書》卷七《禮儀志二》,第 129 頁。

得以生類合藥"①。然而蕭統越制以鵝等飛禽蜡祭,有違重生不殺之義,亦與他意願相左。其三,梁武帝由此覺察到太子蕭統之作爲其實是對自己太子地位的不自信,進一步還可以説蘊含着對其父親的一些舉動的困惑和不滿,當然這同樣會引起梁武帝的心理反應,落下了彼此隔閡的種子(詳見下文)。其四,梁武帝尊儒崇佛,宣稱自己曾"遲迷荒耽事老子,歷葉相承,染此邪法。……今啓迷方粗知歸向,受菩薩大戒,戒節身心,捨老子之邪風,入法流之真教"②。因視道教之"赤章厭禱,幽明亂起"③。可是身爲太子的蕭統竟然聽信道士之言私下厭禱,當然難以容忍。雖然後來聽從諫言而"於是唯誅道士"④,但似乎他的憤怒未平,在告誡蕭統應該"蘭湯浴身垢,懺悔净心靈"⑤之餘,還"由是太子迄終以此慚慨,故其嗣不立"⑥。如此結局也表明,儘管後來梁武帝着意營造慈父的形象,在蕭統死後"高祖幸東宫,臨哭盡哀。詔斂以袞冕,謚曰昭明"⑦,但以不立蕭統子爲嗣而言,可見其心中之芥蒂是始終存在的。這使得"梁代太子問題,也是一個重要的問題",昭明太子死後,梁武帝"立太子之弟做太子(蕭綱),因此另外問題發生了。他爲對付太子諸子及太子諸弟,便大量的封王,給以軍隊和封地,到了後來許多王叛變,如豫章王綜,邵陵王倫等的叛變,都是從這樣的原因出來的"⑧。

三、"長子位"引出政治風波之虛與實

統覽蕭統爲所謂長子位之吉凶厭禱引發的事件之來龍去脉,所謂"虛"處是蕭統如此作爲的内心深處之動機究竟是什麽,"實"處則是影響了作爲封建皇朝政治大事的嗣君之安排,當然虛虛實實之間是不能截然分割開來的。

史載蕭統在丁貴嬪陵寢墓側長子位埋下蠟鵝及諸物所引發的事件,完全是從政治角度來看待的,從此事之發生到結局實際上都是圍繞着對太子的名位而展開。該事件對梁朝政治形勢影響頗大,一如上文所引勞榦先生之言。它使皇帝與太子之間暴露出明顯的裂痕及"由是太子迄終以此慚慨"。後來他英年早逝,可能與由此心懷"慚慨"有

---

① 梁武帝:《斷殺絶宗廟犧牲詔》,載《廣弘明集》卷二六,上海古籍出版社,1991 年(《弘明集 廣弘明集》),第 304 頁。
② 梁武帝:《捨事李老道法詔》,《廣弘明集》卷四,第 116 頁。
③ 《列代王臣滯惑解》,《廣弘明集》卷六,第 131 頁。
④ 《南史》卷五三《梁昭明太子統傳》,第 1313 頁。
⑤ 梁武帝:《和太子懺悔詩》,《藝文類聚》卷七六,上海古籍出版社,1982 年,第 1295 頁。
⑥ 《南史》卷五三《梁昭明太子統傳》,第 1313 頁。
⑦ 《梁書》卷八《昭明太子統傳》,第 169 頁。
⑧ 勞榦:《魏晉南北朝史》第六章,臺北:中國文化大學出版部,1991 年,第 78 頁。

一定的聯繫,且涉及蕭氏父子、兄弟之間的關係。其中有二個關鍵點,其一是"宜弟",其二是"嫡庶"。

關於第一個關鍵點,先要説清楚的是,《南史》蕭統本傳中所謂"不利長子"究竟是何種"不利",須做進一步的解析。鑒於"中國古代有些地方殺首子後還要'食子'。這無疑具有獻新祭後的聖餐的性質,其目的應是求福、'宜弟'"①。這里"首子"即是長子,下過《斷殺絶宗廟犧牲詔》的梁武帝當然更不會殺子獻祭,但該事件之結果則印證了"宜弟"。或許博學如蕭統也知道一些上古風俗,"宜弟"正是可能對長子的不利之處,還由此能感覺到其弟蕭綱因篤信佛教而得到梁武帝更多的寵愛,所以他想用蜡祭來消除這樣的不利隱患,却導致了事實上不利於他的後果,雖然今天我們無法洞悉或證明他當時的真實想法。

事實上雖然作爲梁武帝兒子的蕭統、蕭綱不僅在當時地位尊貴,而且都是博學多才,但正若一手五指尚有長短,作爲父親的蕭衍在這兄弟兩人之間必有更喜歡的一個。由於梁武帝在位的時間很長,他的偏愛一定會有所流露,從而被兩個聰明兒子有所感覺。蕭統被立爲太子,就是因爲他是長子,而其弟蕭綱的才情學問可能更符合梁武帝之心意,所以緫會使他對己"不利"而"宜弟"的預言十分敏感,引起非理性的衝動。

説蕭綱之才學更迎合梁武帝之意趣是有一定根據的。第一,蕭綱在佛學方面的努力和認知可以説遠勝於蕭統,如在《廣弘明集》中收有署名簡文帝蕭綱(簡文帝、皇太子綱、晉安王)的《上菩提樹頌啓》《唱導文》《謝述佛法事書啓》等文章 23 篇,而屬昭明太子的祇有《答雲法師請開講書三首》《解二諦義章》等 7 篇。二者之間在相關佛教內容的作品數量上有着很大的差距,至少也能説明彼此與佛教接觸的程度之不同。第二,比較能夠展現文人才華的詩作來説,蕭統和蕭綱之間也有着十分明顯的差距。如據逯欽立先生所輯《梁詩》,蕭統有詩 33 首,篇數不到半卷,蕭綱則有 286 首,分爲三卷。② 南朝之詩能流傳至今的,説明還是有一定的品質,所以詩作之多寡是能夠反映出創作者之才情如何。第三,蕭統所編的《文選》,"共收録了周代至六朝七八百年間一百三十個知名作者和少數佚名作者的作品七百餘首,各種文體的主要代表作大致具備"③。其中有關佛教的祇有王簡棲"頭陁寺碑文一首",似乎也顯示了蕭統在意識上的一種取向。還有,在一百三十多位作者里竟無被史家贊爲"天情睿敏,下筆成章,千賦百詩,直疏便

① 裘錫圭:《文史叢稿——上古思想、民俗與古文字學史》,上海遠東出版社,1996 年,第 130 頁。
② 參見逯欽立:《先秦漢魏晉南北朝詩》,北京:中華書局,1983 年,第 1790—1602、1901—1980 頁。
③ 《文選》李善注本"出版説明",北京:中華書局,1977 年。

就,皆文質彬彬,超邁今古。詔銘贊誄,箴頌箋奏,爰初在田,洎登寶曆,凡諸文集,又百二十卷"①的梁武帝蕭衍。如果說編者不收子弟的作品可以視爲是一種謙抑,而爲人之子者捨棄其父之作則并不符合儒家尊親之道,這至少説明蕭氏父子之間文學意趣和審美標準有着很大的不同。

由此還涉及的問題是蕭統既然聰叡博學,由爲何輕信道士之言有此并非很理智之舉? 其實此事之情節和漢武帝時的戾太子劉據之經歷有相似之處,當時漢武帝"春秋高,疑左右皆爲蠱祝詛,有與亡,莫敢訟其冤者。(江)充既知上意,因言宮中有蠱氣,先治後宮希幸夫人,以次及皇后,遂掘蠱於太子宮,得桐木人。太子懼,不能自明,收充,自臨斬之"②,并由此起兵,戰敗自殺。由此可見,蕭統和劉據身份一樣,且也是在梁武帝"末年多忌"的情況下,因埋於地下的厭物或蠱物爲引出事端之導火索。更主要的是他們兩人内心都害怕失去太子之位,如劉據是因爲當時其母"衛后寵衰,江充用事",由此"進則不得上見,退則困於亂臣,獨冤結而亡告,不忍忿忿之心,起而殺充,恐懼逋逃,子盜父兵以救難自免"③。結果也皆使父子失和,當然劉據得到的後果更爲嚴重,所以蕭統之事猶如淡化版的劉據遭遇,但政治上的性質是相同的。

由於中國古代專制集權的政治制度的性質,不僅皇帝的地位至高無上,作爲權力繼承者的太子被視爲國家之本,彼此有着特殊的君臣關係。這使得二者之間雖有父子之親,但政治上的關係却變得很微妙,當今與未來的權力中心之間難免會有問題和矛盾不斷地冒出來,尤其是在太子既已年長皇帝却很長壽的情況下。因爲"政見不一,習性有差,這本是人情之常,但一旦發生在皇帝與太子之間,往往就會上升爲原則的分歧。因此,作太子的總是戰戰兢兢,如履薄冰過日子"④。加之蕭統遍覽群書,"恒自討論篇籍,或與學士商榷古今;……于時東宮有書幾三萬卷"⑤,當然熟知戾太子等故事,從而對太子位之能否保全肯定十分敏感多慮。在這樣沉重的心理負擔下,碰到風吹草動時做了越出禮制規範的舉動,也是情有可原。

其實在蕭統希望保全太子位的焦慮中還涉及另一個關鍵點,即嫡出和庶出的區別問題。這還與魏晉六朝的門閥制度及相應的社會意識相關,其中之一是梁武帝原配妻

① 《梁書》卷三《武帝紀下》,第 96 頁。
② 《漢書》卷四五《江充傳》,第 2179 頁。
③ 《漢書》卷六三《戾太子據傳》,第 2742 頁,第 2744—2745 頁。
④ 周良霄:《皇帝與皇權》第八章,上海古籍出版社,1999 年,第 153 頁。
⑤ 《梁書》卷八《昭明太子統傳》,第 167 頁。

子郗氏在南齊時已因病亡故,有女無子。但梁武帝登基後,幾十年內始終不立皇后,即使所納丁氏生育的蕭統、蕭綱兄弟先後册爲太子,但也衹有位至"貴嬪"。對梁武帝來説,這或許因爲儒家禮法中不得以妾爲妻:"如人君惑於讒邪,……以妾爲妻,棄法令,婦妾爲政,賜予不當,則民病血壅腫,目不明;咎及於火,則大旱,必有火災。"①也恐怕是吸取了宋、齊兩朝因皇族自相内殘而導致亡國的教訓,有意順應"江左不諱庶孽,喪室之後,多以妾媵終家事"之社會習俗,而取得"疥癬蚊虻,或未能免,限以大分,故稀門闥之耻"②的維護家族内和之實際效果。這樣對梁武帝而言既符合禮制規範,又得後宮治理之實惠。但如此對蕭統來説,身爲太子的他衹能算是皇帝的長子而非嫡子,在講究名分的政治體制裏是頗有些尴尬的,由此對其父皇心思存有疑問也可以説是常情,由此也恐怕成了蕭統長久以來的一塊心病。其二大概是受到禮法世家嫡庶之分觀念之影響。彼時,蘭陵蕭氏在門閥社會裏的地位正從次門升至高門,亟需以高標準規範自身,梁武帝爲何久久不將丁貴嬪扶正爲皇后?雖然她早已領導六宮,且兒子已是太子,理應"母以子貴"。這或許是因爲丁貴嬪出身寒微,蕭衍在襄陽納年十四的丁氏爲妾,并無"禮聘"等記載,僅提及其家"世居襄陽"③而已,可見至少是丁氏門第不高。六朝風俗矜尚門第,慎重婚姻,"當時貴胄,不肯苟婚庶姓。……甚有視爲盛衰榮辱所關"④,乃至走向"比量父祖,計較錙銖"⑤的極端。梁武帝當然深知婚姻對門户高低的重要性,不能以妾爲妻亂了尊卑名分,加之他特要面子,⑥故而不予丁氏轉正爲皇后。但"《春秋》之義,庶母雖名同崇號,而實異正嫡"⑦,梁武帝對此也是十分認真的。如他即皇帝位之後建太廟,然"又有小廟,太祖太夫人廟也。非嫡,故别立廟",爾後"普通七年,祔皇太子所生丁貴嬪神主於小廟"⑧。可見梁武帝將丁貴嬪置於非嫡之庶位的意念十分明確。這些對熟讀史籍的蕭統來説當然明白此間區别,也由此構成了他内心深處的自卑與不安。此外,還應該注意一個會産生影響的因素,即到了南北朝時期南北兩邊各種形式的公私

---

① 《春秋繁露》卷十三《五行逆順》,《漢魏叢書》,長春:吉林大學出版社,1992 年,第 137 頁。
② 《顏氏家訓》卷一《後娶》,王利器集解本,上海古籍出版社,1980 年,第 47 頁。
③ 《梁書》卷七《高祖丁貴嬪傳》,第 160 頁。
④ 吕思勉:《兩晉南北朝史》第十八章,上海古籍出版社,1983 年,第 979 頁。
⑤ 《顏氏家訓》卷一《治家》,第 64 頁。
⑥ 如《南史》卷五七《沈約傳》載:"會豫州獻栗,徑寸半。帝奇之,問栗事多少,與約各疏所憶,少帝三事。約出謂人曰:'此公護前,不讓即羞死。'"(第 1413 頁)
⑦ 《宋書》卷一七《禮志四》,第 472 頁。
⑧ 《隋書》卷七《禮儀志二》,第 131、134 頁。

交流增加,如據蔡宗憲先生統計北朝與南齊使節互相交聘有 15 次,與梁有 11 次。① 這些包括禮制與學術論辯内容的彼此頻繁交往,很有可能使北方世族大家對嫡庶地位的嚴格區分和"至於士庶貴賤之隔,俗以爲常"之歧視意識而隨之南傳,至少會對江左社會上層原本"不諱庶孽,喪室之後,多以妾媵終家事"②的觀念和家族狀態有所觸動。可以説正因爲有着知曉如此消息後滋生的心理焦慮,蕭統纔會聽信道士之言而在其母之墓側有厭伏之舉,恰如"念在徵先,'先天而天弗違'也"③。嫡庶觀念之所以與蕭統之厭禱相關,從根本上説,假如丁氏的名分不是貴嬪而是扶正爲皇后,就必然亦會與梁武帝同葬于修陵,從而也不會有所謂"母子同陵"現象産生,以及附帶出來的長子位吉凶問題。

綜觀此事之本末與過程,在社會傳統意識的影響下,事情既出於蕭衍、蕭統父子有着各自的利害考慮和感情因素,也蘊含着彼此對禮制及治學要點的認識差異。數者互相叠加起來所導致的後果就變成了政治風波,這使得司馬光就此感歎道:"君子之于正道,不可少頃離也,不可跬步失也。以昭明太子之仁孝,武帝之慈愛,一染嫌疑之迹,身以憂死,罪及後昆,求吉得凶,不可滌滌,可不戒哉! 是以詭誕之士,奇邪之術,君子遠之。"④

餘　論

關於由丁貴嬪墓地所引出的事件,還有兩個相關的現象可以再多説一些。

其一,許文所舉的一系列母子陵墓相近或相依(但并非"同陵")的原因之一便是"母皆非嫡妻,未能合葬夫墓,故依子而葬"⑤。這種現象或許是雷同"南朝喪服制度的實施中,既講尊尊,又講親親,尊尊親親均無偏廢。這與東晉重尊尊而輕親親是不同的"⑥。如此意識當然也會反映在社會包括選擇墓地在内的方方面面。其原因在於南朝的門閥勢力已經遠不及東晉,作爲門户標誌的禮法規矩當然也隨之鬆弛,以親情來詮釋禮制越來越被社會上下所認可。實況一如當時徐勉所言:"時人間喪事,多不遵

---

① 參見蔡宗憲:《中古時期的交聘與南北互動》第五章,臺北:稻鄉出版社,2008 年,第 301、302 頁。
② 《顔氏家訓》卷一《後娶》,第 47 頁。
③ 馬一浮:《復性書院講録》,濟南:山東人民出版社,1998 年,第 277 頁。
④ 《資治通鑑》卷一五五梁武帝中大通三年五月條"臣光曰",北京:中華書局,1956 年,第 4809 頁。
⑤ 許志强:《南朝時期的母子同陵和墓側長子位——讀〈南史·梁武帝諸子傳〉劄記》,第 33 頁。
⑥ 梁滿倉:《魏晉南北朝五禮制度考論》第八章,北京:社會科學文獻出版社,2009 年,第 660 頁。

禮,……勉上疏曰:'……喪事所資,悉關他手,愛憎深淺,事實難原……'"①這些"相鄰"陵墓之地的選擇,大多出於他人之手,并非是墓主自行決定,至少其中一方不是。鑒於這種墓主親情關係明白而名位之尊有變的情況下,主事者遴選葬地時傾向前者,或許是順乎俚俗的。

此外,如此雖依人情,也很可能是由於選擇符合風水標準的葬地之方便。其中的一大原因在於六朝京師皆在建康(建業),若"南朝諸帝的陵墓,大多依山麓、山腰築成,不很顯著,而爲人矚目注意的就是陵園的方向都按山川的形勢決定"②。這當然是講究風水的結果,但問題是不僅帝后之陵墓,高門貴族也都要選擇山川形勢中合適的風水寶地,而且儘量要選在交通便利與靠近族群聚居區的地方,如東晉"帝室以外的各大家族,聚族而葬的風氣非常盛行,這也成爲東晉建康周邊葬地的一大時代特徵"③。至南朝則其範圍稍許擴大,若梁、齊二代于"丹陽東北,陵寢相望",形成六朝"王侯將相冢墓,帝后陵寢,皆在金陵、丹陽兩地"④之景觀。因此時代愈是往後,要覓得一個能夠福佑子孫且便於祭祀的合族墓地也就越困難。在這樣的情況下,祇要不是明顯違背禮制,宗族親戚葬于同一個風水環境之中不失爲省事之舉,更不用説是母子了。

其二,關於蕭統在丁貴嬪墓地進行蠟祭與厭伏一事,爲何《南史》與《通鑑》記載了而《梁書》不載? 這先得從事情本原説起,蕭統之所以如此是因爲道士告訴他其母之墓地"不利長子",但此地是蕭衍聽人説"于帝吉"而購葬丁貴嬪的,因此蕭統在丁貴嬪墓地進行蠟祭與厭伏有抵抗聖旨父命之嫌。按照儒家的信條,如此違逆君父的旨意,當然可以視爲不忠不孝,至少至事發以後蕭統應該完全意識到其性質之嚴重,由此有了惶恐和懼怕,憂慮至死。《梁書》是梁朝的斷代史,其所本係梁之國史,姚思廉作爲修撰者當然也會"有美必書,有惡必爲之諱"⑤而棄用這條史料。更何況他特地在《梁書》列《孝行傳》,聲稱:"高祖創業開基,飭躬化俗,澆弊之風以革,孝治之術斯著。"⑥假若身爲太子的蕭統有虧孝德之行爲被明載于史,豈不自相矛盾? 劉知幾謂治史者多注意史著的

① 《梁書》卷二五《徐勉傳》,第 378 頁。
② 楊寬:《中國古代陵寢制度史》,上海人民出版社,2008 年,第 46 頁。
③ 張學峰、陳剛:《孫吳、東晉的都城空間與葬地》,《中古中國社會的都市與社會》,上海:中西書局,2019年,第 56 頁。
④ 朱偰:《建康蘭陵六朝陵墓圖考》,北京:中華書局,2006 年,第 10、34 頁。
⑤ 朱希祖:《蕭梁舊史考》,張一兵、周憲主編:《朱希祖六朝歷史考古論集》,南京大學出版社,2009 年,第277 頁。
⑥ 《梁書》卷四七《孝行傳序》,第 647 頁。

道德功能,"自魏以前,多效三史,從晉以降,喜學五經"①,姚思廉可列於其中。

不過《南史》和《資治通鑑》則具有通史性質,因此李延壽與司馬光在修史時能夠站在更客觀的立場上審視歷史現象,不必有過多顧慮,當然會遵行修史的本意,即"史之爲務,申以勸誡,樹之風聲",及"史之爲用也,記功司過,彰善癉惡,得失一朝,榮辱千載。苟違斯法,豈曰能官"②。或許在史册中叙述了這麼一件實事,不也正是爲了説明"晉、宋以來,風衰義缺,刻身屬行,事薄膏腴。若使孝立閨庭,忠被史策,多發溝畎之中,非出衣簪之下。以此而言聲教,不亦卿大夫之耻乎"③。於是司馬光還特地爲此發表了一段議論(見前文所引),認爲這段記載能夠對"導俗"起到參考藉鑒之作用。

<hr>

① 《史通》卷八,浦起龍通釋本,北京:中華書局,1978 年,第 224 頁。
② 《史通》卷七,第 192、199 頁。
③ 《南史》卷七四《孝義列傳·論》,第 1851 頁。

《魏晉南北朝隋唐史資料》第四十七輯

2023 年 5 月,72—90 頁

七寺、敦煌發現十六卷本《佛説佛名經》經名探微

鍾芳華

敦煌發現的北魏菩提流支譯《佛説佛名經》(下稱《佛名經》)及其擴充增訂本,主要有十二卷本、十六卷本、二十卷本三個本子,①彌補了 20 世紀以前《高麗藏》等傳世漢文刻本大藏經衹有十二卷本和三十卷本《佛名經》的不足。因此,小野玄妙等人編輯《大正藏》時,②在麗本三十卷本《佛名經》録文後,即附上三件中村不折所藏敦煌卷子。③這三件卷子,録出的正是敦煌十六卷本《佛名經》卷二(編號 111)、卷六(112)、卷九(113),④這也是十六卷本《佛名經》首次進入傳世漢文大藏經。不過,敦煌遺書中并没有一部完整的十六卷本《佛名經》,各抄本之間筆迹不同、年代各異,很難肯定出自同一底本。自 20 世紀 90 年代以來,落合俊典等日本學者在名古屋七寺、京都興聖寺、天野山金剛寺等多處發現了十六卷本《佛名經》寫本,⑤并推動了七寺本影印出版,⑥十六卷本《佛名經》纔有一個完整的寫本面世。

---

① 方廣錩:《關於敦煌遺書〈佛説佛名經〉》,收入姜亮夫、郭在貽等編纂:《敦煌吐魯番學研究論文集》,上海:漢語大詞典出版社,1990 年;後收入《方廣錩敦煌遺書散論》,上海古籍出版社,2010 年,第 266—271 頁。下文略稱某卷本時,均指《佛名經》。

② 爲行文方便,本文人名後均不加敬稱。

③ 《佛説佛名經》(三十卷本),《大正新修大藏經》第 14 册,臺北:新文豐出版公司,1983 年,第 303 頁上 1—308 頁上 5。井ノ口泰淳已經注意到《大正藏》三十卷本《佛名經》後的異文,就是十六卷本《佛名經》,參見〔日〕井ノ口泰淳:《敦煌本「佛名經」の諸系統》,《東方學報》第 35 册,1964 年,第 406 頁。

④ 〔日〕磯部彰編:《台東区立書道博物館所藏 中村不折旧藏禹域墨書集成・卷中》,東京:二玄社,2005 年,第 216—229 頁。

⑤ 〔日〕落合俊典:《新發見・七寺藏十六卷佛名經について》,《宗教研究》第 64 卷第 4 號,1991 年,第 206—207 頁;〔日〕三宅徹誠:《金剛寺藏十六卷本『仏名経』について》,《印度學佛教學研究》第 55 卷第 12 號,2005 年,第 657—661 頁;〔日〕山口正晃:《「中国仏教」の確立と仏名経》,《関西大学東西学術研究所紀要》第 51 輯,2018 年,第 249 頁。部分寫本圖版,見日本古写経データベース"馬頭羅刹仏名経"條(《貞元録》NO. 1167):https://koshakyo-database.icabs.ac.jp/materials/index/1166。

⑥ 〔日〕牧田諦亮監,〔日〕落合俊典編:《七寺古逸經典叢書》第三卷《中國撰述經典(其之三)》,東京:大東出版社,1995 年,第 5—839 頁。下文提及七寺本十六卷本《佛名經》經名時,均衹標注卷次,不另出注。

　　與二十卷本、三十卷本一樣，十六卷本《佛名經》也收録了不少佛經名稱。這些佛經名稱，井ノ口泰淳曾根據敦煌 S.2452 號十六卷本卷一寫本，認爲十六卷本經名來源并不清楚，列舉方法也是隨手爲之，故而其中既有真經名稱也有架空經名，既用全稱也用略稱。① 方廣錩也認爲十六卷本中的佛經名稱，"有些我們可以在現存的大藏經或歷代經録中看到，有些則完全不知所據"。② 鑒於十六卷本經名部分的獨特價值，方廣錩在井ノ口泰淳羅列出 20 世紀 60 年代所見敦煌十六卷本各卷寫卷編號的基礎上，③利用中國國家圖書館（時北京圖書館）和英國國家圖書館所藏敦煌遺書，輯録出"十六卷本《佛名經》經名部分"，④并根據《李廓録》中有"大乘未譯經論目録"和"有目未得經目録"兩個子目，推測"這些不知所據的經名"，"是依據《李廓録》或者類似《李廓録》一類的目録抄録的"。⑤ 雖然《李廓録》編於元魏，⑥但方廣錩并未因此改變他之前認爲十六卷本《佛名經》"應是在隋或唐初形成"的觀點，⑦也未對十六卷本經名作逐一分析。

　　2016 年，劉溪結合方廣錩"十六卷本係由二十卷本演化而來，祇要將這兩種卷子略作對照即可明白，毋庸贅述"和釋源博（張磊）將二十卷本斷爲隋代晚期的觀點，⑧認爲

① 〔日〕井ノ口泰淳：《敦煌本「佛名經」の諸系統》，第 408 頁。

② 方廣錩：《敦煌佛教經録輯校》下册，南京：江蘇古籍出版社，1997 年，第 1154—1155 頁。

③ 〔日〕井ノ口泰淳：《敦煌本「佛名經」の諸系統》第四節注四，第 413—414 頁。

④ 方廣錩：《敦煌佛教經録輯校》下册，第 1157—1203 頁。下文提及敦煌本十六卷本《佛名經》經名時，如不另標卷號，皆指方廣錩輯本，不另出注。

⑤ 方廣錩：《敦煌佛教經録輯校》下册，第 1155 頁。

⑥ 《長房録》卷一五載"魏世《衆經録目》，永熙年（532—534）敕舍人李廓撰"，見（隋）費長房：《歷代三寶記》卷一五，《大正新修大藏經》第 49 册，第 126 頁上 9。

⑦ 方廣錩：《關於敦煌遺書〈佛説佛名經〉》，第 270 頁。方廣錩的判斷依據，主要有三：一是認爲十六卷本晚於二十卷本（詳後），二是《開元録》有"似是近代所集"的記載（詳後），三是因爲十六卷本經名部分領起句"次禮十二部尊經大藏法輪"中有"大藏"一詞，而"據現有資料，'大藏'一詞最早見於唐代資料"，故而十六卷本應晚於唐代"大藏"這一名詞出現年代。方廣錩認爲"大藏"最早見於唐代的看法，很可能受他早年認爲"大藏經"名稱大約產生於唐玄宗至會昌滅佛這一時期、後來修訂爲最遲在唐貞元年間（785—805）"大藏經"一詞已經產生這一觀點的影響，參見方廣錩：《中國寫本大藏經研究》，上海古籍出版社，2006 年，第 3—4 頁（另見方廣錩：《八—十世紀的中國漢文寫本大藏經》，北京大學博士學位論文，1988 年；方廣錩：《八—十世紀佛教大藏經史》，北京：中國社會科學出版社，1991 年）。但"現有資料"并不能反映歷史原貌，"大藏"與"大藏經"也不能完全等同，如後秦鳩摩羅什譯《十住毗婆沙論》就有"若菩薩能遠離四惡知識、親近四善知識者，則得四廣大藏""諸菩薩有四 廣大藏妙法 四攝諸善法 菩提心爲先"的説法，見龍樹造、（後秦）鳩摩羅什譯：《十住毗婆沙論》卷九，《大正新修大藏經》第 26 册，第 67 頁上 9—16。十六卷本經名領起句"十二部尊經大藏法輪"的"大藏"，用法與《十住毗婆沙論》一樣，都是將"大藏"與佛法連用，并非唐代"大藏經"義。

⑧ 方廣錩：《關於敦煌遺書〈佛説佛名經〉》，第 270 頁；釋源博（張磊）研究敦煌二十卷本《佛名經》的出現年代，即依據其經名部分，認爲二十卷本出現在隋代，參見方廣錩：《敦煌遺書二十卷本〈佛説佛名經〉録校研究》，北京：宗教文化出版社，2015 年，第 42—62 頁（另見張磊：《敦煌遺書〈佛説佛名經〉（二十卷本）研究》，上海師範大學碩士學位論文，2008 年）。

"一部經典一般不會在產生初期便發生較大演變",故而十六卷本《佛名經》"產生年代或以斷作唐初更爲準確"。① 這可以説是對方廣錩觀點的延伸。但在釋源博所作的多種卷本《佛名經》佛名、辟支佛名、菩薩名、經名、懺悔發願文和寶達僞經的卷次關係對照表中,十六卷本和二十卷本《佛名經》演化關係,并不如方廣錩所説的那樣"明白"乃至於"毋庸贅述",反而是十二卷本與十六卷本之間、二十卷本與三十卷本之間對應關係緊密。② 因此,在梳理七寺、敦煌發現十六卷本經名部分的基礎上,本文擬對十六卷本《佛名經》經名部分的表層特徵、文字錯誤、内容與結構以及十六卷本祖本年代、與其他卷本關係等問題,略陳拙見。

一、十六卷本《佛名經》經名部分的表層特徵

七寺、敦煌發現的十六卷本《佛名經》經名,③與佛名、菩薩名、辟支佛名一樣,前皆加"南無"二字,以表禮敬,如七寺本卷一第 1 部經名即爲"南無《山海慧經》",且經名後不加卷數。方廣錩曾在《關於敦煌遺書〈佛説佛名經〉》一文中,對十六卷本經名部分作了如下描述:"每卷分作前後兩部分……在法寶部分,以'次禮十二部尊經大藏法輪'領起。每部分録經二十八部,每卷録經五十六部。全經共録經近九百部。"④這段關於經名分作兩部分和領起句的説明,確爲不易之論,但對經名數量的統計尚不準確。今將每卷經名分作上下兩部,則七寺本和方廣錩輯敦煌十六卷本《佛名經》(下稱"方輯本")經名部分的情況如下表:

七寺本、方輯本十六卷本《佛名經》各卷經名部數表

卷 次	七寺本	方輯本	卷 次	七寺本	方輯本
卷一上	28	28(BD03534)	卷二上	28	28(BD02055)
卷一下	28	28(BD03534)	卷二下	28	28(BD02055)

---

① 劉溪:《敦煌本早期〈佛名經〉寫本研究》,浙江師範大學碩士學位論文,2016 年,第 19 頁。

② 釋源博:《敦煌遺書二十卷本〈佛説佛名經〉録校研究》表一至表六,第 78—96 頁。

③ 十六卷本《佛名經》,根據《貞元録》和《宋高僧傳》記載,在唐德宗、唐懿宗時都作過修訂,敦煌十六卷本間也有少許差異,另外,贛州市博物館藏慈雲寺塔發現《佛名經》第十二卷殘卷,很可能也是十六卷本的另一個修訂本。下文不作專門説明時,十六卷本均指七寺本、敦煌本和與之相近的本子。贛州市博物館藏慈雲寺塔《佛名經》殘卷研究,參見鍾芳華:《贛州市博物館藏慈雲寺塔發現佛經殘卷研究》,《中國國家博物館館刊》2022 年第 3 期,第 84—89 頁。

④ 方廣錩:《關於敦煌遺書〈佛説佛名經〉》,第 267—268 頁。

續　表

卷　次	七寺本	方輯本	卷　次	七寺本	方輯本
卷三上	28	28（BD06824）	卷一〇上	28	25（BD06285）*
卷三下	28	28（BD06824）	卷一〇下	28	28（BD06285）
卷四上	28	28（BD06600）	卷一一上	28	28（BD01148）
卷四下	28	28（BD06600）	卷一一下	26*	28（BD01148）
卷五上	27*	27（BD03478）*	卷一二上	28	28（BD01194）
卷五下	28	28（BD03478）	卷一二下	28	28（BD01194）
卷六上	28	28（BD02472）	卷一三上	22	23（BD00002）*
卷六下	28	28（BD02472）	卷一三下	22	22（BD00002）
卷七上	36*	36（BD02523）*	卷一四上	22	22（S. 5076）
卷七下	30*	30（BD02523）*	卷一四下	22	22（S. 5076）
卷八上	27*	28（BD04435）	卷一五上*	22	22（BD03448）
卷八下	28	28（BD04435）	卷一五下*	22	22（BD03448）
卷九上	28	28（BD05159）	卷一六上	22	22（BD00002）
卷九下	28	28（BD05159）	卷一六下	22	22（BD00002）

　　説明：中國國家圖書館藏敦煌遺書，方廣錩當時采用千字文號和縮微膠捲號，現改爲通行的北敦號。卷一五出處，方輯本原作“北露四六號（縮微膠捲號：八〇五號）”，縮微膠捲號正確，千字文號應爲北露四八號（BD03448 號）筆誤。

　　十六卷本前 12 卷除卷七外，每卷上下兩部經名數量在 28 部左右，後 4 卷每卷上下兩部有 22 部左右（卷一三上 BD00101 號爲 22 部，與方輯本所用底本 BD00002 號 23 部不同）。[①] 全經合計，七寺本爲 854 部，方輯本爲 855 部，數量上和内容上差别不大。

　　其中，經名部數比較突兀的，是七寺本、方輯本卷七的 66 部經，比卷六多出 10 部，但卷七下後 10 部經（從“惟羅菩薩經”到“慧/惠上菩薩經”），名稱恰與卷八上前 10 部相同。如果把這 10 部重複的經名除去，那麽卷七經數也是 56 部，與前 12 卷其他各卷

---

　　① 黄永武編：《敦煌寶藏》第 62 册《北七五二號（黄一）　佛説佛名經卷第十三》，臺北：新文豐出版公司，1983 年，第 102—103 頁。

經名部數一致。前 12 卷每卷上下兩部 28 部經、後 4 卷每卷上下兩部 22 部經的安排，很可能是十六卷本理想化的工整結構。

前 12 卷和後 4 卷經名部分的差異，不僅體現在佛經數量上，也體現在佛經名稱上。七寺本、方輯本卷一三上至卷一六上前 16 部經名，正是卷一〇上"治身經"至卷一二下第 28 部"海(七寺本誤作'誨')有八事經"的簡單重複，二者内容和次序基本一致。對於這一現象，筆者以爲：(1)按照前後對應關係，七寺本卷一一下 26 部經、方輯本卷一〇上 25 部經，實際上都應該是 28 部經；(2)十六卷本《佛名經》初次編集時，很可能最初祇考慮了 12 卷，或藉鑒了某種包含經名的十二卷本《佛名經》。當卷一二下第 28 部"海有八事經"祇能重複排列到卷一六上第 16 部時，編集者不得不另外補足了卷一六上後 6 部經和卷一六下 22 部經，纔湊齊了整部十六卷本《佛名經》經名。①

除了卷七下與卷八上(10 部)、卷一〇上至卷一二下與卷一三上至卷一六上(應爲 148 部)經名之間的簡單重複現象外，與二十卷本、三十卷本一樣，七寺本、方輯本十六卷本《佛名經》經名部分也有重翻經(同本異譯經)名。但與二十卷本、三十卷本經名部分重翻經名基本前後排列不同，②十六卷本重翻經名通常散入不同卷次，并不相對集中。如《彦琮録》歸入重翻的三部經：

《廣博嚴净不退轉輪經》六卷(或四卷)　宋元嘉年沙門智嚴共寶雲譯

《不退轉法輪經》四卷

《阿惟越致遮經》三卷(或四卷)　晉太康年竺法護譯

右三經同本異譯③

在二十卷本卷一一作"南無《廣博嚴净不退轉輪經》　南無《不退轉法輪經》　七千　南無《阿惟越致遮經》"④，在三十卷本卷九末尾作"南無《廣博嚴净不退轉經》　南無《阿惟越致遮經》"和卷一〇開頭作"南無《不退轉法輪經》"，⑤從經名部分而言它們都是連

---

①　至於七寺本卷八上祇有 27 部經，有可能是該系列寫經删除了方輯本卷八重複的"慧上菩薩經"所致。而七寺本、方輯本卷五上都祇有 27 部，或許是因爲第 1 部經"佛本起甲申大水及月光菩薩王事經"占據了兩部經名位置，以致編集者疏忽，没有補足 28 部。

②　二十卷本、三十卷本或因分卷需要，某經在前一卷經名部末尾，其重翻經名在後一卷經名部分開頭。

③　(隋)彦琮：《衆經目録》卷二《重翻·大乘經重翻》，《大正新修大藏經》第 55 册，第 158 頁上 6—11。

④　釋源博：《敦煌遺書二十卷本〈佛説佛名經〉録校研究》，第 361 頁。"七千"爲三寶名統計數。

⑤　《佛説佛名經》(三十卷本)，第 221 頁下 18—19、224 頁下 14。

續的。而在七寺本、方輯本十六卷本《佛名經》中，"廣博嚴净經"爲卷二上第 6 部，"阿惟越致遮經"爲卷七下第 14 部，"不退轉經"爲卷九下第 17 部，卷六上第 7 部又有所謂"不退輪經"，①各重翻經名之間并不連貫。

重翻經名，又分爲同名、異名兩種情況。二十卷本、三十卷本《佛名經》的重翻經名，因受到《彦琮録》一類經録的影響，②名稱更爲準確規範，故而同名重翻經名少有。③但十六卷本的編集者抄録經名時，常采用當時流行簡稱，④加上經名較多（敦煌二十卷本經名 390 部左右，麗本三十卷本 743 部），導致出現同名重翻經名的現象更爲普遍。這裏略舉兩例：

（1）三十卷本卷一二提及"南無《彌勒成佛經》　南無《彌勒下生經》　南無《彌勒來時經》"三部重翻經名，⑤并無重複，但十六卷本卷一下第 17 部、卷三下第 18 部都是"彌勒成佛經"。據完成于開皇十四年（594）的《法經録》卷一記載，"《彌勒成佛經》一卷（晉世竺法護譯）　《彌勒成佛經》一卷（後秦弘始年羅什譯）　《彌勒受决經》一卷（一名《彌勒下生經》，後秦弘始年羅什譯）　《彌勒當來生經》一卷　右四經同本異譯"，⑥可見隋初名爲"彌勒成佛經"的佛經，有竺法護和鳩摩羅什兩個譯本。十六卷本前後兩處"彌勒成佛經"，很可能不是簡單重複，而是指兩部重翻經。

（2）二十卷本卷一〇、三十卷本卷九，都祇提及《妙法蓮華經》《正法華經》兩部重翻名，與《彦琮録》卷二"《妙法蓮華經》七卷　後秦弘始年羅什譯　《正法華經》十卷　晉太康年竺法護譯　右二經同本異譯"的表述一致。⑦但據《僧祐録》卷二"《法華經》（《舊録》有《薩芸分陀利經》，云是異出《法華》，未詳誰出，今闕。此經竺法護出《正法華經》十卷，鳩摩羅什出《新妙法蓮華經》七卷）　右一經，三人出。其一經失譯人名，已

---

①　"廣博嚴净經"，《僧祐録》卷二《新集撰出經律論録第一》："《廣博嚴净經》四卷（或云《廣博嚴净不退轉輪經》）。""不退轉經"，《僧祐録》卷三《新集安公凉土異經録第三》："《不退轉經》四卷（或云《不退轉法輪經》）。"見（梁）釋僧祐撰，蘇晉仁、蕭鍊子點校：《出三藏記集》卷四《新集續撰失譯雜經録第一》，北京：中華書局，1995 年，第 59、110 頁。

②　鍾芳華：《贛州市博物館藏慈雲寺塔發現佛經殘卷研究》，第 88—89 頁。

③　三十卷本《佛名經》同名重翻經名的例子，如卷一三"南無《金剛般若經》　南無《金剛般若波羅蜜經》　南無《金剛般若經》"，見《佛説佛名經》（三十卷本），第 158 頁上 12—13。

④　〔日〕井ノ口泰淳：《敦煌本「佛名經」の諸系統》，第 408 頁。

⑤　《佛説佛名經》（三十卷本），第 231 頁下 8—9。

⑥　（隋）法經等：《衆經目録》卷一《大乘修多羅藏録第一·衆經異譯二》，《大正新修大藏經》第 55 册，第 119 頁上 14—18。

⑦　（隋）彦琮：《衆經目録》卷二《重翻·大乘經重翻》，第 156 頁中 3—5。

入失源録"的記載,①南朝蕭梁時期僧祐即認爲《法華經》有三種重翻經,②且都可以稱爲"法華經"。七寺本、方輯本十六卷本卷一上第 9 部、卷一下第 25 部同爲"法華經",卷八下第 25 部爲"分陀利經",③正與《僧祐録》的説法相合,兩部同名的"法華經",很可能分指竺法護譯《正法華經》和鳩摩羅什譯《妙法蓮華經》。

因此,對於十六卷本前 12 卷本同名經,不能簡單將它們與卷一三上至卷一六上簡單重複經看作同一類型。

二、七寺本、敦煌本十六卷本《佛名經》
經名的三重錯誤

根據七寺本、方輯本卷一〇上至卷一二下、卷一三上至卷一六上之間經名的重複關係,很容易發現: (1) 七寺本卷一一下(26 部)在第 4、5 部之間,遺漏了卷一四下"南無《諦了本生死經》 南無《阿差末菩薩經》"(第 3、4 部)兩部經名;(2) 方輯本卷一三上"南無菩首章經"(第 2 部,《僧祐録》卷二、《法經録》卷一均作"菩首童經")和"南無《長者須達經》 南無《獨居思惟意中念生經》"(第 6、7 部)三部經名,方輯本卷一〇上(25 部)在相應位置上有脱文;(3) 方輯本卷一三上第 23 部"南無《七女經》",在方輯本卷一〇下第 14、15 部之間沒有找到,卷一三上 BD00101 號也沒有這一經名,加上方輯本卷五下第 13 部已經有"七女經",故而方輯本卷一三上第 23 部很可能是衍文。

如果再將七寺本與方輯本、敦煌各個卷子之間經名互相對照,并結合現存南北朝隋唐時期經録予以校勘,則文字錯誤遠不止上述例證。本文將之歸納爲幾種常見的錯誤類型:

(一) 訛文。七寺本、方輯本經名訛文現象較多,可以細分爲: (1) 七寺本正確,方輯本訛文。如方輯本卷一下第 1 部經"賢思經",七寺本同處作"賢愚經"。"賢思經",現存南北朝隋唐時期經録未見;"賢愚經",據《僧祐録》卷二《賢愚經》十三卷(宋元嘉二十二年出) 右一部,凡十三卷。宋文帝時,涼州沙門釋曇學、威德於于闐國得此經

---

① (梁) 釋僧祐撰,蘇晉仁、蕭鍊子點校:《出三藏記集》卷二《新集條解異出經録第二》,第 67 頁。

② 姚名達、湯用彤、李慶甲、李森、興膳宏等人均認爲《出三藏記集》成書於梁,參見牟世金:《劉勰年譜匯考》,成都: 巴蜀書社,1988 年,第 133 頁。

③ 《僧祐録》卷三:"《分陀利經》一卷(《舊録》云《薩芸芬陀利經》,或云是異出《法華經》)。"見(梁) 釋僧祐撰,蘇晉仁、蕭鍊子點校:《出三藏記集》卷三《新集安公失譯經録第二》,第 105 頁。

胡本,於高昌郡譯出"等記載,①劉宋時期就有漢譯本。"思""愚"易混,方輯本傳抄有誤。（2）方輯本正確,七寺本訛文。如七寺本卷二下第 20 部"净業部經",方輯本作"净業障經",與《法經録》卷五《净業障經》一卷"等記載吻合。②（3）兩本均訛文。如卷一二下第 27 部,七寺本作"觀世音大勢至力愛決經",方輯本作"光世音大勢至力憂決經","受決"即受記,爲漢譯佛教術語,《僧祐録》卷二即有"《光世音大勢至受決經》一卷",③七寺本卷一六上第 15 部重複經名也作"觀世音大勢至受決經"。"愛""憂"和"受"字易混,故七寺本、方輯本卷一二下該處"受"字均訛。

（二）脱文。脱文現象也常見,同樣可以分爲:（1）七寺本正確,方輯本脱文。如方輯本卷三下第 17 部作"重太子暮魄經",七寺本同處作"重生太子暮魄經",《大正藏》所録《佛説太子慕魄經》講的正是太子慕魄死而復生的故事,方輯本該處顯脱一"生"字。（2）方輯本正確,七寺本脱文。如七寺本卷一下第 11 部"摩衍經",方輯本同處作"摩訶衍經"。"摩衍經",現存南北朝隋唐時期經録未見;"摩訶衍經",《法經録》卷一則有失譯"《摩訶衍經》十四卷",④"摩訶衍"義爲大乘,⑤七寺本該處應脱一"訶"字。（3）兩本均脱文。如七寺本、方輯本卷一二下第 1 部"五十法戒經",《僧祐録》卷三作"《五十五法誡經》一卷（或云《五十五法行》）",⑥隋唐時期《法經録》《開元録》等經録均作"五十五"而非"五十",七寺本卷一五下第 11 部重複經名正作"五十五法戒經",可見七寺本、方輯本卷一二下該處均脱一"五"字。

（三）衍文。七寺本、方輯本在律、論、賢聖集傳後均加"經"字,⑦如"十誦律經"（卷五上第 10 部）、"誠實論經"（卷一上第 19 部）、"法顯傳經"（卷四上第 8 部）,這應該看作十六卷本編集者有意整齊化的結果,而非衍文。上文提及的"重生太子暮魄經",現存南北朝隋唐時期經録該經均無"重生"二字,但與《佛説太子慕魄經》内容吻

① （梁）釋僧祐撰,蘇晉仁、蕭鍊子點校:《出三藏記集》卷二《新集撰出經律論録第一》,第 59 頁。
② （隋）法經等:《衆經目録》卷五《大乘毗尼藏録第三·衆律失譯三》,第 139 頁下 2。
③ （梁）釋僧祐撰,蘇晉仁、蕭鍊子點校:《出三藏記集》卷二《新集撰出經律論録第一》,第 39 頁。
④ （隋）法經等:《衆經目録》卷一《大乘修多羅藏録第一·衆經失譯三》,第 120 頁中 9。
⑤ 《翻梵語》:"摩訶衍,應云摩訶耶那。譯曰:摩訶者,大;耶那者,乘也。"見《翻梵語》卷一《法名第四》,《大正新修大藏經》第 54 册,第 983 頁中 1。
⑥ （梁）釋僧祐撰,蘇晉仁、蕭鍊子點校:《出三藏記集》卷三《新集安公古異經録第一》,第 92 頁。
⑦ 〔日〕井ノ口泰淳:《敦煌本「佛名經」の諸系統》,第 408 頁。七寺本卷五上第 14、15 部作"南無《彌沙塞律經》南無《十二門論經》",S. 3010 號同處作"南無《彌沙塞律》 南無《十二門論》",在律藏、論藏後不加"經"字,是敦煌本中少有的例子,從七寺本和敦煌其他卷子的情形看,律藏、論藏、賢聖集傳等後均加"經"字,更接近十六卷本祖本原貌。

合,同樣不能看作衍文,而有可能是十六卷本《佛名經》編集時該經的一種流行稱呼。七寺本、方輯本卷九下第 14 部"百六十二品經"爲少有的可能例證,因爲"百六十二品經"不見於現存南北朝隋唐時期經録,反倒有一部《百六十品經》。根據《僧祐録》卷二"《百六十品經》一卷(《舊録》云《增一阿含》百六十章)"的記載,《百六十品經》是安世高據《增一阿含經》百六十章譯出的,明確是"百六十品"而非"百六十二品"。南北朝隋唐時期是否有另外一種"百六十二品經",不得而知。但七寺本、方輯本均作"百六十二品經",可能這兩個本子的祖本即如此。不過,卷一下第 1 部 BD08320 號將七寺本同處"賢愚經"抄作"賢愚經經",①倒是很明顯衍一"經"字。

(四)倒文。倒文的情況同樣不多,明確的例子是七寺本、方輯本卷七上第 10 部"難日經"。"難日經",現存南北朝隋唐時期經録未見,它應該是《法經録》卷三"《佛説越難經》一卷(一名《日難經》)"中所指的《日難經》。②《經律異相》卷三十六引有《日難經》經文大意,稱"昔波羅奈國長者,名曰日難",日難"財富巨億,慳惜不施,後生貧盲",③"日難"是一個人名,應即《日難經》這一經名所指。但七寺本、方輯本該處均倒作"難日經",當是祖本如此,而非這兩個本子傳抄有誤。

(五)錯亂。經名錯亂的情況也有幾例,明確例證如:(1)將兩部經名錯抄在一處,糅合成一部經名。如卷九上第 26 部,七寺本作"有鐃竭暑禁桑波羅經",方輯本作"有鐃竭暑社棄波羅經",但現存南北朝隋唐時期經録并沒有這樣一部經名,它很可能指的是《僧祐録》卷三引《道安録》所載的失譯"《有鐃竭經》一卷 《署杜乘披羅門經》一卷"。④《法經録》卷三、《長房録》卷一四和《彦琮録》都分作二部佛經,從七寺本、方輯本都糅合成一經,且卷九上(28 部)不缺經名的情況來看,這可能也是兩個本子祖本的問題。(2)將後一部經名的一部分與前一部經名糅合,但仍分作二部經名。如卷一二上第 7、25 部,七寺本分作"迦羅越經"和"菩薩等行分然國經",方輯本分作"迦羅越經"和"菩薩等行分煞國經"。直稱"迦羅越經"的佛經,現存南北朝隋唐時期經録未見記載。如《法經録》中與"迦羅越"一詞有關的,有"《難提迦羅越經》一卷""《大六向拜經》一卷(一名《尸迦羅越六向拜經》)"和"《分然洹國迦羅越經》一卷"。⑤因七寺本、

---

① 黄永武編:《敦煌寶藏》第 59 册《北五二一號(爲八十四) 佛説佛名經卷第一》,1983 年,第 540 頁。
② (隋)法經等:《衆經目録》卷三《小乘修多羅藏録第二·衆經失譯三》,第 131 頁中 18。
③ (梁)寶唱等集:《經律異相》卷三六"日難財富巨億慳惜不施後生貧盲九"條,《大正新修大藏經》第 53 册,第 81 頁下 27—29。
④ (梁)釋僧祐撰,蘇晉仁、蕭鍊子點校:《出三藏記集》卷三《新集安公古異經録第一》,第 96 頁。
⑤ (隋)法經等:《衆經目録》卷三《小乘修多羅藏録第二》,第 128 頁上 19、130 頁中 3、133 頁上 19。

方輯本卷八上第 26 部已有"難提迦羅越經",卷一六下第 14 部已有"大六向拜經",卷一二上第 7 部"迦羅越經"很可能與《分然洹國迦羅越經》相關。《僧祐録》卷三《新集安公凉土異經録》有"《菩薩等行經》一卷 《分然洹國迦羅越經》一卷",①説明《道安録》所記"凉土異經",《菩薩等行經》《分然洹國迦羅越經》兩部譯經相鄰。如果《僧祐録》所引《道安録》兩部經名不誤,那它們先訛作"菩薩等行經"和"分然國迦羅越經",再訛成七寺本"菩薩等行分然國經""迦羅越經",最後呈現出方輯本"菩薩等行分煞國經""迦羅越經"的形態。這兩部經名,很可能在七寺本和敦煌本祖本中就已經錯亂。

因此,以七寺本爲底本,對十六卷本《佛名經》經名部分進行校勘時,必須同時參考現存南北朝隋唐時期經録和其他敦煌卷子,而不能僅僅依賴方輯本。對於七寺本和敦煌本十六卷本《佛名經》的錯誤,需要區分出以下三重:(1)釋文錯誤。如七寺本將卷五上第 20 部"五無返復經"誤釋爲"五無遍復經",將卷八下第 22 部"智止經"誤釋爲"智上經",將卷九下第 21 部"梵皇經"誤釋爲"梵星經",將卷一一下第 25 部(方輯本第 27 部)"持戒而教人不煞生經"誤釋爲"持戒而教人不殺生經",都不能視爲七寺本寫經的訛文。(2)抄本錯誤,主要表現爲上述訛文和脱文問題。(3)七寺本與敦煌本祖本的錯誤。上述衍文、倒文和錯亂問題,大都不是七寺或敦煌一個本子的錯誤,多爲兩者的共同點,可能都源於祖本。

三、十六卷本《佛名經》經名的内容與結構

二十卷本《佛名經》經名的次序,大致是:(1)大乘般若類 10 部經(有單本、有重翻,卷一);(2)其他大乘經單本(卷一至卷七)、大乘律單本(卷七)、小乘經單本(卷八至卷九);(3)大乘經重翻(卷一〇至卷一七,其中卷一三、卷一四、卷一六闕)、小乘經重翻(卷一七至卷一八);(4)賢聖集傳(卷一九);(5)小乘四阿含別生經(卷一九至卷二〇)。三十卷本《佛名經》經名的次序,則大致是:(1)大乘經單本(卷一至卷四)、大乘律單本(卷四)、大乘論單本(卷四)、小乘經單本(卷五至卷七)、小乘律單本(卷七至卷八)、小乘論單本(卷八);(2)大乘經重翻(卷九至卷一四)、大乘律重翻(卷一四)、大乘論重翻(卷一四)、小乘經重翻(卷一四至卷一五);(3)小乘四阿含別生經(卷一五至卷一六);(4)賢聖集傳(卷一六)。將單本、重翻作爲第一層分類標準,單本、重翻内再分大小乘,乘下分經、律、論藏,并將"賢聖集傳"單列,是《彦琮録》及完全仿照它的

---

① (梁)釋僧祐撰,蘇晉仁、蕭鍊子點校:《出三藏記集》卷三《新集安公凉土異經録第三》,第 111 頁。

《静泰録》篇目結構有別於南北朝隋唐時期經録的特徵。① 二十卷本、三十卷本《佛名經》無疑參考并基本沿用了這種結構。②

據《彦琮録》序:

> 皇帝深崇三寶,洞明五乘,降敕所司,請興善寺大德與翻經沙門及學士等,披檢法藏,詳定經録。隨類區辯〔辨〕,總爲五分:單本第一,重翻第二,別生第三,賢聖集傳第四,疑僞第五。別生、疑僞不須抄寫,已外三分入藏見録。……自餘《高僧傳》等,詞參文史,體非淳正,事雖可尋,義無在録。又勘古目,猶有闕本。昔海内未平,諸處遺落。今天下既壹,請皆訪取。③

按照這個思路,《彦琮録》形成了單本、重翻、別生、賢聖集傳、疑僞、闕本的篇目結構。二十卷本、三十卷本《佛名經》所録的,主要是單本、重翻、四阿含別生和西域賢聖集傳,没有疑僞經、闕本經。十六卷本經名部分,却收録了大量從《道安録》到《開元録》都歸入疑僞的疑僞經名和從《僧祐録》到《開元録》都歸入闕本的闕本經名,遠遠超出了二十卷本、三十卷本《佛名經》經名範圍。《僧祐録》卷五《新集安公疑經録》,見於十六卷本《佛名經》有“度護法經”(卷七上第 12 部)、“毗羅三昧經”(卷三上第 10 部)、“善王皇帝經”(卷二下第 12 部)、“惟無三昧經”(卷四上第 24 部)、“相國阿羅訶公經”(卷七上第 14 部)等等。④ 上文提及的“分陀利經”(即《薩芸分陀利經》),收入《僧祐録》卷三《新集安公失譯經録》,并注明“今并闕此經”,《彦琮録》卷五、《静泰録》卷五、《大周録》卷一二、《開元録》卷一四都作“闕本”,説明從僧祐時代到智昇時代,該經很可能已經佚失,却被列爲十六卷本《佛名經》卷八下第 16 部。《僧祐録》卷三《新集安公失譯經録》云“今并闕此經”,《彦琮録》卷五等也歸入“闕本”,但在十六卷本中還能見到的有“七車經”(卷一〇下第 18 部、卷一三下第 4 部)、“阿拔經”(卷一二上第 23 部、卷一五下第 5 部)、“内藏大方等經”(卷八上第 20 部)等等。⑤

按照“自餘《高僧傳》等,詞參文史,體非淳正,事雖可尋,義無在録”的觀念,《彦琮

---

① 方廣錩:《中國寫本大藏經研究》,第 55—56 頁。
② 鍾芳華:《贛州市博物館藏慈雲寺塔發現佛經殘卷研究》,第 88—89 頁。
③ (隋)彦琮:《衆經目録》序,第 150 頁上 27—中 7。
④ (梁)釋僧祐撰,蘇晉仁、蕭鍊子點校:《出三藏記集》卷五《新集安公疑經録第二》,第 221—223 頁。
⑤ (梁)釋僧祐撰,蘇晉仁、蕭鍊子點校:《出三藏記集》卷三《新集安公失譯經録第二》,第 105—108 頁。

録》也祇保留了西域賢聖集傳,將《法經録》卷六"此方佛法傳記"等剔除在外。二十卷本、三十卷本《佛名經》,也沒有收録包括《法顯傳》等在内的中土賢聖集傳。但七寺本、方輯本十六卷本卷四上第8部均爲"南無《法顯傳經》",智昇在《開元録》中,也將此條作爲判定十六卷本《佛名經》"有僞雜"的重要依據:

> 尋其所集之者,全是庸愚。祇如第四卷中,云"南無《法顯傳經》",在法寶中列。此傳乃是東晉平陽沙門法顯往遊天竺自記行迹,元非是經,置法寶中,誤謬之甚。①

貞元十五年(799),唐德宗頒制,十六卷本《大佛名經》"許編入藏"。根據《貞元録》卷九"古來語曰,雖閑三藏,對事猶迷。以傳爲經,斯其事也。以編集傳經請除之"的説法,②十六卷本貞元入藏時是將"南無《法顯傳經》"删除了的。但S. 4240號十六卷本《佛名經》卷四"大梁貞明六年(920)"抄本,仍有"南無《法顯傳經》",③BD02051、BD02793、BD04780、S. 571、S. 3199、S. 3536、S. 6902等號敦煌卷子也都如此,説明上述敦煌本和七寺本并沒有受到貞元修訂本的影響,尚與《開元録》所記十六卷本《佛名經》特徵基本一致。④

此外,十六卷本《佛名經》中還出現了大量方廣錩所説"不知所據的經名"。這些經名,不見於《大正藏》所收南北朝隋唐時期經録,也是十六卷本與二十卷本、三十卷本相比的一大差異。這些經名,可以明確的類型有:

(1)有其經,作別名。如卷六下第3部"羅什譬喻經",在《僧祐録》卷二鳩摩羅什譯經裏記作"《雜譬喻經》一卷(比丘道略所集)",⑤現存隋唐經録也都作《雜譬喻經》。十六卷本《佛名經》"羅什譬喻經",應該就是鳩摩羅什譯、道略集《雜譬喻經》。再如卷一上第1部"山海慧經",S. 2538號卷首題作"《阿彌陀佛覺諸大衆觀身經》解脱品第

---

① (唐)智昇:《開元釋教録》卷一八《別録中僞妄亂真録第七》"《佛名經》十六卷"條,《大正新修大藏經》第55册,第672頁上25—28。

② (唐)圓照:《貞元新定釋教目録》卷九《總集群經録上之九》"《大佛名經》十六卷"條,《大正新修大藏經》第55册,第837頁上16—中5。

③ 黃永武編:《敦煌寶藏》第34册《斯四二四〇號 佛説佛名經卷第四》,1982年,第643、655頁。

④ 方廣錩注意到智昇提及的卷九"南無阿難、羅睺羅"錯誤合稱問題,部分敦煌卷子如BD05159號(稱59號)已經分作兩唱,參見方廣錩:《關於敦煌遺書〈佛説佛名經〉》,第269頁。但BD05159號并未如《貞元録》所説,將同卷"南無富樓那""南無彌多羅子"合稱。

⑤ (梁)釋僧祐撰,蘇晉仁、蕭錬子點校:《出三藏記集》卷二《新集撰出經律論録第一》,第50頁。

一",卷末題作"佛説山海慧菩薩經",①十六卷本所録"山海慧經",很可能就是一卷本《佛説山海慧菩薩經》的簡稱。這部經,在現存南北朝隋唐時期經録中,始見於《大周録》卷一五,但作"阿彌陀佛覺諸大衆觀身經",并説明"占來相傳,皆云僞謬"。②

(2)有其名,無其經。如卷一下第 8 部"斧柯經",北涼浮陀跋摩、道泰等譯《阿毗曇毗婆沙論》卷四八和後秦鳩摩羅什譯《成實論》卷一、卷一五都曾提及。蕭梁法雲《法華義記》卷一,云:"若泛論衆經標題差别不同,略述所見,可有五種。……人、法兩存者,即是《維摩》《勝鬘經》也。但譬標經者,即是《成實》所云《斧柯喻經》也。"③提及《斧柯喻經》時,法雲不像《維摩詰經》《勝鬘經》那樣直出,祇能間接説《成實論》所云,可見南朝齊梁時期雖已知曉《斧柯喻經》一名,但主要還是依據《成實論》,該經當時很可能没有漢譯本;現存南北朝隋唐時期經録也没有譯經記録。但南北朝諸成實師,無疑已經知道該經,此或即《李廓録》所謂"未譯經"或"有目未得經"。④

(3)無其名,如卷三上第 13 部"龍樹因緣經"和第 14 部"龍樹所問經"。如《彦琮録》中與龍樹有關的,今祇見到龍樹撰《十住毗婆沙經論》(卷一)、龍樹撰《一輪盧迦論》(卷一)、《龍樹勸發諸王要偈》(卷二)和《龍樹菩薩傳》(卷二),這四種經典中是否有"龍樹因緣經""龍樹所問經",不得而知。

即使删除簡單重複的經名,十六卷本《佛名經》也收録了 700 多部經名。那麼,這些經名的次序是如何安排的呢? 如前所述,二十卷本、三十卷本《佛名經》經名部分參照了《彦琮録》的篇目結構。而十六卷本與它們相比,除了重翻經名不集中外,經名次序也顯得雜亂無章。它們既不按翻譯時代排列,也不按判教理論排列,大乘與小乘、單本與重翻、一卷與多卷、真經與疑僞、存本與闕本、有譯與無譯雜處,經、律、論三藏離散,與東晉南北朝隋唐諸種經録的篇目結構都不同。⑤ 筆者認爲,這種雜亂無章的次序,應該是十六卷本編集者刻意造成的。從《斧柯經》的例子來看,十六卷本在編集時一定參

---

① 黄永武編:《敦煌寶藏》第 20 册《斯二五三八號　阿彌陀佛覺諸大衆觀身經》,1981 年,第 546 頁。

② (武周)明佺等:《大周刊定衆經目録》卷一五《僞經目録》,《大正新修大藏經》第 55 册,第 474 頁中 14、下 11。

③ (梁)法雲:《法華義記》卷一,《大正新修大藏經》第 33 册,第 574 頁上 28—中 6。《法華義記》成書年代不詳,《續高僧傳》法雲有傳,稱其"大通三年三月二十七日初夜卒於住房,春秋六十有三",則生卒年當在公元467—529 年間,見(唐)道宣撰,郭紹林點校:《續高僧傳》卷五《義解篇初·梁揚都光宅寺沙門釋法雲傳九》,北京:中華書局,2014 年,第 164 頁。

④ 《李廓録》設有"大乘未譯經論目録",但未設"小乘未譯經論目録",《成實論》隋代法經、費長房等判作小乘,其所引《斧柯喻經》很可能也屬小乘。

⑤ 寫本時代佛教經録篇目結構的研究,參見方廣錩:《中國寫本大藏經研究》,第 45—70 頁。

考了某種經録,而不可能是直録存本。上文曾提及,卷一二上第 7、25 部,分作"迦羅越經""菩薩等行分然/煞國經",很可能是《道安録》中《菩薩等行經》《分然洹國迦羅越經》前後兩部相鄰經名傳抄錯亂所致。祇有在編集者參考了《道安録》或受《道安録》影響的某種經録(或這兩個經名次序與《道安録》相同的早期經録)的情況下,十六卷本這個錯誤纔可能發生。即使東晉南北朝隋唐時期包括《道安録》在内的某種經録經名前後錯亂,這兩部錯亂經名次序也是相鄰的,如作"菩薩等行分然洹國經 迦羅越經"。但十六卷本將"菩薩等行分然國經"置於卷一二上第 25 部,又將"迦羅越經"置於卷一二上第 7 部,前經在後,後經在前,且相隔甚遠,這顯然是刻意分拆的結果。因此,十六卷本經名雜亂的次序,應該是原生性的。

四、十六卷本《佛名經》祖本出現年代

現存隋唐經録收録十六卷本《佛名經》的,有《開元録》和《貞元録》。《開元録》"《佛名經》十六卷"條云:

> 右一經,時俗號爲"馬頭羅刹佛名",似是近代所集,乃取留支所譯十二卷者錯綜而成。於中取諸經名目,取後辟支佛名及菩薩名、諸經阿羅漢名,以爲三寶次第。總有三十二件。①

"留支"即菩提流支。十六卷本是由十二卷本擴充增訂而來的,這點從井ノ口泰淳、釋源博所作對照表即可證明。② 《長房録》卷三將菩提流支譯十二卷本繫於北魏正光元年(520),同書卷九云"正光年出",③智昇撰《開元録》在唐開元十八年(730)。④ 因此,正光元年和開元十八年可以分別初定爲十六卷本祖本出現年代的上下限。十六卷本《佛名經》,智昇認爲是"近代所集",圓照認爲"出梁代,未詳撰者名姓",⑤二者是否衝突呢?

與"近代"相對的是"遠代"。《開元録》卷三提及晉代失譯經時,説這些經"并是入

---

① (唐)智昇:《開元釋教録》卷一八《别録中僞妄亂真録第七》"《佛名經》十六卷"條,第 672 頁上 17—21。
② 〔日〕井ノ口泰淳:《敦煌本「佛名經」の諸系統》,第 409—410 頁。
③ (隋)費長房:《歷代三寶記》卷三、卷九,第 45 頁上 11、85 頁下 14。
④ (唐)智昇:《開元釋教録》序,第 477 頁上 21—22。
⑤ (唐)圓照:《貞元新定釋教目録》卷九《總集群經録上之九》"《大佛名經》十六卷"條,第 837 頁上 16—17。

藏見經,莫知譯主。諸失譯録闕而未書,似是遠代之經,故編於晉末。……并爲東晉失源云",①因此,在智昇的觀念中,東晉是"遠代"。同書卷六録梁代失譯經,云"房等失譯録中,闕而不載。尋其文句,非是遠代,故編梁末,以爲梁代失源云",②可見蕭梁"非是遠代",而屬"近代"。因此,智昇所謂"近代",足可遠指蕭梁,圓照不過是把"近代"更進一步斷爲"梁代",兩者并無矛盾。但因圓照没有提出明確有力的證據,是以方廣錩、劉溪轉而認爲十六卷本是隋末二十卷本之後出現的本子。③

敦煌二十卷本《佛名經》所録經,明確翻譯年代最晚的,是隋大業年間(605—615)達摩笈多譯《大方等善住意天子所問經》,④釋源博因此認爲二十卷本的産生上限在隋代。⑤ 麗本三十卷本所録經,卷四《大乘莊嚴論》、卷一〇《寶星陀羅尼經》,均爲唐貞觀年間(627—649)波頗蜜多譯本。⑥ 從最晚譯本來看,二十卷本出現年代的上限,無疑比三十卷本更早一些。至於七寺本、敦煌本十六卷本,所録經翻譯年代較晚的,是卷五下第27部"百字論經"。《百字論》,《法經録》卷五、《彦琮録》卷一都認爲祇有菩提流支一個譯本。雖然這部大乘論具體翻譯時間不確,但據《續高僧傳·菩提流支傳》:

> 帝又敕清信士李廓撰《衆經録》。廓學通玄素,條貫經論,雅有標擬。故其録云:"三藏流支自洛及鄴,爰至天平,二十餘年,凡所出經三十九部一百二十七卷。"⑦

宋元等本《大藏經》《長房録》卷九羅列菩提流支譯經時,同樣也是三十九部,且包括《百字論》在内。菩提流支北魏永平元年(508)來洛,則該論翻譯年代,當不早於北魏永平元年、不晚於東魏天平年間(534—537),與正光年間譯出的十二卷本《佛名經》年代相距不遠。因此,從經名來看,十六卷本《佛名經》祖本的時代上限當在正光、天平之間(520—537),《貞元録》十六卷本《大佛名經》"出梁代"的説法是有可能的。

---

① (唐)智昇:《開元釋教録》卷三《總括群經録上之三》,第510頁中12—15。
② (唐)智昇:《開元釋教録》卷六《總括群經録上之三》,第539頁中2—4。
③ 二十卷本《佛名經》的出現年代,方廣錩開始認爲可能在南北朝中期,後認同釋源博隋代説,參見方廣錩:《關於敦煌遺書〈佛説佛名經〉》,第270、284頁。
④ (唐)静泰:《衆經目録》卷二《重翻·大乘經重翻》,《大正新修大藏經》第55册,第190頁上28—29。
⑤ 釋源博:《敦煌遺書二十卷本〈佛説佛名經〉録校研究》,第61頁。
⑥ (唐)静泰:《衆經目録》卷一《單本》,第182頁上3—4、185頁中23—24。
⑦ (唐)道宣撰,郭紹林點校:《續高僧傳》卷一《譯經篇初·魏南臺永寧寺北天竺沙門菩提流支傳四》,第14頁。

　　南北朝隋唐不同時期撰出的經録,它們的篇目結構是有差異的。比如《李廓録》後,《法經録》等隋唐經録大小乘分判、經律論有別,而南北朝時期《七録》《僧祐録》《法上録》等經録篇目結構,并不按大小乘分類。① 儘管十六卷本刻意將各經次序打亂,但仍留有所參考經録特徵的痕迹,主要表現在上文提及的十六卷本第三重錯誤中,即七寺、敦煌本祖本的錯誤中。如卷一二上第 7、25 部"迦羅越經""菩薩等行分然/㷿國經",在《僧祐録》卷三《新集安公涼土異經録》作"《菩薩等行經》一卷　《分然洹國迦羅越經》一卷"。《法經録》卷一,單本失譯經"《菩薩等行經》一卷",入"大乘修多羅藏録";②同書卷三,單本失譯經"《分然洹國迦羅越經》一卷",入"小乘修多羅藏録",③可見法經已將《菩薩等行經》《分然洹國迦羅越經》分屬大小乘,不再像《道安録》《僧祐録》那樣,將這兩部經名前後連續排列。其後,《長房録》《彥琮録》乃至《開元録》《貞元録》,也因將它們分判爲大乘經和小乘經,在經録中遠遠相隔。因此,十六卷本初次編集時,編集者所參考的,絶不會是將《菩薩等行經》《分然洹國迦羅越經》分別歸入大乘經和小乘經的經録。

　　七寺本、方輯本卷八下第 20 部"分別六情三失蓋經"也是如此。所謂"分別六情三失蓋經",現存南北朝隋唐時期經録未見。現存經録編撰年代最早的《僧祐録》,卷三《新集安公涼土異經録》作"《分別六情經》一卷　《三失蓋經》一卷",④説明"分別六情三失蓋經"在《道安録》中對應的是《分別六情經》《三失蓋經》這兩部連續排列的經名。據《僧祐録》卷二:

　　　　祐校安公舊録,其經有譯名,則繼録上卷;無譯名者,則條目於下。尋《安録》,自《修行本起》訖於《和達》,凡一百有三十四經,莫詳其人。又關、涼二録,并闕譯名。今總而次,列入失源之部。《安録》誠佳,頗恨太簡。注目經名,撮題兩字。且不列卷數,行間相接。後人傳寫,名部混糅。且朱點爲標,朱滅則亂。⑤

《道安録》失譯經"不列卷數,行間相接"的簡單做法,在南北朝時期就導致了"後人傳

---

①　方廣錩:《中國寫本大藏經研究》,第 45—70 頁。
②　(隋)法經等:《衆經目録》卷一《大乘修多羅藏録第一·衆經失譯三》,第 121 頁中 6。
③　(隋)法經等:《衆經目録》卷三《小乘修多羅藏録第二·衆經失譯三》,第 133 頁上 19。
④　(梁)釋僧祐撰,蘇晉仁、蕭鍊子點校:《出三藏記集》卷三《新集安公涼土異經録第三》,第 112 頁。
⑤　(梁)釋僧祐撰,蘇晉仁、蕭鍊子點校:《出三藏記集》卷三《新集安公失譯經録第二》,第 98 頁。

寫,名部混糅"問題,《菩薩等行經》《分然洹國迦羅越經》與《分別六情經》《三失蓋經》就是其中代表。爲解決這一由經目"太簡"引起的問題,僧祐抄録《道安録》時,特地補加了卷數。《分別六情經》,《法經録》卷一入"大乘修多羅藏録";①《三失蓋經》,《法經録》卷三入"小乘修多羅藏録",②這兩部經分屬大小乘經。《長房録》《彦琮録》《静泰録》也將《分別六情經》《三失蓋經》區分爲大小乘經,直到《大周録》卷七、《開元録》十五、《貞元録》卷六引《僧祐録》時,將這兩部經典都歸入小乘經,它們纔重新前後相接。之所以改判,據智昇的説法,是因爲"群録之中,但題名目,久虧其本,無可披尋。大小二乘,實難詮定"。③ 但《大周録》《開元録》《貞元録》録二部經名後,都仿照《僧祐録》加了卷數,"名部混糅"并不容易。更不用説,《菩薩等行經》《分然洹國迦羅越經》在《大周録》《開元録》《貞元録》裏也分作大小乘經,因爲《菩薩等行經》的"菩薩"二字很容易讓人認定它是一部大乘經。

因此,要將《菩薩等行經》《分然洹國迦羅越經》抄作"迦羅越經""菩薩等行分然/煞國經",將《分別六情經》《三失蓋經》抄作"分別六情三失蓋經",其前提是兩部經名次序相鄰且中間没有説明文字,像《僧祐録》那樣後加卷數,像《法經録》等將之分判大小乘,都很難造成七寺本、敦煌方輯本十六卷本經名錯亂的結果。十六卷本祖本在編集時,編集者所參考的,應該是一種既没有受到《僧祐録》影響也没有將《道安録》失譯經分判大小乘的經録,它或者是《道安録》,或者原樣抄録了《道安録》相應内容。如果十六卷本祖本編集時祇參考了一種經録,那麽,它既要滿足上述條件又要收録菩提流支譯《百字論》,其編撰年代,很可能是在南北朝後期或者隋朝初年。因爲《法經録》《長房録》等經録出現後,大小乘分判就成爲隋唐經録篇目結構的流行分類標準。如果這一假設成立,十六卷本《佛名經》祖本的出現年代,很可能也在南北朝後期或隋初。④

有没有可能是隋朝中後期至唐開元十八年間,十六卷本祖本編集時,編集者有意選用了南北朝後期或隋初的經録以證其古,以便更容易署作菩提流支譯本呢? 筆者認爲,這種可能性不大,理由有二:其一,從十六卷本祖本收録《法顯傳經》來看,這個"有意"未免過於疏漏;其二,從隋初法經"别生、疑僞不須抄寫,已外三分入藏見録"和唐初静

---

① (隋)法經等:《衆經目録》卷一《大乘修多羅藏録第一·衆經失譯三》,第121頁中16。

·② (隋)法經等:《衆經目録》卷三《小乘修多羅藏録第二·衆經失譯三》,第133頁上22。

③ (唐)智昇:《開元釋教録》卷一五《别録中有譯無本譯之二·小乘經重譯闕本》,第648頁中17—19。

④ 方廣錩曾推測十六卷本中"不知所據的經名"是"依據《李廓録》或者類似《李廓録》一類的目録",但《李廓録》僅收入了"經律論真僞四百二十七部二千五十三卷",遠不及七寺本854部、方輯本855部的經名數量。見(隋)費長房:《歷代三寶記》卷一五,第126頁上20—21。因此,十六卷本在編集時,不可能直録《李廓録》。

泰"疑僞固非留限,芟夷蕪穢,洗拂塵瑕,坦矣法疇,差無稂莠"等觀點來看,①《法經録》以後的隋唐經録,已經有意識地剔除疑僞經,完成於隋唐時期的二十卷本、三十卷本《佛名經》,經名部分也没有疑僞經,但十六卷本却堂而皇之地收録進來,與隋中後期至開元年間的經録主流觀念相悖。

此外,七寺本、方輯本提及的部分佛經名稱,也能證明十六卷本祖本所參照的經録時代頗早。如七寺本、方輯本卷八上第 23 部都作"内藏百品經",説明十六卷本祖本很可能也是如此。《僧祐録》卷二有支讖譯"《内藏百品經》一卷",并注明"安公云出方等部。舊録云,'内藏百寶經'。遍校群録,并云'内藏百寶',無'内藏百品',故知即此經也"。② 因此,《法經録》卷一、《長房録》卷四、《彦琮録》卷一乃至《開元録》卷一、《貞元録》卷一都改作"内藏百寶經",敦煌二十卷本卷六、麗本三十卷本卷三也作"南無《内藏百寶經》",③而十六卷本一仍《道安録》《僧祐録》之舊,可見十六卷本祖本編集時,絕非采用了《法經録》等隋唐經録。七寺本、方輯本卷一六上第 9 部"難陀龍王經",現存隋唐經録正題名、麗本三十卷本卷六均作"龍王兄弟經",也是其例,兹不贅舉。

餘　論

依據經名部分,菩提流支譯《佛名經》及其擴充增訂本,祖本出現的先後次序很可能是:十二卷本(北魏正光年間)、十六卷本(南北朝後期或隋初)、二十卷本(不早於隋大業年間)、三十卷本(不早於唐貞觀年間)。再從麗本三十卷本卷一與七寺本、方輯本十六卷本卷一都有"次禮十二部尊經大藏法輪。凡閻浮界内一切經,合有八萬四千卷"的相同表述來看,④三十卷本在編集時,很可能直接參考了十六卷本,但其經名部分的篇目結構,却很可能轉而參考了二十卷本。三十卷本,可以説是對十六卷本的揚棄,一方面藉鑒了將三寶名、懺悔發願文、寶達偽經(七寺本、敦煌 S.450 號十六卷本卷一二)

---

① (唐)静泰:《衆經目録·大唐東京大敬愛寺一切經論目序》,第 180 頁下 27—28。

② (梁)釋僧祐撰,蘇晉仁、蕭鍊子點校:《出三藏記集》卷二《新集撰出經律論録第一》,第 27 頁。

③ 釋源博:《敦煌遺書二十卷本〈佛説佛名經〉録校研究》,第 251 頁;《佛説佛名經》(三十卷本)卷三,第 197 頁中 20。

④ 〔日〕牧田諦亮監,落合俊典編:《七寺古逸經典叢書》第三卷《中國撰述經典(其之三)》,第 23 頁;《佛説佛名經》(三十卷本),第 187 頁中 29—下 1。《經律異相》卷一五:"阿難問王:'佛經有幾卷?'王答言:'佛經甚多不可計數。今見在經有十二部,有八萬四千卷。'(出《阿難現變經》)"十六卷本、三十卷本《佛名經》關於佛經數量的説法,可能源於《阿難現變經》。見(梁)寶唱等集:《經律異相》卷一五"阿難試山向比丘并問阿育王十四"條,第 81 頁下 27—29。二十卷本卷一經名部分前作"次禮十二部經般若海藏",與十六卷本、三十卷本不同。見釋源博:《敦煌遺書二十卷本〈佛説佛名經〉録校研究》,第 133 頁。

熔於一爐的體裁,另一方面在卷次、經名、寶達僞經等方面又與十六卷本有極大差別;而後一方面,很可能始於二十卷本帶來的改變,故而釋源博"三十卷本與二十卷本的淵源關係也是明顯的"的觀點,①是有其合理成分的。但是,十二卷本、十六卷本、二十卷本、三十卷本各祖本之間,并不是簡單的綫性關係,比如三十卷本很可能受到了十六卷本和二十卷本的雙重影響。無論是井ノ口泰淳認爲在十二卷本基礎上分別產生了十六卷本、十八卷本,并在十八卷本的基礎上產生了二十卷本、三十卷本的觀點,②或如小林太市郎認爲菩提流支譯十二卷本、《開元録》所載十六卷本、《開元録》所載三十卷本、麗本三十卷本逐次演進,③還是方廣錩從十二卷本到二十卷本再到十六卷本、最後發展成三十卷本的觀點,④都有簡單化的危險。

至於贛州市博物館藏慈雲寺塔發現《佛名經》第十二卷殘卷,佛名、菩薩名、辟支佛名、寶達僞經和懺悔發願文都與七寺本、敦煌 S.450 號十六卷本卷一二基本一致,經名部分却是小乘四阿含別生經,與二十卷本卷一九、卷二〇和三十卷本卷一五、卷一六經名部分的特徵一致,這應該是十六卷本反過來又受到二十卷本或三十卷本一類《佛名經》的影響,轉而在經名部分采用了與《彦琮録》相近的篇目結構,并將疑僞、闕本等隋唐時期認爲不再適合繼續入藏的佛經類別予以剔除的嘗試。這個本子,同樣值得重視。

---

① 釋源博:《敦煌遺書二十卷本〈佛説佛名經〉録校研究》,第 98 頁。
② 〔日〕井ノ口泰淳:《敦煌本「佛名經」の諸系統》表九,第 423 頁。井ノ口泰淳認爲的"十八卷本",根據釋源博意見,應爲二十卷本,參見釋源博:《敦煌遺書二十卷本〈佛説佛名經〉録校研究》,第 71—75 頁。
③ 〔日〕小林太市郎:《仏名と沙門地獄草紙》,收入《小林太市郎著作集》第五卷《大和絵史論》,京都:淡交社,1974 年,第 297 頁。此書承蒙國家圖書館館員李揚代爲查閱,謹在此致謝。
④ 方廣錩:《關於敦煌遺書〈佛説佛名經〉》,第 266—285 頁。

《魏晉南北朝隋唐史資料》第四十七輯
2023 年 5 月,91—117 頁

《歷代名畫記》引《梁書》考[*]

陳　錚

　　《歷代名畫記》引《梁書》共計九處,其中卷七畫家小傳徵引七處,分別是蕭繹傳、蕭方等傳、蕭大連傳、蕭賁傳、陸杲傳、陶弘景傳和袁昂傳;另兩處是卷五顧愷之傳附記"《梁書·外域傳》"和卷七僧迦佛陀傳附記"《梁書·外國傳》"。

　　貞觀三年(629),唐太宗詔令著作郎姚思廉與祕書監魏徵同撰《梁書》,魏徵負責總體規劃,編次筆削等具體工作則由姚思廉一人擔當。本次《梁書》的編修從貞觀三年到貞觀十年(636),前後用時八年。① 按曾鞏《梁書目録序》言,姚思廉《梁書》是在其父姚察所撰舊稿基礎上補續而成,其間也參考了謝吳等諸家所記。②《隋志》著録姚思廉編纂工作之前三部紀傳體梁史:梁中書郎謝吳《梁書》四十九卷、陳領軍大著作郎許亨《梁史》五十三卷、姚察《梁書帝紀》七卷。其中謝吳《梁書》原是一百卷,毀于江陵焚書,朱希祖以爲四十九卷本是焚餘殘籍。③《隋志》著録并不完備,至少漏掉開皇年間(581—600)姚察進上的未竟本《梁書》。劉知幾説:"隋文帝嘗索梁、陳事迹,察具以所成每篇續奏,而依違荏苒,竟未絶筆。皇家貞觀初,其子思廉爲著作郎,奉詔撰成二史。於是憑其舊稿,加以新録,彌歷九載,方始畢功。"④可見,姚察的《梁書》副本唐初尚在家中。

　　雖然張彦遠未言所用"梁書"何本,但以上諸史中,許亨之書可先排除在外。大業

---

　　* 本文爲教育部人文社會科學研究規劃基金項目"《歷代名畫記》引書考"(項目批准號: 17YJA760007)的階段性成果。

　　① 《史通》卷一二《古今正史》"隋史"條:"初,太宗以梁、陳及齊、周、隋氏并未有書,乃命學士分修。事具於上。仍使祕書監魏徵總知其務,凡有贊論,徵多預焉。始以貞觀三年創造,至十八年方就(原注:唯姚思廉貞觀二年起,功多於諸史一歲),合爲《五代紀傳》,并目録凡二百五十二卷。書成,下於史閣。"[(唐)劉知幾撰,(清)浦起龍通釋:《史通通釋》,上海古籍出版社,2015 年,第 339 頁]則姚思廉撰梁、陳史始於貞觀二年(628),用時九年。

　　② 按,謝吳之名或作"謝昊",或作"謝昃",未知孰是,錢大昕《十駕齋養新録》已言之(上海書店出版社,2011年,第 416 頁)。本文引述各隨原文,論述時均作"謝吳"。

　　③ 朱希祖:《蕭梁舊史考(續)》,《國立北京大學國學季刊》1923 年第 1 卷第 2 號,第 339—340 頁。

　　④ (唐)劉知幾撰,(清)浦起龍通釋:《史通通釋》,第 324 頁。

九年（613）許亨子善心上《梁書》七十卷，它是許善心在其父舊稿上的修續補闕之作，與姚思廉接踵父書經歷相同。從許善心《梁書序傳》所示篇目來看，許氏父子書中有《逸民傳》無《處士傳》，①而張彦遠注明陶弘景傳出自“《梁書·處士傳》”，正與姚思廉書吻合。可是，姚書又祗有《諸夷傳》無“《外域傳》”和“《外國傳》”，於是温肇桐便懷疑張彦遠說的《梁書》乃謝吳的一百卷本。②這純屬猜測，一方面，謝書的一百卷本唐前已毀；另一方面，謝書篇目如何，歷史亦無記載。

另據《陳書目録序》言，北宋秘府所藏《梁》《陳》等書往往脱誤，不堪校書之任，曾鞏等人曾特請朝廷下詔徵書。③《玉海》卷四三“淳化校三史、嘉祐校七史”條：“嘉祐六年（1061）八月庚申，詔三館秘閣校理《宋》《齊》《梁》《陳》《後魏》《周》《北齊》七史，書有不全者，訪求之。”④晁公武《郡齋讀書志》卷五“《宋書》一百卷”條亦云：“嘉祐中，以《宋》《齊》《梁》《陳》《魏》《北齊》《周書》舛謬亡闕，始詔館職讎校。曾鞏等以秘閣所藏多誤，不足憑以是正，請詔天下藏書之家，悉上異本。久之，始集。治平中，鞏校定《南齊》《梁》《陳》三書上之。”⑤則今本《梁書》在治平年間（1064—1067）經過曾鞏校訂，其時《梁書》尚有秘閣本與異本之别，那麽，張彦遠時代是否存在這樣差異，抑未可知。如劉知幾説《梁書·孝元紀》載其《同姓名人録》《研神記》，而今本《梁書》闕載《研神記》，故浦起龍注云：“恐姚氏前别本有之。”⑥也許寫本時代的《梁書》已有散佚——至少，宋蜀大字本被發現多處闕文。⑦

《舊唐志》云：“《梁書》三十四卷，謝吳、姚察等撰。又五十卷，姚思廉撰。”⑧《新唐志》云：“謝吳、姚察《梁書》三十四卷。……姚思廉《梁書》五十六卷。”⑨則與姚思廉《梁書》并行於世的，尚有謝吳、姚察的三十四卷本，但謝本四十九卷後來爲何變成三十四卷，繼而又與姚察合著，原因還不清楚，章宗源推測是“《唐志》有誤”。⑩又，《新唐志》

① 《隋書》卷五八《許善心傳》，北京：中華書局，1973年，第1430頁。
② 温肇桐：《顧愷之新論》，成都：四川美術出版社，1985年，第79頁。
③ （宋）曾鞏：《陳書目録序》，《陳書》第2册，北京：中華書局，1972年，第501—502頁。
④ （宋）王應麟：《玉海》（合璧本）第2册，京都：中文出版社，1977年，第857頁上。
⑤ （宋）晁公武撰，孫猛校證：《郡齋讀書志校證》上册，上海古籍出版社，1990年，第184頁。
⑥ （唐）劉知幾撰，（清）浦起龍通釋：《史通通釋》，第489頁。
⑦ 張元濟撰，張樹年等導讀：《校史隨筆》，上海古籍出版社，1998年，第50頁；周一良：《魏晉南北朝史札記》，北京：中華書局，1985年，第286頁。
⑧ 《舊唐書》卷四六《經籍志上》，北京：中華書局，1975年，第1990頁。
⑨ 《新唐書》卷五八《藝文志二》，北京：中華書局，1975年，第1456頁。
⑩ （清）章宗源撰，（清）王頌蔚批校，黃壽成點校：《隋經籍志考證》卷一，北京：中華書局，2021年，第46頁。

著録"吳兢《梁史》十卷",①可《舊唐書·吳兢傳》對該書評價不高,云其"又傷疏略",②以至杜希德(Denis C. Twitchett)相信它是編年體。③ 張彥遠若貿然以新出簡本代替舊本,實難置信。所以,張彥遠所選《梁書》祇有兩種可能:一是謝吳、姚察的三十四卷本,二是姚思廉的五十六卷本。如何確定第一種情况,嚴可均給出思路,他將《太平御覽》卷三四二引《梁書》廬陵太守王希聃獲銅劍二口并上奏事歸於謝吳之書。④ 儘管嚴氏未説明理由,但比對姚思廉《梁書·武帝紀》,便知該書記祥瑞均不載賀表,故通過分析姚書體例、旨趣、風格,大致可以判斷《歷代名畫記》中《梁書》的引文來源。

接下來,我們便按《歷代名畫記》中梁代畫家出場順序,一一考辨其間《梁書》引文,而《外域傳》和《外國傳》的引文放在最後討論。本文使用的《歷代名畫記》爲谷口鉄雄校本,原書中的雙行夾注以小字加括號表示。

一、蕭 繹 傳

元帝蕭繹,字世誠,(中品。)武帝第七子。初生便眇一目,聰慧俊朗,博涉技藝,天生善書畫。初封湘東王,後乃即位。年四十七。追號元帝,廟號世祖。嘗畫聖僧,武帝親爲贊之。任荊州刺史日,畫《蕃客入朝圖》,帝極稱善。(《梁書》具載。)又畫《職貢圖》并序,蓋畫外國來獻之事。(序具本集。)⑤

雖今本《梁書·元帝紀》未言,但蕭繹確善書畫,且水平不低。如,蕭繹曾向武帝進呈畫作而得到嘉賞,在《謝上畫蒙敕褒賞啓》中他談到自己"簿領餘暇,竊愛丹青";⑥蕭繹《上東宮古迹啓》及梁簡文帝《答湘東王上王羲之書》,又顯示其對書藝也相當在行。⑦顏之推、姚最對蕭繹畫作更是贊譽有加。⑧ 張懷瓘《書斷》云:"(梁武帝)子綱、綸、繹,

---

① 《新唐書》卷五八《藝文志二》,第 1458 頁。

② 《舊唐書》卷一〇二《吳兢傳》,第 3182 頁。

③ 〔英〕杜希德著,黃寶華譯:《唐代官修史籍考》,上海古籍出版社,2015 年,第 57 頁注 4。

④ (清)嚴可均校輯:《全上古三代秦漢三國六朝文》第 4 册,北京:中華書局,1958 年,第 3300 頁上。

⑤ (唐)張彥遠撰,〔日〕谷口鉄雄編:《校本歷代名畫記》,東京:中央公論美術出版,1981 年,第 91 頁。

⑥ 《藝文類聚》卷七四《巧藝部》引梁元帝《謝上畫蒙敕褒賞啓》,上海古籍出版社,1982 年,第 1270 頁。

⑦ 《藝文類聚》卷七四《巧藝部》引梁元帝《上東宮古迹啓》、梁簡文帝《答湘東王上王羲之書》,第 1268 頁。

⑧ 《顏氏家訓·雜藝》:"吾家嘗有梁元帝手畫蟬雀白團扇及馬圖,亦難及也。"(王利器:《顏氏家訓集解》卷七,北京:中華書局,1993 年,第 578 頁)姚最《續畫品》"湘東殿下"條云:"右天挺命世,幼稟生知,學窮性表,心師造化,非復景行所能希涉。畫有六法,真仙爲難。王於像人,特盡神妙,心敏手運,不加點治。斯乃聽訟部領之際,文談衆藝之餘,時復遇物援毫,造次驚絶,足使荀衛閣筆,袁陸韜翰。圖製雖寡,聲聞於外,非復討論木訥,可得而稱焉。"(于安瀾編:《畫品叢書》,上海人民美術出版社,1982 年,第 19 頁)

并有書名也。"①竇臮《述書賦》云:"孝元不拘,快利睢盱。習寬疏於一體,加緊薄而小殊。"②《南史》本紀云:"帝工書善畫,自圖宣尼像,爲之贊而書之,時人謂之三絶。"③也是旁證。

"初生便眇一目"與《梁書》《南史》本紀記載不同,它們説蕭繹生下有眼疾,後被蕭衍治療不當,遂盲一目。"聰慧俊朗,博涉技藝,天生善書畫",即姚最所言"天挺命世,幼稟生知",《梁書》《南史》本紀所言"聰悟俊朗,天才英發"。④ 關於蕭繹"天才"的論調,最肉麻的當屬何之元《梁典》:"世祖聰明特達,才藝兼美,詩筆之麗,罕與爲匹。伎能之事,無所不該。極星象之功,窮蓍龜之妙。明筆法於馬室,不愧鄭玄;辨雲物於魯臺,無慚梓慎。"⑤祇是蕭繹畫聖僧及《蕃客入朝圖》兩事均不見他書,張彦遠却言"《梁書》具載",令人費解。許逸民疑此四字原置於"廟號世祖"句下,⑥王素以爲《歷代名畫記》蕭繹條當據"別本《梁書》",⑦余太山認爲此"《梁書》"可能爲梁中書郎謝吳所撰。⑧

至於《歷代名畫記》同時著録《蕃客入朝圖》與《職貢圖》,乃是聞見不同造成。《歷代名畫記》卷三《述古之秘畫珍圖》云:

《職貢圖》(一,外國酋渠、諸蕃土俗本末,仍各圖其來貢者之狀。《金樓子》言之,梁元帝畫。)⑨

原來,張彦遠所謂"《蕃客入朝圖》"録自《梁書》,而"《職貢圖》"采自《金樓子》及《梁元帝集》。按,《隋志》:"《金樓子》十卷,梁元帝撰。……《梁元帝集》五十二卷,《梁元帝小集》十卷。"⑩《舊唐志》:"《金樓子》十卷,梁元帝撰。……《梁元帝集》五十卷,《梁元帝集》十卷。"⑪《新唐志》:"梁元帝《金樓子》十卷。……《元帝集》五十卷,

---

① (唐)張彦遠著,范祥雍點校:《法書要録》卷九張懷瓘《書斷下》,北京:人民美術出版社,2016年,第300頁。
② (唐)張彦遠著,范祥雍點校:《法書要録》卷五竇臮《述書賦上》,第192頁。
③ 《南史》卷八《梁本紀下》,北京:中華書局,1975年,第243頁。
④ 《梁書》卷五《元帝紀》,北京:中華書局,1973年,第135頁;《南史》卷八《梁本紀下》,第242頁。
⑤ 《文苑英華》卷七五四引之元《梁典高祖事論》,北京:中華書局,第1966年,第3950頁下。
⑥ (唐)張彦遠撰,許逸民校箋:《歷代名畫記校箋》下册,北京:中華書局,2021年,第505頁注7。
⑦ 王素:《梁元帝〈職貢圖〉新探——兼説滑及高昌國史的幾個問題》,《文物》1992年第2期,第72頁。
⑧ 余太山:《兩漢魏晉南北朝正史西域傳研究》,北京:中華書局,2003年,第28、35頁。
⑨ (唐)張彦遠撰,〔日〕谷口鉄雄編:《校本歷代名畫記》,第61頁。
⑩ 、《隋書》卷三四《經籍志三》,第1006頁;卷三五《經籍志四》,第1076頁。
⑪ 《舊唐書》卷四七《經籍志下》,第2033、2052頁。

又《小集》十卷。"①張彥遠當是從《梁元帝集》或《梁元帝小集》《金樓子》裏采摭《職貢圖》之事，小字注"外國酋渠"云云則從《金樓子》補入。證據來自《玉海》卷五六《梁職貢圖》：

> 《藝文類聚》：梁元帝《職貢圖》。《名畫記》：元帝畫《職貢圖》，并序外國貢事。《唐地理志》：梁元帝一卷。（《崇文目》同。《書目》云：其自序云，乃纂百國一卷，今存二十有七。）②

又，《玉海》卷一五二《梁職貢圖》：

> 《唐志》地理類：梁元帝《職貢圖》一卷。（《南史》云《貢賦圖》，《梁書》云畫《番客入貢圖》。）《書目》：《金樓子》其自序云，乃纂百國一卷，今存二十有七，爲湘東王時諸蕃使者入貢，圖其形貌服飾，次以本國風俗。③

由此可知，《金樓子·著書》收錄《職貢圖》時，蕭繹曾自敘其畫，④即《書目》（《中興館閣書目》）所謂《金樓子》"自序"，也就是《歷代名畫記》卷三"外國酋渠"等十九字，祇不過張彥遠將"《金樓子》言之"倒置在引文之後。

從蕭繹"自序"分析，《職貢圖》與《蕃客入朝圖》是同一件作品，大抵前者是正式的題籤，後者是俗稱。類似一圖兩名、多名的例子在《歷代名畫記》裏就有。如，《述古之祕畫珍圖》著錄《洛陽圖》，注曰："一名《楊公圖狀》，楊佺期撰。"⑤而《新唐志》稱"《洛城圖》"；《文選》卷一六《閑居賦》注及卷三○《三月三日率爾成篇》注、《漢書·郡國志一》注作"楊佺期《洛陽記》"，《藝文類聚》卷六二與卷六四、《後漢書·儒林傳序》注又

---

① 《新唐書》卷五九《藝文志三》，第1534頁；卷六○《藝文志四》，第1593頁。
② （宋）王應麟：《玉海》（合璧本）第2冊，第1111頁下。
③ （宋）王應麟：《玉海》（合璧本）第6冊，第2893頁上。
④ 四庫本《金樓子·著書》首條"《連山》三秩三十卷"後，附雙行小字原注："金樓年在弱冠著此書，至於立年其功始就，躬親筆削，極有其勞。"陳志平、熊清元云四庫館臣所標"原注"正是蕭繹自注（《金樓子疏證校注》下冊，上海古籍出版社，2014年，第796頁注3）。如此，《金樓子·著書》"《貢職圖》一秩一卷"後，照例亦有蕭繹自注。《四庫全書總目》云，蕭繹《金樓子》乃是從《永樂大典》輯出，然後重新編定，而《永樂大典》保存的是元至正刊本形態，又云《著書》等八篇首尾完整。（北京：中華書局，1965年，第1010頁上）現在可以推知《貢職圖》後的蕭繹自注元時已脫。
⑤ （唐）張彥遠撰，〔日〕谷口鉄雄編：《校本歷代名畫記》，第61頁。

作"楊龍驤《洛陽記》",均指一物,章宗源對此考辨甚明。① 張彦遠之所以重複録入《蕃客入朝圖》和《職貢圖》,當是從不同文獻中掇拾,又無從檢驗而致。又,《職貢圖序》文末作"《貢職圖》",②《梁書·元帝紀》《南史·元帝紀》《金樓子·著書》并作如此,故《職貢圖》又名《貢職圖》。

王素以爲蕭繹除了繪製《蕃客入朝圖》和《職貢圖》以外,另作"《貢職圖》",此説無理。若依此邏輯,《玉海》卷一五二引"《南史》云《貢賦圖》,《梁書》云畫《番客入貢圖》",豈非蕭繹名下再多出《貢賦圖》和《蕃客入貢圖》兩本畫迹? 按,《周禮·夏官·大司馬》:"施貢分職以任邦國。"鄭玄注:"職謂賦税也。"③《淮南子·原道訓》:"四夷納職。"高誘注:"職,貢也。"④是職,猶賦也、貢也,"職貢""貢職"和"貢賦"三義皆通。唐道宣《四分律刪繁補闕行事鈔》"白木條國"下小字注:"按梁時《貢職圖》云:'西蕃白木條國來貢獻。'"⑤唐大覺《四分律行事鈔批》疏:"注云'按梁時《貢賦圖》云者',謂梁朝有白木條國人來,此方貢朱駿馬,云從西來。"⑥吳越景霄《四分律行事鈔簡正記》復疏:"《貢職圖》者,圖寫高職任人及附諸國來貢物數。《圖》云:'西方白木條國,貢朱駿白馬一疋,玉象一軀等。'"⑦北宋元照《四分律行事鈔資持記》再疏:"注引《貢職圖》,梁湘東王撰,一卷,號《百國貢職圖》。"⑧則《貢職圖》非但有《貢賦圖》之名,還有《百國貢職圖》之稱。余太山曾疑《玉海》卷一五二《書目》引《金樓子》自序"乃纂百國一卷","百國"爲"職貢圖"三字之奪訛,⑨現在看來《玉海》都是據實而引。又,《述古之祕畫珍圖》著録一本"《百國人圖》",大概也與《職貢圖》有關。同理,"入朝"與"入貢"亦義相通,《蕃

① (清)章宗源撰,(清)王頌蔚批校,黄壽成點校:《隋經籍志考證》卷六,第167頁。按,《通志》卷七二《圖譜略第一》又作"楊佺期《洛京圖》"和"楊佺期《唐洛陽京城圖》"(北京:中華書局,1987年,第837頁下、838頁中),凡此種種,不一而足。

② 《藝文類聚》卷五五《雜文部一》引梁元帝《職貢圖序》,第997頁。

③ (清)孫詒讓撰,王文錦、陳玉霞點校:《周禮正義》卷五五,北京:中華書局,1987年,第2282頁。

④ 何寧:《淮南子集釋》卷一《原道訓》,北京:中華書局,1998年,第30頁。

⑤ (唐)道宣:《四分律刪繁補闕行事鈔》卷下《二衣總別篇第十七》,《大正新修大藏經》第40卷,第110頁中。

⑥ (唐)大覺:《四分律行事鈔批》卷二四《二衣總別篇第十七》,《卍續藏經》第67册,臺北:新文豐出版公司,1995年,第972頁下。

⑦ (吳越)景霄:《四分律行事鈔簡正記》卷一五《從懺六聚篇畢二之篇》,《卍續藏經》第68册,第912頁下。

⑧ (唐)道宣律師撰鈔,(宋)元照律師撰釋,弘一律師集釋,學誠法師校釋:《四分律行事鈔資持記校釋》第9册,北京:宗教文化出版社,2015年,第2470頁。

⑨ 余太山:《兩漢魏晉南北朝正史西域傳研究》,第33頁。

客入朝圖》被稱作《番客入貢圖》，亦無不可，衹是王應麟的《梁書》引文不見今本。①

《職貢圖》的創作是在蕭繹第一次任荆州刺史期間，即普通七年（526）至大同五年（539）。《職貢圖序》云"皇帝君臨天下之四十載"，表示圖是爲紀念大同七年（541）梁武帝登基四十年而特意繪製，金維諾由此認爲蕭繹在大同六年（540）前後創作了這件作品。② 然王素以宋人李公麟所見《職貢圖》畫有中大同元年（546）遣使入貢的渴槃陁國使者，便斷言之後蕭繹又創作出"《貢職圖》"，實無確據。在新發現的張庚《諸番職貢圖卷》題跋中，渴槃陁國遣使時間恰好是大同元年（535）。③ 而後王素又以宋人樓鑰《跋傅欽父所藏職貢圖》引渴槃陁國題記亦作"中大同元年"，反疑張庚摹本渴槃陁國題記"大同"前脱"中"字，④亦不足爲憑。實際上，《通志》卷一九六《渴槃陁》亦云："梁大同初，復通江左，獻其方物。"⑤渴槃陁國始通江左究竟在大同元年還是中大同元年，或朝貢非止一次，也未可知。至於樓鑰所見之圖乃李公麟摹本，上面衹有使臣圖像及標示他們國別的榜題，并無"諸蕃土俗本末"題識，余太山已指出了這點。⑥ 細考樓跋中二十條諸夷題記，與《南史·夷貊傳》高度近似，當是樓氏本人根據使臣一側榜題，索隱節取而來，絕非抄録《職貢圖》原始題記。又，蕭繹在《職貢圖序》中渲染四夷萬里來朝，其中有謂："身熱 頭 痛，不改其節。"按，《漢書·西域傳》言罽賓國有"大頭痛、小頭痛之山，赤土、身熱之阪"⑦，《通典》卷一九三《邊防九》則言渴槃陁國"又有頭痛山，在國西南，向罽賓，歷大頭痛、小頭痛之山，赤土、身熱之阪"⑧，而《梁書》又未載罽賓來獻事，則蕭繹所指"身熱頭痛"之地，或是渴槃陁。

樓鑰另一句跋文更值得重視："《名畫記》云：'元帝畫《職貢圖》，并序外國貢事。'

---

① 按，《玉海》除卷一五二之外，卷一一三、一四八和一八七中尚有四條《梁書》引文亦不見今本。參閲吳妍：《〈梁書〉整理研究——考校與輯注專題》，南京師範大學碩士學位論文，2003 年，第 34、39—40 頁。

② 金維諾：《"職貢圖"的時代與作者》，《文物》1960 年第 7 期，第 15 頁。

③ （清）葛嗣浵：《愛日吟廬書畫續録》卷五《清張庚〈諸番職貢圖卷〉》，《續修四庫全書》第 1088 册，上海古籍出版社，1996 年，第 546 頁下；并參閲趙燦鵬：《南朝梁元帝〈職貢圖〉題記佚文的新發現》，《文史》2011 年第 1 輯，第 115 頁。

④ 王素：《梁元帝〈職貢圖〉與西域諸國——從新出清張庚摹本〈諸番職貢圖卷〉引出的話題》，《文物》2020 年第 2 期，第 39 頁注 24。

⑤ （宋）鄭樵：《通志》卷一九六《四夷傳第三》，第 3154 頁上。

⑥ 余太山：《兩漢魏晉南北朝正史西域傳研究》，第 31 頁、63 頁注 14。按，余氏言題記是傅欽父所作，非是。題記末云："右二十國亦有屢至者，姑紀其略。"依其語氣，題記當是樓鑰本人所録，以資考證所用。

⑦ 《漢書》卷九六上《西域傳上》，北京：中華書局，1962 年，第 3887 頁。

⑧ （唐）杜佑著，〔日〕長澤規矩也、尾崎康校訂，韓昇譯訂：《北宋版通典》第 8 卷，上海人民出版社，2008 年，第 286 頁。按，方框内字據《太平御覽》卷七九三《四夷部十四》引《通典》補入。（第 3518 頁下）

又《梁書》云：‘任荊時畫《番客入朝圖》。’”①樓鑰的《梁書》引文接在《歷代名畫記》之後，不似從《歷代名畫記》轉引，而與《玉海》卷一五二小字注“《梁書》云畫《番客入貢圖》”相符，可見《歷代名畫記》謂蕭繹“任荊州刺史日，畫《蕃客入朝圖》”，確有可能引自《梁書》。《南史》本紀載蕭繹爲荊州刺史時，“起州學宣尼廟”“自圖宣尼像”諸事。戴孚《廣異記·常夷傳》又載蕭繹鎮荊時請博士講《論語》，博士不慎觸諱而遭酖殺事，錢鍾書指出《梁書》“脱遺”未道。② 顯然，唐前舊梁史曾記蕭繹任荊州刺史事迹，姚書未取而已。

二、蕭 方 等 傳

元帝長子方等，字實相。尤能寫真。坐上賓客，隨意點染，即成數人。問童兒，皆識之。後因戰歿，年二十二。贈侍中、中軍將軍、揚州刺史，諡忠莊太子。（見《梁書》及《三國典略》。）③

蕭方等“尤能寫真”云云不見今本《梁書》本傳，而與顏之推的話相近：“武烈太子偏能寫真，坐上賓客，隨宜點染，即成數人，以問童孺，皆知姓名矣。”④關於蕭方等的諡號，姚思廉《梁書》作“忠壯世子”，顏之推作“武烈太子”，張彥遠作“忠莊太子”。《南史》卷五四《元帝諸子傳》云：“（蕭方等）軍敗溺死，求屍不得。元帝聞之心喜，不以爲戚。後追思其才，贈侍中、中軍將軍、揚州刺史，諡忠壯世子，并爲招魂以葬之。……元帝即位，改諡武烈世子。”⑤卷八《梁本紀下》云：“（承聖元年冬十一月）改諡忠壯太子爲武烈太子。”⑥是以蕭繹即位後，蕭方等被追贈太子并多次改諡，諡號先後順序是：

忠壯世子→武烈世子/忠壯太子→武烈太子

《南史》“武烈世子”與“忠壯太子”并行，莫衷一是，倒證實了《歷代名畫記》蕭方等“諡

---

① （宋）樓鑰撰，顧大朋點校：《樓鑰集》卷七三《跋傅欽父所藏職貢圖》，杭州：浙江古籍出版社，2010 年，第1305 頁。
② 錢鍾書：《管錐編》第 2 册，北京：中華書局，1979 年，第 786—787 頁。
③ （唐）張彥遠撰，〔日〕谷口鉄雄編：《校本歷代名畫記》，第 91 頁。
④ 王利器：《顏氏家訓集解》卷七，第 578 頁。
⑤ 《南史》卷五四《元帝諸子傳》，第 1345 頁。
⑥ 《南史》卷八《梁本紀下》，第 239 頁。

忠莊太子"之説非空穴來風,祇是張彦遠所用《梁書》似乎未來得及更新其謚號。至於謚法中以"壯"爲"莊",嘉祐六年蘇洵《上六家謚法議》中説這種混淆現象已經很久了。①

耐人尋味的是,姚思廉始終避言蕭方等追贈、改謚之事,并將其收入《世祖二子傳》,不與昭明太子、哀太子、愍懷太子合傳;與之形成對比的是,《南史》將武烈世子和愍懷太子二傳放在一起。實際上,不獨蕭方等,其母徐昭佩在姚書中也被刻意淡化,本傳不及七十字,失寵原因諱莫如深;其子蕭莊事迹則刊落殆盡,特別是太平二年(557)陳霸先廢黜蕭方智後,他被王琳從北齊迎回繼承皇位一事,王鳴盛指出《梁書》是不應漏掉的。② 由此看來,凡是涉及蕭方等的信息都被姚思廉精心過濾了,這麽處理既有徐妃"無行"導致蕭繹極度厭惡蕭方等的緣故,還有法統觀念的作祟。姚思廉在《梁書·敬帝紀》中埋下伏筆,藉末帝所頒《梁禪陳詔》,告訴讀者梁朝鼎命斯墜,曆數已移。言外之意就是,之前在江陵稱帝的蕭詧、之後在郢州即位的蕭莊,已非梁祚延續,無需再言,而蕭方等追謚太子之事,隱去不寫。正如趙翼所言:"《梁書》本據國史舊文,有關係則書,無關係則不書,即有關係而其中不無忌諱,亦即隱而不書,故行墨最簡,遂覺《南史》所增益多也。"③"忠壯太子"便屬"有關係而其中不無忌諱"那種,但《歷代名畫記》所見《梁書》恰恰不是這種觀念。

需要補充一點,諸家梁史對於梁朝的法統與斷限并不一致。如何之元《梁典》便不承認簡文帝的大寶年號,太清之後轉以承聖紀曆;又編寫《嗣後主》以記王琳"崇立後嗣",并將梁史叙事下限移至王琳遇獲之年(573)。④ 那麽,作爲元帝嫡長子、嗣後主父親蕭方等的"太子"地位,在持相似立場的諸家舊梁史裏也一定不會被遺忘。如陳爽指出《梁書》對蕭方等戰敗而死記載甚爲簡略,而姚最《梁後略》却進行了生動的記述,⑤便是某種政治立場的流露。可見,雖都奉蕭繹江陵政權爲正統,但對蕭方等的書寫,即使是姚最、姚思廉叔侄之間還是有很大差別。關於《梁後略》史事斷限,姚振宗云:"按《史

① 劉琳、刁忠民、舒大剛等校點:《宋會要輯稿》第4册,上海古籍出版社,2014年,第2015頁上。
② (清)王鳴盛著,黄曙輝點校:《十七史商榷》卷五五《王琳奉蕭莊》,上海書店出版社,2005年,第427頁。
③ (清)趙翼著,王樹民校證:《廿二史劄記校證》卷一〇《南史增删梁書處》,北京:中華書局,1984年,第214頁。
④ 《陳書》卷三四《文學傳》何之元《梁典序》,第467頁。
⑤ 陳爽:《〈梁後略〉輯考》,《魏晉南北朝隋唐史資料》第36輯,上海古籍出版社,2017年,第202頁。

通》及《御覽》所引,似其書起于太清侯景之亂,及元帝王琳蕭莊之事,不知迄于何時。"①柴德賡云:"估計是記述蕭繹江陵稱帝及蕭詧後梁小朝廷的事情。"②陳爽以爲"下限衹能迄於承聖三年十一月辛亥西魏破江陵,或十二月梁元帝遇害",并舉荀綽《晉後略》、張大素《隋後略》兩例説明。③ 但實際上《舊唐書·經籍志》除了張大素《隋後略》十卷外,尚有《隋書》三十二卷,則前者恐非如陳爽説的記"隋末群雄并起史事",而是專記煬帝之後楊侑、楊侗、楊浩諸人事迹——他們都短暫繼承帝位,號稱隋曆,但均未受天命。

　　"後略"當指專記王朝從衰到亡之書。《隋書·高祖紀》史臣曰:"迹其衰怠之源,稽其亂亡之兆,起自高祖,成於煬帝。"④《隋書·煬帝紀》史臣曰:"自肇有書契以迄于兹,宇宙崩離,生靈塗炭,喪身滅國,未有若斯之甚也。"⑤《梁書·敬帝紀》魏徵評梁武帝:"自古以安爲危,既成而敗,顛覆之速,書契所未聞也。《易》曰:'天之所助者信,人之所助者順。'高祖之遇斯屯剥,不得其死,蓋動而之險,不由信順,失天人之所助,其能免於此乎!"⑥《南史·梁本紀》論曰:"自古撥亂之君,固已多矣,其或樹置失所,而以後嗣失之,未有自己而得,自己而喪。"⑦則隋實二世而亡,梁一世而亡。《梁後略》當與《隋後略》相仿,皆記梁、隋末世,其時天命已改,史家敷衍後事,以示終結。劉知幾云:"夫皇王受命,有始有卒,作者著述,詳略難均。有權記當時,不終一代,若陸賈《楚漢春秋》、樂資《山陽載記》、王韶《晉安陸紀》、姚最《梁昭後略》。此之謂偏紀者也。"⑧亦見《梁後略》專記侯景之亂後梁史,不以敬帝爲限,既然有嗣後主蕭莊之事,亦當有西梁蕭詧等三帝之事,下迄爲廣運二年(587)西梁廢國,否則梁史有始無終,不可稱作偏紀。

三、蕭大連傳

　　蕭大連,字仁靖,簡文帝第五子。少俊爽風流,有巧思,洞達音律,工丹青。初

　　① (清)姚振宗:《隋書經籍志考證》,《二十五史補編》第4册,上海:開明書店,1936—1937年,第5267頁上。

　　② 柴德賡:《史籍舉要》,北京出版社,1982年,第69頁。

　　③ 陳爽:《〈梁後略〉輯考》,第199頁。

　　④ 《隋書》卷二《高祖紀下》,第56頁。

　　⑤ 《隋書》卷四《煬帝紀下》,第96頁。

　　⑥ 《梁書》卷六《敬帝紀》,第151頁。

　　⑦ 《南史》卷七《梁本紀中》,第226頁。

　　⑧ (唐)劉知幾撰,(清)浦起龍通釋:《史通通釋》,第246頁。

封臨海縣公，官至東揚州刺史、輕車將軍。大寶元年，封南郡王，年二十五。（見《梁書》。）①

　　蕭大連傳與今本《梁書》本傳近似，後者亦云"兼善丹青"，而"簡文帝第五子"唯見《南史》。② 然仔細對照，《歷代名畫記》引述相異不止一處。如，大同二年（536），蕭大連被封臨城縣公而非"臨海縣公"，臨城縣梁屬南陵郡，臨海縣則屬臨海郡。大同五年（539），蕭大連婚，蕭綱下《停省婦見令》，謂"臨城公夫人於妃既是姑侄"云云，③《歷代名畫記》引文有誤。又，《梁書·簡文帝紀》《南史·梁本紀》記蕭大連被封南郡王在太清三年（549）六月，④《梁書》《南史》本傳卻說大寶元年（550）蕭大連被封爲南郡王。⑤《歷代名畫記》似采《梁書》本傳之言，但又刪去本傳中"二年秋，遇害，時年二十五"一句，給讀者造成誤解，仿佛蕭大連卒於大寶元年。考慮到蕭大連傳溢出姚書之外，還有明顯錯漏，以出自另一部《梁書》的可能性更大。

　　《梁書·元帝紀》云："大寶元年，世祖猶稱太清四年。"⑥是故蕭繹在江陵承接太清年號，不奉簡文帝大寶正朔，而姚思廉《梁書》不嫌繁複，兩者兼用。朱希祖以爲"今本《梁書》有《簡文帝本紀》"者，以察曾受簡文知遇，且其本爲太子，故爲之立本紀"⑦。以此來看，許亨《梁史》、許善心《梁書》祇怕也是一樣。許善心《梁書序傳》提到其書篇題裏有"《四帝紀》八卷"，則諸家梁史中非僅姚氏父子用大寶紀年。

四、蕭　賁

　　蕭賁，字文奐，（下品。）蘭陵人。多詞學，工書畫。曾於扇上畫山水，咫尺內萬里可知。仕梁爲河東太守。（見《梁書》。）⑧

　　姚思廉《梁書》無蕭賁傳，亦無蕭賁事。《歷代名畫記》蕭賁傳與《南史》本傳十分接

---

① （唐）張彥遠撰，〔日〕谷口鉄雄編：《校本歷代名畫記》，第91頁。
② 《南史》卷五四《梁簡文帝諸子傳》，第1340頁。
③ 《隋書》卷九《禮儀志四》，第180頁。
④ 《梁書》卷四《簡文帝紀》，第105頁；《南史》卷八《梁本紀下》，第229頁。
⑤ 《梁書》卷四《太宗十一王傳》，第616頁；《南史》卷五四《梁簡文帝諸子傳》，第1341頁。
⑥ 《梁書》卷五《元帝紀》，第114頁。
⑦ 朱希祖：《蕭梁舊史考（續）》，第351頁。
⑧ （唐）張彥遠撰，〔日〕谷口鉄雄編：《校本歷代名畫記》，第91頁。

近:"同弟賁,字文奂,形不滿六尺,神識耿介。幼好學,有文才,能書善畫,於扇上圖山水,咫尺之内,便覺萬里爲遥。矜慎不傳,自娱而已。"①説明《歷代名畫記》所引《梁書》亦爲李延壽所見,而蕭賁"仕梁爲河東太守",《南史》未采。蕭賁畫扇事也見於姚最《續畫品》,云:"嘗畫團扇,上爲山川,咫尺之内,而瞻萬里之遥;方寸之中,乃辯千尋之峻。學不爲人,自娱而已。雖有好事,罕見其迹。"②顏之推論畫云:"蕭賁、劉孝先、劉靈,并文學已外,復佳此法。"③蕭賁善畫殆無異議。又,《金樓子·著書》云:"《奇字》二秩二十卷。金樓付蕭賁撰。"④按,"奇字"即籀書,爲日本京都毘沙門堂藏蕭子良《篆隸文體》鈔本所録四十三種書體之一,也是庾元威《論書》所謂"百體"之一。⑤ 蕭賁既被蕭繹委托撰寫《奇字》,"能書"毋庸置疑。

《南史》本傳説蕭繹僅因蕭賁指出其寫檄文不合體例,就將他治死戮尸,之後又著《懷舊傳》加以詆謗,極盡污毁之事。《南史·侯景傳》則説侯景圍臺城時,蕭繹遲遲不救,蕭賁對此極爲不滿,出言諷諫,"王深爲憾,遂因事害之"。⑥ 蕭繹《懷舊傳》今已不存,《金樓子·立言》尚能見到蕭繹對蕭賁的詆毁。這些内容暴露蕭繹性格殘忍一面,與姚思廉樹立的、蕭繹平亂時"雄才英略""神睿特達"的形象背道而馳,所以他不爲蕭賁立傳,是不難理解的。

姚思廉《梁書》不載蕭賁并非孤例。《南史》本紀云:"性好矯飾,多猜忌,於名無所假人。微有勝己者,必加毁害。帝姑義興昭長公主子王銓兄弟八九人有盛名。帝妒害其美,遂改寵姬王氏兄王珩名琳以同其父名。"⑦而姚書則徑將王琳傳與其次子王錫傳相接,抹去長子王銓有關的一切蛛絲馬迹。類似的例子在姚書裏還有很多,趙翼指出《南史》可以補入《梁書》紀傳的十七例,"多有關於人之善惡,事之成敗者"⑧。此説反之亦然,即姚思廉《梁書》也削删了很多人性陰暗之處——特别是蕭繹惡行。這導致一些歷史事件被蓄意掩飾,一些歷史人物則被故意隱去。

---

① 《南史》卷四四《齊武帝諸子傳》,第 1106 頁。又,《太平御覽》卷七〇二《服用部四》引《齊書》全與《南史》該段相同(北京:中華書局,1960 年,第 3131 頁下),恐此"《齊書》"當爲《梁書》,即張彦遠所見之本。

② 于安瀾編:《畫品叢書》,第 20 頁。

③ 王利器:《顏氏家訓集解》卷七《雜藝第十九》,第 578 頁。

④ (南朝梁)蕭繹撰,陳志平、熊清元疏證校注:《金樓子疏證校注》下册,第 813 頁。

⑤ 蕭子良:《篆隸文體》,東京:古典保存會,1935 年,第 11 頁;(唐)張彦遠著,范祥雍點校:《法書要録》卷二梁庾元威《論書》,第 58 頁。

⑥ 《南史》卷八〇《侯景傳》,第 2006 頁。

⑦ 《南史》卷八《梁本紀下》,第 243 頁。

⑧ (清)趙翼著,王樹民校證:《廿二史札記校證》卷一〇《南史增梁書有關係處》,第 216—220 頁。

《歷代名畫記》蕭賁傳另有來源。《梁書·敬帝紀》魏徵評梁元帝：“沉猜忌酷，多行無禮。騁智辯以飾非，肆忿戾以害物。爪牙重將，心膂謀臣，或顧眄以就拘囚，或一言而及葅醢。”①其中，“一言而及葅醢”指的就是蕭賁因言獲罪，慘遭戮尸事，但如此嚴重罪行祇載於顯慶四年（659）成書的《南史》。也就是説，當時魏徵所發議論并不單獨針對姚思廉《梁書》，也包括之前的諸家舊梁史。

五、陸 杲

陸杲，字明霞，(中品上。)吴郡人也。好詞學，信佛理，工書畫，與舅張融齊名。初仕齊，後入梁，官至特進、揚州大中正。(見《梁書》。)謝云：“體致不凡，誇邁流俗。時有合作，往往出人。點畫之間，動雜灰琯，傳於代者蓋寡。”②

陸杲傳似乎節略自今本《梁書》本傳，唯前者云“好詞學”，後者云“少好學”，而以《歷代名畫記》引文爲佳。張融以文辭詭激知名，善草書，自視甚高，好佛理，著有《門律》，《歷代名畫記》説陸杲“與舅張融齊名”，即指其文章、書畫、佛理皆能，可與張融相提并論。但今本《梁書·陸杲傳》祇采陸杲不畏强權、剛直不阿事迹，略去了“好詞學”一面，致使卷末史臣贊顯得莫名其妙：

蕭琛、陸杲俱以才學著名。琛朗悟辯捷，加諳究朝典，高祖在田，與琛遊舊，及踐天曆，任遇甚隆，美矣。杲性婞直，無所忌憚，既而執法憲台，糾繩不避權幸，可謂允兹正色。《詩》云：“彼己之子，邦之司直。”杲其有焉。③

姚思廉的評語不合邏輯，前面既言“蕭琛、陸杲俱以才學著名”，後面却褒揚陸杲的耿直，彼此毫無聯繫，與同卷蕭琛傳的寫法形成鮮明對比。也許，張彦遠説陸杲“好詞學”的理由出自《梁書·文學傳》：“初，太宗在藩，雅好文章士，時肩吾與東海徐摛、吴郡陸杲、彭城劉遵、劉孝儀、儀弟孝威，同被賞接。”④清水凱夫認爲這裏的“陸杲”應該是其子

---

① 《梁書》卷六《敬帝紀》，第151頁。
② （唐）張彦遠撰，〔日〕谷口鉄雄編：《校本歷代名畫記》，第92頁。
③ 《梁書》卷二六“史臣曰”，第400頁。
④ 《梁書》卷四九《文學傳上》，第690頁。

陸罩纚對，①然在梁武帝《清暑殿聯句柏梁體》詩中，十一位大臣參與聯句，分別爲任昉、徐勉、劉汎、柳憕、謝覽、張卷、王峻、陸杲、陸倕、劉洽、江葺，②陸杲能置身其中，證明其善辭令倒也不假。

陸杲“工書畫”確鑿無疑。竇臮《述書賦》云：“陸杲迅熟，騁捷遺能。任縱便，無風棱。如郊坰羽獵，翻翄奔騰。”竇蒙注：“陸杲，吳郡人，梁光禄大夫、揚州大中正。今見具姓名草書九行。”③又，謝赫《古畫品録》將陸杲列爲第三品，《歷代名畫記》引謝語不全，《津逮祕書》本云：“體致不凡，跨邁流俗。時有合作，往往出人。點畫之間，動流恢服。傳於後者，殆不盈握。桂枝一芳，足懷本性。流液之素，難效其功。”④陸杲畫名如此顯赫，難怪姚思廉《梁書·陸杲傳》與《南史·陸杲傳》俱載其“工書畫”。但陸杲“工書畫”又未必止於一書，故我們不能認爲張彦遠編纂陸杲傳時所據底本，一定是姚思廉的。另外，鑒於《南史·陸杲傳》基本沿襲了《梁書·陸杲傳》，沒有明顯闕漏，可以判定《歷代名畫記》陸杲傳所引《梁書》，也不是姚書別本，當另有他本。

六、陶 弘 景

陶弘景，字通明，丹陽秣陵人。幼有異操，年十歲得葛洪《神仙傳》，便有長生之志。喜琴棋，工草隸，徵爲諸王侍讀。永明十年，辭禄，遂止於句曲山，自號華陽隱居。好著述，明衆藝，善書畫。大同二年卒，年八十五，贈中散大夫，謚曰貞白先生。(見《梁書·處士傳》。)武帝嘗欲徵用，隱居畫二牛，一以金籠頭牽之，一則逶迤就水草。梁武知其意，不以官爵逼之。朝廷有事，多詢之，號山中宰相。⑤

張彦遠小字注提示，陶弘景傳出自《梁書·處士傳》。不過，“《處士傳》”不是姚思廉獨創，最早王隱《晉書》就立有《處士傳》，之後檀超、江淹的“南齊國史”亦立有《處士傳》，⑥另一部《梁書》的“隱逸列傳”完全有可能冠以同樣的篇題。

我疑此段陶弘景傳存在錯簡，“見《梁書·處士傳》”六字當置於“山中宰相”之後，

---

① 〔日〕清水凱夫著，韓基國譯：《六朝文學論文集》，重慶出版社，1989年，第149頁。
② 《藝文類聚》卷五六《雜文部二》引梁武帝《清暑殿聯句柏梁體》，第1004頁。
③ (唐)張彦遠著，范祥雍點校：《法書要録》卷五竇臮《述書賦上》，第193頁。
④ 于安瀾編：《畫品叢書》，第9頁。
⑤ (唐)張彦遠撰，〔日〕谷口鐵雄編：《校本歷代名畫記》，第92頁。
⑥ 參閱徐冲：《中古時代的歷史書寫與皇帝權力起源》，上海古籍出版社，2017年，第240—247頁。

否則陶弘景"畫二牛"和"山中宰相"便没有出處了。儘管這兩件事僅見《南史》本傳，但可以確信至少"山中宰相"曾載於某部《梁書》。賈嵩《華陽陶隱居傳序》云：

> 或曰：貞白先生在《梁書·高士傳》，今而爲傳，何謂？（《梁書》云："陶君諱弘景，字通明，丹陽秣陵人也。母夢兩天人手執香爐云云。齊高作相，引爲諸王侍讀。雖在朱門，不交外物。永明十年，脱朝服掛神虎門，上表辭禄，詔許之。公卿送之征虜亭，供帳甚盛，咸云江東以來未有斯事。於是歷名山尋訪仙藥，每經澗谷，必坐卧其間。特愛松風，庭院皆植。及梁武即位，書問不絶，月常信數。時人謂爲山中宰相。大同二年卒，時年八十五，顔色不變，屈伸如常云云。"今具此傳於注者，蓋明其簡略也。此又兼鄭暐《史雋》《陶傳》同録於此。）曰：《梁書》之傳先生猶《史記》之述老氏也。其叙事頗删略，俾仙聖行業不得昭著而紛繪其間。（韓非與老子同傳，論之者多矣。而《梁書》列先生在沈麟、阮孝緒、范元琰，馬之間矣。）①

賈嵩爲了證明《梁書》陶弘景傳和謝瀹寫陶傳過於簡略，有必要重寫，序言自問自答，大字設問，小字注答，其間抄録《梁書·陶弘景傳》和永明十年（492）謝瀹《陶傳》全文，以示對陶弘景被史家冷落的不滿。前者計 149 字，"云云"處當有所概括，但縮略字數不會太多；後者計 137 字，是一字不落地迻録原文。這從賈嵩在序言裏不停抱怨二傳"簡略""脱略""疏略""太簡"可以讀出。賈嵩的《梁書》引文與今本非常不同：它稱陶弘景在"《梁書·高士傳》"；又云陶弘景傳排在沈麟士、阮孝緒、范元琰、馬樞諸傳之間；最重要的一點，它比今本《梁書·陶弘景傳》的字數少很多。

賈嵩的第二個提問反映了當時一種對《梁書·陶弘景傳》的看法，即認爲它采取了《史記·老子傳》的簡約寫法。今本《史記·老子傳》計約 450 餘字，非司馬遷初撰原貌，王念孫已有指明。② 依據陳錫勇復原本，去除唐抄衍文，則《老子傳》僅 350 餘字。③ 若再拿掉其中老萊子、太史儋附記及老子世系，真正的老子個人傳記纔 250 餘字，與賈嵩所録《梁書·陶弘景傳》和謝瀹《陶傳》字數相近。而姚思廉《梁書·陶弘景傳》有 800 餘字，即使別本也不至盈縮幅度如此巨大，故賈嵩所引《梁書》絶非姚書。事實上，

---

① 賈嵩：《華陽陶隱居傳序》，《道藏》第 5 册，北京：文物出版社，上海書店出版社，天津古籍出版社，1988年，第 499 頁中。按，"《梁書》列先生在沈麟、阮孝緒、范元琰，馬之間矣"一句，"沈麟"脱去"士"字，"馬"後脱"樞"字。沈麟士（419—503）入《南齊書·高逸傳》，寫作"沈驎士"，《南史·隱逸傳下》作"沈麟士"。馬樞，太建十三年（581）卒，故姚書無傳。陶弘景與沈麟士、阮孝緒、范元琰、馬樞今俱在《南史·隱逸傳下》。又，賈嵩後引謝瀹《陶傳》（第 499 頁下），本文不再列出。

② （清）王念孫撰，徐煒君等校點：《讀書雜志》第 1 册，上海古籍出版社，2015 年，第 295—296 頁。

③ 陳錫勇：《〈史記·老子傳〉辨正》，《鵝湖學志》2011 年第 47 期，第 90—91 頁。

賈嵩全然不理會姚思廉的《梁書·陶弘景傳》和 1800 字的《南史·陶弘景傳》，要麼表明《内傳》寫在貞觀三年之前，要麼表明賈嵩時代最流行的《梁書》不是姚本，否則他拿其中的《陶弘景傳》與《老子傳》比較便毫無道理了。[①] 這部《梁書·陶弘景傳》是否真的藉鑒司馬遷的《老子傳》，無從知曉，而從姚思廉、李延壽所編陶傳篇幅不斷擴充的趨勢來看，成書肯定在它們之前。此外，賈嵩引文也露出一些端倪，如"永明十年脱朝服挂神虎門"事姚書未見，而《南史·陶弘景傳》寫作"神武門"。賈嵩《梁書》引文不避唐諱，明顯是唐前《梁書》。王鳴盛曾斷言《南史·陶弘景傳》"神武門"寫法"必别有據，此皆是唐人下筆時改，其實當作'虎'"，[②]現在可知淵源。又，《南史》原文云："陶弘景以宋孝建三年景申歲夏至日生。"又云："大同二年卒，時年八十五。"照此計算，陶弘景春秋八十有一，正與蕭綱《華陽陶先生墓誌銘》、蕭綸《隱居貞白先生陶君碑》所載相合，中華書局點校本曾據此校改。[③] 但從賈嵩的《梁書》引文來看，姚思廉《梁書》説陶弘景卒年八十五，就不是偶然了。這個錯誤怕是在唐前已經傳播開來，并導致《南史》在編寫陶弘景生年和卒年時，因史源不一，在剪輯熔鑄中出現矛盾。

張彦遠説陶弘景"善書畫"，姚思廉《梁書》祇言"工草隸"，"畫二牛"事則見《南史》本傳。賈嵩《華陽陶隱居内傳》卷中亦載此事，有所不同：

> 梁武帝即位，彌加欽重，使朱嗣之及舍人黄陸賣敕至山，因召先生。畫二牛，一在野，甚自得，一衣以文綉，有人扣刀執繩以隨。帝曰："是將學曳尾龜，寧有可致之理？"[④]

《内傳》所叙遠勝《南史》，不僅舉出武帝遣使人名，而且揭示了陶弘景畫牛典出《莊子·

---

① 劉師培以《華陽陶隱居内傳》下卷載宣和封詔及蘇庠（1065—1147）像贊，又始録於《通志》，認定書爲"宋代故籍"（《讀道藏記》，《劉申叔先生遺書》第 63 册，寧武南氏校印，1936 年，第 19 頁 a、b）。任繼愈以爲賈嵩唐人（《道藏提要》，北京：中國社會科學出版社，1991 年，第 223—224 頁）。王卡指出宣和封詔"當係後人所加"（胡孚琛主編：《中華道教大辭典》，北京：中國社會科學出版社，1995 年，第 423 頁）。蔡霧溪（Ursula-Angelika Cedzich）亦以爲賈嵩晚唐人，并指出如《内傳》作者就是晚唐《夏日可畏賦》作者賈嵩，那麼下卷宣和封詔以及蘇庠像贊就是後人所附，而《内傳》最初應是兩卷，這個本子見於《祕書省續編到四庫闕書目》（Kristofer Schipper and Franciscus Verellen, eds., *The Taoist Canon: A Historical Companion to the Daozang*, Vol. I, Chicago& London: The University of Chicago Press, 2004, pp. 427 – 428）。按，《内傳》引鄭暐《史雋》見載《新唐書·藝文志》。張忱石指出鄭暐即《新唐書·宰相世系表五上》中的"華陰尉鄭暐"，亦見於貞元十三年（797）《鄭全濟等華嶽廟題名》（張忱石：《唐代碑志札記》，《中國典籍與文化論叢》2012 年第 14 輯，第 100—101 頁），則賈嵩當爲晚唐人。

② （清）王鳴盛著，黄曙輝點校：《十七史商榷》卷六三《神獸門》，第 507—508 頁。

③ 《南史》卷七六《隱逸傳下》，第 1897、1899、1910 頁校勘記第 18。

④ 賈嵩：《華陽陶隱居内傳》卷中，《道藏》第 5 册，第 505 頁中。

列禦寇》——莊子以太廟犧牛"衣以文綉"爲喻，拒絕做官；梁武帝譏以"曳尾龜"典出
《莊子·秋水》——莊子説自己寧可作泥中曳尾之龜，也不願意當楚國太廟供奉的千年
神龜。① 嵇康《高士傳》將二事并在"莊周"名下，②張守節亦以"曳尾龜"正義"太廟犧
牛"，③足見梁武帝觀畫所云實乃以玄對玄，若合符節。然《南史》《歷代名畫記》將牛
"衣以文綉"改作"著金籠頭"，頓失畫意，一段發生在帝王與隱士之間的精彩對白就此
被完全破壞。實際上，建武（494—497）初，另外一個著名道士杜京産面對齊武帝徵召，
回答道："莊生持釣，豈爲白璧所回。"④用的也是《莊子·秋水》中的典故，此次陶弘景的
新意在於改用圖畫而已。《歷代名畫記》記晉宋時期顧愷之《木雁圖》、謝稚《濠梁圖》、
戴逵《濠梁圖》《漁父圖》、袁質《莊周木雁圖》等，均以《莊子》故事爲題，那麼陶弘景仿
效時風，托畫寓志是不意外的。

　　賈嵩所云陶弘景畫二牛事當爲事情原樣，惜未標來源，但無論如何，還是展示了唐
前《梁書》的多種面貌。又，《佛祖統紀》卷三八《法運通塞志第十七之四》"天鑒十五
年"（515）條引《梁書》云："華陽真人陶弘景，建菩提白塔于三茅山，嘗夢佛授記名勝力
菩薩。乃詣鄮縣阿育王塔，自誓受五大戒，臨終不用沐浴，以大袈裟覆衾蒙首足，弟子遵
之。"⑤其中，夢佛、詣塔、受戒三事見載姚書，而建菩提白塔事僅見《許長史舊館壇碑》，
臨終囑托事僅見《南史》，可以看出《南史》編寫陶弘景傳時，也是綜合其他《梁書》中的
陶傳而來。

七、袁 昂 傳

　　袁昂，字千里，（中品上。）陳郡陽夏人。仕齊爲祕監、黃門侍郎。幼以孝稱，頗善
畫。入梁，官至中書監。年八十。贈侍中、特進，謚曰穆正。（見《梁書》。）僧悰云："稟
則鄭公，亡所失墜。綺羅一施，超彼常倫。"⑥

　　與今本《梁書·袁昂傳》對照，可知袁昂仕齊祕書丞而非"祕監"，後者在唐代常作

---

①　參閲（清）郭慶藩撰，王孝魚點校：《莊子集釋》，北京：中華書局，1961 年，第 1062、604 頁。

②　《藝文類聚》卷三六《人部二〇》引嵇康《高士傳》，第 640 頁。

③　《史記》卷六三《老子韓非列傳》張守節《正義》，北京：中華書局，1959 年，第 2145 頁注 6。

④　《南齊書》卷五四《高逸傳》，北京：中華書局，1972 年，第 942 頁。

⑤　（宋）志磐撰，釋道法校注：《佛祖統紀校注》下册，上海古籍出版社，2012 年，第 857 頁。

⑥　（唐）張彥遠撰，〔日〕谷口鉄雄編：《校本歷代名畫記》，第 94 頁。

祕書監的省稱。《南齊書·百官志》云:"祕書監一人,丞一人。"①祕書監與祕書丞品秩有別,不容混談。所謂"祕監",估計是在《歷代名畫記》傳寫過程中產生的,因爲在張彥遠《名畫精獵録》"袁昂"條中,又被寫作"祕書監丞"。②雖説六朝正史,祕書丞署銜均不帶"監"字,然《通典》卷三八《職官二〇》"陳官品"第五品中赫然有"祕書監丞",③所以還不能斷定"監"字一定是衍文。

《歷代名畫記》數次提及袁昂。卷二《論名價品第》將畫分"三古"以定貴賤,以齊、梁、北齊、後魏、陳、後周爲下古,袁昂是四位梁朝代表畫家之一;《論傳授南北時代》又云:"袁昂師於謝、張、鄭。袁尤得綺羅之妙也。"④在張彥遠眼裏,袁昂是一位具有相當造詣的畫家。但令人困惑的是,張彥遠反復宣揚梁人袁昂師法隋人鄭法士,比如這次又在袁昂傳末附上彥悰《後畫録》中的評語,來重申這條傳承譜係。最早指出疑點的是小野勝年,然後史岩又指出師法隋人鄭法士的,應爲周隋間人袁子昂,張彥遠將"昂"與"子昂"搞混了。⑤按,《後畫録》記畫家二十七人,全屬北周、北齊、隋、唐一脈;彥悰在書序中説自己作《帝京寺録》時,遍觀京城長安名迹,然後知其優劣差降甚有不同,乃著書以承姚最《續畫品》。故其書在時間和地域方面有與南朝畫評區隔之意,若中間橫生袁昂一枝,實與書序相悖。還有《梁書·袁昂傳》史臣贊其存"夷叔之風",僧悰却云其善畫女子形象,且號稱絕技,頗不可思議,長廣敏雄指出過這個矛盾。⑥

《津逮祕書》本《後畫録》"袁子昂"下方夾注,揭示了袁昂"善畫"由來:

> 周袁子昂(一本作梁中書袁昂。)
> 稟訓鄭公,殆無失墜。婦人一絕,超彼常倫。⑦

可知《後畫録》曾有兩本,一本寫作"周袁子昂",另一本稱作"梁中書袁昂",張彥遠正是

---

① 《南齊書》卷一六《百官志》,第324頁。
② (唐)張彥遠撰,〔日〕谷口鉄雄編:《校本歷代名畫記》,"附録《名畫精獵録》",第142頁。按,《歷代名畫記》與《名畫精獵録》的關係,參閲〔日〕岡村繁著,張寅彭譯:《〈歷代名畫記〉研究》,《岡村繁全集》第5卷,上海古籍出版社,2002年,第159—193頁。
③ (唐)杜佑著,〔日〕長澤規矩也、尾崎康校訂,韓昇譯訂:《北宋版通典》第2卷,第348頁。
④ (唐)張彥遠撰,〔日〕谷口鉄雄編:《校本歷代名畫記》,第32、26頁。
⑤ (唐)張彥遠撰,小野勝年譯注:《歷代名畫記》,東京:岩波書店,1938年,第53頁注2。史岩:《古畫評三種考訂》下篇《唐沙門彥悰後畫品録原文》,南京:金陵大學中國文化研究所,1947年,第9—10頁。
⑥ (唐)張彥遠撰,〔日〕長廣敏雄譯注:《歷代名畫記》第2卷,東京:平凡社,1977年,第95—96頁。
⑦ 于安瀾編:《畫品叢書》,第51頁。

據後者轉寫而來,但師法鄭法士并爲長安寺廟畫壁的衹能是周子昂。又,彥悰所謂長安寺院畫壁上的"綺羅"或"婦人",是指維摩詰經變中"天女"一類,即《貞觀公私畫史》所載東晉顧愷之、劉宋袁倩的"天女像"。《歷代名畫記》説齊梁之際,謝赫、沈粲、劉瑱均善"婦人""綺羅",其中謂沈粲:

> 沈粲,(下品。)姚最云:"筆迹調媚,專工綺羅,屏障所圖,頗有情趣。在張僧繇上。"(彥遠云:"專工綺羅,亡所他善。不合在僧繇上。")①

又,鄭法士傳引僧悰《後畫録》、李嗣真《續畫品録》云:

> 僧悰云:"取法張公,備該萬物。後來冠冕,獲擅名家。在孫尚子上。"李云:"伏道張門,謂之高足。鄰幾睹奧,具體而微,氣韵標舉,風格遒俊。麗組長纓,得威儀之樽節;柔姿綽態,盡幽閑之雅容。"②

米芾《畫史》曾云"張筆天女宮女面短而艷",③不知何據,現在明瞭:沈粲、鄭法士均師從張僧繇,張僧繇亦善"柔姿綽態",衹是不像沈粲專事綺羅人物一項。所以,彥悰所示南朝"綺羅"北傳的師承順序是:張僧繇到鄭法士,再到袁子昂。張彥遠説袁昂"尤得綺羅之妙",則是從那本《後畫録》推導而出的。

問題是袁昂"頗善畫"於史無證,又該如何解釋?差不多在《歷代名畫記》撰寫的同時,袁昂的《古今書評》也被張彥遠編入《法書要録》,《梁書》《南史》本傳却没有提到這部著作,《隋志》亦不著録。若不是張彥遠悉心采掇,後人根本想不到袁昂曾在普通四年(523)奉敕品評古今書家二十五人。可以相信,張彥遠對袁昂的相關材料做過整理,要是《歷代名畫記》引文没有出錯,袁昂"善畫"就應該來自這部未具名的《梁書》,它使張彥遠有足夠信心將裏面的袁昂與《後畫録》異本中那個"梁中書袁昂"畫上等號。阮璞以爲"然而袁昂但有《古今書評》,爲書學中傳世之作,至其於畫,則有如風馬牛之不相及",④此言過矣。《歷代名畫記》中"工畫者多善書"的例子,比比皆是,如前文所舉

---

① (唐)張彥遠撰,〔日〕谷口鉄雄編:《校本歷代名畫記》,第89頁。
② (唐)張彥遠撰,〔日〕谷口鉄雄編:《校本歷代名畫記》,第99頁。
③ 于安瀾編:《畫品叢書》,第188頁。
④ 阮璞:《畫學叢證》,上海書畫出版社,1998年,第147—148頁。

蕭繹、蕭賁、陸杲和陶弘景便是梁代兼善書畫的典型。如同蕭繹付蕭賁撰《奇字》一樣，袁昂被梁武帝委以品評歷代法書名迹重任，若"善畫"也不足爲奇。實際上，張彦遠所講"書畫異名而同體"，還不僅僅指的是用筆。庾元威在《論書》中叙述了齊梁雜體書的發展歷程，臨近末了話鋒轉向論畫："雜體既資於畫，所以附乎書末。"①這句話也仿佛爲蕭子良《篆隸文體》做了總結，因爲它裏面那些以人物、動物、植物紋樣爲字形的雜體書，與其説是書，毋寧説是畫。袁昂善畫的可能性愈發不能排除。

八、《梁書·外域傳》

《梁書·外域傳》：獅子國晉義熙初，獻一玉像，高四尺二寸，玉色特異，制作非人工力。歷晉宋朝，在瓦棺寺。寺内有戴安道手制佛五軀，及長康所畫維摩詰，時稱三絶。齊東昏侯取玉像爲寵妃釵釧，俄爾而東昏侯暴卒。②

引文與《梁書·諸夷傳》師子國傳相類，唯末尾多出"俄爾而東昏侯暴卒"一句，甚是蹊蹺。衆所周知，《南齊書》稱東昏侯蕭寶卷死於近臣所害而非暴卒。此句既與史相悖，又不被今本《梁書·諸夷傳》《南史·夷貊傳》和《通典·邊防典》所載，當非姚書脱文。又，《高僧傳》卷一三《晉京師瓦官寺釋慧力傳》説師子國玉像與戴逵所制五像及戴顒所治丈六金像"并皆在焉"，③則《高僧傳》成書之際，玉像在瓦官寺仍保存完好。因此，非獨蕭寶卷死於暴卒之事實屬無稽，連取師子國玉像作釵釧之事也是杜撰。

蕭寶卷行事荒唐，曾大肆剥取寺廟裝飾，用在潘妃私人宮殿，但這部《梁書》突然追究前朝往事，批評蕭寶卷因毀佛像而亡，顯然別有用意。謎底需要對照唐人張鷟《朝野僉載》中兩條關於侯景生年的傳説，方能揭曉：

梁武帝蕭衍殺南齊主東昏侯，以取其位，誅殺甚衆。東昏死之日，侯景生焉。後景亂梁，破建業，武帝禁而餓終，簡文幽而壓死，誅梁子弟，略無孑遺。時人謂景是東昏侯之後身也。（出《朝野僉載》。）④

---

① （唐）張彦遠著，范祥雍點校：《法書要録》卷二梁庾元威《論書》，第60—61頁。
② （唐）張彦遠撰，〔日〕谷口鉄雄編：《校本歷代名畫記》，第73頁。
③ （梁）釋慧皎撰，湯用彤校注：《高僧傳》，北京：中華書局，1992年，第481頁。
④ 《太平廣記》卷一二〇《報應十九》"梁武帝"條，北京：中華書局，1961年，第840頁。

傳説還有另外一個版本：

> 梁簡文之生，誌公謂武帝："此子與冤家同年生。"其年侯景生於雁門。亂梁，誅蕭氏略盡。（出《朝野僉載》。）①

這兩個帶有濃重因果報應色彩的故事不僅荒誕不經，而且時間也有矛盾。若依後者，侯景與簡文帝（503—551）同年，但蕭寶卷明明死於中興元年（501），就不能如前者所説"東昏死之日，侯景生焉"。不過，後者既稱侯景爲蕭衍"冤家"，言下之意與前者相同，都在指控蕭衍纔是殺害蕭寶卷的真正凶手。《南齊書》中沒有這種説法，祇説蕭衍義軍包圍建康，蕭寶卷對將士吝嗇錢財，自己却揮霍無度，負責守城的冠軍將軍王珍國、兗州刺史張稷懼禍及自身，搶先動手入宮，太監黃泰平砍傷東昏侯後，由張齊斬首送與蕭衍。②《南史》記載稍有不同，説蕭寶卷欲以守城不力之故，誅殺大臣，於是"珍國、張稷懼禍，乃謀應蕭衍"。③《梁書》則説建康被圍後，王珍國"密遣郯纂奉明鏡獻誠於高祖，高祖斷金以報之"，④就比較曖昧了。故張鷟説"時人謂景是東昏侯之後身"，"時人"非僅指唐人。

《朝野僉載》所説亦見《佛祖統紀》卷三八《法運通塞志第十七之四》，後者若不是據前者撮合而成，就是與之有相同史源：

> （大寶）二年，侯景廢帝，幽于永福省，進土囊殞之。武帝初革命，張齊殺東昏侯，送其首於帝，除及宗屬。後數年，簡文生，誌公謂帝曰："此子與怨家同生。"蓋侯景以是年生於雁門。及景破建康，帝崩，簡文繼，及於禍，梁子弟多見戮，故世稱侯景是東昏後身。⑤

雖然志磐没有透露這段文字的來源，但在太清三年（549）的一條材料末注明來自"《梁書》"：

---

① 《太平廣記》卷一四六《定數一》"寶誌"條，第1047頁。按，《太平廣記》卷九〇《異僧四·釋寶誌傳》亦云："晉安王蕭綱初生日，梁武遣使問誌，誌合掌云：'皇子誕育幸甚，然冤家亦生。'於後推尋曆數，與侯景同年月日而生也。"（第596頁）
② 《南齊書》卷七《東昏侯紀》，第106頁。
③ 《南史》卷五《齊本紀下》，第157頁。
④ 《梁書》卷一七《王珍國傳》，第278頁。
⑤ （宋）志磐撰，釋道法校注：《佛祖統紀校注》下册，第865頁。

　　江陵居士陸法和,隱居奉佛。及侯景遣將任約擊湘東王於江陵,法和與弟子八百人役神祠陰兵擊敗之,復於江夏聚兵欲伐侯景,王慮其爲亂,止之。和曰:"貧道求佛者,尚不希釋梵坐處,况人王位乎? 但以空王佛所有香火緣,今知王宿報欲救之耳。既已見疑,當是定業不可移也。"元帝既即位,(即湘東王也。)以爲郢州刺史。帝爲魏所執,和與弟子俱入於齊。(《梁書》。)①

　　陸法和傳在《北齊書》《北史》,《梁書》《南史》僅略記其人,并無"役神祠陰兵"情節。但無獨有偶,貞元十八年(802)董侹《荆南節度使江陵尹裴公重修玉泉關廟記》亦謂:"昔陸法和假神以虞任約,梁宣帝資神以据王琳,聆其故實,安可誣也。"②説明其事流傳已久。另外,《北齊書》《北史》本傳還是流露了陸法和的神異性格:如説他帶走諸蠻弟子八百人去迎擊任約後,江陵附近的神祠就不再靈驗,以致人們懷疑神祇都隨他出發;又説他免冑縱舟於赤沙湖,輕摇羽扇便逆轉風向,將火勢引向敵船,未卜先知擒敵主將等等,簡直神乎其神。李百藥、李延壽所言不免誇張,但從歷史親歷者顔之推的回憶分析,大寶二年(551)六月陸法和大破號稱二十萬的侯景水軍確實振奮人心,他在《觀我生賦》"奇護軍之電掃"句下自注:"護軍將軍陸法和破任約於赤亭湖,景退走,大潰。"③可是,姚思廉《梁書》的記載與他們反差甚大,不僅完全消除了陸法和的術士色彩,還將指揮功勞記在胡僧祐名下,陸法和反成了配角。姚氏如此處理可能是出於承聖四年(555)陸法和舉郢州附齊,未終梁節之故,基於《五代史》整體架構的宏觀考量;④也可能與他不喜歡術士有關,就像《梁書》不起"藝術傳"一樣。⑤

　　最關鍵的是陸法和的話:他告訴蕭繹,之所以自己在江夏組織義軍,準備追擊侯景,是他倆前世有緣,纔甘願冒險相助,但既被蕭繹懷疑有覬覦之心,則表明蕭梁定業不可改變。這番言論自然屬於事後諸葛亮,却也暗示了其時一種對於梁朝滅亡的社會認知——蕭衍誅殺東昏侯而導致的業報輪回。吳海勇、陳道貴指出《佛祖統紀》中陸法和

---

① (宋)志磐撰,釋道法校注:《佛祖統紀校注》下册,第864—865頁。

② (清)董誥等編:《全唐文》卷六八四,北京:中華書局,1983年,第7002頁上。

③ 《北齊書》卷四五《文苑傳》引顔之推《觀我生賦》,北京:中華書局,1972年,第621頁。

④ 朱希祖指出貞觀三年開始的五代史編纂工程中,"魏徵受詔,總加撰定,多所損益。令狐德棻修周史,又總知類會梁、陳、齊、隋各史。則《梁書》中應載各事,因同時會修各史,其已詳於他史者,則《梁書》略之"(《蕭梁舊史考(續)》,第350頁)。

⑤ (清)王鳴盛撰,黄曙輝點校:《十七史商榷》卷六三《王琳張彪梁書無傳》,第514頁;(清)趙翼著,王樹民校證:《廿二史劄記校證》卷九《梁書有止足傳無方技傳》,第195—196頁。

因梁武業報不救和東昏侯轉生侯景戮殺梁室二事,取自唐人筆記小説,反映了唐代梁武帝神異故事的特點,却没有注意同書中陸法和的故事實引自"《梁書》"。① 毫無疑問,此《梁書》成於貞觀三年前,未受《五代史》史例限制,至於其中"陸法和傳"是如《北齊書》單辟,還是如《北史》置於"藝術傳"下,就不得而知了。附帶一句,許善心《梁書》有"《數術傳》一卷",而篇目又是依許亨《梁史》"舊目"補葺。② 那麽,諸舊梁史裏是有"藝術傳"的。

將上述材料和所謂"《梁書·外域傳》"引文放在一起,我們就會悟出其中玄機:後者將東昏侯暴卒歸咎於毁佛像,從而撇清了梁武帝與東昏侯被弑事件的關係。這斷然不是姚思廉的史觀,他始終將梁末離亂解釋爲"天時"與"人事"的綜合,絶口不提因果報應。③ 蕭子顯亦將蕭衍代齊視作湯武革命,東昏侯則被看成桀紂,其死是玩火自焚,天命殛之。④ 這些學者要麽相隔梁朝已遠,要麽没有目睹梁朝的悲慘結局,均以冷漠態度避開蕭衍篡位前的一系列血腥屠殺,但《梁書·外域傳》的作者顯然是蕭梁舊臣,在梁覆滅不久後即開始修史,急於回應那時那些抨擊梁政權合法性的言論,欲蓋彌彰,反而弄巧成拙。我推測蕭寶卷毁師子國玉像而暴卒之説,最初出自《宣驗記》之類的"釋氏輔教之書",時間在侯景之亂以後,後被某部《梁書》采納,而姚思廉的《諸夷傳》則在該書《外域傳》基礎上又進行了修飾,但未能去盡抵牾之處,留下硬傷。⑤

九、《梁書·外國傳》

彦遠按:《梁書·外國傳》云:"干陁利國王瞿曇備跋陁羅者,亦工畫。其國在南海洲上。天監元年四月八日,瞿曇夢一僧相告云:'中國今有聖主,十年內佛法大興,汝可朝貢。不然,則汝國不安。'夢中與僧同到中國,見梁天子,覺而異之,記得梁主形貌,命筆寫之。遂遣使并本國畫工,請寫高祖真,上許之。使還本國,陁羅

---

① 吴海勇、陳道貴:《梁武帝神異故事的佛經來源》,陳允吉主編:《佛經文學研究論集》,上海:復旦大學出版社,2004 年,第 360—369 頁。

② 《隋書》卷五八《許善心傳》,第 1429—1430 頁。

③ 按,姚氏父子《梁書》總結蕭梁成敗經驗,在"天時"與"人事"之間搖擺不定。如,《武帝紀下》史臣云:"嗚呼! 天道何其酷焉。雖曆數斯窮,蓋亦人事然也。"(第 98 頁)《侯景傳》史臣云:"嗚呼! 國之將亡,必降妖孽。雖曰人事,抑乃天時。"(第 864 頁)但未見對蕭衍誅殺東昏侯、齊和帝及蕭鸞諸子行爲有絲毫反思。

④ 《南齊書》卷七《東昏侯紀》:"贊曰:東昏慢道,匹癸方辛。乃隳典則,乃棄彝倫,玩習兵火,終用焚身。"(第 108 頁)卷八《和帝紀》:"史臣曰:夏以桀亡,殷隨紂滅,郊天改朔,理無延世。而皇符所集,重興西楚,神器蹔來,雖有冥數,徽名大號,斯爲幸矣。"(第 114—115 頁)

⑤ 參閲拙文《顧愷之畫維摩詰事考略》,《文藝研究》2018 年第 11 期,第 136 頁。

以高祖真類己畫者,盛之寶函,日加禮敬。"以外國能畫,故附此記云。①

　　引文亦見今本《梁書·諸夷傳》,除了後者將干陁利國王寫作"瞿曇脩跋陁羅"之外,兩者所敘大同小異。按,《隋志》著録釋智猛《遊行外國傳》一卷、《交州以南外國傳》一卷、曇景《外國傳》五卷和《大隋翻經婆羅門法師外國傳》五卷。《梁書·諸夷傳》云:"及吳孫權時,遣宣化從事朱應、中郎康泰通焉。其所經及傳聞,則有百數十國,因立記傳。"②向達指康泰所立"記傳"即《吳時外國傳》。③ 因此,唐前諸梁史列傳中若標有"外國"之名,并無意外。又,《水經注》引《交州外域記》,《周書》設《異域傳》,"外國"又與"外域"同義。《歷代名畫記》卷五言引"《梁書·外域傳》",卷七又稱引"《梁書·外國傳》",當爲傳寫所誤,孰是孰非,不易定奪,但有一點很明確,張彦遠否認了這兩處引文來自《梁書·諸夷傳》。

　　關於《梁書·諸夷傳》的史源,錢伯泉認爲認爲是根據《職貢圖》中的題記删削而成。④ 余太山進一步指出其中《西北諸戎傳》取自裴子野《方國使圖》。⑤ 以上觀點在舊梁史全佚前提下得出,從而將《諸夷傳》首辟之功歸於姚氏父子,但并不符合古代知識史的累積過程,更不符合《梁書》成書的經過。劉知幾明言:"皇家修《五代史》,館中墜藁仍存,皆因彼舊事,定爲新史。觀其朱墨所圖,鉛黄所拂,猶有可識者。或以實爲虛,以非爲是。"⑥在劉氏看來,梁、陳、齊、周、隋五代史皆因襲舊史而來。《舊唐書·姚思廉傳》説得更清楚:"思廉又采謝炅等諸家梁史續成父書。"⑦故姚思廉《梁書》的直接史源除了其父舊稿,還有謝炅等諸家梁史。從舊梁史篇目裏尚能尋到姚書襲取前人的痕迹。如,《梁書·止足傳》小序云其篇效仿魚豢《魏略·知足傳》、謝靈運《晉書·止足傳》、《宋書·止足傳》及梁國史,而許善心《梁書》目録裏就有《止足傳》。若進一步比對,還能發現姚思廉單辟《止足傳》同時,保留了傳統《處士傳》,又將《儒林傳》與《文學傳》分立,也是沿許氏作法。當然,也許謝炅、姚察、許亨的梁史舊稿及更早的梁國史就已經如此,姚思廉不過循例而已。

---

①　(唐)張彦遠撰,〔日〕谷口鉄雄編:《校本歷代名畫記》,第95頁。

②　《梁書》卷五四《諸夷傳》,第783頁。

③　向達:《唐代長安與西域文明》,北京:生活·讀書·新知三聯書店,第566—568頁。

④　錢伯泉:《〈職貢圖〉與南北朝時期的西域》,《新疆社會科學》1988年第3期,第頁78—86頁。

⑤　余太山:《兩漢魏晉南北朝正史西域傳研究》,第26—64頁。

⑥　(唐)劉知幾撰,(清)浦起龍通釋:《史通通釋》,第461頁。

⑦　《舊唐書》卷七三《姚思廉傳》,第2593頁。

《隋志》:"《梁書》四十九卷,梁中書郎謝吴撰,本一百卷。"①劉知幾云:"梁史,武帝時,沈約與給事中周興嗣、步兵校尉鮑行卿、秘書監謝吴相承撰録,已有百篇。值承聖淪没,并從焚蕩。"②所謂"百篇"非是虚數,是指謝氏《梁書》模仿《漢書》百篇。作爲斷代史典範的《漢書》成爲南朝傳習最廣的史學著作,③尤其是南朝姓名可考的《漢書》學者中,"單是梁代便占去七家"。④《周書·蕭詧傳》説蕭欣著"《梁史》百卷,遭亂失本"。⑤李廣健提醒道:"在研究《漢書》的梁代學者中,蕭琛、劉孝標、韋棱三人均曾在安成王府中工作,這在梁代《漢書》研究興起的過程中,是一個值得注意的地方。"⑥而蕭欣正好就是安成王蕭秀之孫。另外,許善心言許亨《梁史》原稿"目録注爲一百八卷",至陳時復繼其書,"依舊目録,更加修撰,且成百卷",則許亨《梁史》卷帙原計劃亦在百卷。這一時期號稱"百卷"的《梁書》集中湧現不是巧合,恐怕都是受《漢書》篇數影響,許亨所擬"一百八卷《梁史》",則是受其時《漢書》分卷所致。⑦ 實際上,《宋書》《南齊書》也是模仿《漢書》:如以"書"命名;附有史論;設外國傳且放在列傳後等等。那麼,謝吴、蕭欣、許亨等人的"百卷本《梁書》"亦當有"外國(域)傳"。至於許善心《梁書》没有"《諸夷傳》"一門,乃是其書粗成,僅完成許亨舊目部分所致。值得一提的是,姚思廉《梁書》將梁室諸逆、侯景傳放在《諸夷傳》之後、全書之末,與《漢書》留給王莽傳的位置一樣。《隋志》稱姚察爲"明《漢書》者",并著録他的三部《漢書》注;《陳書·姚察傳》又説北周劉臻想驗證一下陳朝使節姚察的才學,便從《漢書》中挑出十幾個問題讓他解釋,後者引經據典,對答如流。⑧

姚氏父子《梁書》極可能最初也是按"百卷"規模編目,最後礙於《五代史》體例,祇得縮編改制。如,它的史志部分被剥離出來,統一編入後來的《五代史志》,志書别行必然不在當年姚氏父子的修史計劃之内;一卷本《諸夷傳》亦非姚察初衷,祇要比對梁時

---

① 《隋志》卷三三《經籍志二》,第 956 頁。

② (唐)劉知幾撰,(清)浦起龍通釋:《史通通釋》,第 324 頁。

③ 參閱〔日〕吉川忠夫著,王啓發譯:《六朝精神史研究》,南京:江蘇人民出版社,2010 年,第 257—267 頁。

④ 李廣健:《梁代〈漢書〉研究的興起及其背景》,黄清連主編:《結網三編》,臺北:稻鄉出版社,2007 年,第 73 頁。

⑤ 《周書》卷四八《蕭詧傳》,北京:中華書局,1971 年,第 874 頁。

⑥ 李廣健:《梁代〈漢書〉研究的興起及其背景》,第 81 頁。

⑦ 按,《漢書》分卷無定制。今本一百二十卷爲顏師古所分,《隋志》有蔡謨注《漢書》一百一十五卷、劉孝標注《漢書》一百四十卷、陸澄注《漢書》一百二卷、梁元帝注《漢書》一百一十五卷。

⑧ 《陳書》卷二七《姚察傳》,第 349 頁。按,劉臻是梁朝《漢書音》作者劉顯之子,亦"精於《兩漢書》,時人稱爲漢聖"。(《隋書》卷七六《文學傳》,第 1731 頁)姚思廉作父傳時擇出此事,意在顯示其父深明《漢書》之學。

成書的《宋書》與《南齊書》中的外國傳,即知《諸夷傳》中尚缺北狄一部,這自然是之前《魏書》已成,而《梁書》與《周書》《北齊書》同修之故;《梁書》應載之事,又因爲《五代史》同修,已詳於他史者,祇好省略;再加之《梁書》特多回避之處、難言之隱,也會導致原定篇幅急劇減少。

謝吳的四十九或三十四卷本《梁書》應當還有"外國(域)傳"。《太平御覽》卷七八七"槃槃國"條引《梁書》,具載該國方位、禮俗、宗教、官制等,與《諸夷傳》完全不同。① 王仲犖認爲是《梁書》佚文,趙燦鵬則疑爲別本,②但其實引文也可能來自謝吳之書。倒是王仲犖的另一個發現格外重要:"這條《梁書》佚文,和《通典·邊防典》裏記載槃槃國的文字基本相同。疑《通典》即據《梁書》佚文。"按,《通典》引"梁書"一處、"梁史"三處,其中卷二三《職官五》"禮部郎中"條引"《梁書》"云,③似據《梁書·孔休源傳》裁剪;卷一八五《邊防一》"新羅"條、卷一九一《邊防七》"且末"條注引"梁史"云,④與《梁書·諸夷傳》基本相合。然卷一四四《樂四》"琵琶"條曰:"梁史稱侯景之害簡文也,使太樂令彭儁賚曲項琵琶就帝飲。"⑤與《梁書·簡文帝紀》有異,後者説彭儁弑君時,官職衛尉卿而非太樂令,⑥則可知杜佑用以校補《邊防典》的"梁史"不是姚書,却記新羅、且末風土,"槃槃國"條即出該書。

應該注意到,《隋志》闕載《方國使圖》與《職貢圖》。所以,無論是按《陳書·姚察傳》所言大業二年(606)姚思廉接手其父未竟事業,還是按《舊唐書·姚思廉傳》所言貞觀三年姚思廉續寫父書,《諸夷傳》若另起爐灶,實無必要,直接史源自當首選姚察舊稿和謝吳等諸家梁史。又,紹泰元年(555)姚察在中書侍郎領著作杜之偉的舉薦下,任佐著作,開始參與撰修國史,而江陵焚書之後還能遺存下來多少原始國史材料也是可疑,那時謝吳《梁書》纔是最方便的參考材料吧。

結　論

以上《歷代名畫記》九處《梁書》引文中,卷七蕭繹傳、蕭方等傳、蕭大連傳、陶弘景

---

① 《太平御覽》卷七八七《四夷部八·南蠻三·槃槃國》,第3487頁下—3488頁上。

② 王仲犖:《蜡華山館叢稿續編》,濟南:山東大學出版社,1995年,第395—400頁;趙燦鵬:《梁書諸夷傳異文比勘》,濟南:齊魯書社,2014年,第44頁。

③ (唐)杜佑著,〔日〕長澤規矩也、尾崎康校訂,韓昇譯訂:《北宋版通典》第2卷,第69—70頁。

④ (唐)杜佑著,〔日〕長澤規矩也、尾崎康校訂,韓昇譯訂:《北宋版通典》第8卷,第91、240頁。

⑤ (唐)杜佑著,〔日〕長澤規矩也、尾崎康校訂,韓昇譯訂:《北宋版通典》第6卷,第338頁。

⑥ 《梁書》卷四《簡文帝紀》,第108頁。按,《資治通鑑》卷一六四《梁紀二〇》又稱"左衛將軍彭儁"(北京:中華書局,1956年,第5073頁)。

傳載有姚書所無内容,蕭賁傳爲姚書失收,陸杲傳比姚書嚴謹,袁昂傳則不能求證;卷五附記《梁書·外域傳》與姚書相較,多畫蛇添足之筆,卷七附記《梁書·外國傳》與姚書相類,難以辨别。九處引文中姚書不載而僅見《南史》者,亦有可能來自另一部《梁書》,如蕭賁傳和陶弘景傳;即便與姚書相合者,也不能證明它們之間存在直接關係,相同或相似的内容完全有可能出自謝吴《梁書》,如卷五附記《梁書·外域傳》和卷七附記《梁書·外國傳》。

鑒於《歷代名畫記》所引《梁書》與姚書差别較大,且多出的文字既不似闕文,又表現出與姚書不同的體例和立場,綜合考慮,當歸於謝吴之書。正如我上文指出的,張彦遠選用了臧榮緒《晉書》作爲編纂《歷代名畫記》晉代畫家傳記的主要史料來源一樣,① 這次在書寫梁代畫家傳記過程中,同樣爲了展示史料的先後次序,保持學術傳統,他也有意地選擇了更早的謝吴《梁書》,當然,謝吴的這部書也提供了張彦遠需要的畫史信息。

---

① 參閱拙文《〈歷代名畫記〉引〈晉書〉考》,《魏晉南北朝隋唐史資料》第 43 輯,上海古籍出版社,2021 年。

《魏晉南北朝隋唐史資料》第四十七輯

2023 年 5 月,118—140 頁

被遺忘的神靈：唐叔虞信仰與李唐開國[*]

霍　斌

　　貞觀二十年(646)正月,唐太宗在并州御書《晉祠之銘并序》并鐫石勒銘(後文簡稱"晉祠碑")。此碑很好保存下來,現存太原市晉祠博物館。目前唐史學界多追求對新發現墓誌的考釋,而在傳世碑刻方面稍顯關照不足,尤其是對這座國寶級碑石。以往研究晉祠碑主要着眼於書法、文學,史學研究較爲薄弱。碑文涉及到一個重要問題——太原起兵前李淵曾到晉祠祭拜唐叔虞祈求舉事成功。此事不見載於正史、筆記小説等傳世文獻。前人雖從碑文中讀出此事,但未把事情的前因後果做詳細研究。李唐開國是唐前期政治史研究的熱點,從民間信仰爲切入點進行的探討却不多。[①] 本文將首先對隋唐時期太原唐叔虞崇拜做歷時性考察,進而探析李淵祭祀唐叔虞的動機,最後解釋唐代統治者及精英士人選擇遺忘這段保佑史的原因。

---

　　* 本文爲 2022 年度山西省哲學社會科學規劃課題"天龍山石窟歷史文獻資料的調查、整理與研究"(2022YJ044)的階段性成果之一。

　　① 　李唐開國從政治史上主要是圍繞晉陽首謀和李淵稱臣突厥兩個點輻射出的研究,可參看胡戟等主編:《二十世紀唐研究》,北京:中國社會科學出版社,2002 年,第 27—29 頁。謠讖等政治文化方面的研究也較多,如毛漢光:《李淵崛起之分析——兼論隋末"李氏當王"與三李》,《"中央研究院"歷史語言研究所集刊》五十九本四分,1988 年;李錦綉:《論"李氏將興"——隋末唐初山東豪傑研究之一》,《山西師大學報》1997 年第 4 期;李剛:《唐高祖創業與道教圖讖》,《宗教學研究》1998 年第 3 期;王永平:《從"李氏當王"到"劉氏當王"——兼論讖語與唐代政治》,《首都師範大學史學》第三輯;楊梅:《也談"李氏將興"與"劉氏當王"》,《蘭州大學學報》2006 年第 3 期。李唐開國與佛教、道教也有關聯,如"白衣天子",唐長孺和柳存仁都認爲與彌勒教有關;宮川尚志和氣賀澤保規則認爲"李唐開國尚白"與道教有關。這些研究姜望來在《謠讖與北朝政治研究》都有梳理與辨析(天津古籍出版社,2011 年,第 198 頁,注 1)。王永平的《道教與唐代社會》也專論道教與李唐開國(北京:首都師範大學出版社,2002 年,第 10—17 頁)。還有一些新視角的研究,如段真子的《李唐開國研究》(中國人民大學博士學位論文,2015 年)從中國古代革命理論爲框架討論李唐開國進程,涉及李唐開國李唐政治轉型與意識形態建設等新問題。張耐冬的《太原功臣與唐初政治》(北京:中國社會科學出版社,2018 年)則以太原功臣群體爲研究切入點,對太原起兵到李淵稱帝這一短時期内所體現出的政治關係和唐初政治結構間的關聯性進行梳理。趙貞的《李淵建唐中的"天命"塑造》(《唐研究》第二十五卷,2020 年)則没有注意到天命觀建構與民間信仰的關係。總言之,從地方民間信仰視角對李唐開國進行探討的成果并不多。

一、隋唐時期太原晉祠的唐叔虞信仰探析

唐叔虞是晉國的始封君，國號本爲"唐"，其子燮改爲"晉"。《史記·晉世家》載："晉唐叔虞者，周武王子而成王弟……武王崩，成王立，唐有亂，周公誅滅唐。成王與叔虞戲，削桐葉爲珪以與叔虞……於是遂封叔虞于唐。唐在河、汾之東，方百里，故曰唐叔虞。"①中國歷史上以太原②晉祠爲祭祀場所的唐叔虞崇拜最負盛名。晉祠始建於何時已不可考。柴澤俊認爲是燮"爲紀念父之功德，於晉水源頭建祠祀奉，因名晉祠"③。這種觀點出於猜測，沒有文獻依據，且晉國始封地在晉南而非太原，恐難成立。今天晉祠主殿聖母殿左右原本各有一株周柏，目前僅存北面一株。2003年，晉祠博物館與北京園林科學研究所、中國社會科學院考古研究所的專家一起采用碳14交叉定位法測量這株古柏後認爲樹齡是2991年。④因此我們可以推測，約在西周時期南北二柏的位置已確定，二者所夾者應有廟宇等建築，但是否用來祭祀唐叔虞不能確定。

目前所見對晉祠最早的文獻記載是北魏的《水經注》："晉水出晉陽縣西懸甕山。縣，故唐國也……今在縣之西南。昔智伯之遏晉水以灌晉陽，其川上溯，後人踵其遺迹，蓄以爲沼，沼西際山枕水，有唐叔虞祠。"⑤《魏書·地形志上》將晉祠稱爲晉王祠："（并州太原郡晉陽縣）西南有懸甕山，一名龍山，晉水所出，東入汾。有晉王祠、梗陽城。"⑥晉王即唐叔虞。可以肯定最晚在北魏時太原郡就已經存在唐叔虞崇拜。唐叔虞屬於民間信仰中祖先或地方聖君崇拜類型。從傳世文獻記載的豐寡程度判斷，晉祠的盛名遠非其他祭祀唐叔虞的祠廟可比。東魏時，被迫歸順高歡的北魏遺臣薛孝通"曾與諸人同詣晉祠，皆屈膝盡禮，孝通獨捧手不拜，顧而言曰：'此乃諸侯之國，去吾何遠，恭而非禮，將爲神笑'"。⑦"屈膝盡禮"所拜者很可能就是唐叔虞。晉祠在北齊文宣帝天保時

---

① 《史記》卷三九《晉世家》，北京：中華書局，1959年，第1635頁。

② "太原"古今有郡、府、縣、市等不同行政區劃稱法。大業三年改并州爲太原郡；武德元年又改爲并州；武周天授元年置北都；神龍元年又改爲并州；開元十一年，又置北都，改并州爲太原府；天寶元年，改北都爲北京。太原府由府城、晉陽縣、太原縣三城組成。參考自李吉甫撰，賀次君點校：《元和郡縣圖志》卷一三《河東道二》，北京：中華書局，1983年，第361—362頁。本文的研究時間段主要是在隋末，故而多用太原（郡）而非并州，特此説明。

③ 柴澤俊：《太原晉祠背景環境的價值》，收入氏著《柴澤俊古建築修繕文集》，北京：文物出版社，2009年，第85頁。

④ 王學濤、呂曉宇：《晉祠三千歲周柏急需特殊養護》，《山西日報》2013年11月3日。

⑤ （北魏）酈道元撰，陳橋驛校證：《水經注校證》卷六《晉水》，北京：中華書局，2007年，第174頁。

⑥ 《魏書》卷一〇六上《地形志上》，北京：中華書局，1974年，第2466頁。

⑦ 《北史》卷三六《薛辯傳附聰子孝通傳》，北京：中華書局，1974年，第1336—1337頁。

期(550—559)曾進行過一次大規模的擴建。姚最《序行記》載:"高洋天保中,大起樓觀,穿築池塘,自洋以下,皆遊集焉。"①晉祠隸屬北齊陪都晉陽,是當地最知名的景區,也吸引皇帝來此巡幸。或可認爲,北齊時唐叔虞崇拜絕對不是寂寂無名,屈居弱勢地位的民間信仰。

隋唐時期涉及晉祠祭祀的材料較前代稍顯增多,也呈現出祭祀空間二元性特點,即官方祭祀與民間信仰的空間共享。唐叔虞崇拜模糊了精英階層與下層民衆信仰之間的隔閡,不過前者側重於追求施政成績,後者更在乎私人福祉訴求。官方祭祀的存在是以民間信仰爲依托,官方利用了當地長時間沉澱形成的深厚的民衆信仰基礎。官方祇是嫁接民間信仰的文化内涵并在儀式上予以禮制化。因此,唐叔虞崇拜本身還是具有强烈的民間信仰色彩。下面從兩個方面展開討論。

第一,官方祭祀方面。晉祠是太原地方官祈雨的最重要場所。文獻中最早見晉祠祈雨的記載是隋大業十三年(617)太原留守李淵未成行的祭祀。是年二月馬邑郡劉武周反叛,四月李淵以此爲契機徵發兵馬,名爲平叛實爲起兵。《舊唐書・高祖本紀》載:"威、君雅見兵大集,恐高祖爲變,相與疑懼,請高祖祈雨於晉祠,將爲不利。"②祈雨已經納入到李淵的未來工作計畫中。《舊唐書・劉文靜傳》和《劉政會傳》載:"後數日,將大會於晉祠。"③王、高選擇在四月祈雨符合隋代制度,這也是李淵不便拒絕的原因。《隋書・禮儀志》載:"京師孟夏後旱,則祈雨……州郡尉祈雨,則理冤獄,存鰥寡孤獨,掩骼埋胔,潔齋祈於社。七日,乃祈界内山川能興雨者,徙市斷屠如京師。"④四月恰是孟夏時節。參照後文唐令來看,此條很可能是隋代《祠令》的内容。

祈雨不僅是因旱而祈,還有因大雨成灾而禱止雨。唐憲宗元和十二年(817),李德裕的《祭唐叔虞文》便是此例。引如下:

> 維元和十二年,歲次丁酉,六月己未朔,二十一日己卯,河東節度使、檢校吏部

---

① 《元和郡縣圖志》一三《河東道二》,第 366 頁。姚最,姚僧垣次子,十九歲時隨父從南梁投北周。可參看《周書》卷四七《藝術傳・姚僧垣傳附子最傳》,北京:中華書局,1971 年,第 844 頁。

② 《舊唐書》卷一《高祖本紀》,北京:中華書局,1975 年,第 2 頁。李昉等編:《太平御覽》卷一〇八《皇王部三十三・唐高祖神堯皇帝》所引《唐書》記載與此同,北京:中華書局,1960 年,第 519 頁。王欽若等編纂:《册府元龜》卷七《帝王部七・創業三》載爲:"威及君雅等見兵大集,相與疑懼,請高祖祈雨於晉祠,將爲不利。"南京:鳳凰出版社,2006 年,第 71 頁。缺少"恐高祖爲變"一句。綜合此三種記録,其内容很可能是《實録》原文。

③ 《舊唐書》卷五七《劉文靜傳》,第 2291 頁;《舊唐書》卷五八《劉政會傳》,第 2313 頁。

④ 《隋書》卷七《禮儀志二》,北京:中華書局,1973 年,第 128 頁。

尚書、平章事張弘靖，敢昭告於晉唐叔之靈：惟神娠母發祥，手文爲信，殪徒林之兕，以啓夏墟；受密須之鼓，以疆戎索。豈止削桐無戲，歸禾有典，宜在晉蕃育，與周盛衰。況式瞻西山，神靈是宅。每廷烟夜簇，嵐氣朝隮，必膚寸而合，油然以遍。蓄泄在我，神宜主之。屬淫雨爲灾，粢盛將廢，是用率茲祀典，以榮閟宮。伏願降福蒸人，撤茲陰沴，俾三農有望，萬庾斯豐。永儲犧牲，以答神祝。尚饗。

余元和中，掌記戎幕。時因晉祠止雨，太保高平公命余爲此文。嘗對諸從事稱賞，以爲徵唐叔故事，迨無遺漏。今遇尚書博陵公移鎮北都，輒敢寄題廟宇。會昌四年三月十五日，司徒兼門下侍郎平章事李德裕。①

《大唐開元禮》載有"諸州祈諸神"禮，此禮主要是因祈雨而舉行，其中所載祝文範本與李德裕所撰祝文非常類似："維某年，歲次，月朔，日子，刺史姓名謹遣具位姓名，敢昭告於某神：爰以農要，久闕時雨，黎元恇懼。惟神哀此蒼生，敷降靈液。謹以制幣、清酌、脯醢，明薦於某神。尚饗。"②再佐以祝文"率茲祀典"之語，元和十二年六月的晉祠祭祀具有"州祈諸神"的官方性質。從開篇"敢昭告于晉唐叔之靈"來看，祈禱對象就是唐叔虞。

唐叔虞應是被視爲晉水之神，纔成爲祈雨的對象。仁井田陞復原的兩條開元七年《祠令》"州縣旱則祈雨"條、"霖雨不已禜城門"條也涉及到州縣祈雨的制度。前條載："諸州縣，旱則祈雨，先社稷。又祈界内山川能興雲雨者，餘準京都例。若嶽鎮海瀆，州則刺史上佐行事；其餘山川，判司行事。縣則令丞行事。"後條載："諸霖雨不已，禜京城諸門，門別三日，每日一禜。不止，乃祈山川嶽鎮海瀆；三日不止，祈社稷宗廟。若州縣禜城門，不止，祈界内山川，及社稷，三禜一祈。"③據《祠令》祈雨對象有"山川能興雲雨者"，具體到晉祠而言當是指晉水。《唐六典》載十道名山大川，其中河東道大川有四：汾、晉、丹、沁，并注云："晉水出太原晉陽，入汾。"④晉水發源於晉祠，因此唐叔虞纔具有水神性。

《祠令》中祈雨分州、縣二級。元和十二年河東節度使張弘靖的祭祀屬州級。唐武宗會昌年間（841—846），晉陽令狄惟謙的祭祀屬縣級。《唐語林》載："會昌中，晉陽令

① （唐）李德裕：《李德裕文集校箋》別集卷七，北京：中華書局，2018 年，第 663 頁。
② （唐）蕭嵩等：《大唐開元禮》卷七〇《吉禮》，北京：民族出版社，2000 年，第 360 頁上欄。
③ 〔日〕仁井田陞，栗勁等譯：《唐令拾遺·祠令》，長春出版社，1989 年，第 118、119 頁。
④ （唐）李林甫等撰，陳仲夫點校：《唐六典》卷三"户部郎中員外郎"條，北京：中華書局，1992 年，第 66 頁。

狄惟謙,梁公之後,善爲政。州境亢陽,涉春夏,數百里水泉耗竭。禱於晉祠者數旬,無應。"狄惟謙的祈雨活動并不順利,之後通過節度使請來女巫郭天師,後者來祈雨的場所仍在晉祠,"於是主帥親自爲請,巫者許之。惟謙具幡蓋,迎自私室,躬爲控馬。既至祠所,盛設供帳飲饌。自旦及夕,立於庭下,如此者兩日"。最後女巫祈雨不成,被狄惟謙杖後投水,"(狄惟謙)叱左右曳於神堂前,杖背三十,投於潭水"。狄惟謙再次虔誠設席焚香祈雨,雨下。武宗特下制書予以嘉獎:"狄惟謙劇邑良才,忠臣華胄。睹此天屬,將殫下民,當請禱於晉祠,類投巫於鄴縣。"①從制文分析,晉祠祈雨是被官方所認可的祭祀行爲,絕非淫祀。

第二,民間信仰方面。武周長安元年(701)十二月,武則天下命在并州文水縣武士彠陵墓前樹起《大周無上孝明高皇帝碑銘》②(《文苑英華》命爲《攀龍臺碑》)。碑文主要記載武則天家族起源和武士彠生平,其中武士彠的出生與晉祠、唐叔虞有關,這是之前學者很少注意到的地方。其文載:

> 母文穆皇后,嘗祈晉祠於水濱,得文石一枚,大如燕卵,上有紫文,成日月兩字,異而吞之。其夕,夢日入寢門,光耀滿室,已而懷孕,遂産帝焉。及載誕之宵,夢人稱唐叔虞者謂后曰:"余受命于帝,保護聖子。"驚寤而帝已生。③

文穆皇后是武士彠的母親趙氏。她吞下如燕卵大小有日月二字紫色石頭而懷孕故事的創作靈感,可能來源于簡狄吞玄鳥卵而生商朝的始祖契,④女修吞玄鳥卵而生大業。⑤這種通過奇異故事來神化帝王出生以達到"君權神授"政治宣傳效果的事例在中國古代史上并不罕見,其最終目的是爲武則天稱帝尋找合理性。晉祠雖然一直是祈雨的重要場所,但文穆皇后的祈禱不是祈雨,可能是求子,這體現出民間信仰中神靈禦災捍患威力的多樣性。

---

① (宋)王讜撰,周勛初校證:《唐語林校證》卷一《政事上》,北京:中華書局,2008年,第76—77頁。
② 《永樂大典》卷五二○四明洪武《太原志》曾載:"唐武士彠墓,在文水縣北十里,唐武則天后父也。則天革命,改墓爲陵。舊有碑二通,《太原王碑》高宗撰文并書,今已不見,止有《高皇帝碑》,高五丈,闊九尺,厚三尺,其碑地埋一半,文亦剝落,止有名額'大周無上孝明皇帝碑銘'。"馬蓉等點校:《永樂大典方志輯佚》第一冊,北京:中華書局,2004年,第309頁。
③ (宋)李昉等編:《文苑英華》卷八七五《碑三十二》,北京:中華書局,1966年,第4614頁下欄。
④ 《史記》卷三《殷本紀》載:"殷契,母曰簡狄……見玄鳥墮其卵,簡狄取吞之,因孕生契。"第91頁。
⑤ 《史記》卷五《秦本紀》載:"女修織,玄鳥隕卵,女修吞之,生子大業。"第173頁。大業的兒子伯益是秦國、趙國的先祖。

尤其值得注意的是，碑文的作者李嶠在虛構故事時將事情的發生地選在晉祠。《舊唐書》記載武士彠與武則天是“并州文水人”。孟憲實在《武則天的出生地與故鄉》針對以往的爭議，認爲無論是武則天自己的認知，還是唐代朝廷的記錄或相關政策，都説武則天的故鄉是并州文水。① 筆者曾梳理唐代正史、筆記小説、詩文等中有關太原地區民間信仰的資料，其中以晉祠的記錄最多，這不是偶然而是由其在民衆中的地位所決定。鑒於晉祠是武則天故鄉知名度最高的民間信仰祭祀場所，李嶠纔將文穆皇后祈禱地建構在晉祠。《元和郡縣圖志》載元和時“至今爲北都之勝”。② 晉祠因風景優美而知名當世，間接有助於唐叔虞知名度的提升。現在仍有“不到晉祠，枉到太原”的説法。晉祠依然是代表太原悠久歷史文化最重要的標誌性符號。

第二點值得注意的是故事中唐叔虞成爲武士彠出生時的保護神。在文穆皇后臨盆之際，夢到唐叔虞對她説：我受天帝委派，前來保護聖子。這段夢境話語的知識來源是唐叔虞本身的歷史故事。《左傳》載：“當武王邑姜方震大叔，夢帝謂己：‘余命而子曰虞，將與之唐，屬諸參，而蕃育其子孫。’及生，有文在其手曰虞，遂以命之。”③《史記》載：“初，武王與叔虞母會時，夢天謂武王曰：‘余命女生子，名虞，余與之唐。’及生子，文在其手曰‘虞’，故遂因命之曰虞。”④選擇唐叔虞，就是因其崇拜在并州民間信仰中有較大影響力和較高知名度。另外，碑文中所載武姓的來源也是嫁接於唐叔虞，“其先出自周平王少子，有文在其手曰武，因以姓氏”。“以文命氏”説後被《元和姓纂》承襲。由武三思撰寫的《大周無上孝明高皇后碑銘并序》提到武則天的母親也可能是唐叔虞之後，“無上孝明高皇后，宏【弘】農仙掌人，出自有周，蓋唐叔虞之後也。”⑤《元和姓纂》也説楊氏出自唐叔虞。此與唐叔虞崇拜無直接關聯。

如果再省思武則天執政晚期晉祠出現的灾異就多了一層政治文化的地域性特殊建構意涵。《新唐書·五行志》載：“長安中，并州晉祠水赤如血。”⑥“水赤”爲武周政權敗亡之兆。《水經注》中有一段論述：“《史記·秦本紀》云：秦武王三年，渭水赤三日；秦昭王三十四年，渭水又大赤三日。《洪範五行傳》云：赤者，火色也；水盡赤，以火沴水

① 孟憲實：《武則天的出生地與故鄉》，丁偉主編：《乾陵文化研究》，西安：三秦出版社，2019 年，第 10 頁。後收入氏著《武則天研究》，成都：四川人民出版社，2021 年。
② 《元和郡縣圖志》卷一三《河東道二》，第 366 頁。
③ 楊伯峻編著：《春秋左傳注·昭公元年》，北京：中華書局，1981 年，第 1218 頁。
④ 《史記》卷三九《晉世家》，第 1635 頁。
⑤ （清）董誥等：《全唐文》卷二三九，北京：中華書局，1983 年，第 247 頁。
⑥ 《新唐書》卷三四《五行志一》，北京：中華書局，1975 年，第 893 頁。

也;渭水,秦大川也;陰陽亂,秦用嚴刑,敗亂之象。"①《開元占經》引京氏《對灾異》曰:"河水赤者,獄有冤恨,誅殺不當,則致河水赤也。其救也,正獄刑,解疑罪。"還引京房《易傳》曰:"君湎於酒,淫于色,賢人潛,國家危,厥異流水赤。"②將預言徵兆的地點建構在武則天故鄉最重要的廟宇,似有連家鄉神靈都不再提供庇佑的潛在表述。

在唐代筆記小説中還衍生出晉祠大王有霹靂車可以施風雨雷電之法的想象。《酉陽雜俎》記載:

> 李廓在北都,介休縣百姓送解牒,夜止晉祠宇下。夜半有人叩門云:"介休王暫借霹靂車,某日至介休收麥。"良久,有人應曰:"大王傳語,霹靂車正忙,不及借。"其人再三借之,遂見五六人秉燭,自廟後出,介山使者亦自門騎而入。數人共持一物如幢,扛上環綴旗幡,授與騎者曰:"可點領。"騎者即數其幡,凡十八葉,每葉有光如電起。
>
> 百姓遍報鄰村,令速收麥,將有大風雨。村人悉不信,乃自收刈。至其日,百姓率親情,據高阜,候天色。及午,介山上有黑雲氣,如窰烟,斯須蔽天,注雨如緪,風吼雷震。凡損麥千餘頃,數村以百姓爲妖,訟之。工部員外郎張周封,親睹其推案。③

鑒於北魏對晉祠有晉王祠的稱法,傳語的大王就是唐叔虞。介休王應是介山神靈或爲介子推。本條材料不能粗放式直接拿來使用,應從多角度予以解構。第一,李廓在北都,是指其做河東節度使時。《資治通鑑》載元和四年(809)三月乙酉,"以鳳翔節度使李廓爲河東節度使"。④ 到元和四年六月丁丑,"以河東節度使李廓爲刑部尚書,充諸道鹽鐵轉運使"。⑤ 本故事發生時間可能是元和四年。

第二,介休縣屬於河東節度使轄區。《元和郡縣圖志》載:元和時河東節度使下轄包括汾州(今山西汾陽市)在内的十一州,介休縣(今山西介休市)又隸屬汾州。⑥ 因此,

① 《水經注校證》卷一九《渭水》,第448頁。
② (唐)瞿曇悉達:《開元占經》卷一〇〇《水赤》,北京:九州出版社,2012年,第989頁。
③ (唐)段成式,許逸民校箋:《酉陽雜俎》前集卷八《雷》,北京:中華書局,2015年,第658—659頁。
④ 《資治通鑑》卷二三七,唐憲宗元和四年三月乙酉條,北京:中華書局,1956年,第7657頁。
⑤ 《舊唐書》卷一五上《憲宗本紀上》,第427頁。
⑥ 《元和郡縣圖志》卷一三《河東道二》,第359、377頁。

存在介休縣百姓去太原送解牒的可能性。還見元和時同轄區性的文水縣給太原的解牒。《太平廣記》引《戎幕閒談》載："唐衛公李德裕，初爲太原從事，睹公牘中文水縣解牒稱：武士彟文水縣墓前有碑，元和中，忽失龜頭所在……"[1]

第三，此故事不是段成式自己的虛構創作，而是從曾親眼看到審問案卷的張周封處獲知。《新唐書·藝文志二》載："張周封《華陽風俗録》一卷。字子望，西川節度使李德裕從事，試協律郎。"[2]《酉陽雜俎》還見七處張周封事：前集卷一"工部員外郎張周封嘗説此事"；前集卷一五、一七有三處"工部員外郎張周封言"；前集卷一七"補闕張周封言"；前集卷一九"成式因就節下食伽子數蔕，偶問工部員外郎張周封伽子故事"；續集卷二"張周封員外入蜀，親睹其事"。可以肯定段成式的部分寫作素材源自張周封。

第四，故事中部分情節可能實有發生。如主人公遭到數村人的訴訟當爲事實，且有案卷和張周封爲證。本地遭遇強對流天氣，出現短時強降水，雷暴天氣突襲，而導致千餘頃小麥被損當是事實。

第五，主人公如何成功預知將有大風雨，不可確知。據他所説是竊聽與偷窺到介山使者向晉祠大王藉霹靂車的經過。這完全是一段虛構的神異故事，也是最關鍵之處。

通過以上文本解構發現本條故事是真僞雜糅、虛實相間。這就涉及到史料虛與實的應用問題，筆者認爲剔除相對可信部分，虛構部分作者的建構意圖與知識背景是問題的關鍵。主人公在編造理由時，爲增強可信度必然要選擇一種公衆的知識，即被當地人熟悉且有一定民衆信仰基礎的神靈。基於此，在太原地區有很高知名度，還是官方祈雨祭祀對象的唐叔虞就是最佳選擇。介休王最終藉到的是環綴十八葉旗幡類似幡幢的較重的手持物，而不是霹靂車，表示唐叔虞的降雨神器不止一種。他去藉神器表示自己法力不如唐叔虞。這些都暗示唐叔虞是河東藩鎮内掌控風雨雷電力量最強的神靈。

經過對隋唐時期太原晉祠唐叔虞崇拜的歷時性探討，發現雖然越往前材料越少，對基層信仰的分析也不能做到十分充足，但通過證據鏈推演，透過知識考古學視野，可以相信在隋唐時期的太原唐叔虞崇拜是當地知名度最高且最重要的民間信仰，并具有較深厚的群衆基礎。那麼當隋末天下形勢風起雲湧之時，太原留守李淵如何利用唐叔虞崇拜而爲起兵做準備，這將是下文研究的問題。

---

① （宋）李昉等編：《太平廣記》卷一四三《徵應九》，北京：中華書局，1961年，第1031頁。"解牒"作爲一種官文書，唐代前後期有所不同，待以後詳論。
② 《新唐書》卷五八《藝文志二》，第1507頁。

二、唐叔虞信仰與李唐開國關係的發覆

（一）晉祠碑中所見李唐開國事探究

唐太宗酷愛書法,他生平最得意并能珍貴傳世的作品僅兩件。《温泉銘》,原碑早佚,後在敦煌藏經洞發現拓片。晉祠碑則是唯一存世的太宗御制御書的原碑,具有非常高的歷史價值。以往研究缺乏對這篇碑文的"精耕",本部分將從李唐開國的視角對相關歷史信息進行"萃取"式探究。

晉祠碑,据筆者測量高約 3.55 米(碑身 1.95 米,碑額 1.08 米,碑座 0.52 米),寬 1.2 米,厚 0.27 米。額首有太宗御筆"貞觀廿年正月廿六日",應是具體書寫日期。全碑序文 1 003 字,銘文 200 字,共計 1 203 字。碑文主要有四部分：1. 稱頌唐叔虞功德；2. 贊美晉祠的建築、崇山、泉水；3. 設祭酬謝起兵時唐叔虞的保佑；4. 銘文。在此引與本文最相關的第三部分：

> 昔有隨昏季,綱紀崩淪,四海騰波,三光戢曜。先皇襲千齡之徽號,膺八百之先期,用竭誠心,以祈嘉福。爰初鞠旅,發迹神邦。舉風電以長驅,籠天地而迴捲。一戎大定,六合爲家。雖膺籙受圖,彰於天命；而克昌洪業,實賴神功。
>
> 故知茫茫萬頃,必俟雲雨之澤；巍巍五嶽,必延塵壤之資。雖九穗登年,由乎播種；千尋聳日,本藉崇基。然則不雨不雲,則有炎枯之害；非塵非壤,則有傾覆之憂。
>
> 雖立本於自然,亦成功而假助,豈大寶之獨運,不資靈福者乎！故無言不酬,無德不報。所以巡往迹,賽洪恩,臨汾水而濯心,仰靈壇而肅志。
>
> 若夫照車十二,連城三五,幣帛雲委,珍羞山積,此乃庸鄙是享,恐非明神所歆。正當竭麗水之金,勒芳猷於不朽；盡荆山之玉,鑴美德於無窮。
>
> 召彼雨師,弘兹惠澤；命斯風伯,揚此清塵。使地祇仰德于金門,山靈受化于玄闕。括九仙而警衛,擁百神以前驅。俾洪威振於六幽,令譽光於千載。豈若高唐之廟,空號朝雲；陳蒼之祠,虛傳夜影。式刊芳烈,乃作銘云：……①

首先需要證明李淵在太原起兵前禱於晉祠爲事實。據碑文可從三個層次予以

---

① 晉祠博物館選注：《晉祠碑碣》,太原：山西人民出版社,2001 年,第 1—2 頁。筆者根據拓片有做重新校對修訂,如書中"地祇""陳倉"原碑作"地祇""陳蒼"。

討論。

第一，事前祈禱。“先皇襲千齡之徽號，膺八百之先期，用竭誠心，以祈嘉福”一句至關重要。“先皇”無疑是指唐高祖李淵。“徽號”在唐代中後期多指皇帝、皇后的尊號。初唐用法不同。《舊唐書·太宗本紀上》記載太宗攻取洛陽後，“高祖以自古舊官不稱殊功，乃别表徽號，用旌勛德。十月，加號天策上將、陜東道大行臺”。[①] 這裏的徽號指“天策上將”這個秦王的特殊榮譽稱號。李淵所繼承千年的徽號，筆者認爲是“唐國公”的爵號。千年徽號溯源於唐叔虞的唐國封號。這點下文將繼續論證。“膺期”是承受天運之義。如義寧元年十一月，隋恭帝在即位詔中説：“太尉唐公，膺期作宰。”在次年五月的讓位詔中説：“相國唐王，膺期命世。”[②]“八百”指代統治時間長達八百年左右的周朝。證據很多，僅舉一例。《周書·文閔明武宣諸子傳》最末有唐初史官的“史臣曰：周建五等，歷載八百”。[③] 與周并舉，義在凸顯叔虞姬姓宗室的身份。簡言之，唐國公李淵繼承了唐叔虞的國號，由此并承受傳自周朝的天運。進而他纔懷揣誠心，一心一意地祈求美好未來。

第二，事後靈驗。“爰……家”講太原起兵後順利建國。“雖膺籙受圖，彰於天命”意涵是君權天授。“而克昌洪業，實賴神功”説李唐建國也依賴神的恩德。這裏的“神”就是李淵祈禱的對象。碑文中第一次提到“神”是在第二行“惟神誕靈周室，降德酆都”。《晉祠之銘并序》就是爲晉祠的唐叔虞而創作，所要感激的神靈不存在第二位的可能。後半句由“而”起筆，語義上不是轉折而是并列。太宗言下之意李唐建國既屬天授又是唐叔虞庇佑。之後的“立本自然”與“成功假助”，“大寶獨運”與“資靈福”都是這種并列關係的延續。

第三，設祭酬神。祈禱靈驗後，就要酬謝神靈的福佑。“無言不酬，無德不報”是説要酬功報德。“賽洪恩”是要設祭賽神報答神靈的大恩。祭品的選擇上，太宗認爲用珍寶[④]、幣帛、佳饈都很平庸粗俗，恐怕神明也不喜歡，最終鎸刻晉祠碑爲祭品。

綜上，通過碑文所反映的事前祈禱—事後靈驗—設祭酬神三方面的遞進内容，我們認爲李淵在太原起兵前確曾赴晉祠向唐叔虞祈禱。就此古人已有認識，可引爲旁證。

① 《舊唐書》卷二《太宗本紀上》，第 28 頁。

② 《隋書》卷五《恭帝紀》，第 99、101 頁。

③ 《周書》卷一三《文閔明武宣諸子傳》，北京：中華書局，1971 年，第 208 頁。

④ “照車十二，連城三五”都是用典故來比擬寶物。前者典出《史記》卷四六《田敬仲完世家》：“梁王曰：‘若寡人國小也，尚有徑寸之珠照車前後各十二乘者十枚，奈何以萬乘之國而無寶乎？’”（第 1891 頁）後者指秦昭王十五城换趙國和氏璧事。

引文中加着重號的詞句曾被成書于清道光時期的《全唐文紀事》和光緒年間的《山右石刻叢編》所引,并說"是爲高祖禱晉祠起義兵之證"。① 在此二書之前也有人據此得出相同論斷。如北宋趙明誠的《金石録》載:"右《唐晉祠銘》,太宗撰并書。晉祠者,唐叔虞祠也。高祖初起兵,禱於叔虞祠。"②南宋王應麟的《玉海》載:"唐叔虞祠也,高祖初起兵禱是祠,太宗爲立碑。"③明代趙崡的《石墨鐫華》載:"唐得天下後,太宗祠晉侯而爲之銘……據碑,高祖起兵時,曾禱於晉侯之祠,而以是報享之。"④顧炎武在《金石文字記》也說:"祠在今太原府西南四十里……而唐高祖起兵,嘗禱於此。"⑤我們不能輕易説這些古人都集體解讀錯誤。

在此還需要辯析一個問題,唐太宗所說的叔虞佑唐是否像《攀龍臺碑》講武士彠出生一樣是刻意建構的神話故事。這需要從太宗創作碑文的歷史背景予以考量。貞觀十九年(645)太宗征高麗失敗而歸,十二月返回離別近三十年的太原。次年正月頒《征遼還宴賜父老詔》説:"太原之地,興運所階……既因垂拱之暇,再省創業之方,周歷郊原,宛如疇昔。訪其父老,已多長謝,不見所識。"⑥是月二十六日鐫刻晉祠碑。流露出他對年華易逝、物是人非的感傷。"周歷郊原"極可能包括重回晉祠。特別需要説明的是,太宗征遼返途中曾得重疾,且病情岌岌可危,但到太原後病情轉好。《資治通鑑》載:貞觀十九年十二月:"辛丑(初七),上病癰,御步輦而行。戊申(十四),至并州,太子爲上吮癰,扶輦步從者數日。辛亥(十七),上疾瘳,百官皆賀。"危急的病情能從劉洎的話中看出:"及上不豫,(劉)洎從内出,色甚悲懼,謂同列曰:'疾勢如此,聖躬可憂!'"⑦太宗或許認爲太原是其福地,唐叔虞在冥冥之中又保佑於他,所以在身體康健後去晉祠酬神。關鍵問題是當年一起參與過太原起兵的元從們還在世,他們很多就是太原本地人,建國後部分人又返回家鄉居住,這時又受到太宗的接見與宴請,祈禱之事不好做假。《舊唐書·太宗本紀》載:"貞觀二十年正月,曲赦并州,宴從官及起義元從,賜粟帛、給

---

① (清)陳鴻墀:《全唐文紀事》卷四《帝制》,北京:中華書局,1959年,第51頁。(清)胡聘之:《山右石刻叢編》卷四,太原:山西人民出版社,1988年,第10頁。

② (宋)趙明誠:《宋本金石録》卷二三《跋尾十三》,北京:中華書局1991年,第547頁。

③ (宋)王應麟:《玉海》卷三一《聖文》,南京:江蘇古籍出版社,上海書店,1987年,第600頁。

④ (明)趙崡:《石墨鐫華》卷二,北京:中華書局,1985年,第16頁。

⑤ (明)顧炎武:《金石文字記》卷二,《顧炎武全集》之《建康古今記(外八種)》,上海古籍出版社,2012年,第279頁。

⑥ (宋)宋敏求:《唐大詔令集》卷七九,北京:中華書局,2008年,第450頁。

⑦ 《資治通鑑》卷一九八,唐太宗貞觀十九年十二月,第6232—6233頁。

復有差。"①龍潤就是最佳個案，其墓誌載："唐基締構，草昧區夏，義旗西指，首授朝散大夫，又署薩寶府長史。貞觀廿年，春秋寥廓，已八十有餘，駕幸晉陽，親問耆老，詔板授遼州刺史……永徽四年九月十日，薨于安仁坊之第，春秋九十有三。"②他是并州晉陽人，參加過太原起兵，後返回故鄉居住，貞觀二十年受到太宗親自慰問，後在并州安仁坊私宅去世，葬於當地。如果憑空捏造禱於晉祠之事不僅是欺神而且是自欺欺人。總之，太宗感謝唐叔虞屬私人真情流露，雖有文學性誇大但不會造假。如果説純粹是以政治目的爲主導，或有求之過深的嫌疑。

（二）李淵向唐叔虞祈禱的原因分析

既已證明李淵禱於晉祠爲事實，便可進而分析其祭祀動機。對此史書中并無直接記載，筆者擬從私人、軍事、政治三個層面予以合理化推測與解析。

1. 祈求個人、家人、家族之福

蒲慕州認爲中國古代民間信仰的一項特色就是"追求一己之福"，即："在相當程度之內，一般人在日常生活的信仰活動中主要關注的是一己（包括個人或家族）之福，而人對於得到此一己之福所采取的手段主要是各種方術和祠祀祝禱。"③我們無法排除李淵的祈禱完全是懷揣公心與政治目的而無私人訴求。

在太原起兵之前，他就曾表達對在外地的李建成、李元吉的擔憂，這也是他不急於起兵的原因之一。《資治通鑑》載："時建成、元吉尚在河東，故淵遷延未發。"④《大唐創業起居注》稍詳："時皇太子在河東，獨有秦王侍側耳。謂王曰：'隋曆將盡，吾家繼膺符命，不早起兵者，顧爾兄弟未集耳。今遭羑里之厄，爾昆季須會盟津之師，不得同受孥戮，家破身亡，爲英雄所笑。'"⑤在李世民兩次勸説起兵後，李淵對他説："今日破家亡軀亦由汝，化家爲國亦由汝矣！"⑥從"家破身亡""破家亡軀""化家爲國"等語，我們能看到李淵對家人生命安全的關心。這裏的"家"還有"家族"的含義。李淵的家不同於一般官僚家庭，他還有一個特殊的身份是北周八柱國之一李虎的嫡傳，關隴集團高級貴族成員，唐國公爵位繼承者。他的肩上需要承擔家族興衰成敗的重任。李唐建國以後，宗

---

① 《舊唐書》卷三《太宗本紀下》，第 58 頁。
② 周紹良、趙超主編：《唐代墓誌彙編續集》永徽〇三五，上海古籍出版社，2001 年，第 75 頁。
③ 蒲慕州：《追尋一己之福：中國古代的信仰世界》修訂版序，上海古籍出版社，2007 年，第 3 頁。
④ 《資治通鑑》卷一八四，隋恭帝義寧元年六月條，第 5733 頁。
⑤ （唐）溫大雅：《大唐創業起居注》卷一，上海古籍出版社，1983 年，第 4 頁。
⑥ 《資治通鑑》卷一八四，隋恭帝義寧元年六月條，第 5731 頁。

室成員封王的人數遠超前代便是例證。《舊唐書》載:"高祖受禪,以天下未定,廣封宗室以威天下,皇從弟及姪年始孩童者數十人,皆封爲郡王。太宗即位,因舉宗正屬藉問侍臣曰:'遍封宗子,於天下便乎?'尚書右僕射封德彝對曰:'歷觀往古,封王者,今最爲多……先朝敦睦九族,一切封王,爵命既隆,多給力役,蓋以天下爲私,殊非至公馭物之道。'"①

通過對已年滿五十有老成持重性格的李淵對"家"的情感表達與行爲方式的分析,筆者認爲他在向唐叔虞祈時候無法避免會夾雜私人情感,很可能有對追尋自己、家人、家族等"一己之福"的私人關注。②

2. 凝聚太原士庶人心,增强義軍的作戰認同

第一部分已證明,隋唐時期以晉祠爲祭祀場所的唐叔虞崇拜是太原最重要的民間信仰。此信仰呈現出兩個特徵:一是地域性明顯,僅局限於太原及其周邊地區。太原士庶相信他們自己是本地神靈唐叔虞最主要的庇佑對象。二是長盛不衰性,這以士庶心中所認可的靈驗性爲依托。

李淵作爲外來者,要想治理好太原,除有效的政治、軍事管理外,獲得本地士庶的擁戴也至關重要。李淵能從太原起兵,又視太原爲"王業所基"不是偶然,這與他長期的政治耕耘緊密相關。李淵的性格是"倜儻豁達,任性真率,寬仁容衆"使得"無貴賤咸得其歡心"。③ 他做太原留守後"郡境無虞,年穀豐稔,感帝恩德,若亢陽之逢膏雨焉"④,"甚得太原內外人心"⑤。另外,李建成與李世民也爲父親做拉攏地方士庶的工作。"命皇太子於河東潛結英俊,秦王于晉陽密招豪友。太子及王,俱稟聖略,傾財賑施,卑身下士,逮乎鬻繒博徒,監門厮養,一技可稱,一藝可取,與之抗禮,未嘗云倦,故得士庶之心,無不至者。"⑥《舊唐書·太宗本紀》載:"時隋祚已終,太宗潛圖義舉,每折節下士,推財

① 《舊唐書》卷六〇《宗室傳》,第 2342 頁。
② 李淵祭祀唐叔虞的時間,筆者認爲可能的時間段是李淵逮捕王威、高君雅以及李建成、李元吉抵達太原之後,正式起兵之前。大業十三年五月甲子(十五)抓捕王、高。《大唐創業起居注》《資治通鑑》均載六月己卯,李建成、李元吉抵達太原。案陳垣《二十史朔閏表》六月庚辰爲初一,無己卯日。己卯當爲五月三十日。七月壬子(初四)"以四郎元吉爲太原郡守,留守晉陽宮,文武後事并委焉。義師欲西入關,移營于武德南。癸丑(初五),將引帝立軍門,仗白旗而大號誓衆。"《大唐創業起居注》卷二,第 18 頁。因此,六月初一到七月初三,可能是李淵赴晉祠的時間。今天農曆六月十五、七月初二就是晉祠最大的兩次廟會,李淵祭祀日期或與這兩天接近。
③ 《舊唐書》卷一《高祖本紀》,第 1—2 頁。
④ 《大唐創業起居注》卷一,第 3 頁。
⑤ 《大唐創業起居注》卷一,第 7 頁。
⑥ 《大唐創業起居注》卷一,第 4—5 頁。

養客,群盜大俠,莫不願效死力。"①這些都是在李淵的支持下進行,否則財從何來。成效體現在兩個方面:

首先,李淵起兵確實獲得了太原地方力量的支持。伍伯常在《李淵太原起兵的元從功臣——兼論楊隋之世的關隴集團》中通過統計李淵起兵太原時所任將佐的地域出身背景,認爲"頗能顯示出就地取材和吸納建制以外力量以衝擊建制的特點";"就地取材,也是李淵吸納反隋力量的原則和措施……李淵着意拉攏太原地方力量,清楚道出地緣因素的重要性。"②在太原地方勢力中,不乏一些生活富裕,有一定的社會影響力,但政治地位低下,希望通過參與起兵獲取官位的投機分子。比如武士彟"家富於財,頗好交結。高祖初行軍于汾、晉,休止其家,因蒙顧接,及爲太原留守,引爲行軍司鎧"。③ 晉陽鄉長、富人劉世龍也有代表性。"鄉長劉龍者,晉陽之富人也。先與宮監裴寂引之謁帝。帝雖知其微細,亦接待之以招客。"之後他因"感帝恩昒"就告訴給李淵王、高計劃利用晉祠祈雨謀害他的事。④《舊唐書》本傳載:"甚見接待,亦出入王威、高君雅家,然獨歸心于高祖。"⑤劉世龍是并州晉陽人,之所以能知道王、高謀殺李淵的秘密,一是因爲鄉長的身份,祈雨活動要由本地人負責前期準備,二是他本身就是王、高的人。武士彟更是被李淵直接説"汝王威之黨也"。⑥ 王威遭遇背叛,劉世龍做間諜,武士彟做騎墻派的原因就在於李淵不分貴賤以誠待人的性格使得對立派也會暗中幫助。因此説李淵在太原有較爲雄厚地方力量的支持。

其次,通過快速募兵也能發現太原下層群衆對李淵的支持。李淵有兩次大規模募兵:一是大業十三年四月,劉武周反叛占據汾陽宮後,太原方面需要募兵征討。"高祖乃命太宗與劉文静及門下客長孫順德、劉弘基各募兵,旬日間衆且一萬。"⑦"太原左近聞帝部分募兵備邊,所在影赴,旬日之頃,少長得數千人。"⑧二是六月決心起兵後,"自爾已後,義兵日有千餘集焉。二旬之間,衆得數萬"。⑨ 同時李淵"開倉以賑貧民,應募

① 《舊唐書》卷二《太宗本紀上》,第 22 頁。

② 伍伯常:《李淵太原起兵的元從功臣——兼論楊隋之世的關隴集團》,《臺大文史哲學報》2012 年第 76 期,第 118、152 頁。

③ 《舊唐書》卷五八《武士彟傳》,第 2317 頁。

④ 《大唐創業起居注》卷一,第 7 頁。

⑤ 《舊唐書》卷五七《劉世龍傳》,第 2295 頁。

⑥ 《舊唐書》卷五八《武士彟傳》,第 2317 頁。

⑦ 《舊唐書》卷一《高祖本紀》,第 2 頁。

⑧ 《大唐創業起居注》卷一,第 6 頁。

⑨ 《大唐創業起居注》卷一,第 11 頁。

者日益多"。①

起兵的三萬義軍多是太原附近的人也有其他證據。《册府元龜》記載武德二年閏二月甲寅，"帝引見并州元從將校以下，謂之曰：'朕起義并州，以救元元之命，實諸君之力也。卿輩執羈靮從我，已三歲矣，朕每念之，無忘寢食，待東都平定，當放卿還故鄉。'衆皆曰：'幸遇龍興，獲展微效，俱沾不次之賞。今天下未定，豈敢辭勞。但陛下初發太原，許定天下之後，與臣輩同幸并州。今鑾輿未動，臣下何能獨去？'帝曰：'昔有此言，朕所以不忘。'於是廪食其妻子"。② 李淵引見的主要是將校以下的士兵，他希望這些人平定東都後能返回并州故鄉。士兵們反對説：您當年承諾要回一起回，您不回我們怎麽能回呢？李淵承認確有此許諾。不久後，四月甲寅"出庫物一百五十萬段，以分賜太原元從人"。③ 這是一種安撫手段。最後安頓辦法是願留在長安的給良田做禁軍，《新唐書·兵志》載："初，高祖以義兵起太原，已定天下，悉罷遣歸，其願留宿衛者三萬人。高祖以渭北白渠旁民棄腴田分給之，號'元從禁軍'。"④也有部分人願意回歸故鄉。除上文提到的龍潤外，還有曹怡。其墓誌記載："起家元從，陪翊義旗；後殿前鋒，殊功必致，於是授公騎都尉，用旌厥善……粵以永徽六年六月景辰奄卒私第，春秋七十有五。"⑤曹怡是西河郡隰城縣人（今山西汾陽市）屬於"太原左近"人。

經過以上論證，可以得出結論：參與李淵太原起兵的元從將士除部分高級將領外，包括三萬義軍在内的絕大多數成員都是太原及其附近的地方士庶力量。他們又是敬奉唐叔虞信仰的主要人群。即使李淵不去進行祭祀，他們私下也很可能會去晉祠祈求保佑。李淵去祭祀有公層面的含義：起兵前的祭祀性質兼有軍事、政治目的，通過儀式向將士們傳遞神佑與天助的信念，從而建構出信仰實踐和情感的共同體，有助於激發義軍的崇敬感、使命感，進而達到凝聚人心，增强作戰認同的目的。

凡此，都是李淵利用人心夯實自己的統治基礎的重要手段。他通過努力不斷增强當地士庶對他的信任和信心，在群衆中擁有較高的威信。太原作爲國家根本的"根"和王業所基的"基"是夯實、牢固的。這是李淵能在太原起兵成功的重要原因。

① 《資治通鑑》卷一八四，隋恭帝義寧元年六月條，第5739頁。

② 《册府元龜》卷一七二《帝王部一百七十二·求舊第二》，第1912頁。

③ 《册府元龜》卷一二八《帝王部一百二十八·明賞第二》，第1394頁。

④ 《新唐書》卷五〇《兵志》，第1330頁。

⑤ 山西省考古研究所、汾陽市博物館：《山西汾陽唐曹怡墓發掘簡報》，《文物》2014年第11期，第29頁。此墓誌的研究可參看王永平《粟特後裔與太原元從——山西汾陽出土唐〈曹怡墓誌〉研究》，《山西大學學報》2012年第4期。

3. 高級的政治宣傳：通過唐叔虞來自我神化并建構天命

李淵在政治宣傳中更高級的一點是,建構起唐國公與古唐國之間的聯繫,不斷宣揚自己是古唐國的繼承者,利用爵號與封疆的名實契合,進行自我神化,以此證明太原起兵是天命所歸。

大業十三年七月初五,李淵在太原起兵誓師大會上發布誓辭,講完隋文帝、隋煬帝事後,特別强調發兵的合理性:"某以庸虚,謬蒙嘉惠;承七葉之餘慶,資五世之克昌。遂得地臣戚里,家稱公室;典驍衛之禁兵,守封唐之大宇。義無坐觀綴旒之絶,不舉勤王之師。苟利社稷,專之可也。廢昏立明,敢遵故實。今便興甲晉陽,奉尊代邸。"①顯赫家世、皇族姻戚的身份,右驍衛將軍、太原留守的官職,使李淵具有興舉義師、廢昏立明的資格。唐國公守封唐之疆域,的確是巧合性居多,但這點却被李淵不斷的宣傳。

大業十一年(615),已經做了四十三年唐國公的李淵第一次到太原。②《大唐創業起居注》説他當時的心情是:"帝以太原黎庶,陶唐舊民,奉使安撫,不逾本封,因私喜此行,以爲天授。"③"不逾本封"需予詳説。陶唐,一般認爲既是堯的國號又是堯的氏名。堯曾被封於唐地,故又被稱爲唐堯。古唐國先後有二:一是堯始封做唐侯的唐國;二是西周成王封叔虞於古唐國地而重建的唐國。太原在當時被認爲是兩個古唐國所在。《通典》載:"今之并州,古唐國也。昔帝堯爲唐侯所封之國⋯⋯周成王又封弟太叔虞於此。"④在封建思維模式影響下,李淵認爲屬於唐國舊地的太原是唐國公的本封之土。⑤

---

① 《大唐創業起居注》卷二,第 20 頁。

② 鑒於當時山西地區出現毋端兒等叛亂,他被任命爲山西、河東撫慰大使。《資治通鑑》卷一八二,隋煬帝大業十一年四月,第 5697 頁。此使職名當時并不固定,《舊唐書》卷一《高祖本紀》載爲:"命高祖往山西、河東黜陟討捕",第 2 頁。《大唐創業起居注》記爲"太原道安撫大使",第 1 頁。《資治通鑑考異》中司馬光説引自《高祖實録》,故從此説。

"唐"是李淵從小就擁有的家族符號。祖父李虎是西魏八柱國之一,死後被追録爲唐國公,開啓家族榮耀。父親李昞襲封六年後離逝,年僅七歲的李淵成爲唐國公。雖幼年喪父,但家族威望不衰,他是從小在唐國公光環照耀下,在最高權力庇護下的關隴貴族公子。這種出身是他能獲得關隴集團支持迅速占領關中,開邦建國的重要條件。武德元年(618)李淵在即位册文中還專門提到這段家族史:"某承家慶,世禄降祉,曰祖曰考,累功載德。賜履參墟,建侯唐舊。"《大唐創業起居注》卷三,第 57 頁。胡阿祥在《武則天革"唐"爲"周"略説》文中認爲在魏晉南北朝隋唐時期存在"由公而王、由王而有天下、有天下之號即用封爵之號的慣例"。《江蘇社會科學》2001 年第 2 期,第 122 頁。此慣例下曾做過唐國公、唐王的李淵便用"唐"爲國號。"唐"的重要意義對他來説不言而喻。

③ 《大唐創業起居注》卷一,第 1 頁。

④ (唐)杜佑撰,王文錦等點校:《通典》卷一七九《州郡九》,北京:中華書局,1988 年,第 4737 頁。

⑤ 陳寅恪在《唐代政治史述論稿》指出"不逾本封"是"後來依附通常廣義之解釋,殊與周初追封李虎爲唐國公時暗示其與趙郡相關之本旨不同也"。北京:生活・讀書・新知三聯書店,2015 年,第 191 頁。李淵故意選擇認爲太原屬陶唐故地與天命觀建構有關。

　　大業十三年初,李淵第二次到太原并任留守長期駐扎。① 回歸唐國故土的喜悦情感再次被强調,"弘[私]竊喜甚,而謂第二子秦王等曰:'唐固吾國,太原即其地焉。今我來斯,是爲天與。與而不取,禍將斯及。'"②李淵第一次來太原是"私喜",第二次是"私竊喜甚",對比體現出欣喜程度加深。同樣的話語在《册府元龜》中却是李世民所説:"晉陽者,唐之舊國,天之命我久矣。今順天舉事,誰謂不成! 且天與不取,反受其咎,臨機不斷,禍必從之。"③這可能出自《實録》的篡改。此話還藉由突厥始畢可汗之口説出:"我知唐公非常人也……天將以太原與唐公,必當平定天下。"④三處記載都凸出表達到古唐國封疆的太原任職是"天與"之舉,天命觀因唐國地域關聯而被建構。

　　既然李淵承認太原是古唐國舊疆,那麽他就無法漠視唐叔虞作爲唐國始封君這一事實,這也是彼時當地士庶的公共知識。他也曾親口承認唐叔虞是唐國祖先的話。大業十三年七月,義軍抵達壺口時,有人送來兩種祥瑞——翠石丹文的石龜和嘉禾。李淵面對後者大發感慨:"嘉禾爲瑞,聞諸往策。逮乎唐氏,世有兹祥。放勛獲之於前,叔虞得之於後。"⑤李淵特别提到了放勛(堯)和叔虞都獲得過嘉禾祥瑞。二人都可視爲唐國的開國之君。"逮乎唐氏,世有兹祥"便建構起:堯—叔虞—李淵三者之間唐國的承繼性。在堯與唐叔虞二者之間,唐王朝最終選擇認可前者,這是建國後的另外一個話題。上文已論,唐太宗在晉祠碑中所説的"先皇襲千齡之徽號"便是這種知識的承襲與轉引,太宗也表達出對這種觀念的認同。李淵去祭祀擁有唐國始封君身份的唐叔虞,不僅是神化的延伸,而且可能相信靈驗性會增强。

　　綜上,李淵兩次赴任太原,都將"爵"與"土"的名實契合視爲天命安排,這不僅成爲支持他起兵的理由之一,也是李唐開國史中天命觀建構的發端之一。統治太原的他不能無視叔虞是唐國始封君的歷史事實,又必須正視當地有較大社會影響力的唐叔虞崇拜。爲提升自己在太原的號召力,他在政治宣傳上利用了作爲唐叔虞土地和封號繼承者的身份。鑒於此,無論是李淵還是太原士庶都或許相信起兵前禱於晉祠儀式的神聖性、祈福的靈驗性、成功的可能性會大大增强。

---

　　① 大業十一年九月解雁門之圍後的一年多時間裏他主要駐扎在馬邑郡。煬帝因李淵"地居外戚,赴難應機"於是命他"率太原部兵馬,與馬邑郡守王仁恭北備邊朔。"《大唐創業起居注》卷一,第1頁。

　　② 《大唐創業起居注》卷一,第2—3頁。

　　③ (宋)王欽若等編:《册府元龜》卷一九《帝王部十九·功業》,南京:鳳凰出版社,2006年,第191頁。

　　④ 《大唐創業起居注》卷一,第9頁。

　　⑤ 《大唐創業起居注》卷二,第31頁。

三、唐叔虞被遺忘的原因考察

晉祠碑在唐代的太原屬於重要的政治景觀，按常理其碑文知識當有廣泛的傳播，但事實并非如此。仇鹿鳴認爲碑文的知識傳播有"閱讀"與"觀看"兩種途徑。① 貞觀二十二年（648）唐太宗賜新羅使臣金春秋"所制《温湯》及《晉祠銘碑》并新撰《晉書》將歸國"。② 可見晉祠碑是太宗自認爲得意的作品。親覽、拓片、傳寫是讀碑的三種主要方式。太宗所賜者以傳寫的可能性最大。在唐代拓御碑是否屬於官方禁止的褻瀆帝王尊嚴的行爲，目前較難斷定。如貞觀二十二年御撰御制的《温泉銘碑》，後於敦煌藏經洞發現永徽四年（653）的拓片，據立碑時間僅五年，再考慮長安到敦煌的距離，傳播範圍可謂廣遠。晉祠碑是否也有拓片在唐代流行并無證據。親覽碑石，首先要確定碑石的具體位置以及是否具備可近距離接觸的可能。《元和郡縣圖志》載："晉祠碑，在乾陽門街"；"起義堂碑，在乾陽門街。開元十一年，玄宗幸太原所立，御制并書。"③《舊唐書·玄宗本紀》載：開元十一年"上親制《起義堂頌》及書，刻石紀功於太原府之南街"。④ 據此乾陽門街是太原的南街。誠如仇鹿鳴針對晉祠碑位置所説的"這一對於李唐政權合法性具象征意義的紀念碑無疑占據了太原城市空間的中心位置"。⑤ 然而，王昌齡、李白、令狐楚等都曾或客居或任職於太原，還留下不少與太原有關的詩文，却不見他們提及此碑還有叔虞佑唐之事。尤其是李德裕回憶當年撰《祭唐叔文》時曾得意的説"（張弘靖）嘗對諸從事稱賞，以爲徵唐叔故事，迨無遺漏"⑥但却無一字涉及高祖祭祀之事。凡此證明與唐叔虞有關的李唐開國的歷史記憶出現斷裂。

唐高祖建國伊始就刻意選擇遺忘屬地方民間信仰的諸侯級神靈唐叔虞，最重要原因是祈禱之事不利於君權來源合法性的政治宣傳。張星久認爲："人們對於一定政治統治的起碼認可或自願服從，即政治統治的合法性是任何一個政治體系得以穩定和發展的必不可少的基礎與前提。或者説，合法性是任何一種有效的統治者的必然要求。"⑦武德元年五月甲子，李淵在太極殿即位并於城南圜丘祭天，告天册文特別值得重

---

① 仇鹿鳴：《長安與河北之間：中晚唐的政治與文化》，北京師範大學出版社，2018年，第150頁注1。
② 《舊唐書》卷一九九上《東夷傳》，第5335—5336頁。
③ 《元和郡縣圖志》一三《河東道二》，第367、366頁。
④ 《舊唐書》卷八《玄宗本紀上》，第185頁。
⑤ 仇鹿鳴：《長安與河北之間：中晚唐的政治與文化》，第144頁。
⑥ 《李德裕文集校箋》別集卷七，第663頁。
⑦ 張星久：《"聖王"的想象與實踐：古代中國的君權合法性研究》，上海人民出版社，2018年，第6頁。

視。略引如下:

> 但有隋屬厭,大業爽德,饑饉師旅,民胥怨咨。謫見咎徵,昭於皇鑒,備聞卑聽,所不忍言。某守晉陽,馳心魏闕,授手濡足,拯溺救焚,大舉義兵,式寧區宇……尊立世嫡,翼奉宗隋,戮力輔政,無虧臣節。值鼎祚云革,天禄將移,謳歌獄訟,聿來唐邸。人神符瑞,輻凑微躬,遠近宅心,華夷請命。少帝知神器有適,大運去之,遜位而禪,若隋之初。①

這段文字能總結爲以下五點遞進邏輯:1. 煬帝無道,蒼生困窮;2. 太原起兵拯救黎民,匡扶社稷;3. 尊立恭帝,盡忠盡職;4. 承受符命,應天順民;5. 恭帝禪讓,天命安排。這篇册文必然經過精心設計,表達李淵有仁德、有功業、有天命,具備取得與維持皇權的資格,符合統治階層及士大夫精英階層所遵循的皇權轉移的價值規範,將李唐建國合理化、道德化、正統化。

"符瑞"是展現合法性的最關鍵環節,它代表着天的意志。太原起兵後李淵曾對李建成和李世民説:"天下神器,聖人大寶,非符命所屬,大功濟世,不可妄居。"②神器、大寶指統治國家之權和皇帝之位。李淵稱帝後在詔書中也常强調這點。武德年間的詔書中就常出現如下用語:恭膺寶歷、上膺靈命、祗膺靈命、祗膺寶圖、受命君臨、恭膺寶命、恭膺靈命等等。③天命觀建構背後體現的是統治階層對當時政治文化秩序的認同與遵守,由此纔能獲取被統治者的認可、服從與支持。

爲説明問題,可引唐代官方政治宣傳中與李唐開國直接有關的神靈作爲對比。

第一,最危急時刻出現的神靈——霍山神。太原起兵後,李淵大軍一路勢如破竹,據《大唐創業起居注》記載從起兵到攻克隋都僅用一百二十六天。此期間李淵遇到的最大抵抗和最危急的時刻是霍邑之戰,而此時出現的保佑義軍的神靈是霍山神。

太原起兵後,義軍當月就迅速挺進到靈石縣(今山西省靈石縣)。但彼時高祖面臨四大危急:1. 久雨不止,行軍受阻:"霖雨甚,頓營於賈胡堡……於時秋霖未止,道路泥深。"2. 部隊缺糧:"帝乃命府佐沈叔安、崔善爲等間遣贏兵往太原,更運一月糧,以待開

① 《大唐創業起居注》卷三,第57—58頁。
② 《大唐創業起居注》卷二,第21頁。
③ (唐)李淵著,韓理洲輯校編年:《唐高祖文集輯校編年》,西安:三秦出版社,2002年,第46、56、67、73、77、114、116頁。

霽。"3. 後方不穩："劉文靜之使蕃也，來遲，而突厥兵馬未至，時有流言者云：突厥欲與武周南入，乘虛掩襲太原。"4. 前有强敵："去霍邑五十餘里。此縣西北抗汾水，東拒霍太山，守險之衝，是爲襟帶。西京留守代王遣驍將獸牙郎將宋老生，率精兵二萬拒守。"①《舊唐書·高祖本紀》載："會霖雨積旬，饋運不給，高祖命旋師，太宗切諫乃止。"②此時，士氣低落、軍心搖動，甚至李淵也産生了退軍念頭。據兩《唐書·太宗本紀》記載，李世民此時挺身而出，多次苦諫纔避免撤退，雖不乏溢美太宗之處，但當時處境艱難可見一斑。

危急時刻，霍山神顯聖。自稱是被霍太山派來的白衣野老對李淵説："某事山祠，山中聞語：'遣語大唐皇帝云：若往霍邑，宜東南傍山取路，八月初雨止，我當爲帝破之，可爲吾立祠廣也。'"③果然到"八月己卯，霖止。帝指霍太山而言曰：'此神之語，信而有徵。封内名山，禮許諸侯有事。'乃命所部鄉人設祠致祭焉"。④此事也載於《舊唐書·高祖本紀》，有白衣老父詣軍門説："余爲霍山神使謁唐皇帝曰：'八月雨止，路出霍邑東南，吾當濟師。'"⑤氣賀澤保規認爲宮川尚志引唐末五代杜光庭《歷代崇道記》説霍山神是道教人物的觀點并不合適。他説在危急時刻"藉用某種具有神秘性的事件，提高士氣，强化內部團結，自然爲統帥者所希望。正巧自古以來，山西地區就是山嶽信仰的中心，崇信霍太山的存在，自然成爲絕好的藉口。"⑥筆者贊同此説。

第二，天命所歸、君權神授的象徵——太上老君顯聖。李唐統一戰争中太上老君曾五次顯聖，其中三次顯聖的地點都是在今天山西省浮山縣的龍角山，一次是預言亳州老君廟枯柏更生，一次是預言平定劉黑闥的勝利。龍角山問題，雷聞已有研究，⑦此不贅述。

唐叔虞與霍山神、太上老君相比，地位明顯遜色。今天山西的霍山在隋朝就已被納入國家的嶽鎮海瀆祭祀體系中，屬國家祭祀對象，被稱爲"冀州鎮"⑧。霍山神在隋末唐

---

① 《大唐創業起居注》卷二，第 22—23、23、26、22—23 頁。
② 《舊唐書》卷一《高祖本紀》，第 3 頁。
③ 《大唐創業起居注》卷二，第 23 頁。
④ 《大唐創業起居注》卷二，第 23、27 頁。
⑤ 《舊唐書》卷一《高祖本紀》，第 3 頁。
⑥ 〔日〕氣賀澤保規：《〈大唐創業起居注〉的性格特點》，劉俊文主編：《日本中青年學者論中國史（六朝隋唐卷）》，上海古籍出版社，1995 年，第 225 頁。
⑦ 參看雷聞：《龍角仙都：一個唐代宗教聖地的塑造與轉型》，《復旦學報》2014 年第 6 期。
⑧ 《隋書》卷七《禮儀志二》載："開皇十四年閏十月，詔東鎮沂山，南鎮會稽山，北鎮醫無閭山，冀州鎮霍山，并就山立祠……其霍山，零祀日遣使就焉。"第 140 頁。可參看蔡宗憲：《唐代霍山的神話與祭祀——兼論霍山中鎮地位的確立》，《政治大學歷史學報》2017 年第 47 期。

初絕對不是某些學者所説的民間祭祀的山祠野神。霍山在國家嶽鎮祭祀體系中其地位僅低於五嶽。太上老君在唐代的重要性更爲治史者所知。霍山神信仰與太上老君崇拜在唐代屬於代表統治階層文化的國家祭祀。與之相比,唐叔虞信仰屬地方民間信仰。唐叔虞身份又是地方神、諸侯神。有例可證,如前引東魏時薛孝通説“此乃諸侯之國,去吾何遠,恭而非禮,將爲神笑”。且不論薛孝通對東魏政權的諷刺,其視唐國爲諸侯之國,言下之意唐叔虞是諸侯神。李淵做唐國公、太原留守時與唐叔虞皆屬諸侯級,二者地位平等。但當皇帝之後身份轉換,出於君權合法性的顧忌就不能公開表示其曾獲得低級的地方民間的諸侯神靈的庇佑,而需要選擇列入國家祀典中神靈的佑助,這樣更符合天命觀建構的需求。

由上可見,作爲民間信仰的唐叔虞崇拜在面對李唐開國政治文化秩序重構時就呈現出相對的弱性,從而被選擇遺忘。直到五代,隨着地方神祠被中央封爵賜額的浪潮,[1]唐叔虞纔被石敬瑭册封爲興安王。時過境遷,在皇權的推動下唐叔虞信仰被納入到官方祀典中。後晉天福六年(941)正月,石敬瑭下詔:“全晉奥區,興王重鎮,唐叔之英靈未泯,臺駘之古廟猶存。朕頃在并門,長承陰助,永言正直,宜用封崇。唐叔虞宜封興安王,臺駘宜封昌寧公。”[2]并“差給事中張璨、户部郎中張守素就行册禮”。[3] 作爲後晉開國君主的石敬瑭不像李淵,他敢於公開表示“頃在并門,長承陰助”感謝唐叔虞的保佑。這印證了蒲慕州的一句話:“一種民間祠祀的意義和功能可能會隨着不同的時代和歷史情境,以及不同崇拜者的社會地位而有所改變。”[4]

結　語

西周初年,叔虞被周成王封於唐地,故又名唐叔虞。其子燮改國號“唐”爲“晉”,故而唐叔虞被視爲晉國的始祖。太原在古代長期被認爲是古唐國和晉國始封地所在,因此唐叔虞作爲祖先神或地方聖君被當地人崇拜。其祭祀最早始於何時已不可考。晉祠,又名唐叔虞祠、晉王祠。趙宋以後關於晉祠的史料較爲豐富,中古時期寡少。北魏的《水經注》載有太原郡唐叔虞祠,是爲目前文獻所見對其崇拜存在的最早記録。北齊時晉祠得到擴建,高洋及大臣都曾去遊覽。隋唐時期晉祠成爲官方祭祀與民間信仰的

---

① 參看王美華:《禮制下移與唐宋社會變遷》,北京:中國社會科學出版社,2015年,第116—132頁。
② 《册府元龜》卷三四《帝王部三四·崇祭祀三》,第356頁。
③ 《舊五代史》卷七九《晉高祖本紀》,北京:中華書局,1976年,第1045頁。
④ 蒲慕州:《追尋一己之福:中國古代的信仰世界》,第241頁。

共享空間，前者是地方官爲追求施政成績，遵循《祠令》規定而舉行；後者更多是祈求私人福祉。唐叔虞崇拜模糊了精英階層與下層民衆信仰之間的隔閡。祈雨是雙方的主要目標。官方祭祀的存在是以民間信仰爲依托，嫁接民間信仰的文化内涵并在儀式上予以禮制化。唐叔虞崇拜本身還是具有强烈的民間信仰色彩。通過對《攀龍臺碑》所記武士彠出生故事與晉祠、唐叔虞的關聯以及《酉陽雜俎》所載介休王向晉祠大王藉霹靂車兩則個案的解構分析，能證明唐叔虞崇拜是隋唐時期太原知名度最高且最重要的民間信仰，具有較深厚的群衆基礎。

李淵太原起兵前曾赴晉祠向唐叔虞祈禱一事，僅見於唐太宗御制的《晉祠之銘并序》碑中。從北宋趙明誠以來，很多人也都能碑文中解讀出此事。本文詳細辨析碑文所涉及事前祈禱（用竭誠心，以祈嘉福）—事後靈驗（克昌洪業，實賴神功）—設祭酬神（無言不酬，無德不報，賽洪恩）三個因果清晰的遞進式叙事，從而證明李淵祈禱的真實性。進而否定太宗虛構作假的可能性，因爲在他撰寫晉祠碑文前還接見了參與過起兵的在世的家居太原的元從將士，如果憑空捏造禱於晉祠之事不僅是欺神而且是掩耳盜鈴。

究明以上二事，便可深入探討李淵起兵前向唐叔虞祈禱的三點動機。第一，私人原因。從民間信仰的一個特點——追求一己之福的角度出發，不排除李淵向當地最靈驗最著名的神靈祈求起兵成功同時保佑自己發達、家人平安、家族興盛的可能性。第二，軍事原因。李淵起兵主要是以太原地方力量的支持爲基礎，除部分高級將領外，包括三萬義軍在内的絶大多數成員都是太原及其附近的士庶群體。他們相信自己是本地神靈唐叔虞最主要的庇佑對象。這是民間信仰地域性特徵的體現。李淵以留守身份主持"公"層面的祭祀，不僅契合當地廣大信衆最基本的信仰需求，而且建構起上下階層間信仰實踐和情感的共同體，有助於激發義軍的崇敬感、使命感，從而達到凝聚人心，增强作戰認同的目的。第三，政治原因。通過政治宣傳建立起唐國公與古唐國間的聯繫，不斷宣揚自己是古唐國的繼承者，利用爵號與封疆的名實契合，進行自我神化，以此證明起兵是天命所歸。李淵去祭祀擁有唐國始封君身份的唐叔虞，不僅是神化的延伸，而且可能相信靈驗性會增强。

建國後，唐高祖出於君權合法性考慮選擇遺忘這位地方民間的諸侯級神靈。皇權的合法性、正統性、神聖性是王朝得以合理存在，政權得以維繫的政治支柱。統治階層及士大夫精英階層必須遵循"君權天授"皇權轉移的價值規範。面對如此主流且强大的統治文化，後世的知識精英群體遺忘這位非著名地方神也在情理之中。區域性的神祇最終在"天下國家"的政治文化中失語。最後,通過唐叔虞與李唐開國之間的問題,我們能認識到一些特殊的民間信仰,不能簡單用精英與民衆的對立,大小傳統的二分法來分析,背後可能存在複雜易變的動態關係。

還需要補充的是,高祖"神堯"尊號的由來也與"唐國公—古唐國"有關。上引《通典》載:"今之并州,古唐國也。昔帝堯爲唐侯所封之國。"遺忘叔虞,凸顯帝堯,從李淵準備逼代王楊侑讓位時就初露端倪。裴寂等上《勸進表》時説:"名合天渊(淵),姓符桃李。君堯之國,靡不則天。"後八字典出《論語·泰伯》:"大哉!堯之爲君也。巍巍乎!唯天爲大,唯堯則之。"言下之意是説李淵稱帝順應天命,唐國承襲於堯之唐,而不是叔虞之唐,開國史由此開始重構。大業十三年七月義軍抵達黄河尚未勝券在握時,有人送來嘉禾祥瑞,李淵還將古唐國的兩位始封君堯與叔虞并舉。兩相對比,便不能理解背後的刻意選擇。建國以後對《桃李子歌》謡讖的解讀也選擇堯。《大唐創業起居注》載:"案:李爲國姓,桃當作陶,若言陶唐也。"[1]陶唐氏即堯,又稱唐堯。到唐高宗上元元年八月,改唐高祖的尊號爲神堯皇帝。"堯"字便是這種選擇結果的投射。"神"字則體現出李淵作爲開國之君的神聖性。孫英剛認爲"神堯"與李唐皇帝在道教"致太平"政治理論體系中的角色有關。[2]這是塑造王朝正統性觀念上的宗教延伸。也許還有更重要的一點是,立國以來官方傾向認同李淵唐國公的爵號、唐國國號承襲於堯,但這種影響遠不及李唐皇室尊老子爲自己的祖先重大。堯的祭祀在唐代則未被給予特殊照顧。此問題溢出本文範圍,待日後深考。

---

① 《大唐創業起居注》卷一,第11頁。
② 孫英剛:《神文時代:讖緯、術數與中古政治研究》,上海古籍出版社,2014年,第132頁。

《魏晉南北朝隋唐史資料》第四十七輯

2023 年 5 月,141—177 頁

達奚珣史事鈎沉

——以《達奚珣墓誌》爲綫索

王　凱

近年來大量隋唐墓誌的刊布,爲我們拓展和深化中古史研究提供了契機,甚至帶來重塑歷史的可能。對於那些屢見於記載,却未能進入正史列傳的重要人物,其墓誌的發掘便是如此。達奚珣就是一位散見於正史,但又未能列傳於正史的唐代人物。達奚珣之名我們并不陌生,若談其印象却簡單而又模糊。達奚珣是唐玄宗時期的重要官員和文壇詞伯,遺憾的是由於晚年陷僞安史的污點,兩京收復後達奚珣被唐廷處以極刑。投靠安史和處以極刑,是我們從兩《唐書》獲取的對達奚珣的有限認知,除此之外,再難捕捉其他歷史細節。從此,陷僞成爲達奚珣的標籤,其形象變得單一而固化。可以説,這一印象的形成,是唐廷嚴懲陷僞政策對史書塑造的結果,使達奚珣的諸多史迹隱而不彰。他爲何陷僞? 陷僞前仕途如何? 僅據正史我們無法詳悉。雖然正史無傳,但關於達奚珣的史料却散見於官方詔書、筆記小説以及賦辭、墓誌和遊記作品之中,以傳世文獻和金石碑誌的形式保存下來,支離零散,對達奚珣生平缺乏統一呈現,進而使我們難以對其形成全面的認識。其墓誌的出土彌補了史料記載的不足,特別是將達奚珣的仕宦履歷作了清晰臚列,爲我們進一步探討達奚珣的生命軌迹帶來了可能。[①] 本文擬藉助筆記小説保存的大量達奚珣陷僞以外之記載,以其墓誌所録官歷爲綫索,互爲參照,兩相發明,特將達奚珣進士及第時間、縣官履歷、禮部侍郎和吏部侍郎任内事迹、投靠安

[①]　學界對達奚珣的仕宦履歷和墓誌解讀已有一定成果,却不甚詳細,遺漏頗多,仍有進一步探討的必要。相關研究,見辛德勇:《唐〈東渭橋記〉碑讀後記》,《考古與文物》1987 年第 2 期,第 60—63 頁;又收入氏著《古代交通與地理文獻研究》,北京:商務印書館,2018 年,第 93—99 頁,但題目恢復爲《唐〈東渭橋記〉碑讀後》。辛文對達奚珣的仕歷作了簡短考述,因寫成較早,考證資料主要基於傳世文獻,對晚出的相關墓誌没有涉及。趙菲菲:《唐達奚珣夫婦墓誌考釋》,《洛陽考古》2015 年第 1 期,第 80—83 頁,從達奚珣、妻寇氏家族以及達奚珣是否叛國等方面對墓誌進行了簡單考釋。總之,至今學界尚未出現一項全面探究達奚珣的成果,其生平、官歷以及家族等重要問題,還有待深入揭示。

史原因等重要問題逐次作出考證,力圖勾稽達奚珣完整的仕途軌迹,以期助益於對達奚珣的再認識。

一、墓誌録文

2011 年 8 月,考古工作隊在洛陽發掘了一座合葬古墓,據出土墓誌判定,乃是玄宗朝重臣達奚珣之墓,彌足珍貴。① 墓誌爲兩方,均志、蓋完整,字迹清晰,闕文較少。《洛陽唐代達奚珣夫婦墓發掘簡報》已對墓誌進行録文并標點,但存在一些訛誤,現據《發掘簡報》所示墓誌拓片重新整理如下:

(一)達奚珣墓誌

蓋:大唐故河南尹達奚公墓誌銘

誌文:唐故先府君河南尹達奚公墓誌銘一首并序/

男説撰/

先府君諱珣,字子美,河南洛陽人也。黄帝生昌意,昌意少子封於北土。至後/魏獻帝分王子弟,各賜姓爲十族,因而氏焉。曾代祖隆,②〇皇石州刺史,高唐/縣公。〇祖〇琒善,〇皇汾州司馬。父聞恭,〇皇比陽縣令。府君進士出身,解褐/授臨清縣主簿。應〇制及第,授鄭縣尉。拔萃及第,授富平縣尉。應〇制及第,/授河南縣尉。丁内憂,服闋,判入高等,授洛陽縣丞。拜監察御史,轉殿中侍御/史,又轉侍御史。遷禮部員外郎,知〇制誥。拜職方郎中,知〇制誥。遷中書舍/人。拜禮部侍郎。遷吏部侍郎。出爲滑州刺史。遷荆州長史。拜正議大夫、河南/尹、上柱國、南陽縣開國子、食邑七百户。天寶十四載夏六月,至洛邑。其年冬,/安禄山叛逆,或稱河尹之拜出自禄山。〇府君正直剛簡,性不苟合,不自意/遭此謗讟,陳狀於御史大夫封常清,請詣闕待罪。常清不然其言,遂以所陳/狀奏聞。不愈信宿,俄有〇制稱:"達奚珣此拜,簡在朕心,如聞東京官寮妄云/禄山薦用,以此疑懼,是何道理? 宜即依舊知事。"〇詔書既至,衆議冰消。居無/何,戎羯充斥,洛城陷没。官軍敗喪,節使逃亡。竄身無路,遂被拘執。積憂成疾,/日益衰羸。孰謂寰寓再清,素誠莫達,享年六十八,以至德二年十二月廿九/

---

① 洛陽市文物考古研究院:《洛陽唐代達奚珣夫婦墓發掘簡報》,《洛陽考古》2015 年第 1 期,第 35—43 頁。關於兩方墓誌的形制和款式,俱見《簡報》,此不贅録。另,達奚珣誌文總計 747 字,《簡報》作"745",誤。

② 按《達奚珣墓誌》,"代"字前原誤刻一"四"字,磨泐并於右側行隙補刻"曾"字,"四"字輪廓尚可見。

日,奄棄孝養。哀纏骨髓,號極蒼旻。先兄亭山縣令摰同時獲戾。天倫之戚,痛/貫心府。長女婍,適宇文氏,已云去世。次女婉,適韋氏,早喪所天。次女娬,適李/氏。小女慶,適王氏。各以從夫,不獲〇號訴。說頃流竄,承〇恩旋歸。小子不天,/夙遭罿罰。權厝之日,不得〇哀侍。祠祀之禮,殆或闕如。爲子不孝,莫甚於/此。嗟乎,覆燾誠不合容,既沐〇恩宥,式營宅兆。以大曆四年十一月八日,并/夫人襄城郡君上谷寇氏,[①]合袝於邙山北原,禮也。終天永畢,哀不自任。茶毒楚/痛,泣□□及。〇夫人之德行,蓋〇府君所述誌文備矣。嗚呼哀哉!我〇先府/君之□識敏量,宏才碩德,清規直道,雅望高標,工文博學,禮樂忠信,洋洋乎/布在衆君子之口。小子不肖,安敢述〇先君之美。今之貞石,但紀姓字年月/而已。哀發於衷,強爲銘曰:/

小子不天,殃罰所鍾。劬勞莫報,怙恃靡從。詎聞詩禮,趨庭泣血。骨髓痛深,蒼/旻號絕。出忠入孝,開國承家。百年志業,一代聲華。歸於北邙,安此巨室。遵/遺訓兮薄葬,痛終天兮永畢。/

(二) 夫人寇氏墓誌

蓋: 大唐故襄城郡君墓誌

誌文大唐故襄城郡君墓誌銘并序/

通議大夫守尚書吏部侍郎達奚珣撰,摰書/

襄城姓寇氏,上谷昌平人也。〇曾祖志覽,〇皇巴東郡太守。/祖思遠,〇皇濟陰郡長史。〇父洋,今廣平郡太守。時之賢材,/代載休問。衣冠禮樂,粲其盈門。襄城性柔而立,識達而敏。奉親惟孝,/恤下伊仁。禮及有行,言歸於我。逮事〇先姊將廿年,馨竭誠心,/勤勞婦道,左右就養,猶天屬之愛焉。〇先姊深嘉之、重之、嗟之/歎之,常云:"彼圖史所書賢明之媛無以過也。"予家承清白之〇訓,/素無珍玩之物,況君所好,殊不在茲。以四教爲珩璜,用七篇爲粉澤。/閨門之內,穆然清規。親戚之間,咨乎雅範。每與論古人之事,成敗得/失,發言有章,詣理惟允,比夫史氏高議,略皆暗同。爰自早年夙入經/藏,逮乎近日,回向禪門。深知熱惱之源,殆得清涼之致。初封廣寧縣/君,進封襄城郡君。命秩雖加,澹如也。謂靈鑒無昧,

---

① 按《達奚珣墓誌》,"君"字原脱,後於右側行隙補刻。

輔德必介以康寧。/而神道見欺,降年不至於耆耋。以天寶六載二月四日,終於西京昇/平里之私第,春秋五十有一。嗚呼哀哉! 病之亟也,泣謂予曰:"某不幸/遘此沉疾,已貽○慈父憂,身歿之後,慎勿以凶問訃。儻因兹減/損寢食,是重某之罪也。"言終而絶。痛乎此生垂謝,所慮不忘,足以感/於無心,況乃聞於有識。哀哉! 即以其載七月廿八日,還葬於北邙山/先塋之東北,禮也。長子前會昌縣主簿摯,號奉靈輀,往圖宅兆。予身/限王事,無因送行。嗚呼哀哉! 然則自古有生,誰能無死? 不遂偕老,以/兹傷懷。臨訣之言,在幽途而應悉。所留之鏡,至長夜而將歸。噫,詞興/悲端,祇攪心曲。言不能盡,略而志之。備良史之闕文,知淑德之攸在。/

銘曰: /

　　稽彼死生,雖如晝夜。方期偕老,奄此先謝。不逮忘情,能無怛化。俳徊/庭宇,尚想容輝。其處雖是,其人已非。所留明鏡何時照,百歲之後將/同歸。/

　　達奚珣作爲玄宗朝後期的重要人物,兩《唐書》列傳闕載,遺憾頗多,誌石的出土成爲我們探究甚至還原達奚珣生平的核心綫索。今不揣淺陋,試對達奚珣官歷爲主的諸多史事進行考釋,敬請方家前輩批評指正。

二、達奚珣官歷考釋

　　《達奚珣墓誌》將墓主的爲官歷程,逐一羅列,没有多餘的虚美之辭,簡潔明瞭;由其子達奚説撰述,信實可靠。所謂"但紀姓字年月而已"的墓誌撰寫模式,優點是有助於我們清晰地把握達奚珣的仕宦履歷,迅速瞭解他的政治生涯。缺點則是墓誌呈現的達奚珣履歷祇有官職名稱,却没有任職時間,給還原墓主經歷造成一定困擾。因此,筆者將結合現存文獻作出考證,力圖還原達奚珣的爲官時間和任内事迹,并對其仕途遷轉稍作分析,這是文章的著力所在。爲方便討論,現節録《達奚珣墓誌》的官歷部分,以數字標號,按官分條,逐次考證。

　　1. 府君進士出身,解褐授臨清縣主簿。

　　2. 應制及第,授鄭縣尉。

　　3. 拔萃及第,授富平縣尉。

　　4. 應制及第,授河南縣尉。

　　5. 丁内憂,服闋,判入高等,授洛陽縣丞。

6. 拜監察御史，轉殿中侍御史，又轉侍御史。

7. 遷禮部員外郎，知制誥。拜職方郎中，知制誥。遷中書舍人。

8. 拜禮部侍郎。

9. 遷吏部侍郎。

10. 出爲滑州刺史。遷荆州長史。

11. 拜正議大夫、河南尹、上柱國、南陽縣開國子、食邑七百户。

1. 墓誌云“府君進士出身，解褐授臨清縣主簿”

唐代科舉分爲常舉和制舉，常舉即“常貢之科”，所以又叫常科，主要有秀才、進士、明經、明法、明書、明算等六科。“秀才科等最高”，①隨着高宗以來秀才科的廢置，②進士科取士漸重，“大抵衆科之目，進士尤爲貴，其得人亦最爲盛焉”③。按唐制，舉子禮部貢試進士及第後，還要參加吏部關試，通過并發放出身文憑性質的“春關”，方纔獲得進士出身，由此具備進入仕途的資格。因此，達奚珣進士及第獲得出身，取得了入仕做官的最優資質，成爲後來歷職清要的基礎。當然，在唐代進士獲得出身祇是具備了入仕資格，并不能立刻授職上任，還要進行守選，所謂守選即等待吏部銓選，銓選每年一次。唐代規定，進士守選三年纔能授官，④即達奚珣從考中進士到解褐授官需要經歷三年守選期。臨清主簿是達奚珣的初任官。據《唐摭言》，朋友兼同僚的張楚致信達奚珣言“公往在臨淄，請僕爲曹掾”，⑤記載的正是達奚珣初入仕途的官職。但當以墓誌爲是，作“臨清”。在唐代，解褐縣主簿是進士入仕的常見途徑，此類例子極多，如著名史家劉知幾，高宗時舉進士授獲嘉縣主簿。⑥

那麼，臨清主簿的品階如何呢？唐代縣主簿的品階要視縣等第而定，縣等越高，主簿品階越高。唐縣的等第是一個歷時升降、動態變化的複雜問題，就史籍所載，有六等、

---

① 《通典》卷一五《選舉三·歷代制下》，北京：中華書局，2016年，第356頁。

② 《新唐書》卷四四《選舉志上》，北京：中華書局，1975年，第1163頁，載“高宗永徽二年，始停秀才科”。

③ 《新唐書》卷四四《選舉志上》，第1166頁。另外，唐人封演從入仕最優途徑的角度對進士出身做了充分肯定，見(唐)封演撰，趙貞信校注：《封氏聞見記校注》卷三《制科》，北京：中華書局，2005年，第18—19頁。

④ 唐代不同的常科出身，守選年限不同，詳見王勛成：《唐代銓選與文學》，北京：中華書局，2000年，第51—63頁。

⑤ (五代)王定保撰，陶紹清校證：《唐摭言校證》卷一一《怨怒》，北京：中華書局，2021年，第500頁。

⑥ 《舊唐書》卷一〇二《劉子玄傳》，北京：中華書局，1975年，第3168頁。

七等、八等和十等之分,實際上,這反映了不同時期縣等的狀況,學界討論頗多。① 六等即赤(京)、畿、上、中、中下、下縣,八等即赤、畿、望、緊、上、中、中下、下縣,十等即赤、次赤、畿、次畿、望、緊、上、中、中下、下縣,變化表現爲次赤、次畿及望、緊縣等的出現。就時間而言,望縣出現於開元四年(716),緊縣至遲出現於開元十八年(730),而次赤、次畿縣的出現不晚於大曆時期。② 因此,六等是開元以前的縣等,八等是開元至大曆間的縣等,十等形成最晚代表了大曆以來唐後期的縣等。究其原因,望、緊縣的出現是爲緩解官多闕少矛盾,優待科舉高才而設計的,以配合選官制度;③次赤、次畿縣的出現與崇奉陵寢、府的數量增加及諸府分化的歷史背景密切相關。④ 達奚珣之任基層縣官全部發生在開元前期,此時次赤、次畿尚未出現,需要注意。

如上所言,縣等影響了縣官品級。達奚珣初任官是臨清主簿,臨清縣屬河北道,是

---

① 王壽南:《論唐代的縣令》,《國立政治大學學報》1972 年第 25 期,第 177—194 頁;王壽南:《唐代的縣制》,載氏著《唐代政治史論集》(增訂本),臺北:臺灣商務印書館,2004 年,第 109—133 頁;翁俊雄:《唐代的州縣等級制度》,《北京師範學院學報(社會科學版)》1991 年第 1 期,第 9—18 頁;賴青壽:《唐代州縣等第稽考》,《中國歷史地理論叢》1995 年第 2 期,第 191—207 頁;賴瑞和《唐代基層文官》,臺北:聯經出版事業股份有限公司,2004 年,第 142—147 頁;齊子通:《次赤、次畿縣的成立與唐宋府制的變遷》,《魏晉南北朝隋唐史資料》第三十一輯,上海古籍出版社,2015 年,第 247—276 頁;曹雨琪:《唐代八等州縣等第形成探微》,《唐宋歷史評論》第八輯,北京:社會科學文獻出版社,2021 年,第 144—157 頁;羅凱:《從官品到俸秩:關於唐五代縣之等第的考察》,《歷史地理研究》2021 年第 2 期,第 42—56 頁。

② 曹雨琪文認爲望縣出現於開元四年,筆者認同這一觀點。齊子通文認爲次赤、次畿縣出現於元和初年,羅凱文對此作出修正,認爲當不晚於德宗初年,很可能代宗初就已產生,筆者認同羅氏的觀點。此外,七等有兩種情況:(1)即京(赤)、畿、望、上、中、中下、下縣,見《唐六典·尚書户部》《舊唐書·職官志二》;(2)即赤、畿、望、緊、上、中、下縣,見歐陽詹《同州韓城縣西尉廳壁記》《通典·職官十五·州郡下·縣令》。另,陸贄《論朝官闕員及刺史等改轉倫序狀》祇言"今縣邑有七等之異"[(唐)陸贄撰,王素點校:《陸贄集》卷二一,北京:中華書局,2006 年,第 707 頁)],沒有具體臚列。按,兩種情況的區別在於有無緊、中下縣。首先看第二種情況,據羅凱文第 43—44、50—51 頁,羅氏提出"赤縣的廣義與狹義",從這一層面上講,赤、畿、下縣皆是廣義劃分,涵蓋狹義的赤、次赤、畿、次畿、中下、下縣,因而此種情況其實相當於十等,似有一定説服力。按,陸贄《狀》在《陸宣公奏議》中屬"中書奏議"類,此類文章是陸贄做相時所寫,其做相在貞元八年四月至十年十二月間,此文即寫於此時。又歐陽詹《廳壁記》寫於貞元十五年,《通典》成書於貞元十七年,三種文獻年代幾同。所以陸贄所謂"七等"亦相當於十等。關於第一種情況,《舊唐書·職官志二》文字與《唐六典·尚書户部》全同,《舊唐書》係轉錄《唐六典》而來,《唐會要》卷七〇《量户口定州縣等第例》,上海古籍出版社,2006 年,第 1457 頁,載"開元十八年三月七日,以六千户已上爲上縣,三千户已上爲中縣,不滿三千户爲中下縣,其赤、畿、望、緊等縣,不限户數,并爲上縣",可知至遲開元十八年已有緊縣,這是緊縣出現的最早時間的記載。檢《唐會要》卷七〇《州縣分望道》諸"新升緊縣"條,第 1460—1470 頁,載縣級升緊縣的較早記載發生於天寶十載二月二十五日宣州中陵、溧陽、當塗縣升緊,但大規模的升緊縣則主要集中於大曆間、貞元前期、會昌三個階段。問題在於開元二十六年成書的《唐六典》爲何不載緊縣?羅凱文第 45 頁所言緊縣出現於開元四年,是一種可能的推測,關於緊縣的具體產生時間尚有待更多材料揭示。

③ 曹雨琪:《唐代八等州縣等第形成探微》,《唐宋歷史評論》第八輯,第 154—157 頁。

④ 齊子通:《次赤、次畿縣的成立與唐宋府制的變遷》,《魏晉南北朝隋唐史資料》第三十一輯,第 250—267 頁。

貝州屬縣,西南距長安一千七百六十里,①大曆七年(772)升爲望縣。② 在達奚珣入仕的開元初期(詳下),緊縣或已出現,當時臨清縣或屬緊縣。《唐六典》不載緊縣縣官官品,那麼緊縣主簿品階如何呢? 據《册府元龜》載:"赤令,其品正五。畿令,其品正六。上縣令,其品從六。望、緊同之。中縣令,其品正七。下縣令,其品從七。"③望、緊縣令官品同上縣,主簿亦當同之。上縣主簿爲正九品下,④所以達奚珣初授時品階正九品下。開元以來通過設立望、緊縣以豐富縣等,增加遷轉途徑,緩解官多闕少的同時,又成爲才能之士升遷的跳板,因而望、緊縣自產生以來就廣泛運用於科舉與銓選之中。開元時期洋州刺史趙匡上《舉選議》內有"舉人條例",其一曰:"四經出身,授緊縣尉之類;判入第三等,授望縣尉之類。五經,授望縣尉之類;判入第二等,授畿縣尉之類。明法出身,與兩經同資。進士及《三禮》舉、《春秋》舉,與四經同資。"⑤達奚珣進士及第解褐授緊縣主簿,與時議進士出身授緊縣官相符。達奚珣之任臨清主簿又在何時呢? 下文將與其初應制舉一并討論。

2. 墓誌云"應制及第,授鄭縣尉"

制舉是由皇帝親臨,分科取士的特殊考試,它的優勢在於應制不限出身,及第即予授官,不須守選,這對有才能者來説是一條便捷的晉升管道。考中進士已經充分證明了達奚珣的才能,而制舉提供的仕途捷徑吸引着他去應制。按照制舉程式,當朝廷頒布制舉詔書後,一方面士子可到當地州府"自舉",投狀報名自己的所應科目;另一方面朝廷還會專派使臣巡察地方,訪擇賢能,進行薦舉,這便是所謂的"使薦"。⑥

達奚珣此應制舉便得到了河北道宣撫使陸餘慶的使薦。先天二年(713)六月玄宗

---

① 《元和郡縣圖志》卷一六《河北道一》"貝州"條,北京:中華書局,1983 年,第 463 頁,載貝州"西南至上都一千八百二十里",貝州治所在清河縣,又同條 465 頁,載臨清縣"東北至州六十里",可知臨清西南距一千七百六十里。

② 《唐會要》卷七〇《州縣分望道·河北道》"新升望縣"條,第 1463 頁;《新唐書》卷三九《地理志三》,第 1013 頁,同。《元和郡縣圖志》卷一六《河北道一》"貝州"條,第 465 頁,載臨清縣爲緊縣。按,前揭唐縣等級并非一成不變,處於歷時升降的動態變化中,大曆七年臨清升望縣,其或《元和郡縣圖志》成書的元和前期(成書於元和八年)又降爲緊縣,亦不無可能。若翻檢比對《唐六典·尚書户部》《元和郡縣圖志》《新唐書·地理志》,同一縣等第升降情況甚多,此不複舉。

③ 《册府元龜》卷七〇一《令長部·總序》,北京:中華書局,1960 年,第 8357 頁。

④ 《唐六典》卷三〇《三府都護州縣官吏》,北京:中華書局,2014 年,第 752 頁。

⑤ 《通典》卷一七《選舉五·雜議論中》,第 427 頁。

⑥ 關於使薦的研究,見寧欣:《唐代選官研究》,臺北:文津出版社,1995 年,第 73—75 頁。

發布求賢詔,①同年七月政變成功伊始,即令畢構、齊景冑、陸餘慶、韋璪、杜元逞、周利貞宣撫天下諸道,穩定時局,兼行薦選賢良,下制"審知才行灼然者,各以名聞",其中"太子右庶子陸餘慶宣撫河北道"。② 臨清縣在河北道,屬於陸餘慶的分巡範圍,《新唐書·陸餘慶傳》"餘慶於寒品晚進必悉力薦藉……開元初,爲河南、河北宣撫使,薦富春孫逖、京兆韋述、吳興蔣洌、河南達奚珣,後皆爲知名士",亦可爲證。③ 先天二年十二月庚寅改元開元,陸餘慶宣撫事畢回朝奏聞或已在開元元年,新傳所紀"開元初"蓋取時間相近,與"先天二年七月"時間上并不矛盾。

與此同時,達奚珣還曾受過張庭珪的薦舉。"其薦賢也,則達奚珣、苗晉卿、李邕、梁涉、孫逖、張利貞、王靈漸、李融、李玄成,爲一時之俊,咸登庸焉。"④考張庭珪事迹,開元初,從洪州都督入爲禮部侍郎,⑤開元二年(714)八月,即已遷黃門侍郎。⑥ 據此,達奚珣在開元初又受到禮部侍郎張庭珪的薦舉。

達奚珣本次應制的時間、地點和考試科目,史有所載。據《唐會要·貢舉中·制科舉》載:"(開元五年)文史兼優科,李昇期、康子元、達奚珣及第。"⑦開元四年七月,玄宗下制命諸道按察使宋璟等各巡本管,薦舉人才,"人有清介獨立,可以標映士林,或文理兼優,可以潤益邦政者,百姓中有文儒異等,道極專門,或武力超倫,聲侔敵國者,并精訪擇,具以名聞"。⑧ 根據王勛成先生的研究,皇帝頒布制詔裏的考試內容與中書門下下發的制舉之科在文字上會略有變化,但精神實質相同。⑨ 因此,達奚珣所應文史兼優科

---

① 《册府元龜》卷六八《帝王部·求賢二》,第761頁;《唐大詔令集》卷一〇二《諸州舉實才詔》,北京:商務印書館,1959年,第521頁,同。

② 《册府元龜》卷一六二《帝王部·命使二》,第1951頁;《唐大詔令集》卷一一五《遣畢構等慰撫諸道詔》,第601頁,不載命使名單,制文同。

③ 《新唐書》卷一一六《陸餘慶傳》,第4239頁。

④ 吳鋼主編:《全唐文補遺》第五輯徐浩《唐故贈工部尚書張公(庭珪)墓誌銘并序》,西安:三秦出版社,1998年,第30—31頁。

⑤ 《舊唐書》卷一〇一《張廷珪傳》,第3152頁。《唐會要》卷七七《諸使上·巡察按察巡撫等使》,第1674頁,載開元元年二月禮部侍郎張庭珪上疏奏選使巡察事。

⑥ 《通典》卷一六九《刑七·守正》,第4370頁;《唐會要》卷四〇《臣下守法》,第847頁,同。《文苑英華》卷三八〇蘇頲《授張庭珪黃門侍郎》,北京:中華書局,1966年,第1938頁。

⑦ 《唐會要》卷七六《貢舉中·制科舉》,第1643頁;《册府元龜》卷六四五《貢舉部·科目》,第7730頁,作"康允元",當作"康子元",按《宋本册府元龜》同卷,北京:中華書局,1989年,第2136頁,正作"康子元";(清)徐松撰,孟二冬補正:《登科記考補正》卷五,北京:中華書局,2019年,第196頁,同。

⑧ 《唐大詔令集》卷一〇四蘇頲《遣王志愔等各巡察本管内制》,第531頁。

⑨ 王勛成:《唐代銓選與文學》,第233頁。王勛成指出,制詔規定的制舉考試內容與中書門下就此設立的制舉科目,有三種對應情形:第一,所設制舉科目與制詔內容一模一樣;第二,制舉科目與制詔內容精神實質一致,但文字上略有變化;第三,制詔未提到者,在制舉考試中却設有科目。

就是文理兼優科的實際考試科目。爲應此次制舉,達奚珣與友人張楚由臨清同赴洛陽,張楚在《與達奚侍郎書》裏對二人赴考途中以文字遊戲爲娛、抵洛後苦中作樂的經歷和見聞,作了詳盡描述。其文載:

> 尋應制舉,同赴洛陽。是時春寒,正值雨雪,俱乘款段,莫不艱辛。朝則齊鑣,夜還連榻,行邁靡靡,中心摇摇。及次新鄉,同爲口號。公先曰:"太行松雪,映出青天。"僕答曰:"淇水烟波,半含春色。"向將百對,盡在一時。發則須酬,遲便有罰,并無所屈,斯可爲歡……初到都下,同止客坊,早已酸寒,復加屯躓。屬公家豎逃逸,竊藏無遺;賴僕僑裝未空,同爨斯在。殆過時月,以盡有無,巷雖如窮,坐客常滿。還復嘲謔,頗展歡娛。公詠僕以衣袖障塵,僕詠公以漿粥和酒。復有憨嫗,提攜破筐,頻來掃除,共爲笑弄……公授鄭縣,歸迎板輿,僕已罷官,時爲貧士。①

信中"是時春寒,正值雨雪",可知達奚珣赴考發生在初春一二月間。本次制舉的時間,從《册府元龜·帝王部·巡幸二》也可得到證實,"(開元)五年正月辛亥,幸東都……二月甲戌,至東都"。② 檢陳垣《二十史朔閏表》,辛亥乃正月十日,甲戌乃二月三日。制舉一般由皇帝親自主持,親試舉人是玄宗此番巡幸東都的重要行程安排。玄宗二月三日抵達洛陽,隨即舉辦制舉。二人應試結局却并不相同:"公授鄭縣",達奚珣登科,即授鄭縣尉,與墓誌合;而張楚"已罷官,時爲貧士",言外之意即制舉落第,祇能進入任滿罷秩然後守選的常規銓選程序,守選期間罷官停俸,因言爲貧士。

鄭縣屬關内道,是華州治所,西距長安一百八十里,③爲望縣。④ 貞元時期,"望縣出

---

① 《唐摭言》卷一一《怨怒》,第 500—502 頁。

② 《册府元龜》卷一一三《帝王部·巡幸二》,第 1353 頁。《資治通鑑》卷二一一唐玄宗開元五年正月辛亥條,北京:中華書局,1956 年,第 6726 頁;同卷唐玄宗開元五年二月甲戌條,第 6727 頁;同書卷二一二唐玄宗開元六年十一月辛卯條,第 6734 頁,同。按,玄宗此次東巡《册府》記載最爲完備,《新唐書》卷五《玄宗紀》,第 126 頁,載"辛亥,如東都……二月甲戌,大赦",未明言抵洛日期。《唐會要》卷二七《行幸》,第 604 頁,"開元五年正月十日,幸東都",亦是如此。《舊唐書》卷八《玄宗紀上》,第 177 頁,載"辛亥,幸東都……二月甲戌,至自東都"。而同卷第 179 頁,六年十一月辛卯條下復紀"至自東都"。可知,二月甲戌乃是至東都,衍"自"字。

③ 《通典》卷一七三《州郡三·古雍州上》"華州"條,第 4500 頁;《元和郡縣圖志》卷二《關内道二》"華州"條,第 34 頁,同。

④ 《唐六典》卷三《尚書户部》,第 73 頁,載望縣有八十五,鄭縣即其一。

於百,鄭縣爲之最",①鄭縣是望縣之最,足見其地位。如前所述,作爲望縣,鄭縣尉品階依上縣,爲從九品上,②較正九品下的臨清主簿爲低。州縣編定等第使得按資授官有法可循,③鄭縣尉雖然官品稍降,但位置更優,較之臨清,距京城要近得多,意味着更加靠近權力中心。赤縣、畿縣地位崇高,其縣尉是士人競相追逐的美官。但開元以來"其應詔而舉者,多則二千人,少猶不减千人,所收百纔有一",④制舉競争變得尤爲激烈,擢拔赤、畿尉殊爲不易,往往需要幾經遷官纔能獲得。因此,次一些的望縣對於初入仕途的官員已是非常不錯的選擇,況且鄭縣日後貴爲望縣之最,任職於此對以後的遷轉與除授都是一份不錯的履歷。在唐代,遷官不能僅看官品,因而不能不説開元五年制舉登科是達奚珣仕途的一次重要躍升。

根據達奚珣制舉登科的時間和開元年間縣官的任期(臨清主簿的任期),可以推斷他進士及第的時間。達奚珣考中進士後,按照制度規定,首先要度過三年守選期,方解褐授職臨清主簿。制舉旨在選才,不限出身,從而對報考者的身份要求十分寬鬆,而達奚珣顯然是以前資官或現任官身份參加,據張楚所言落第罷官爲貧士,可知二人是以現任官身份應制的。頒布於天寶初的《安養百姓及諸改革制》提到了縣官守選問題,"比來中、下縣令,或非精選,吏曹因循,徒務填闕……考滿之後,准畿官等例三選聽集"。⑤可知,開元時期的制度規定中、下縣縣官守選年限不止三年。開元年間六品以下官任期一般是四年,最長不過五年。⑥ 主簿、縣尉皆是六品以下官,臨清爲緊縣,非偏遠中、下縣所能比,不至出現考滿無人接任的官闕情況,因此達奚珣臨清主簿任期當爲四年。唐代官員的任期與考課緊密聯繫,考課由吏部負責,并對外官考課等第進行校定,校定的完成時間具有期限,"外官去京一千五百里内,八月三十日(以前校定);三千里内,七月三十日(以前校定)"。⑦ 臨清距長安一千七百餘里,考課校定應在八月前完成。達奚珣

① 《全唐文》卷五九七歐陽詹《同州韓城縣西尉廳壁記》,北京:中華書局,1983 年,第 6039—6040 頁。據《廳壁記》内容,其文作於貞元十五年。按,《通典》卷三三《職官十五·縣令》,第 913 頁,言望縣有七十八,《通典》成書於貞元十七年,與歐文幾近同時,可知所謂"望縣出於百"或概而言之,非確數。

② 《唐六典》卷三〇《三府都護州縣官吏》,第 752 頁;《舊唐書》卷四四《職官志三》,第 1921 頁;《新唐書》卷四九下《百官志四下》,第 1318 頁。

③ 王勛成:《唐代銓選與文學》,第 108—111 頁。

④ 《通典》卷一五《選舉三·歷代制下》,第 359 頁。

⑤ 《全唐文》卷二五玄宗《安養百姓及諸改革制》,第 284 頁。

⑥ 《通典》卷一九《職官一·歷代官制總序》,第 474 頁,載"自六品以下,率由選曹,居官者以五歲爲限",又注曰"一歲爲一考,四考有替則爲滿。若無替,則五考而罷"。

⑦ 《唐六典》卷二《尚書吏部》,第 42 頁。

以現任官身份參加開元五年正月的制舉,若没考中,仍可進行當年的考課,因此不排除開元五年是達奚珣任期第四年的可能。但達奚珣春季登科,隨即授鄭縣尉,便不再參加當年秋季臨清主簿任内的考課。又吏部銓選有選限規定,時間在十月一日到來年三月三十日,①達奚珣解褐官即經銓選授予,而其制舉在正月,可推知開元五年必非達奚珣解褐之年。

綜上,開元五年是臨清主簿任内的第二年、第三或第四年。減去進士及第後的守選三年,最終可斷定達奚珣於景雲二年至先天二年間進士及第,即景雲二年(711)或太極元年(712)或先天二年(713)。②

3. 墓誌云"拔萃及第,授富平縣尉"

唐代科舉所謂"拔萃"科有拔萃出類、超拔群類、書判拔萃三種。其中,拔萃出類和超拔群類是制舉科目,書判拔萃屬吏部科目選。有學者認爲拔萃出類和超拔群類是一科兩名,簡稱拔萃。③ 作爲科目選的書判拔萃產生於開元十八年(730)。④ 達奚珣任富平縣尉在開元十八年以前(詳下),由此來看,墓誌所云"拔萃"當爲制舉拔萃出類科。但筆者認爲,達奚珣拔萃及第却是科目選書判拔萃登科,且書判拔萃的設置時間不應晚於開元十年(722)。理由如下:

第一,根據墓誌"應制及第……拔萃及第……應制及第"的撰述,可知此"拔萃"必非應制科目,若"拔萃"爲制科,必不會以"拔萃"作區分。這種撰例,還出現在同時代人的墓誌之中,《鄭齊望墓誌》云:

> 始以進士擢第,一拔萃,三應制,并升高等……由是天官歷試,補益州成都縣
> 尉。乃舉詞擅文場,轉左千牛衛録事參軍。續滿,授洛州武臨縣丞。次舉藻思清

---

① 《通典》卷一五《選舉三·歷代制下》,第363頁;《封氏聞見記校注》卷三《銓曹》,第20頁,同;《唐會要》卷七五《選部下·選限》,第1605頁,同。

② 景雲到開元間年號變更頻繁:景雲三年正月己丑,改元太極;太極元年五月辛巳改元延和;延和元年八月庚子睿宗傳位玄宗,八月甲辰改元先天;先天二年十二月庚寅朔改元開元。按,進士科考試在春季舉行,一般在正月,及第和通過關試在二、三月。達奚珣登科在開元五年,其應制之年存在是臨清主簿任内的第二、第三或第四年三種情況。1. 若達奚珣在任期第二年制舉,則其解褐在開元四年(716),減去守選三年,則可推出其進士及第的二、三月在先天二年(713)。2. 若達奚珣在任期第三年制舉,則其解褐在開元三年(715),減去守選三年,則可推出其進士及第的二、三月在太極元年(712)。3. 若達奚珣在任期第四年制舉,則其解褐在開元二年(714),減去守選三年,則可推出其進士及第的二、三月在景雲二年(711)。檢《登科記考補正》,先天二年、太極元年、景雲二年,皆舉行進士科考試,及第者不載達奚珣,可補其闕。

③ 王勛成:《唐代銓選與文學》,第280頁。

④ 王勛成:《唐代銓選與文學》,第273—281頁。

華,授長安縣主簿。又舉學該流略,拜右補闕内供奉。尋而正除,乃遷著作佐郎。拜太子洗馬。其在成都……其在列衞……其在武臨……其在京劇……其在獻替……其在著作……其在春坊……位終七政。①

在鄭齊望的履歷中,將拔萃與制舉區别開來,涇渭分明。鄭齊望的歷次科舉與歷任授官對應清晰,所謂"天官歷試"即吏部科目試,而"補益州成都縣尉"則是書判拔萃登科所授之官。

第二,《舊唐書·張九齡傳》載:

> 九齡以才鑒見推,當時吏部試拔萃選人及應舉者,咸令九齡與右拾遺趙冬曦考其等第,前後數四,每稱平允。開元十年,三遷司勳員外郎。②

這是早在開元十年以前就已産生書判拔萃試的明證。因此,書判拔萃的出現時間應該提前。制度的産生需要漸次演化,并非一蹴而就,若將書判拔萃的設置嚴格限定在開元十八年,或於史實有失。

達奚珣書判拔萃登科後授富平縣尉,可以得到碑記資料的佐證。首先,《東渭橋記》殘碑碑文由達奚珣所撰,署名"富平縣尉河南達奚珣",時間在"開元九年冬十有一月旬有八日"。③ 其次,爲玄宗御制華山碑所撰寫的《述聖頌》碑文,署名"達奚珣撰序,吕向撰頌并正書",《述聖頌》碑立於開元十三年(725)六月。④ 可知,開元九年至十三年間,達奚珣在富平縣尉任上。檢《登科記考補正》,開元九年有拔萃科(書判拔萃),試

---

① 吳鋼主編:《全唐文補遺》千唐誌齋新藏專輯崔顥《唐故太子洗馬滎陽鄭府君(齊望)墓誌銘并序》,西安:三秦出版社,2006年,第218—219頁。據墓誌,鄭齊望卒於開元八年,享年四十五,則其生於上元三年(676),爲官七任,一應拔萃、三應制舉,登科即授官,仕途應不滿二十八年(唐前期居官每任四年),除去解褐守選期,大致可推鄭齊望進士及第最可能在二十到三十歲間,即萬歲通天元年(696)至神龍二年(706)間,與達奚珣舉進士時間相去未遠,爲同時代人。

② 《舊唐書》卷九九《張九齡傳》,第3098頁。

③ 關於出土《東渭橋記》殘碑的研究,學界成果很多,略舉如下:王翰章:《唐東渭橋遺址的發現與秦漢以來的渭河三橋》,《中國考古學會第三次年會論文集》,北京:文物出版社,1984年,第265—270頁;董國柱:《陝西高陵縣耿鎮出土唐〈東渭橋記〉殘碑》,《考古與文物》1984年第4期,第110—111頁;辛德勇:《唐〈東渭橋記〉碑讀後記》,《考古與文物》1987年第2期,第60—63頁;董國柱:《淺議唐東渭橋的歷史地位及〈東渭橋記〉碑的史料價值》,史念海主編:《漢唐長安與關中平原》,西安:陝西師範大學出版社,1999年,第220—221頁。正文引《東渭橋記》碑文,係據吳鋼主編:《全唐文補遺》第一輯達奚珣《東渭橋記》,西安:三秦出版社,1994年,第4頁。

④ (清)畢沅編:《關中金石記》卷三《述聖頌》,《石刻史料新編》第二輯第一四册,臺北:新文豐出版公司,1979年,第10671頁。

《歷生失度判》,李昂、暢諸和王泠然登科。① 因此,開元九年達奚珣書判拔萃登科,授富平縣尉。從開元九年到十三年,間隔四年,與唐前期四年任期制相合,達奚珣出任富平縣尉的時間爲開元九年至十三年。

富平縣在關内道,是京兆府屬縣,西南至府一百五十里,②"凡三都之縣,在城内曰京縣,城外曰畿縣",③在次赤、次畿縣産生以前的開元前期,作爲長安的城外縣,富平縣是畿縣。畿縣尉正九品下,較之從九品上的鄭縣尉爲高,品階上升的同時,位置上也更接近長安。《與達奚侍郎書》"公在畿甸,僕尉長安,多陪府庭,是稱聯吏"即是指此。④達奚珣成功利用制舉和科目選帶來的晉升優勢,開始由外官步入京官行列。

4. 墓誌云"應制及第,授河南縣尉"

達奚珣再應制舉,但具體時間和科目,墓誌闕略,文獻記載也没有涉及,不得而知。河南縣是河南府屬縣,府廨所在地,開元前期六赤縣之一。赤縣尉從八品下,較富平縣尉品階再升兩階。河南縣貴爲赤縣,在諸縣等第中地位最高,爲官赤縣尉是無數基層官員嚮往的美差,縱使仕途順利,也常常需要制舉登科的晉升捷徑加持,方能獲得,殊爲不易。以下履任洛陽縣丞同樣如此。

5. 墓誌云"丁内憂,服闋,判入高等,授洛陽縣丞"

在傳統禮制社會,現任官丁憂必須停職,若非奪情起復,一般要服喪三年,待服闋喪除方可再度授官。達奚珣在河南尉任上遭遇母親去世,服除之後判入高等,授洛陽縣丞。判詞是吏部銓選的考試内容,平選常調和科目選皆試判,⑤唐代規定平選常調考判兩道,⑥而作爲銓選特殊選的科目選書判拔萃科則試判三道。⑦ 那麼,"判入高等"所指的判究竟屬於吏部平選常調,還是科目選? 通過正史和相關墓誌材料或可釋茲疑惑,此類例證很多,試舉二例。《舊唐書·苗晉卿傳》載:

---

① 《登科記考補正》卷七,第 227、233 頁。
② 《元和郡縣圖志》卷一《關内道一·京兆府》"富平縣"條,第 9 頁。
③ 《唐六典》卷三《尚書户部》,第 73 頁。
④ 《唐摭言》卷一一《怨怒》,第 502 頁。
⑤ 科目選中的書判拔萃和平判入等科皆試判,前揭書判拔萃在開元前期既已出現,而平判入等設置於開元二十四年。達奚珣判入高等在開元前期,因而科目選試判的衹有書判拔萃科。關於平判入等的設置,見(宋)王讜撰,周勛初校證:《唐語林校證》卷八《補遺》,北京:中華書局,1987 年,第 713 頁,載:"開元二十四年,置平判入等,始於顏真卿。"
⑥ 《唐六典》卷二《尚書吏部》,第 27 頁,載:"侍郎出問目,試判兩道。"
⑦ 《通典》卷一五《選舉三·歷代制下》,第 364 頁,載:"試判三條,謂之'拔萃',亦曰'超絶'。"

　　晉卿幼好學，善屬文，進士擢第。初授懷州修武縣尉，歷奉先縣尉，坐累貶徐州司户參軍。秩滿隨調，判入高等，授萬年縣尉。①

又《張具瞻墓誌》載：

　　年十歲，以門子補齋郎，南郊行事，放選解褐，授鄭州新鄭縣尉，員外置同正員。未逾弱冠之年，以就神仙之位。洎兩考敕停員外官。明年，選授揚州大都府參軍。時相國姚元崇出爲此州長史，有知人之鑒，參入幕之謀。又與本道采訪使、御史張行璋充判官……其後丁父憂去職……服闋，自調選判入高等，授絳州録事參軍。②

晉卿“秩滿隨調，判入高等”，很明顯是指任滿并守選結束後，在常規銓選的判詞試中獲得高第。而張具瞻的情況與達奚珣相似，檢《唐刺史考全編》，姚崇在先天元年（712）至二年任揚州長史，③期間張具瞻進入姚崇幕府，不久張丁父憂，其服闋當在開元初期。所謂“自調選判入高等”，即參加常調平選的判試進入高等。苗晉卿、張具瞻俱與達奚珣同時，④二人事迹可資憑據。因此，墓誌所云“判入高等”，當是達奚珣參加吏部平選常調的判詞考試。科舉考試皆分等第，高等非確指，意即高中取得好成績。通過吏部銓選，達奚珣被旨授從七品上的洛陽縣丞，連升五階。

　　從開元初年解褐臨清主簿開始，此後十幾年間，達奚珣一直躋身基層，先後歷仕河北和兩京，其遷轉始終在縣官系統内部進行，無論初仕官還是遷轉官，實現了由緊縣、望縣到畿縣、赤縣的逐級升遷，這在解褐職位多元、遷轉路徑多元的唐代既具典型意義又有特殊價值，⑤展示了一種比較純粹的單一路徑。同時，縣尉作爲解褐官比參軍和判司

① 《舊唐書》卷一一三《苗晉卿傳》，第3349頁。
② 趙君平、趙文成編：《秦晉豫新出墓誌蒐佚》第三册張翊《唐故兵部郎中張公（具瞻）墓誌銘并序》，北京：國家圖書館出版社，2012年，第685頁。
③ 郁賢皓：《唐刺史考全編》卷一二三《揚州》，合肥：安徽大學出版社，2000年，第1666—1667頁。
④ 苗晉卿壽命史籍所載不同：《新唐書》卷一四〇《苗晉卿傳》，第4643頁，載“永泰初薨，年八十一”；《全唐文》卷三二一李華《唐丞相故太保贈太師韓國公苗公墓志銘》，第3253—3254頁，載“永泰元年四月戊子，唐舊相太保韓國公薨……享年七十有七”。當從墓誌，則可推苗晉卿生於永昌元年（689）。據《張具瞻墓誌》“維天寶七載歲次戊子二月四日，朝議大夫、尚書兵部郎中張公殁於西京長興里之私第，春秋六十四”，則可推張具瞻生於垂拱元年（685）。據《達奚珣墓誌》，可推其生於載初二年（690）。因此，三人年齡相仿，爲同時之人。
⑤ 唐代前期的解褐官主要有校書郎、正字、縣尉、參軍和判司等數種。關於解褐官及其遷轉的研究，較有代表性的是賴瑞和，詳見氏著《唐代基層文官》，第17—286頁。

要清貴,對初入官場的達奚珣來說,意味着更美好的仕途前景。當然,達奚珣所以能够步步高中,實現基層的穩步升遷,與他出色的應試才華是分不開的。隨後便是入職御史臺,成爲憲官,開啓中層文官生涯。

6. 墓誌云"拜監察御史,轉殿中侍御史,又轉侍御史"

達奚珣御史臺的爲官履歷,文獻有徵。《與達奚侍郎書》載:"其爲御史也,則察視臧否,糾遏奸邪……公遷侍御,僕忝起居,執法記言,連行供奉,舉目相見,爲歡益深。焕爛玉除之前,馥郁香爐之下,仰戴空極,盡睹朝儀,若在鈞天,如臨玄圃。"①達奚珣任侍御史,張楚爲起居郎,同是供奉官,書信生動記述了二人執法記言,覲見皇帝連行供奉的情形,②與墓誌吻合。

達奚珣憲司經歷也有碑刻題記爲證。刻録御史臺官員題名的《唐御史臺精舍碑》就存有達奚珣之名,《精舍碑》立於開元十一年(723),碑陽刻《大唐御史臺精舍碑銘并序》,篆額隸書,碑陰題名,楷書,作三組,每組數列,分書侍御史并内供奉、殿中侍御史并内供奉及監察御史并□□□官員的姓名,字體風格一致,當是建碑時統一書寫。碑中、碑陰下層、碑左右側、碑左右棱、碑陰左右棱、碑額及碑陰額題名混雜,字體也不統一,當是立碑後補刻增入。達奚珣名出現兩次,分見碑左棱和左側,③即爲後來補刻,可知達奚珣爲御史必在開元十一年之後。但達奚珣兩次題名時所任究竟是御史臺何官,却不得確知。相較《與達奚侍郎書》《精舍碑》的記載,相關墓誌讓我們對達奚珣的臺官履歷有了更具體的瞭解。《張守珪墓誌》載:

> (開元)二十一年,復驛召至京,加御史中丞。改幽州長史、營府都督、節度營田采訪海運等使。公始至幽府,□降奚叛亡,遂乃精選驍雄,分命追躡。左縈右拂,斬首擒生……而渠帥可突于素蘊狼心,□于狡計……觀兵營府,頌言征之……帳下之士,斬之以降。并奚王屈烈、蕃酋怒厥娘等,同日梟首……聖主嘉其忠勇,展勞旋之禮待之,乃御層樓,張廣樂……廷拜兼御史大夫,加輔國大將軍、南陽郡開國公……二十七年……乃貶公爲括州刺史。以廿八年五月六日遘疾,薨于廨舍,春秋五十有七……以開元廿八年十月廿日返葬于北邙之新塋,禮也……珣也不敏,嘗列

---

① 《唐摭言》卷一一《怨怒》,第502頁。

② 殿中侍御史、侍御史、起居郎皆屬供奉官,見《唐六典》卷二《尚書吏部》,第33頁。

③ (清)趙鉞、勞格撰,張忱石點校:《唐御史臺精舍題名考》卷三《碑左棱題名》,北京:中華書局,1997年,第97頁;同書卷三《碑左側題名》,第115頁。

下僚。公之徽猷,實所詳悉。灑泣援翰,紀之斯文。①

按張守珪擒斬可突干、屈烈并傳首東都獻捷事在開元二十三年(735)正月,②其兼官御史大夫即始於此。張守珪從二十一年加官御史中丞到二十七年出貶括州刺史,期間都兼任御史臺長官。張守珪卒於二十八年五月,同年十月下葬,達奚珣爲撰墓誌,署銜"朝散大夫守中書舍人河南達奚珣",因而以"嘗列下僚"自稱,可知達奚珣職列憲臺是在開元二十一到二十七年間的某段時間内,但具體時間,依然不得確知。那麼,究竟達奚珣的臺官經歷還有没更進一步的綫索?張楚撰有《許日光墓誌》,署銜朝散大夫行起居郎,許氏卒於開元二十三年九月,同年十一月下葬,知張楚時爲起居郎。③由此可知,與張楚連行供奉的達奚珣任侍御史在開元二十三年前後。

達奚珣離開地方,轉赴京城,出任正八品上的監察御史,由此結束基層縣官生涯,進入臺官機構,繼而遷授從七品上的殿中侍御史,再遷從六品下的侍御史,完成監察體制的内部升遷,遵循了這一時期御史的主要遷轉路徑,④成功躋身中層文官系統。監察御史、殿中侍御史和侍御史都是供奉官,職望清貴,選拔不經吏部注擬,得官由中書門下奉敕而授。⑤

7. 墓誌云"遷禮部員外郎,知制誥。拜職方郎中,知制誥。遷中書舍人"

《與達奚侍郎書》載:"僕轉郎署,先在祠曹;公自臺端,俯臨禮部。昔稱同舍,今則同廳……官連兩載,事等一家。"⑥臺端是侍御史的别稱,達奚珣由侍御史遷禮部員外,與墓誌相合。祠曹即祠部,與禮部曹同是尚書禮部四司之一,因言同廳。由"官連兩

---

① 吳鋼主編:《全唐文補遺》第六輯達奚珣《唐故輔國大將軍右羽林大將軍幽州長史兼御史大夫括州刺史(下闕)》,西安:三秦出版社,1999年,第62—63頁。誌文"復驛召至京"之"召"釋作"占",誤,據陳長安主編:《隋唐五代墓誌匯編》洛陽卷第一〇册,天津古籍出版社,1991年,第190頁,所示拓片圖録,徑改。

② 據《舊唐書》卷一〇三《張守珪傳》,第3195頁,載:"二十三年春,守珪詣東都獻捷,會籍田禮畢酺宴,便爲守珪飲至之禮,上賦詩以褒美之。廷拜守珪爲輔國大將軍、右羽林大將軍、兼御史大夫,餘官并如故";又同書卷八《玄宗紀上》,第202頁,載:"(二十二年十二月)乙巳(十八日),幽州長史張守珪發兵討契丹,斬其王屈烈及其大臣可突干於陣,傳首東都……二十三年春正月己亥(此月無己亥,當作"乙亥",乙亥十八日,《册府》、新紀、《通鑑》皆作"乙亥"),親耕籍田……大赦天下……賜酺三日",可知張守珪獻捷在二十三年正月乙亥。

③ 毛陽光主編:《洛陽流散唐代墓誌彙編續集》一二四張楚《大唐特進鄧國公張君(暐)夫人封鄧國夫人故許氏(日光)墓誌并序》,北京:國家圖書館出版社,2018年,第250—251頁。

④ 孫國棟:《唐代中央重要文官遷轉途徑研究》,上海古籍出版社,2009年,第127—135頁。

⑤ 《唐會要》卷七五《選部下·雜處置》,第1611頁,載:"(開元)四年六月十九日敕:六品以下官,令所司補授員外郎、御史,并餘供奉,宜進名授敕。"

⑥ 《唐摭言》卷一一《怨怒》,第502頁。

載”可知,張楚、達奚珣居禮部郎官兩年。郎官是郎中和員外郎的通稱,二者是尚書省諸司的正、副長官,被唐人視爲清流,“官有秩清而選妙者,其儀曹員外郎之謂乎?”①儀曹即禮部,所以信中稱達奚珣“其任郎官也,則彌綸舊章,發揮清議”。② 達奚珣進士及第,兩應制舉,一舉拔萃,已經足夠證明他對詩賦策判衆文體的駕馭能力,因而張楚在信中不惜大加譽贊:“公橫海殊量,幹霄偉材,鬱爲能賢,特負公望,雄筆麗藻,獨步當時。”③

知制誥的職務是掌王言、宣國命,出色的文學才能是知制誥的必備條件,達奚珣以“雄筆麗藻”見稱於時,④以從六品上的禮部員外郎本官知制誥。在唐代,御史是諸司員外郎遷入官的重要來源,其中又以侍御史居多。⑤ 知制誥是以他官充任的使職,⑥設置目的在於跨越品階界限,充分吸納富有文采之人,使其發揮特長,代宣王命。有唐一代,員外郎最主要的遷出官是郎中,在此規律下達奚珣繼而拜除從五品上的職方郎中,仍知制誥。郎官是唐代知制誥的主要本官,但這是後期的情形,前期以他官知制誥的案例并不多,郎官知制誥就更爲罕見。就筆者所檢,僅有武則天時的崔融以禮部郎中、其子崔禹錫以禮部員外郎以及玄宗時的吳鞏以庫部郎中知制誥三例。⑦ 達奚珣先後以員外郎和郎中知制誥,爲我們提供了唐前期郎官知制誥的珍貴史料。

玄宗時期,郎官是中書舍人最主要的遷入官,⑧中書舍人負責爲皇帝起草制敕,正

---

① (唐)白居易撰,朱金城箋校:《白居易集箋校》卷四九《張元夫可禮部員外郎制》,上海古籍出版社,1988年,第2915頁。

② 《唐摭言》卷一一《怨怒》,第499頁。

③ 《唐摭言》卷一一《怨怒》,第499頁。

④ 對達奚珣文辭才能的誇贊還見《寇洋墓誌》,載周紹良、趙超主編:《唐代墓誌彙編》天寶一三六賀蘭弼《唐故廣平郡太守恒王府長史上谷寇府君(洋)墓誌銘并序》,上海古籍出版社,1992年,第1627—1628頁,稱“公之子塙吏部侍郎達奚公,天下詞伯,王之藎臣”。

⑤ 孫國棟:《唐代中央重要文官遷轉途徑研究》,第57頁。

⑥ 學界對知制誥已有一定研究成果,較爲顯著的是賴瑞和,見賴瑞和:《唐代中層文官》,臺北:聯經出版事業股份有限公司,2008年,第195—210頁;又見氏著《唐代知制誥的使職特徵》,《史林》2014年第6期,第34—39頁。

⑦ 崔融知制誥,見《舊唐書》卷九四《崔融傳》,第2996頁;吳鋼主編:《全唐文補遺》第九輯崔至《唐故銀青光祿大夫禮部尚書上柱國清河縣開國男贈江陵郡大都督謐曰成崔府君(翹)墓誌銘并序》,西安:三秦出版社,2007年,第368—370頁。崔禹錫爲崔翹兄,其知制誥,同見《崔翹墓誌》,依誌文其時間在開元之前,崔融知制誥之後。吳鞏知制誥,見《全唐文補遺》第五輯吳鞏《唐睿宗大聖真皇帝故貴妃豆盧氏墓誌銘并序》,第29—30頁,墓誌撰寫於開元二十八年,時吳鞏署銜庫部郎中知制誥兼修國史。

⑧ 孫國棟:《唐代重要文官遷轉途徑研究》,第33頁;同書所附《中書舍人遷人表》,第346頁。又見孫國棟:《唐代中書舍人遷官途徑考釋——兼論唐代中央政府組織的變遷與職權的轉移》,收入氏著《唐宋史論叢》,上海古籍出版社,2010年,第91—92頁。

五品上,郎官知制誥與中書舍人執掌文翰的工作性質相同,遷轉十分"對口",對於從六品上的員外郎或從五品上的郎中,待其官歷達到一定資望,便正授中書舍人。達奚珣遷官中舍就是基於此時遷轉模式的例證。《文苑英華》保存了孫逖起草的《授達奚珣中書舍人制》,其文曰:

> 敕朝議大夫守職方郎中兼試知制誥達奚珣,文學素優,忠勤克著,自經試用,備聞詳密。草奏南宮,已擅一時之妙;掌綸西掖,愈彰五字之能。宜就列於即真,俾正名於近侍。可守中書舍人,散官如故。①

制書載錄達奚珣官職比較詳細,與墓誌可相互參證,其以正五品下階的朝議大夫散官本品,擔任從五品上的職方郎中職事,可補墓誌散官之闕。"南宮"即尚書省,"西掖"即中書省,"宜就列於即真,俾正名於近侍",意謂達奚珣將正授中舍,由知制誥到專掌制誥。

關於達奚珣除拜中舍的時間,據《舊唐書·孫逖傳》可知,孫逖兩任中舍,開元二十四年(736)初拜中書舍人,後丁父憂罷官,二十九年(741)服闋復爲中書舍人,天寶五載(746)以疾改太子左庶子。② 又據張楚書信"官連兩載",似達奚珣居禮部員外兩載,從開元二十九年到天寶二年(達奚珣遷禮部侍郎之年,見下)爲禮侍恰兩載,二官之間尚有職方郎中之任,如此則爲禮部員外必在二十九年之前。而其後任職中舍時間尚不能探知。但據前引《張守珪墓誌》中達奚珣署銜"朝散大夫守中書舍人河南達奚珣",③則達奚珣之拜中舍至遲在開元二十八年(740)。

大約從開元二十年到二十八年的七八年間,達奚珣仕經御史臺、尚書省、中書省。升任監察御史伊始,達奚珣就已躋身令人企慕的清官之列,憑藉出色的辭賦能力,他又成爲唐前期罕見的郎官知制誥,隨後正授中舍,專掌王言,與皇帝關係愈加近密。三種官員分屬憲官、郎官和詞臣,都是常參官,能够定期朝參,御史和中舍又是充當皇帝侍臣的供奉官,職望清要。若不出意外,達奚珣再行遷轉,晉升高層,已是指日可待。

---

① 《文苑英華》卷三八二孫逖《授達奚珣中書舍人制》,第1948頁。
② 《舊唐書》卷一九〇中《孫逖傳》,第5044頁。
③ 《張守珪墓誌》所署散階朝散大夫,與《授達奚珣中書舍人制》所云朝議大夫不同。按,朝散大夫從五品下,朝議大夫正五品下,根據唐人"凡注官階卑而擬高則曰守,階高而擬卑則曰行"的稱謂通則,制書"守職方郎中"(從五品上)之"守"當作"行"。若按墓誌,散官作"朝散大夫",曰"守"正合,《文苑英華》似誤。

8. 墓誌云"拜禮部侍郎"

達奚珣除拜禮部侍郎,進入尚書省高層,相關史料較多,結合墓誌,試爲輯釋。孫逖起草的《授韋陟達奚珣等吏部侍郎禮部侍郎制》載曰:

> 門下冢卿、宗伯均國和人乃立,其貳非才莫可……中書舍人權知禮部侍郎上騎都尉達奚珣,忠公淑慎,白圭三復。各推邦直,皆擅詞雄,峻節彌高,清標不雜,頃膺時事之委,深得選賢之稱。如有所試,已副於僉諧;必也正名,宜光於并拜……珣可中散大夫守禮部侍郎,勛、封各如故。①

開元二十四年(736)以後禮部侍郎代替考功員外郎知貢舉,若以他官知貢舉往往須權知禮部侍郎銜,因此達奚珣以中書舍人本官權知禮部侍郎知貢舉。達奚珣在天寶二年(743)到五年間四知貢舉,②禮部試多在正月舉行,則其權知禮侍當在天寶二年年初,同年頒制正除。同時,達奚珣散官也升爲中散大夫(正五品上),勛官如故,仍爲上騎都尉(比正五品)。③ 天寶四載(745)九月玄宗御制石臺《孝經》碑,碑文後附朝官署名,有"中大夫行禮部侍郎上輕車都尉臣達奚珣"。④ 可知,在四載九月禮侍達奚珣散官已升中大夫(從四品下),勛官升上輕車都尉(比正四品)。⑤ 中舍除禮侍是玄宗時期中舍最主要的遷轉途徑,達奚珣此拜依然遵循着玄宗朝主流的升遷途徑。《與達奚侍郎書》所言"復考進士文策,同就侍郎廳房,信宿重闈,差池接席,掎摭之務,仰止彌高",即謂達奚珣知貢舉事。⑥

知貢舉期間,達奚珣發明"贖帖",方便選拔才能。"進士文名高而帖落者,時或試詩放過,謂之'贖帖'",⑦對那些擁有文才却在强調記憶的帖經環節落榜的舉子,放寬要求,予以通過,讓他們繼續試雜文和時務策,將進士考試制度作了調整,更有利於選拔真

---

① 《文苑英華》卷三八七孫逖《授韋陟達奚珣等吏部侍郎禮部侍郎制》,第 1975 頁。
② 《唐語林校證》卷八《補遺》,第 719 頁。
③ 《唐六典》卷二《尚書吏部》,第 41 頁;《舊唐書》卷四三《職官志二》,第 1822 頁,同;《新唐書》卷四六《百官志一》,第 1189 頁,作"視正五品",略同。《通典》卷四〇《職官二二·秩品五》,第 1088 頁,上騎都尉作正五品上;《舊唐書》卷四二《職官志一》,第 1794 頁,同。下面上輕車都尉各書記載差異,同上騎都尉。
④ 孫國棟:《唐代中書舍人遷官途徑考釋》,《唐宋史論叢》,第 91—146 頁。
⑤ (清)王昶編:《金石萃編》卷八七《石臺孝經》,載《石刻史料新編》第一輯第二册,臺北:新文豐出版公司,1982 年,第 1469 頁。
⑥ 《唐摭言》卷一一《怨怒》,第 502 頁。
⑦ 《封氏聞見記校注》卷三《貢舉》,第 16 頁。

正的才學之士。

科舉取士使得主司與舉子之間結成了座主門生關係,那麽座主達奚珣名下及第的舉子有哪些呢? 文獻明確記載的有喬潭和楊暄。

天寶三載拔舉進士喬潭。其《霜鐘賦并序》載:"南陽有豐山,山有鐘,霜降則鳴,斯氣感而應也。潭忝預少宗伯達奚公特達之遇,擢秀才甲科,庶幾人間有是譽處。然南陽則公隱居之舊也,故爲《霜鐘賦》,以廣知音……夫鐘之應霜也,應以無心;士之知已也,貴其知音。"①賦文以霜鐘爲喻,表達了喬潭對座主知遇之恩的感激。同時,賦文"南陽則公隱居之舊",揭露了一段達奚珣不爲史籍所載的早年嘗居南陽的經歷。此外,喬潭還曾爲達奚珣子達奚摯寫過《會昌主簿廳壁記》,其文曰:

> 會昌行在也,新邑作焉。主簿糾曹也,我公吏焉。公名摯字某,由秘書正字而拜……非鄭桓公之邁德,不存孝孫;非少宗伯之允文,不有令德……游泳恩波,膏沐聖澤,將濯軒拖紅,顧盼千里。豈俟辭蒲而階漸,我君子謂是言也。潭忝以詞賦,見知春官,欽惟教忠,即簿領之能事,敢序施政? 有門人之直詞,乙酉(天寶四載)歲杪,志於南軒之東壁。②

喬潭以"門人"自居,頌揚達奚摯政績的同時,再表對座主的感激之心。《廳壁記》寫於天寶四載(745)年末,達奚珣知貢舉在天寶二年到五年,又據《唐摭言》載"喬潭天寶十三年及第,任陸渾尉"③,可知"十三年"爲"三年"之誤。喬潭進士及第在天寶三載。

天寶四載冬拔舉明經楊暄。《明皇雜録》記載了一則楊國忠持勢威逼達奚珣擢拔其子楊暄明經及第的故事。其文曰:

> 楊國忠之子暄,舉明經,禮部侍郎達奚珣考之,不及格,將黜落,懼國忠而未敢定。時駕在華清宮,珣子撫爲會昌尉,珣遽召使,以書報撫,令候國忠,具言其狀。撫既至國忠私第……國忠謂其子必在選中,撫蓋微笑,意色甚歡。撫乃白曰:"奉大人命,相君之子試不中,然不敢黜退。"國忠却立,大呼曰:"我兒何慮不富貴,豈

---

① 《文苑英華》卷八〇喬潭《霜鐘賦并序》,第362—363頁。
② 《文苑英華》卷八〇五喬潭《會昌主簿廳壁記》,第4258頁。
③ 《唐摭言》卷四《師友》,第165頁。

藉一名,爲鼠輩所賣耶!"不顧,乘馬而去。撫惶駭,遽奔告於珣曰:"國忠持勢倨貴,使人之慘舒,出於咄嗟,奈何以校其曲直?"因致暄於上第。①

按,天寶六載(747)十月溫泉宮始更名華清宮,②《雜録》"華清宮"當作"溫泉宮"。天寶三載(744)十二月置會昌縣。③ 檢《舊唐書·玄宗紀下》,天寶三、四、五載玄宗遊幸溫泉宮均在十月至十二月間。④ 三載末會昌置縣時禮部試已結束,且達奚珣五載冬已不復知貢舉,因此,楊暄明經及第在天寶四載。另,楊國忠此時尚爲殿中侍御史,⑤非《雜録》所稱"相君"。天寶六載到十載間楊國忠由度支郎中充諸使,一路飛遷至領劍南節度,⑥權勢驟熾,十一載(752)即入相。在此暴貴情境之下,《雜録》因其筆記小説性質,錯將做相後的傲慢舉動安在尚爲侍御史的楊國忠頭上,對楊國忠的仗勢凌人作了渲染,但其中細節透露的歷史訊息,仍可以成爲分析楊暄及第、達奚珣知貢舉的依據。此外,唐代科舉文獻主要集中於進士科,涉及明經諸科的記載不多,楊暄四載冬舉明經可作爲明經考試時間的一個例證。

9. 墓誌云"遷吏部侍郎"

據《寇氏墓誌》,寇氏卒於天寶六載二月,同年七月歸葬邙山,墓誌銘由達奚珣親撰,署銜"通議大夫守吏部侍郎",可知達奚珣出任吏侍在五載年末六載年初,散官升通議大夫(正四品下)。達奚珣擔任吏侍還見諸其他詩歌和碑記資料,藉此我們可以略窺他在此期間的史迹。寇氏死後,王維爲其寫挽歌二首,其詞曰:

> 束帶將朝日,鳴環映牖辰。能令諫明主,相勸識賢人。
> 遺挂空留壁,回文日覆塵。金篦將畫柳,何處更知春。
>
> 女史悲彤管,夫人罷錦軒。卜塋瞻二室,行哭度千門。

---

① (唐)鄭處誨撰,田廷柱點校:《明皇雜録》卷上"楊暄恃父權明經及第"條,北京:中華書局,1994年,第13—14頁。

② 《唐會要》卷三〇《華清宮》,第651頁。

③ 《舊唐書》卷九《玄宗紀下》,第218頁;《新唐書》卷三七《地理志一》,第962頁,同。《舊唐書》卷三八《地理志一》,第1396頁,作"天寶二年",誤。

④ 《舊唐書》卷九《玄宗紀下》,第218—220頁。

⑤ 《唐會要》卷五九《尚書省諸司下·出納使》,第1202頁,載"(天寶)四載八月,殿中侍御史楊釗充司農出納錢物使"。

⑥ 嚴耕望:《唐僕尚丞郎表》,上海古籍出版社,2007年,第127—128頁。

愁日光能淡,寒川浪自翻。一朝成萬古,松柏暗平原。[①]

挽歌是哀悼死者的送葬歌曲,唱挽歌是古代葬禮中的重要儀式。其歌詞事先經文士寫就,由歌者於出殯當天列隊奏唱。而對官員來講,歌者人數視逝者品級而定,[②]體現了政治等級,是一種官方色彩濃厚的禮制活動。寇氏因夫而貴,以四品吏侍之妻封郡君,爲外命婦,死後由朝廷命時任庫部員外郎的詩壇名家王維撰寫挽歌,[③]備享哀榮。

此外,李頎也作有《達奚吏部夫人寇氏挽歌》一首,其詞曰:"存殁令名傳,青青松柏田。事姑稱孝婦,生子繼先賢。露濕銘旌重,風吹鹵簿前。陰堂從此閉,誰誦《女師》篇。"[④]開元末、天寶初,李頎的行迹大致在長安、洛陽兩地,[⑤]他至少在開元二十九年(741)或之前就在新鄉尉任,去職後就没有再遷他官,[⑥]官止新鄉縣尉。李頎與王維友善,[⑦]二人皆擅律詩,後世評唐七言律詩多王、李并稱。天寶六載李頎已經去官,或許因王維的關係,其爲寇氏撰挽歌。當然,還有一種可能,李頎與達奚珣本來就有私交,所以會爲朋友亡妻作挽歌。

同年,達奚珣兩次遊宴濟瀆,寫下《遊濟瀆記》和《宴濟瀆序》兩篇文章,幸賴碑石,文章得以流傳。此碑現存濟源濟瀆廟,一石作兩面刻,碑陽篆額"有唐濟瀆之記",下刻《遊濟瀆記》,隸書,碑陰刻《宴濟瀆序》,亦隸書,撰者皆署"吏部侍郎達奚珣",書丹皆署"右監門衛兵曹參軍薛希昌"。《序》後有濟源尉鄭琚作《濟瀆記後》,末題"有唐天寶六載冬十二月己未,朝議郎行濟源縣尉鄭琚建"。

爲論述之便,現將二碑文節錄如下,《遊濟瀆記》略云:

軹縣西北數十里,濟水出焉。稽乎舊章,可得而道。自河浮緑甲,帝命玄夷,疏甽澮而正乾綱,鏟林巒而通委輸……國家南正司天,北正司地。以爲百神授職,則陰陽無錯繆之灾;群望聿脩,水土得平均之序。欽若稽古,道豈虚行?閟宫有侐,象

<hr>

① (唐)王維撰,陳鐵民校注:《王維集校注》卷三《吏部達奚侍郎夫人寇氏輓歌二首》,北京:中華書局,1997年,第263—266頁。

② 《唐六典》卷一八《大理寺鴻臚寺》,第508頁。

③ 張清華:《王維年譜》,上海:學林出版社,1988年,第101—103頁。

④ (唐)李頎撰,王錫九校注:《李頎詩歌校注》卷三《達奚吏部夫人寇氏挽歌》,北京:中華書局,2018年,第587頁。

⑤ (元)辛文房撰,傅璇琮主編:《唐才子傳校箋》第一册,北京:中華書局,1987年,第355頁。

⑥ 胡可先:《出土文獻與唐代詩學研究》,北京:中華書局,2012年,第459頁。

⑦ 王維有《贈李頎》五言律詩,可爲證,見《王維集校注》卷三《贈李頎》,第266頁。

設如在……然後以諸侯之禮,禮而禩之……陽浦先春,草心方變。鮫岸猶冷,苔生未穠。①

《宴濟瀆序》略云:

> 新安主簿高侯,知名之士也,自角巾私第,屋多散逸,不遠伊爾,薄遊於畿。濟源宰寇公,此侯之舊也,乃昌言曰:"弊邑褊小,何以娛賓,是用戒朋,遊選休暇,總轡出郭,頓夫濟瀆焉……均禩典於通侯,蓋取諸此。然後命舟子爲水嬉,垂安流,窺洞穴……荷芰香而酒氣添濃,洲渚隱而榜歌聞曲。船移鳥下,岸静蟬鳴,沿流溯洄,坐得桃源之趣矣。况時當大夏,氣惟溽暑,沸海集陵,流金爍石。獨有兹地勢隔人寰,高樹森沉,窅若無日,脩竹陰映,蕭然納清,俳佪久之,體静心愜。思壯士以翻景,與諸公爲窮年。②

關於兩次遊宴的時間,《金石萃編》已有詳細辨證,考據精審,③值得信從。天寶六載正月,朝廷封濟瀆爲"清源公",立廟建祀,達奚珣此遊便發生在詔封之後,初春時節暢遊濟瀆,寫下《遊濟瀆記》。同年盛夏達奚珣與友朋新安主簿高侯、濟源令寇公一行,再遊濟瀆避暑,宴饗甚歡,寫下《宴濟瀆序》。

吏部銓選是唐代基層官吏選任的主要方式,④長官吏部尚書多由宰相兼領,通常祇負責銓選完成後最終的署名,"兵、吏尚書權位尤美,而宰臣多兼領之,但從容衡軸,不自銓綜,其選試之任皆侍郎專之,尚書通署而已"⑤,而侍郎是實際的董理者。那麼,吏侍達奚珣注擬和提拔的官吏有哪些? 史籍和相關墓誌明確記載的有盧巽、顏允南、樊系、徐浚和韓洄。

天寶七載(748)盧巽應銓選,達奚珣注擬汝陽主簿。《盧巽墓誌》云:"公弱冠明經

---

① 《金石萃編》卷八七《遊濟瀆記》,《石刻史料新編》第一輯第二册,第1477—1478頁。本《記》"帝命玄夷"句,原作"帝命廟諱夷",徑改。

② 《金石萃編》卷八七《宴濟瀆序》,第1478—1479頁。

③ 《金石萃編》卷八七《遊濟瀆記》《宴濟瀆序》之後所跋按語,第1479—1480頁。

④ 唐代官員的授官形式有四種:册授、制授、敕授、旨授。三品以上官册授,五品以上官制授,六品以下朝參官、供奉官敕授,其他六品以下官旨授。其中,祇有旨授屬於吏部銓選範疇。

⑤ 《通典》卷二三《職官五·尚書下·吏部尚書》,第629頁。

及第,因隨常調,侍郎達奚珣特賞書判,授汝陽縣主簿。"①據墓誌,盧巽卒於貞元七年(791),享年七十有一,可推其生在開元九年(721)。盧弱冠明經及第,唐制明經及第守選七年,②守滿後盧參加吏部常選,書判獲得達奚珣特賞,初授汝陽主簿,可知此次注官在天寶七載(721+20+7=748)。

天寶九載(750)達奚珣薦舉顔允南爲左補闕。《顔允南神道碑》載:"從調吏部,侍郎達奚珣以書判超等,薦爲朝廷左補闕。"③顔允南在吏部銓選常調中以書判超等的優異成績,受到吏侍達奚珣的薦舉,升遷左補闕。據《顔惟貞碑》(《顔氏家廟碑》)"達奚珣薦爲左補闕,真卿時爲殿中",④顔真卿天寶八載八月遷殿中侍御史,次年十二月升侍御史。⑤每年十月至來年三月吏部舉行銓選,據顔真卿官任,達奚珣之薦顔允南祇能在天寶九載。

天寶十載達奚珣注樊系洛陽縣尉。《太平廣記》引《定命録》記載了一則樊系參加銓選經過兩注縣尉與夢合纔去就任的奇異故事。其文曰:

> 員外郎樊系未應舉前一年,嘗夢及第。榜出,王正卿爲榜頭,一榜二十六人。明年方舉,登科之後,果是王正卿爲首,人數亦同。系又自校書郎調選,吏部侍郎達奚珣深器之。一注金城縣尉,系不受,達奚公云:"校書得金城縣尉不作,更作何官?"系曰:"不敢嫌畿尉,但此官不是系官。"經月餘,本銓更無闕與換,抑令入甲,系又不伏。其時,崔異於東銓注涇陽尉,緣是憂闕,不授。異,尚書崔翹之子。遂別求換一闕,適遇系此官不定。當日牓引,達奚謂云:"不作金城耶,與公改注了,公自云合得何官耶?"系云:"夢官合帶陽字。"達奚歎曰:"是命也。"因令唱示,乃涇陽縣尉。⑥

《登科記考補正》將王正卿、樊系登科之年系於開元十七年(729),⑦《定命録》所記乃是

<hr>

① 趙文成、趙君平編:《秦晉豫新出墓誌蒐佚續編》第四册杜賢《大唐故京兆府雲陽縣令盧府君(巽)墓誌銘并序》,北京:國家圖書館出版社,2015年,第950—951頁。

② 王勛成:《唐代銓選與文學》,第55—60頁。

③ 《全唐文》卷三四一顔真卿《正議大夫行國子司業上柱國金鄉縣開國男顔府君(允南)神道碑銘》,第3459頁。

④ 《全唐文》卷三四〇顔真卿《唐故通議大夫行薛王友柱國贈秘書少監國子祭酒太子少保顔君(惟貞)碑銘》,第3450頁。

⑤ 朱關田:《顔真卿年譜》,杭州:西泠印社出版社,2008年,第67、74頁。

⑥ 《太平廣記》卷二七七《夢二·樊系》,北京:中華書局,1961年,第2200頁。

⑦ 《登科記考補正》卷七,第260頁。

樊系進士及第完成守選之後，解褐校書郎，秩滿參加常調。檢《唐僕尚丞郎表》，崔翹天寶七載至九載爲禮部尚書，①卒年尚居是官。《定命録》書"尚書崔翹"而不書"前尚書崔翹"，因可推知樊系注官蓋在此間。據崔異爲父崔翹所書丹的墓誌，崔異是崔翹第四子，崔翹卒時異官金城縣尉，②又據《崔異墓誌》，其縣尉履歷祇有金城、洛陽二尉，而且墓誌由從父兄崔巨撰寫，信實可靠，③由此可證《定命録》"涇陽"當作"洛陽"。結合墓誌和《定命録》此事情節大致應是：崔異金城尉任滿，此官遂闕，因有樊系金城尉之注，而樊系注官金城却不授，適逢崔異洛縣尉任上丁父憂，罷職居喪，樊系得而注之。崔翹卒於九載十二月三日，位於銓選選限之内，加之樊系首注不伏，再注方就，注擬頗有遷延，其注官必在十載春。賴由崔翹、崔異墓誌所載二人的職官履歷，可以推知達奚珣爲樊系注官事在天寶十載。

此外，達奚珣擢拔徐浚，在其吏侍任上爲之注官。徐浚是蕭、代時期大手筆和著名書家徐浩兄長，其墓誌即由徐浩撰寫，《徐浚墓誌》曰："府君諱浚……府君即銀青光禄大夫、洺州刺史諱嶠之府君之元子……吏部侍郎席公（豫）、苗公（晉卿）、達奚公，皆縣衡激揚，膝席禮接，良有以也……春秋五十八，天寶十載四月十一日，遘疾終於馮翊官舍。"④達奚珣爲徐浚注官時間當在十載以前，但不能確知，故附於此。

天寶十一載（752），達奚珣仍在吏侍任上，署授韓洄章懷太子陵令。《韓洄行狀》載："京兆府萬年縣芙蓉鄉龍游里韓洄年六十三（卒）……未弱冠，以門蔭補弘文生。滿歲參調，侍郎達奚珣矯枉過正，以地望降資，署章懷太子陵令。且將察其詞氣，以爲銓藻。公恬然受署，初無愠容……以貞元十年（794）二月九日，寢疾終於昌化里之私第。"⑤唐制規定"凡生，限年十四以上，十九以下"，⑥韓洄未弱冠即以門蔭充補弘文館

---

① 嚴耕望：《唐僕尚丞郎表》，第127—128頁。新出的《崔翹墓誌》亦可支持嚴氏考證，見《全唐文補遺》第九輯崔至《唐故銀青光禄大夫禮部尚書上柱國清河縣開國男贈江陵郡大都督諡曰成崔府君（翹）墓誌銘并序》，第368—370頁。

② 《全唐文補遺》第九輯崔至《唐故銀青光禄大夫禮部尚書上柱國清河縣開國男贈江陵郡大都督諡曰成崔府君（翹）墓誌銘并序》，第370頁。

③ 齊運通編：《洛陽新獲七朝墓誌》二七七崔巨《唐故朝議郎使持節渠州諸軍事守渠州刺史仍知本州團練守捉使賜緋魚袋崔君（異）墓誌銘并序》，北京：中華書局，2012年，第277頁。

④ 吳鋼主編：《全唐文補遺》第八輯徐浩《唐故朝議郎行馮翊郡司兵參軍徐府君（浚）墓誌銘并序》，西安：三秦出版社，2005年，第62—63頁。

⑤ （唐）權德輿撰，郭廣偉校點：《權德輿詩文集》卷二〇《唐故大中大夫守國子祭酒潁川縣開國男賜紫金魚袋贈户部尚書韓公（洄）行狀》，上海古籍出版社，2008年，第311—315頁；《新唐書》卷一二六《韓洄傳》，第4439頁，略同。

⑥ 《新唐書》卷四四《選舉志上》，第1160頁。

生徒。據韓洄母《柳氏墓誌》,韓洄學成,應制經明行修科,"經明高第",①隨即授官,柳氏死於天寶七載(748)八月,意味着韓洄至遲在此年已制舉登科并授官。其後"滿歲參調",例行銓選常調,被吏侍達奚珣署授從八品下的章懷太子陵令,開元時居官以四考爲滿,因此韓洄至遲在十一載考滿參調。通過韓洄官歷的最晚任期,可以推知天寶十一載達奚珣仍在吏侍任上。

10. 墓誌云"出爲滑州刺史。遷荆州長史"

達奚珣外任刺史和長史不見載於其他文獻,誌文可補史之闕。按兩《唐書》書法,僕尚丞郎出任節度、觀察、刺史曰"出爲"。② 滑州在户口層面屬上州,③上州刺史從三品。在重京官輕外任,遷官不能祇看官品的唐代,六品員外郎、五品郎中常與四品中、下州刺史相互遷轉,其中又以郎官外任刺史爲常見,從而形成了一種官場理念——以入朝任品卑的郎官爲榮耀,相反出任外州刺史則視爲貶官。④ 吏侍居六部侍郎之首,正四品上,地位尊顯,達奚珣由之出任從三品的滑州刺史,毫無疑問被視爲貶官。繼而又遷荆州長史,荆州爲五大都督府之一,從三品,長史屬府州上佐,與前官品階同。開元時期的兩位重要政治人物張説和張九齡都曾有荆州長史的經歷,⑤不同之處在於他們是從中央貶地方,而達奚珣却是地方間的遷調。唐代上佐雖然品位頗崇,但并無具體職務,是備貶謫、寄俸禄、位閑員的差事,⑥因此,達奚珣由刺史遷長史,看似平調,實則奪權,仍屬於貶官地方的延續。那麽,達奚珣緣何遭貶?

藉助筆記小説保存的記聞,或能窺見一點蛛絲馬迹。前引《明皇雜録》楊暄考明經事,面對楊國忠持勢倨貴,達奚珣以禮侍之尊還要蒙受楊國忠的謾駡凌辱,無奈屈於權勢祇得奏署楊暄上第,有怒不敢發,心中的憤懣可想而知,而這勢必會惡化兩人的關係。天寶十一載(752)十一月中書令李林甫去世,楊國忠接任其職成爲宰相,秉掌機衡,前

---

① 關於韓洄應制,見《唐故相韓公夫人河東郡夫人柳氏墓誌》,筆者所據墓誌係趙占鋭、呼嘯:《唐宰相韓休及夫人柳氏墓誌考釋》所附録文,《唐史論叢》第二十三輯,西安:三秦出版社,2016年,第249—268頁;墓誌録文又見陝西省考古研究院:《西安郭莊唐代韓休墓發掘簡報》,《文物》2019年第1期,第4—43頁。

② 嚴耕望:《唐僕尚丞郎表》,"凡例"第2頁。

③ 唐州郡按户口數分上、中、下三級,《舊唐書》卷四四《職官志三》,第1917頁,載"國家制,户滿四萬已上爲上州"。同書卷三八《地理志一》,第1436頁,載"(滑州)天寶户七萬一千九百八十三"。因此,滑州在户口層面屬上州。

④ 賴瑞和:《唐代中層文官》,第183—195頁。相關研究又見孫國棟:《唐代中央重要文官遷轉途徑研究》,第54—60頁;劉詩平:《唐代前後期外内官地位的變化——以刺史遷轉途徑爲中心》,《唐研究》第二卷,北京大學出版社,1996年,第325—345頁。

⑤ 《新唐書》卷一二五《張説傳》,第4407頁。《舊唐書》卷九九《張九齡傳》,第3099頁。

⑥ 嚴耕望:《唐代府州僚佐考》,《嚴耕望史學論文集》第一册,上海古籍出版社,2009年,第339—348頁。

揭達奚珣此年仍爲吏侍,或許就在此時,楊藉機將與之關係不睦的達奚排擠出朝。因個人恩怨遭貶外職,這段不遂心的從政經歷很容易招致達奚珣對唐廷的不滿,爲其日後投陷安史埋下了伏筆。長安淪陷後,同時陷僞的高官諸如陳希烈、張均、張垍無不如此,皆因罷職貶官,觖望不平,這點下文還要再行討論。

11. 墓誌云"拜正議大夫、河南尹、上柱國、南陽縣開國子,食邑七百户"

據墓誌,天寶十四載(755)六月,達奚珣遷河南尹。本品由通議大夫(正四品下)升正議大夫(正四品上),職事則由從三品的荊州長史升從二品的河南尹,勛、封也有了不同程度的晉升,并賜予食邑。但達奚珣的河尹經歷并不順利,與當時的國家形勢息息相關。

三、達奚珣陷僞與被殺史事考辨

十四載十一月安禄山稱兵幽州,疾速南下。慌亂之中,玄宗急召封常清,委以御史大夫,馳赴洛陽,募兵東討。《舊唐書・李憕傳》載:"玄宗遣安西節度封常清兼御史大夫爲將,召募於東京以禦之。(東都留守)憕與留臺御史中丞盧奕、河南尹達奚珣,綏輯將士,完繕城郭,遏其侵逼。"[1]特派專員封常清與東都官員達奚珣、李憕、盧奕一同,倉促趕築起洛陽的臨時防禦工事。承平日久,人不知戰,安史所及之處,軍民望風披靡,不足一月既已從靈昌郡渡過黃河,隨後陳留、滎陽郡相繼陷落,直逼洛陽。河南戰事吃緊,洛陽岌岌可危,人心惶惶,引觸了洛陽官場不利於達奚珣的通敵流言。《達奚珣墓誌》云:

> 其年冬,安禄山叛逆,或稱河尹之拜出自禄山。府君正直剛簡,性不苟合,不自意遭此謗讟,陳狀於御史大夫封常清,請詣闕待罪。常清不然其言,遂以所陳狀奏聞。不愈信宿,俄有制稱:"達奚珣此拜,簡在朕心,如聞東京官寮妄云禄山薦用,以此疑懼,是何道理? 宜即依舊知事。"詔書既至,衆議冰消。

安史亂起,"或稱河尹之拜出自禄山"流言背後,似乎透露出達奚珣與安禄山存在舊誼。但情況是否果真如此呢?

其實,就在當年七月達奚珣剛沮破了一起安禄山想藉獻馬圖謀作亂的計劃:

> 七月,禄山又請獻馬三千匹,鞍轡百副,每匹牽馬夫二人,令蕃將二十二人部

---

① 《舊唐書》卷一八七下《李憕傳》,第4888頁。

送，載物長行，車三百乘，每乘夫三人。河南尹達奚珣奏："禄山所進鞍馬不少，又自將兵來，復與甲杖庫同行，臣所未會，伏望特敕，禄山所進馬，官給人夫，不煩本軍遠勞。將健所進車馬，令待至冬既先後遥遠，計驢矣。"玄宗稍悟。乃遣中使馮承威齎璽書，召禄山曰："與卿修得一湯，故令召卿至，十月朕御於華清宫。"兼宣如達奚珣之策。禄山聞命曰："馬不進，亦得十月灼然入京。"[①]

達奚珣的奏疏讓玄宗意識到安禄山叛亂的苗頭，其建議被玄宗采納。這個反例恰恰説明達奚珣與安禄山并無私誼，所謂的官場流言，是安史方面爲快速攻克洛陽而施的離間之計，意欲從高層入手，對東都官進行内部瓦解，以擾亂洛陽秩序，從而争取投靠勢力，爲安史所用。

在安禄山之反成爲既定事實後，任何與叛逆者的關聯，哪怕僅僅是流言，都可能被放大，徑起的傳聞直指達奚珣潛通叛逆，這是不可饒恕的重罪。被設計離間、身陷通敵謡言的達奚珣，當然視此爲别有用心的"謗讟"。

爲化解輿論危機，使玄宗辨明真相，達奚珣以退爲進，向鎮遏東都兼御史大夫的封常清陳狀，"請詣闕待罪"，企求獲得朝廷信任。然而封常清不然其言，甚至一度"欲殺珣，恐應賊，憖、奕諫止之"，[②]二人爆發了激烈的衝突。特派官封常清的地位儼然凌駕於原來東都官之上，玄宗這種叠床架屋式的戰時人事安排導致文武、主客官僚間的矛盾激化。[③] 大敵當前，東都政局存在顛覆的危險，玄宗要做的是息弭紛争，穩定人心，因而迅速下制，讓達奚珣"宜即依舊知事"，保證其政治地位，以消解和澄清洛陽官場的疑慮與傳聞。

但史實告訴我們，達奚珣最終還是投靠了安史，那麽他選擇投僞的原因何在？或者説，是哪些因素推動了他的這種選擇？或許我們可以從安禄山稱兵的理由尋找答案。楊國忠與安禄山素有矛盾，史稱"國忠知其（安禄山）跋扈，終不出其下，將圖之，屢於上前言其悖逆之狀……及見國忠用事，慮不利於已……禄山惶懼，遂舉兵以誅國忠爲名"[④]，安禄山起事放出的理由就是誅除楊國忠。如前所述，達奚珣又與楊國忠不和，因此楊國忠是二人共同的政敵，這極有可能讓二人結成一種政治上的親近關係，促使達奚珣與安

---

① （唐）姚汝能撰，曾貽芬點校：《安禄山事迹》卷中，北京：中華書局，2006 年，第 93—94 頁。《新唐書》卷二二五上《安禄山傳》，第 6416 頁，略同。

② 《舊唐書》卷二〇〇上《安禄山傳》，第 5370 頁。

③ 仇鹿鳴：《一位"貳臣"的生命史——〈王仙墓誌〉所見唐廷處置陷僞安史臣僚政策的轉變》，《文史》2018 年第 2 輯，北京：中華書局，2018 年，第 43—70 頁。

④ 《舊唐書》卷一〇六《楊國忠傳》，第 3245 頁。

禄山的合作。此外,離間計造成的聲譽影響,以及由此暴露的東都複雜的人事關係,多少會在達奚珣心裏産生不被信任的隔閡,他對唐廷或許已不再執著,而是心懷芥蒂,觀望時變,隨着洛陽攻陷,即倒向安史軍團。

亂前與宰相楊國忠的個人恩怨爲達奚珣陷僞埋下了伏筆,而戰時洛陽敵方離間招致的潛通流言,以及不合理的人事安排所激發的權力衝突,則加劇了達奚珣轉投安史的速度,最終驅使他投靠安史陣營。

關於達奚珣陷僞,筆記小説偶有隱晦表達,《酉陽雜俎·壼史》載:"王皎先生善他術,於數未嘗言。天寶中,偶與客夜中露坐,指星月曰:'時將亂矣。'爲鄰人所傳。時上春秋高,頗拘忌。其語爲人所奏,上令密詔殺之……皎先與達奚侍郎來往,及安史平,皎忽杖屨至達奚家,方知異人也。"[1]揆諸史實,安史初平、收復兩京伊始,達奚珣就以陷僞被殺,暴露了故事情節的荒誕離奇,但達奚珣與言亂術士交往,無形當中會讓人聯想到他陷僞的歷史。

安史兵起,大量唐官相繼陷僞,有些出於被迫脅從,而有些則是主動投靠,達奚珣便屬於後者。天寶十五載(756)正月,安禄山建國號爲燕,改元聖武,官僚任命仿玄宗之制,開天時侍中、中書令常攝宰相,安禄山亦以二職爲宰相。建號之初,做相者有:侍中陳希烈和達奚珣,中書令張均、張垍和張通儒。[2] 五人當中,張通儒被安禄山倚爲腹心,[3]屬安史"元從"。其餘四人都是唐廷高官,在楊國忠主政後皆遭排擠,陳希烈罷相失恩,"心頗怏怏",[4]張均、張垍入相無望"意常鬱鬱",[5]他們對當權是不滿的,所以投

---

① (唐)段成式撰,許逸民校箋:《酉陽雜俎校箋》前集卷二《壼史》,北京:中華書局,2015年,第236頁。

② 《資治通鑑》卷二一七唐肅宗至德元載正月乙卯條,第6951頁,"禄山自稱大燕皇帝,改元聖武,以達奚珣爲侍中,張通儒爲中書令",據同頁所附《通鑑考異》載:"禄山以達奚珣爲侍中,張通儒爲中書令。《幸蜀記》云以珣爲左相,通儒爲右相。今從《實録》。"可知《通鑑》本自《肅宗實録》,按天寶元年改"侍中"爲"左相","中書令"爲"右相",至德二載復舊。《肅宗實録》由元載監修,成書於代宗時,所書乃回改後的名稱,而《幸蜀記》屬當時實録。《安禄山事迹》卷下,第101頁,"改元曰聖武元年,置丞相已下官……以達奚珣爲侍中";《舊唐書》卷一〇《肅宗紀》,第247—248頁,載"陷賊官僞署侍中陳希烈、中書令張垍等三百餘人素服待罪";《舊唐書》卷一二〇《郭子儀傳》,第3452頁,"僞侍中陳希烈、中書令張垍等三百餘人素服請罪";《舊唐書》卷二〇〇上《安禄山傳》,第5371頁,"達奚珣已下署爲丞相";《新唐書》卷二二五上《安禄山傳》,第6418—6419頁,"達奚珣爲左相,張通儒爲右相";《舊唐書》卷九七《陳希烈傳》,第3059頁,"與張垍、達奚珣同掌賊之機衡";《資治通鑑》卷二一八唐肅宗至德元載六月戊申條,第6980頁,"禄山以希烈、垍爲相";《舊唐書》卷九七《張均傳》,第3058頁,"受僞命爲中書令";《新唐書》卷一二五《張均傳》,第4411頁,同;《舊唐書》卷九七《張垍傳》,第3059頁,"垍與陳希烈爲賊宰相",《新唐書》卷九七《張垍傳》,第4412頁,同。由上可知,做相者有陳希烈、達奚珣、張均、張垍、張通儒五人。

③ 《新唐書》卷二二五上《安禄山傳》,第6416頁。

④ 《舊唐書》卷九七《陳希烈傳》,第3059頁。

⑤ 《舊唐書》卷九七《張均傳》,第3058頁。

靠安史是主動的。根據前揭達奚珣的經歷，可知他的降偽也是主動的。從四人身份看，陳希烈以玄學文辭見寵，做相在楊國忠之前，張均、張垍乃張説之子，張垍更是玄宗駙馬，隆寵無兩，達奚珣歷職清望，資任頗高。彼時的唐廷高官貴戚，此時被安禄山委以宰相，不啻粉飾門面，亦欲假藉他們的重臣身份作招徠之用，以收買人心。但對於安禄山來説，四人是變節的唐臣，却非"元從"嫡系，況且達奚珣、陳希烈時已垂垂暮年，精力不怠，①不可能進入安史政權的核心。

　　至德二載（757）正月，安禄山被殺，安史内部發生分裂，挫敗了戰亂初期以來叛軍的迅猛勢頭。唐廷方面，自立靈武的肅宗與南奔成都的玄宗形成"二元格局"，爲擴大權威，獲得政治合法性，肅宗志在收復兩京，以之作爲平叛的中心任務。② 因此，李唐一方能够集中兵力着手克復，兩京得以迅速回歸，九月癸卯（二十八日）收復長安，③十月壬戌（十八日）收復洛陽。④ 史載"曾未逾年，載收京邑，書契以來，未有克復宗社若斯之速也"。⑤

　　兩京初復，消弭安史叛亂、重塑李唐正統，是時值亂世的唐廷亟待解決的首要問題，圍繞如何處置陷偽官員，統治高層展開了激烈的討論。肅宗力主嚴用刑名，極懲偽官，近臣吕諲、崔器之倫"希旨深刻"，深受見用，⑥公卿署名而已。⑦ 與此同時，左僕射郭子

---

　　① 據《達奚珣墓誌》，達奚珣死年六十八，可知投偽時年六十七。據《陳希烈墓誌》載"使八十之年，遭遇否理"，見吳鋼主編：《全唐文補遺》第七輯《大唐故左相兼兵部尚書集賢院學士崇玄館大學士上柱國許國公陳府君（希烈）墓誌》，西安：三秦出版社，2000年，第393頁。

　　② 任士英：《唐代玄宗肅宗之際的中樞政局》，北京：社會科學文獻出版社，2003年，第279頁。

　　③ 《舊唐書》卷一〇《肅宗紀》，第247頁。

　　④ 《舊唐書》卷一〇《肅宗紀》，第247頁；《資治通鑑》卷二二〇，唐肅宗至德二載十月壬戌條，第7041頁，同。《新唐書》卷六《肅宗紀》，第159頁，載"壬子，復東京，慶緒奔於河北。興平軍兵馬使李奂及慶緒之衆戰於武關，敗之，克上洛郡"，將收復洛陽系於壬子（八日），誤。據《資治通鑑》卷二二〇，唐肅宗至德二載十月壬子條，第7037頁，載"壬子，興平軍奏：破賊於武關，克上洛郡"。新紀誤將收復上洛與洛陽系於一天。

　　⑤ 《舊唐書》卷五〇《刑法志》，第2151頁。

　　⑥ 肅宗靈武即位後，吕諲奔赴行在，因"靈武元從功臣"李遵的驟薦，"帝深遇之，超拜御史中丞，進奏無不允從"。崔器陷没安史，却仍爲唐守土，其後奔赴靈武，"器素與吕諲善，諲引爲御史中丞，兼户部侍郎"，之後吕諲又"驟薦器爲吏部侍郎、御史大夫"，因爲與吕諲的私誼，崔器得以急速升遷。吕諲和崔器都是戰亂當中赴靈武擁護肅宗的功臣，被肅宗視爲近臣；外加吕諲"勤於吏職"，崔器"有吏才"，皆是幹吏，深受肅宗見用。見《舊唐書》卷一八五下《吕諲傳》，第4823—4824頁；《新唐書》卷一四〇《吕諲傳》，第4649頁，同；《舊唐書》卷一一五《崔器傳》，第3373—3374頁；《新唐書》卷二〇九《崔器傳》，第5918頁，略同。同時，據《吕諲墓誌》，吕諲被肅宗視爲"侍臣"，恩寵惠及親屬，享受父母贈官、二子授官的優遇，見周紹良、趙超主編：《唐代墓誌彙編續集》乾元〇〇八《唐贈鴻臚卿先府君（吕藏元）墓誌銘并序》，第680頁。

　　⑦ 《舊唐書》卷五〇《刑法志》，第2151頁。

儀、御史大夫李峴、侍中苗晉卿則主張從寬處置。① 其中又以李峴最具代表性，李峴認爲，在安史尚未徹底平定以前，應視陷僞涉事首從、情節輕重區別對待，否則盡行誅戮是堅叛逆之心。② 但皇帝的意志顯然左右了策略的制定，克復初期的僞官處置政策是在嚴懲基調下進行的，肅宗特設三司使五人，委派御史臺、刑部、大理寺長官聯名出掌，推鞫陷僞官。政策驅動之下，歸唐的投僞者被押解於朝堂和京兆府廨前，强迫"免冠徒跣"，令百僚駐集圍觀，以示棄辱。陳希烈這樣的前朝重臣更是難逃其罰，以致人滿爲患，"獄中不容"。③

與陳希烈同時被鞫問的就有達奚珣，"受賊僞署左相陳希烈、達奚珣等二百餘人并禁於楊國忠宅鞫問"。④ 安史之亂波及廣泛，"爲賊所污者半天下"，⑤陷僞官人數衆多，導致獄中不容，因而專辟楊國忠舊宅作爲審訊地點。⑥ 達奚珣被官方定性爲變節的罪人，政治高壓之下，一般人避之尚且不及，唯恐與之牽連。但此前被提拔的盧巽卻在這時專程探望了遭到衆棄的達奚珣，《盧巽墓誌》載曰：

> 旋河洛寇覆，逃名山林。及攙搶滌除，脅從比屋。時達奚珣僞授宰相，寘于徽纆，人懼法網，莫敢謁問。公感一言之重，徑造圜扉，叙之以艱厄，贈之以縞紵。珣曰："僕托身非據，自陷刑典，知音掃迹，誰肯見哀。忽辱厚貺，死生佩服，雖欒向之報遇，何以加此。"⑦

① 《安禄山事迹》卷下，第101頁，載："初，汾陽收東都後，差人送僞朝士陳希烈等三百五十餘人赴京，兼奏表請從寬恕以招來者三表。"《全唐文》卷三二一李華《唐丞相故太保贈太師韓國公苗公（晉卿）墓誌銘》，第3253頁，載"乾元二年（誤，此事在'至德二載'），元凶授首，陳希烈等四十八人議在殊死，公抗疏上論，以四方猶虞，罪當寬宥。三司質定，其事不行"；《新唐書》卷一四〇《苗晉卿傳》，第4643—4644頁，載"朝廷欲論陳希烈等死，晉卿曰：'陛下得張通儒、安守忠、孫孝哲等，何以加罪？'帝不從"；《新唐書》卷一二五《張均傳》，第4411頁，載"（房琯）乃見苗晉卿，營解之（張均）"。又《安禄山事迹》卷下，第101頁，載"太師房琯曰：'張均欲往賊所，望五陵涕泣而不忍去也。'遂減死一等，流於崖（洲）[州]"，亦是一證。
② 《舊唐書》卷一一二《李峴傳》，第3345頁；（唐）胡璩撰，陶紅雨整理：《譚賓録》卷一，陶敏主編：《全唐五代筆記》第二册，西安：三秦出版社，2012年，第1224—1225頁，同。
③ 《舊唐書》卷五〇《刑法志》，第2151頁。
④ 《舊唐書》卷一〇《肅宗紀》，第249頁。
⑤ 《資治通鑑》卷二二〇，唐肅宗至德二載九月條，第7037頁。
⑥ 位於宣陽坊的楊國忠舊宅嘗被作爲囚禁、審問陷僞官的臨時地點，王維等人也曾囚禁於此，見《明皇雜録》卷下，第27—28頁，載："安禄山之陷兩京，王維、鄭虔、張通皆處於賊庭。洎克復，俱囚於宣陽里楊國忠舊宅。"
⑦ 《秦晉豫新出墓誌蒐佚續編》第四册杜賢《大唐故京兆府雲陽縣令盧府君（巽）墓誌銘并序》，第951頁。據誌文署名，撰者杜賢乃盧巽外甥。

“圓扉”指監獄，盧巽爲報知遇之恩，特去獄中探視達奚珣，與他身陷图圄的境況吻合。《盧巽墓誌》不惜筆墨，特將此細節完整收録，這在祇有短短數百字的誌文中十分顯眼，到底有何蘊意？筆者認爲，除去藉此稱頌墓主德行之外，還與當時的社會現狀有關，安史之亂給經歷者留下深重的記憶，對中下層官吏盧巽來説自然也是如此。同時，朝廷對“脅從比屋”爲數衆多的僞官嚴肅處理，所謂“人懼法網，莫敢謁問”即是時局緊張態勢的反映，盧巽冒險方纔達成此事，必定印象深刻，死後也不忘將它由親屬寫進墓誌。

稍後，肅宗采納了李峴的建議，三司使推按依具體情形，分六等定罪，對陷僞官進行裁決，“重者刑之於市，次賜自盡，次重杖一百，次三等流、貶”，①處罰依舊嚴厲。十二月庚午（十五日）制的下達，宣布了達奚珣的死亡。制曰：

> 人臣之節，有死無二；爲國之體，叛而必誅。況乎委質賊廷，宴安逆命，靦受寵禄，淹延歲時，不顧恩義，助其効用，此其可宥，法將何施？達奚珣等或受任台輔，位極人臣；或累葉寵榮，姻聯戚里；或歷踐臺閣，或職通中外。夫以犬馬微賤之畜，猶知戀主；龜蛇蠢動之類，皆能報恩。豈曰人臣，曾無感激？自逆胡作亂，傾覆邦家，凡在黎元，皆含怨憤，殺身殉國者，不可勝數。此等黔首，猶不背國恩。受任於樞機之間，咨謀於豺虎之輩，靜言此情，何可放宥。達奚珣等一十八人，并宜處斬；陳希烈等七人，并賜自盡；前大理卿張均特宜免死，配流合浦郡。②

制書以凌駕於個體之上的姿態，措辭嚴厲，以訓誡口吻强調忠君理念，闡發君臣之義，對僞官進行了强烈譴責，言辭之間充斥着不容辯駁的政治權威。最終，達奚珣作爲罪重的典型，被斬於皇城内西南隅的“獨柳樹”。③ 臨刑，肅宗還特令文武百官前往觀看，希望

---

① 《資治通鑑》卷二二〇，唐肅宗至德二載十二月條，第 7049 頁。

② 《舊唐書》卷一〇《肅宗紀》，第 250—251 頁；《唐大詔令集》卷一二六《處置受賊僞官陳希烈等詔》，第 679—680 頁，略有差異。此外，史籍關於罪重者的判決，記載有異：《資治通鑑》卷二二〇唐肅宗至德二載十二月壬申條，第 7049 頁，略同舊紀庚午制。《舊唐書》卷五〇《刑法志》，第 2151 頁，將罪重者分三等，共計 39 人：達奚珣等 11 人伏誅；陳希烈、張垍、郭納、獨孤朗等 7 人賜自盡；達奚摯、張峘、李有孚、劉子英、冉大華等 21 人決重杖死。張均免死，配流合浦郡。《新唐書》卷五六《刑法志》，第 1416 頁，略同舊志。兩《唐書·刑法志》較舊紀處斬人數减少，但增列重杖人數。《安禄山事迹》卷下，第 101 頁，載“達奚珣、珣子摯、薛曉（一作皢）、韋恒、韓澄、井大通、丹〔冉〕大華、劉子英罪當大辟。陳希烈、張均、門山之、郭納、許彦嵩并賜自盡”，則具列受刑人姓名，但不載人數，且姓名與兩《唐書》《通鑑》所載頗有差異。差異固然存在，但我們不能忽略這樣一個事實：達奚珣皆位列各種處罰判決名單之首或者“等”字之前，是作爲無法略去的典型代表，出現在不同記載當中的。

③ 《舊唐書》卷一〇《肅宗紀》，第 251 頁。關於“獨柳樹”位置的考述，見趙望秦：《“獨柳樹”地點考實》，《中國歷史地理論叢》1999 年第 1 期，第 173—180 頁；徐樂帥：《斬於獨柳考》，《中國史研究》2002 年第 4 期，第 60 頁。

通過監斬重罪典型以行警戒,足見朝廷嚴懲陷僞官的强硬態度。據《達奚珣墓誌》,長子亭山縣令達奚摯也"同時獲戾","於京兆府門決重仗死"。①

關於達奚珣之死,其墓誌却呈現出迥異於史傳的另一種説辭:

> 居無何,戎羯充斥,洛城陷没。官軍敗喪,節使逃亡。竄身無路,遂被拘執。積
> 憂成疾,日益衰羸。孰謂寰寓再清,素誠莫達,享年六十八,以至德二年十二月廿九
> 日,奄棄孝養。

投陷安史是唐官政治生涯的污點,尤其是對受唐恩禄的大員達奚珣來説,將這段不光彩經歷諱莫如深,唯恐述及,自然不會出現在虚美隱惡的墓誌當中。這點在其誌文中體現得十分明顯,"竄身無路,遂被拘執",假言脱身無路,被拘脅從,并因此憂疾而終,使得達奚珣出任僞職、歸唐被殺的史實被完全掩飾。關於達奚珣的死亡時間,史書有十二月二十七日和二十九日兩種記載,②參墓誌可以明確斷定,達奚珣死於至德二載十月二十九日。對於仕僞的隱諱,同樣見於陳希烈的墓誌。

> 嗟乎太師! 屬元凶放命,大□滔天,剥喪鴻猷,棟折壞壞。不然者,我太師侍講
> 紫極,清論皇風,厠張禹、胡廣之儔,曷足爲盛。嗚呼! 使八十之年,遭遇否理,爲述
> 何伊,且封且樹,略誌伊何,或當永固。刊彼爵里,記之云爾。③

誌文對墓主陷僞亦未明言,祇是透過"不然者"後的轉折,纔可略揣其中的隱情。從形式上看,誌題一般皆作"某某墓誌銘并序",陳希烈誌題無"并序"二字,而且此誌連銘文也索性省掉,這在序文紀事、銘文頌功的墓誌銘文體中,是十分反常的。其中的意圖也很明顯,通過簡約形式來縮略文字,以免暴露陷僞之事。此外,還有一個細節值得關注,

---

① 《舊唐書》卷五〇《刑法志》,第2152頁。《安禄山事迹》卷下,第101頁,載"帝曰:'珣、摯父子同刑,人所不忍。'降摯一等,囚於所司",與舊書、墓誌所載不同。

② 《舊唐書》卷一〇《肅宗紀》,第251頁,載斬達奚珣在十二月庚午(二十七日)。《新唐書》卷六《肅宗紀》,第160頁,載在十二月壬申(二十九日);《資治通鑑》卷二二〇,唐肅宗至德二載十二月壬申條,第7049頁,同。與墓誌合。

③ 《全唐文補遺》第七輯《大唐故左相兼兵部尚書集賢院弘文館學士崇玄館大學士上柱國許國公陳府君(希烈)墓誌》,第393頁。誌文"厠"釋作"則",誤,據王仁波主編:《隋唐五代墓誌匯編》陝西卷第一册《陳希烈墓誌》,天津古籍出版社,1991年,第152頁,所示拓片圖録,徑改。

《陳希烈墓誌》載:"初,太師疋亞太原夫人王氏,逝於是邦,尋卜塋洛陽邙山甑之原,有歲矣。今第二子前太僕、少府少監汭,從遠卜年,議兆將宅,啓輀自鎬,合祔于兹,在宜矣。以永泰二年秋七月甲寅朔十三日景辰吉窆穸,禮也。"[①]陳希烈被殺之後,并没有立即下葬邙山,而是權葬在長安西近的鎬。《達奚珣墓誌》:"嗟乎,覆燾誠不合容,既沐恩宥,式營宅兆。以大曆四年十一月八日,并夫人襄城郡君上谷寇氏,合祔於邙山北原,禮也。"想必達奚珣死後也是采取了先行權葬的方式。待安史之亂平復,嚴懲政策發生轉向,僞官或已成爲歷史的永泰、大曆時期,二人方纔歸葬洛陽與亡妻合祔。所謂"既沐恩宥"即是僞官政策轉向的反映。

僞官受到嚴懲之下,達奚珣等四人的結局以被殺或流放收場,但他們死亡的時間和地點却出現相關文獻記載互異、同一文獻前後矛盾的亂象,較爲明顯的是《肅宗紀》《刑法志》公布的判決名單與人物列傳、筆記小説的差異。比如陳希烈自盡的地點,兩《唐書・陳希烈傳》言其"賜死于家",而兩《唐書・刑法志》《資治通鑑》言其"於大理寺獄賜自盡"。[②] 尤其是張均、張垍的結局差異頗大,舊書《肅宗紀》《刑法志》兩《唐書・張均傳》載張均"免死配流合浦郡";而柳珵《常侍言旨》韋絢《戎幕閒談》《資治通鑑》俱言張垍長流嶺表、張均棄市,與《舊唐書・刑法志》言張垍大理寺獄賜自盡,兩《唐書・張垍傳》言"死於賊中"不同。[③] 前述兩《唐書・肅宗紀》《達奚珣墓誌》在達奚珣的死亡時間,以及《安禄山事迹》《舊唐書・刑法志》《達奚珣墓誌》關於達奚摯的結局也都存在差異。一般認爲,《舊唐書》德宗以前部分,本紀多取國史和實録,列傳取自國史中的舊有列傳、實録人物小傳及征集到的私家傳狀和譜牒,諸志取自國史舊志、《六典》《通典》《會要》及諸司檔案。[④]《新唐書》文簡事增,在舊書基礎上兼采筆記小説、奏議雜文而成。而國史列傳和實録人物小傳則又源自更原始的行狀、家傳、譜牒、碑誌等私家史傳。

---

① 《全唐文補遺》誌文"尋"釋作"爲","永泰二年秋七月"釋作"三年後七月",據拓片圖録,徑改。

② 《舊唐書》卷九七《陳希烈傳》,第3059頁;《新唐書》卷二二三上《陳希烈傳》,第6350頁。《舊唐書》卷五〇《刑法志》,第2152頁;《新唐書》卷五六《刑法志》,第1416頁;《資治通鑑》卷二二〇,唐肅宗至德二載十二月壬申條,第7049頁。

③ 《舊唐書》卷一〇《肅宗紀》,第251頁;《舊唐書》卷五〇《刑法志》,第2152頁;《舊唐書》卷九七《張均傳》,第3058頁;《新唐書》卷一二五《張均傳》,第4411頁;《安禄山事迹》卷下,第101頁,載張均流於崖州。(唐)柳珵撰,陶敏整理:《常侍言旨》,《全唐五代筆記》第一册,第790—791頁;(唐)韋絢撰,陶敏整理:《戎幕閑談》,《全唐五代筆記》第二册,第928頁;《資治通鑑》卷二二〇唐肅宗至德二載十二月壬申條引,第7049頁。《舊唐書》卷五〇《刑法志》,第2152頁;《舊唐書》卷九七《張垍傳》,第3059頁;《新唐書》卷一二五《張垍傳》,第4412頁。

④ 黄永年:《唐史史料學》,北京:中華書局,2015年,第9—12頁。關於《舊唐書》諸志取自國史舊志的觀點,見賈憲保:《從〈舊唐書〉〈譚賓録〉中考索唐國史》,《古代文獻研究集林》第一集,西安:陝西師範大學出版社,1989年,第145—146、155頁。

上述幾人的列傳當亦復如此。因爲史源不同而導致上引本紀、列傳、筆記小説記載的差異。所以，這些文本亂象是采擇史源本身導致的差異，差異背後反映的可能是嚴懲僞官境遇下，死者家屬爲回護陷僞者而與朝廷周旋做出的努力，可以説本質體現了政府和民間、官方與私家在人物評價話語權上的博弈。

達奚珣死後，關於他的故事仍在上演。兩《唐書·崔器傳》都收録了一則酷吏崔器因大量屠戮陷僞官，遭受現世報，被死去的達奚珣索命的異事。[1] 成書於開成、會昌間的《譚賓録》對此事記載最爲詳細。載曰：

> 唐肅宗收復兩都，崔器爲三司使，性陰刻樂禍，殘忍寡恩，希旨深文，奏陷賊官據合處死……守文之吏，不識大體，累日方從峴奏，陳希烈已下定六等科罪。吕諲驟薦器爲吏部侍郎、御史大夫。器病脚腫，月餘漸亟，瞑目即見達奚珣，但口稱："叩頭，大尹，不自由。"左右問之，良久答曰："達奚尹訴冤，我求之如此。"經三月不止而死。[2]

《譚賓録》《舊唐書》多取材於國史，[3]因此《譚賓録》所載代表的是官方立場，崔器死於上元元年（760）七月，就在當年閏四月己卯（十九日）肅宗頒布《改元上元赦》，"其與逆賊元謀及脅從受驅使、懼法來降并潛藏不出者，已頻處分，但能歸順捨罪，除元惡之外，一無所問。其史思明必能改圖，束手來款，亦當洗其瑕釁，議以勛封"[4]，相較之前的嚴懲已有很大緩和。這個故事表現出朝廷對崔器等嚴懲政策執行者的批評，暗示着處置僞官的策略轉向。

早年仕途順利，晚年官場失意是達奚珣政治生涯的寫照，晚年失意致使達奚珣主動投附安史，除却前述幾點推動因素之外，是否還有其他原因，讓這位二品大員置名節於不顧，甘身陷僞？ 達奚珣以年近七旬的老邁之軀，脱逃不便，委身安史，這是實情也是客觀現狀，不可否認。但抛去個人因素，似可從更廣闊的社會背景中去探尋，或與當時的社會風氣、社會觀念有關。"忠"在時人的認知和實踐裏，即是對君主有限的責任與義

---

① 《舊唐書》卷一一五《崔器傳》，第 3374 頁；《新唐書》卷二〇九《崔器傳》，第 5918 頁。
② 《譚賓録》卷一，《全唐五代筆記》第二册，第 1224—1225 頁。
③ 賈憲保：《從〈舊唐書〉〈譚賓録〉中考索唐國史》，《古代文獻研究集林》第一集，第 157—164 頁。
④ 《唐大詔令集》卷四《改元上元赦》，第 22 頁。

務,在"君父""家國"發生衝突時,士人往往并不以國家爲先。① 經過安史之亂時代巨變的衝擊,爲重建國家權威和思想秩序,儒學發生轉變,開始强調忠孝等道德内涵,②但那是中唐時期的變化,就達奚珣陷僞當時而言,文士是普遍缺乏"忠"的概念的。前引《盧巽墓誌》達奚珣獄中所言"托身非據,自陷刑典,知音掃迹,誰肯見哀",并没有表現出他對委身變節、不忠唐廷的悔恨之意,"自陷刑典,知音掃迹,誰肯見哀",反倒更像是對托付不明、命運不濟的自嘲,這放在當時忠君觀念不凸顯的社會風氣之下也就容易理解了。

結　語

現存文獻中的達奚珣記載零星而散亂,令讀史者聞其名却未詳其事。正史中他是叛唐投僞的"貳臣",這是唐廷嚴懲陷僞政策對史書塑造的結果。長久以來官方檔案固化了我們的認知,其實,陷僞之外達奚珣作爲見載於史的人物,擁有豐富的官場履歷和人生經歷。基於此,本文藉助墓誌出土帶來的契機,參以傳世文獻,力求突破對達奚珣的慣有印象,還原一位政治人物完備的職業歷程,梳理如下:

達奚珣富有文采,長於應試,兩應制舉,一登科目選,先後在各類考試中及第登科,爲我們提供了一個唐代科場得意舉子的成功範本。睿宗朝達奚珣進士及第,開元初解褐縣主簿,開啓了基層文官生涯。此後十幾年間,輾轉河北、關中及河南,歷仕緊縣、望縣、畿縣和京縣,在縣官系統内單一、逐次而穩步地晉升。開元後期,達奚珣入職臺司,出任御史,侍行供奉,躋身清要。由外任轉京官,完成邁向中層文官的跨躍。繼而遷任禮部、兵部前行二司郎官。他憑藉出色的文辭駕馭能力,以郎官知制誥,宣掌王言,這在唐前期是極爲少見的。至遲在開元末,達奚珣已正授中書舍人。從開元初解褐入仕,至天寶初佐貳禮部,在邁向政治高層之前,達奚珣的政治履歷充實完整,時間横跨整個開元時代,歷經三十年,遷除没有滯礙,一路職列清顯。其中層官歷,集中體現了玄宗時期文官遷轉的主要路徑。天寶前期連任禮侍、吏侍高官,爲國家科舉人才,銓選官吏,走向他政治生涯的頂峰,史載稍備。若按正常遷轉,達奚珣很可能成爲宰相。但是,突如其

---

① 仇鹿鳴:《一位"貳臣"的生命史——〈王伾墓誌〉所見唐廷處置陷僞安史臣僚政策的轉變》,第 67 頁。關於魏晉、唐代的忠孝觀念,可參唐長孺:《魏晉南朝的君父先後論》,《唐長孺文集》第二册《魏晉南北朝史論拾遺》,北京:中華書局,2011 年,第 235—250 頁;朱海:《唐代忠孝問題探討——以官僚士大夫階層爲中心》,《武漢大學學報(人文社會科學版)》2000 年第 3 期,第 394—398 頁。

② 咸曉婷:《中唐儒學變革與古文運動嬗遞研究》,杭州:浙江大學出版社,2016 年,第 36—72 頁。

來的安史之亂終止了達奚珣的晉升之路。戰時身陷離間謠言,以共同的反楊立場,憑藉資歷,在高齡脱身不便,文士普遍缺乏忠君觀念的情況下,達奚珣主動投靠安史陣營,出任侍中,可謂曲折地實現了入相之望。隨着兩京迅速收復,達奚珣首當其衝,成爲唐廷嚴懲陷僞政策的典型,被當作警示的罪魁,斬於"獨柳"之下。

達奚珣政治生涯四十餘年,歷官一十七任,其中唐廷十六任,安史方面一任。在出刺滑州以前,他的官任特别是中高層官任,都遵循着當時仕途暢達者的主流軌迹,十分典型。同時,單一的縣官遷轉模式、罕見的以郎官知制誥則又體現了達奚珣個案在當時特殊的一面。總之,作爲個案,達奚珣的官歷向我們完整地展示了玄宗朝文官的遷轉模式。通過梳理,我們對達奚珣一生至少是政治生命,有了一個較爲全面的勾勒。

附記:本文在寫作和修改過程中曾蒙俞鋼、侯曉晨等師友及匿名評審專家提出寶貴意見,在此誠致謝忱!

《魏晉南北朝隋唐史資料》第四十七輯
2023 年 5 月,178—206 頁

遷假、罰奪與國用：唐代官員俸禄的
實際支給與財政用度

吴姚函

　　唐代官員的俸禄制度是職官制度、財政制度中較爲成熟和完善的部分。唐代官員的俸禄可分爲官禄、俸料、職田、力役四大類。以往的研究集中於從制度層面研究俸禄的變化,①但對官員俸禄的一些細項規定,以及實際支給情況關注較少。俸禄本身納入財政體系中,作爲財政收支的調節手段,其作用也有待關注。因此,筆者將從職内變動(遷轉、請假)、官員獎懲(奪禄、罰俸)、財政用度三個方面,來分析唐代官員俸禄的實際支給情況,并探究俸禄的賞罰機制和財政調節作用。

一、職内變動：遷轉與請假下的俸禄支給

　　唐代官員俸禄支給的時間很明確：官禄以"年"計,一年分春、秋兩給;俸料以"月"支給;職田按陸田、稻田的期限來給;力役若納資代役,多按月給。但是官員一般不能保證一年所有期限都在職位之上,在任期之内,一般會有一些變動,比如遷轉、請假,這些情況下,俸禄也要隨之變動。

---

　　①　俸禄研究,俸料錢研究最多,如陳寅恪：《元白詩中俸料錢問題》,《清華學報》1935 年第 4 期,第 877—886 頁。〔日〕築山治三郎：「唐代官僚の俸禄と生活について」,『京都府立大學學術報告. 人文』第 14 卷,1962 年 10 月,第 43—57 頁。閻守誠：《唐代官吏的俸料錢》,《晉陽學刊》1982 年第 2 期,第 23—30 頁。劉海峰：《唐代官吏俸料錢的財政來源問題》,《晉陽學刊》1984 年第 5 期,第 90—91 頁;《論唐代官員俸料錢的變動》,《中國社會經濟史研究》1985 年第 2 期,第 18—29 頁;《唐代俸料錢與内外官輕重的變化》,《廈門大學學報(哲學社會科學版)》1985 年第 2 期,第 106—114 頁。還有職田,如李文瀾：《唐代職田的淵源及其演變》,《中國古代史論叢》第 3 輯,福州：福建人民出版社,1982 年,第 42—73 頁。齊陳駿：《簡述敦煌、吐魯番文書中有關職田的資料》,《中國史研究》1986 年第 1 期,第 40—50 頁。翁俊雄：《唐代職分田制度研究》,《北京師範學院學報(社會科學版)》1990 年第 4 期,第 78—86 頁。另外,一些財政史、制度史專著也對俸禄有整體研究,如康明光：《唐代財政史新編》,北京：中國財政經濟出版社,1991 年,第 72—90 頁。李錦綉：《唐代財政史稿》上册,北京大學出版社,1995 年,第 805—850 頁;《唐代財政史稿》下册,北京大學出版社,2001 年,第 784—786,850—853,896—904 頁。黃惠賢、陳鋒：《中國俸禄制度史》,武漢大學出版社,2005 年,第 175—246 頁。

(一)"上日"原則：新舊遷轉中的俸禄支給

首先,遷轉,也就是官員上任之後,任期還沒有滿一個月(月俸)或者半年(年禄),突然升遷到其他官職。這種情況該如何給俸禄?《唐六典》記載了一條準則："即遷官者,通計前禄以充後數。"①"計前禄"與"充後數"該如何理解?《夏侯陽算經》(唐《韓延算經》)一則材料可以幫助我們理解:

> 今有縣令每月課料七貫三百六十一文、五分二氂。尋即交承,舊官任六日,新官任二十四日。問新、舊官各得幾何?答曰:舊官得一貫四百七十二文三分四氂,新官得五貫八百八十九文二分一氂六毫。術曰:置錢數以三十日爲法,除之得一日之錢二百四十五文三分八氂四毫。六因之,得舊官數。又八因之,得新官數。②

縣令的每月課料(俸料錢)爲 7 361.52 文。這個月內,舊任官任職 6 天即遷走,新官任 24 天。這裏的演算法,就是以 30 天爲計,舊官天數三十分之六,課錢占總數的 1/5,新官天數三十分之二十四,課錢占總數的 4/5。這樣可算得舊官本月實際課錢爲 1 472. 304 文,新官本月課錢 5 889. 216 文。

算經舉的這個分俸料錢的例子告訴我們,在實際的情況中,爲了保證新舊官各自獲得應得俸禄,官員俸禄是按日計算的。新官"上日",對分別計算新舊官的俸禄,極爲重要。光宅元年(684)十月二十日的敕文,體現了官員的俸禄"據上日給"的具體要求:

> 諸內外官,禄、料、賜會二事已上,皆據上日給。新授官未上,所司及承敕使差充使者,禄料并考第,一事已上,并不在與限。如別敕應差使者,京官以敕出日,外官以敕符到日爲上日。若新授外仍直諸司者,上日同京官。即舊人應替,先別敕定名,充使未迴,兩應給而無正課料者,以當處官料充。職田據新人上日爲斷,不別給舊人。因使應別給者,經一季雖未了,不在給限。其制敕授官,雖敕符先到未上者,舊人無犯,不在停限。③

---

① 《唐六典》卷三《尚書户部》,北京:中華書局,2014 年,第 84 頁。
② 錢寶琮點校:《算經十書》,《夏侯陽算經》卷中《分禄料》,北京:中華書局,1963 年,第 578—579 頁。
③ 《唐會要》卷九〇《內外官禄》,上海古籍出版社,2006 年,第 1956 頁。

此段涉及到內外官的祿料、會賜、職田、出使者的祿料，又涉及到官員"上日"的計算方法。筆者試圖列表以示區別。

表一　唐代官員"上日"支給俸祿情況表

給受官員	具 體 情 況	官祿、俸料	會賜	職田
內外官		二事已上，據上日給		新人上日給 舊人不別給
	新授外官，仍直京城諸司	上日：同京官		
	制敕授官，敕符先到，新人未上任	舊人給，不在停限		
充使者（本司、承敕）	新授官未上，使者差事	祿、料并考第。一事已上，不在給限		經一季（三月）未止，不在給限
別敕出使者	上日：京官以敕出日。外官以敕符到日			
	充使未迴，兩應給而無正課料	出使之地官料充		

其一，"上日"作何解。"上日"即爲內外官上任之日。若是別敕出使之人：京官出使，以敕出（敕下）之日，爲上任之日；外官出使，以接收到敕符之日，爲上任之日。在新人正式上任以前，舊人是在任的。若新授外官，仍在京城諸司直事，上任之日與京官敕出之日相同。不僅是上日與京官相同，連祿米等級也不降。"上日"之所以重要，是因爲"仍以上日在後者爲新人"，[1]官方以"上日"來區別新任官（新人，新授官）與舊任官（舊人，前官）。

其二，支給俸祿的安排。"上日"給俸祿是基本原則，即所謂"計日給祿"。（1）內外官從上任之日起，開始給祿、料、會賜。如果是制敕授官，敕符已經先發下去了，但是新官由於各種原因，還沒有上任，那麼舊任官繼續給俸祿，不需要停止。這符合了《夏侯陽算經》的分法，即新任舊任按天數分給。（2）在新官未上任之前，被差去充使的人（本司派遣、承皇帝敕派遣），祿料與考課掛鉤，如果充使之事與本官相同，就不需要再多給。出使之人爲什麼要計算上任之日？因爲上日對出使之人的俸祿同樣重要，他們

---

① 《唐會要》卷六〇《御史臺上》，第1232頁。

的俸禄也按上日給，而且路途中要給差旅、食宿費。①（3）職田的支給也是"上日"原則，新任官從上任之日起，開始給職田。舊任官原有的職田被收回，不別給。當然舊任官有了新的職事，自然以新的職事來給新的職田。如果官員出使，一季（三個月）都還没回來，也不用給職田。

文書、墓誌中的實例，可以體現"上日"原則在官員遷轉中的具體施行情況。

首先是"上日"給官禄。官禄的基本規定是："春、夏二季則春給之，秋、冬二季則秋給之。"②實際支給也是如此，比如玄宗天寶四載（745），P. 3348 背《天寶四載河西豆盧軍和糴會計牒》③記載，河西豆盧軍和糴倉支給副使李景玉給"春夏兩季禄粟壹伯貳拾碩"，兩季的禄粟共給 120 碩（石）。P. 2803 背《唐天寶九載八月至九月敦煌郡倉納穀牒》④第 11 件，更是體現了"上日"原則：

6	右都計納粟伍伯三拾肆碩。
7	同日出粟三拾肆碩，給縣令韋謨。八月廿日上後禄。空
8	牒件如前、謹牒。
9	天寶九載九月十二日　　　　　史　　索秀玉牒
10	史　　陰詔隱
11	主簿攝司倉　蘇　［汪］
12	司　馬　呂　［隨仙］
13	長　史　姚　［光庭］

韋謨從 8 月 20 日上任，到 9 月 12 日給官禄，共 24 天，任期未滿一個月，因此秋冬季給禄的總數，不能按照半年的全禄來計算。

對於這段材料的給禄計算，李錦綉的解析是：（1）34 碩粟，按米、粟折算（米：粟＝1：0.6），得 20.4 碩（石）米；（2）從 7 月 1 日開始計算，韋謨 8 月 20 日上任，秋冬季 180 天，共缺任 50 天；（3）若韋謨以職事品給禄，按照《唐天寶令式表殘卷》的

①　關於唐代官員出使供給等相關問題，筆者另文討論。
②　《唐六典》卷三《尚書户部》，第 83 頁。《通典》卷三五《職官十七・俸禄》，第 962 頁。
③　〔日〕池田温：《中國古代籍帳研究・録文》，北京：中華書局，1984 年，第 466 頁。唐耕耦、陸宏基：《敦煌社會經濟文獻真迹釋録》（一），北京：書目文獻出版社，1986 年，第 433 頁。
④　《中國古代籍帳研究・録文》，第 476 頁。

禄令,①上縣令(從六品下)按照年禄米額爲 85 石。減去 50 天,折算出來,韋謨應給禄 36.6 石米,但是韋謨祇得到 20.4 石;(4)經過更多計算,她認爲韋謨通過本品從九品 (外官 47.5 石)給禄,纔能算出約等於 20.4 石的實際支給。② 筆者經過核算,認爲如果 按此演算法,分母應是 180 天而非 360 天,正確公式爲:

從六品給禄:$\dfrac{85}{2} - 42.5 \times \dfrac{50}{180} \approx 30.69$(石)

從九品給禄:$\dfrac{47.5}{2} - \dfrac{47.5}{2} \times \dfrac{50}{180} \approx 17.15$(石)

因此折算出來不符合實際情況。

筆者試圖從"上日"原則來計算,精確到更具體的天數,并提出不同的解析和計算方式:

(1)以 9 月 12 日秋冬季官禄的支給日爲標準,則其覆蓋的給禄時間範圍爲 7 月 12 日到來年 1 月 12 日。(2)天寶九載,縣令韋謨 8 月 20 日上任爲"上日",到來年 1 月 12 日,秋冬季共計 144 天。(3)若以韋謨的職事品(85 石)給禄,則公式爲:

從六品給禄:$\dfrac{85}{2} \times \dfrac{144}{180} = 34$ (石)

這一數字正好與韋謨的 34 碩完全吻合。韋謨不僅以縣令的職事品給禄,③而且按照禄額本身的 85 石所給,并未以米、粟折價。因此,筆者認爲"上後禄"的計算,按照"上日"原則,就能解釋韋謨官禄的支給問題。④

其次,"上日"給職田。官員通過職田獲取收入的時間,跟官員上任的時間、田的種類有關。《田令》規定:

> 凡給職分田,若陸田限三月三十日,稻田限四月三十日,以前上者,併入後人;以後上者,入前人。其麥田以九月三十日爲限。⑤

---

① 《唐天寶令式表殘卷》(P.2504),劉俊文:《敦煌吐魯番唐代法制文書考釋》,北京:中華書局,1989 年,第 357 頁。
② 李錦繡:《唐代財政史稿》上册,北京大學出版社,1995 年,第 809 頁。
③ 唐代是否一直是以本品給官禄,也有待再探。
④ 當然,筆者認爲還有一種不按"上日"的情況,那就是前人常忽略的,此郡倉文書有一個前提條件"納粟伍伯三拾肆碩",納粟總計 534 碩,亦可能是倉史直接將零頭部分 34 碩粟給了縣令韋謨。
⑤ 《唐六典》卷三《尚書戶部》,第 76 頁。《天聖令·田令》復原《唐令》亦有此條。

爲什麼跟田的種類有關？因爲這決定了什麼時間作物成熟,官員能有職田收入。比如敦煌吐魯番文書一般是六月、十二月交納地租。陸田,三月三十日以前上任,那六月的職田收入給後人(新任官),以後上任,六月職田收入給前人(舊人、前官)。

這就是爲什麼吐魯番文書中那麼多給"前官"送職田地子的原因,因爲新官上任時間晚于授田限期,所以職田收入就給了"前官"。比如阿斯塔納 337 號墓文書記載:永徽二年八月廿四日,武城鄉的范阿伯(租佃職田的百姓)向前官高柱仁、左相□兩人,交納了水頭麥"肆斫半"。① 因爲是麥田,九月三十日爲限,因此職田地子給了前官。還有同墓,□□元年三月,范阿伯給前官令狐懷熹、令狐□達兩人,交納了"莉薪一車"。② 因此官員獲取職田收入,同樣與"上日"有關。

"上日"原則,在唐中後期依然施行,官員據上日給俸料。

贞元十二年十一月敕:"嶺南黔中選,舊例補注訖,給票放上。其俸除手力、紙筆、團除、雜給之外,餘并待奏申敕到後,據上日給付。"③

南選"是唐朝中央在嶺南、黔中等地區實行的一種特殊的選官制度"。④ 嶺南黔中選補使的俸料(除手力、紙筆、雜給外)都是上奏申請。敕符到日爲上日,支付俸料。這一條完全符合唐前期外官出使以"敕符到日"爲上日的要求。手力、紙筆、雜給,都是他在出使嶺南公事,由當地提供支用。

此外,還有"計日授俸"的實例。比如《楊漢公墓誌》記載,宣宗時期,楊漢公"復授同州刺史。到郡計日受俸,生生之具,不取於官"。⑤ 另外,白居易在東都任職時:"俸隨日計錢盈貫,禄逐年支粟滿囷。洛堰魚鮮供取足,遊村果熟饋争新。……點檢一生徼幸事,東都除我更無人。"⑥"既無可戀者,何以不休官。一日復一日,自問何留滯。爲貪逐

---

① 《唐永徽□年前官高柱仁等領范阿伯納二年水頭麥抄》,國家文物局古文獻研究室等編:《吐魯番出土文書》第五册,北京:文物出版社,1983 年,第 113 頁。

② 《唐□□元年前官令狐懷熹等領范阿伯送莉薪抄》,《吐魯番出土文書》第五册,第 114 頁。

③ 《唐會要》卷七五《南選》,第 1622 頁。

④ 王承文:《唐代"南選"與嶺南溪峒豪族》,《中國史研究》1998 年第 1 期,第 89 頁。

⑤ 咸通 008《唐故銀青光禄大夫、檢校户部尚書、使持節、鄆州諸軍事、守鄆州刺史,充天平軍節度,鄆、曹、濮等州觀察處置等使,御史大夫、上柱國,弘農郡開國公,食邑二千户弘農楊公墓誌銘并序》,周紹良、趙超主編:《唐代墓誌彙編續集》,上海古籍出版社,2001 年,第 2385 頁。

⑥ (唐)白居易著,顧學頡點校:《狂吟七言十四韵》,《白居易集》卷三七,北京:中華書局,1979 年,第 847 頁。

日俸,擬作歸田計。"①這兩首詩亦可旁證"計日"授俸。

可見官員升遷、出使都是遵循"上日"原則,發放官禄、俸料,獲取職田地子收入。

(二)《假寧令》之外的請假俸禄支給

官員除了遷官會影響任期,還有就是請假。按照唐代《假寧令》,唐代官員應該放什麽假、假期是多少,是有明確規定的,除了法定假日,包括一些事假,比如婚假、親人喪假等。甚至對於不同類型的請假,有確定的期限。《天聖令·假寧令》唐5條:"諸京官請假,職事三品以上給三日,五品以上給十日。以外及欲出關者,若宿衛官當上五品以上請假,并本司奏聞……私忌則不奏。其非應奏及六品以下,皆本司判給;應須奏者,亦本司奏聞。"②京官方面,三品以上的職事官可以請假三日,五品以上可以請假十日,六品以下,由本司判給假期時限。宿衛官的請假,特殊情況需奏聞。這些假被稱之爲"公廨假""工假"。

按理説,在請假期限之内回到任上,就不會扣俸禄。但是如果生病嚴重,超過期限,或是有事未回,違反了期限呢?

首先,授官之後,因生病而未上任,是没有俸料的。但病好了之後,可以按"上日"之例開始給俸料。憲宗元和十二年(817)敕:"工部尚書邢士美,以疾未任赴京,宜就東都將息。疾損日赴任,其料錢準上官例,令有司支給。"③邢士美在授工部尚書以後,因爲生病,没能去京城上任,而是在東都洛陽養病。由於他没到長安赴任,所以是没有"上日"的,禄料按上日給,所以這時候他没有俸料。何時纔有呢? 病好了之後上任,料錢就按照官員"上日"之例支給,所在官司支給。

但是有時候皇帝也允許帶薪休病假。穆宗長慶元年(821)敕:"司徒兼中書令韓宏,疾未全平,尚須在假將息。其俸料宜從敕下日,便令所司支給。"④韓宏在憲宗、穆宗兩朝兩次任中書令,再任中書令之時還在生病休假,因此皇帝允許俸料從敕頒布之日開始給,所在官司支給,符合了京官以"敕出日"爲上日的原則。

其次,生病是依然可以任官的,即白居易詩中所言的"養病未能辭薄俸,忘名何必

① (唐)白居易:《自詠五首》,《白居易集》卷二一《格詩歌行雜體》,第463頁。
② 天一閣博物館、中國社會科學院歷史研究所天聖令整理課題組校證:《天一閣藏明鈔天聖令校證:附唐令復原研究》下册,北京:中華書局,2006年,第325頁。
③ 《唐會要》卷九一《内外官料錢上》,第1974頁。
④ 《唐會要》卷九二《内外官料錢下》,第1977頁。

入深山"。① 但是如果久病，未在任上視事，就停止發俸料。憲宗元和十年（815）十二月敕："新授右散騎常侍任迪簡、秘書少監獨孤郁等，如聞疾患日久，未在視事，其俸料等，宜令所司住給。"②任迪簡爲義武軍節度使，元和三年（808）患病，"以疾代，除工部侍郎，至京，竟不能朝謝。"③不能視軍，不能朝謝，病得失去了行動能力。獨孤郁元和九年（814）生病，任秘書少監。④ 兩人都是任上未視事一年及以上，所以停止支給俸料。

停止支給俸禄之後，一般而言官員也無衣食之憂，因爲之前的俸禄還未用完，即有"餘俸"。比如吏部侍郎韓愈在長慶四年，因病還在告官時期寫詩："我云以病歸，此已頗自由。幸有用餘俸，置居在西疇。囷倉米谷滿，未有旦夕憂。"⑤不僅有餘俸，還有囷滿的禄米，每日南溪泛舟，在因病告官期間的生活還是比較滋潤的。可惜不久就去世了。

如果皇帝對某位官員十分恩寵，就算生病告官，也會以本官發俸料。開成四年（839）二月詔："司徒兼中書令裴度，盛有勛烈，累任臺衡。以疾恙未任謝上，須加優異，用示恩榮。其本官俸料，宜起今日，便付給所司。"⑥開成二年（837）五月，文宗認爲裴度雖然足疾但還沒老，讓裴度兼任太原尹、河東節度使，替他"卧鎮北門"，裴度以老疾不願領兵，但還是被促令上路。開成三年（838）冬天在東都養病。開成四年正月，文宗讓他回京兼任中書令，詔"其本官俸料，宜自計日支給"，⑦派太醫親自看病，遣中使給裴度賜御詩，結果一到府第，裴度就病逝了。文宗以爲對裴度的榮寵不夠，導致他數次謝任，還破格讓他本官領俸料。

然後，如果在京諸司六品以下的官員，請假去了外地，超期未歸，本任職事官就會停給料錢。開成二年八月，"户部侍郎李珏奏：'京諸司六品以下官，請假往外府，違假不到，本官停給料錢。'敕旨：'違限停俸料，餘依準令式。'"⑧官員請假去外地，與出使去外地不同，出使有糧料、差旅費作爲保證，是公費且合乎令式的。但是請假去外地，按照令式，六品以下的時限是本司判定的。因此開成二年規定，如果京司六品以下官，請假超

---

① （唐）白居易：《詠懷寄皇甫朗之》，《白居易集》，第 777 頁。

② 《册府元龜》卷五〇七《邦計部·俸禄三》，北京：中華書局，1960 年，第 6087 頁。

③ 《舊唐書》卷一八五下《良吏傳下》，北京：中華書局，1975 年，第 4829 頁。

④ 《舊唐書》卷一六八《獨孤郁傳》，第 4381 頁。

⑤ （唐）韓愈：《南溪始泛三首（此詩乃長慶間以病在告日所作）》，《全唐詩》卷三四二《韓愈》，北京：中華書局，1960 年，第 2521 頁。

⑥ 《册府元龜》卷五〇七《邦計部·俸禄三》，第 6091 頁。

⑦ 《舊唐書》卷一七〇《裴度傳》，第 4432 頁。

⑧ 《唐會要》卷九二《内外官料錢下》，第 1978 頁。

過了時限,違假不到,就規定停發俸料。

到了宣宗,更是規定了州縣官的請假期限,以及給代任判官的課料。大中四年(850)正月敕:"設官分局,各有主張,其於在公,責辦斯切。諸州府及縣官,到任已後,多請遠假,或稱周親疾病,或言將赴婚姻,令式既有假名,長吏難爲止遏。遂使本曹公事,并委北廳,手力俸錢,盡爲己有,勤勞責罰,則在他人。須有條流,俾其兼濟。其諸州府縣官,如請公廨假故一月已下,即任權差諸廳判官,一月已上,即準勾留例。其課料等,據數每克二百文,與見判案官添給。"①

可以看出,唐中後期州縣官上任後,常常鑽《假寧令》的空子,有的請周親疾病探親假,有的請婚假,這種情況長吏難以遏制。而且這些請假的官員,將公曹事務托付給判官,手力、俸料收入歸自己所有,辦事責罰是他人來擔。這樣極大地影響了州縣行政效率,傷害了認真辦事官員的積極性。所以這次敕文規定諸州府縣官請假的細則。如果州縣官請公廨假(工假),一個月以下,就把權力交給本司判官,如果超過一個月,就把州縣官原本應得的課料錢,每貫抽 200 文,也就是俸料的 20%,添給現任的判官。

因此,官員遷官、出使,都遵循"上日"原則發放俸禄。而請假,具體情況具體分析。一般休規定的公廨假,是有期限規定的。授官還未上任就生病,或者在任生病,可以帶薪休假,但是久病不視事會停給俸料,但有時在皇帝恩寵之下,繼續以本官支給俸料。唐中後期明確規定,京官請假去外地,超期未回,停給俸料。州縣官請公廨假,一月以下,把事務實權交給判官,一月以上,就在扣俸料的 20%給判官,以加強對請"非實"之假,實領俸錢手力的州縣官的物質懲罰,提高行政效率和任職的積極性。

二、官員獎懲:"前考後禄"與"未考而罰"

在實際中,官員雖任同一官職,但最終領到的俸禄也不一定會相同。這是因爲有奪禄、罰俸的情況出現。漢代至魏晉南北朝,考課逐漸形成九等之制,北魏時期確定三等九品的考課等第,考課與俸禄制聯繫起來,爲西魏、北周、隋、唐所繼承。② 唐代

---

① 《册府元龜》卷五〇八《邦計部·俸禄四》,第 6095 頁。《舊唐書》卷十八下《宣宗本紀》,第 626 頁。
② 關於北魏考課等第以及與俸禄的關係,見戴衛紅:《北魏考課制度研究》,中國社會科學院博士學位論文,2006 年,第 93—99 頁。王東洋:《魏晉南北朝考課制度研究》,華東師範大學博士學位論文,2007 年,第 71—102 頁。

有一套完整的官員考核制度,唐代官員考課方面的研究很多。[①] 考課制度在唐前期得以執行,但中唐以後逐漸"流於形式"。[②] 考第的高下,與加禄和奪禄對應起來,此制源於北魏,唐代延續下來。而到了唐中後期,罰俸又成爲了官員的行政處罰制度。關於罰俸的類型、法制史意義,前人已有論及。[③] 筆者認爲"加禄—奪禄"和"罰俸",其實是兩種形式的官員獎懲機制,即"前考後禄"與"未考而罰"。下面分兩種進行分析。

(一) 前考後禄: 前期考課制度下的循規

張艷雲注意到:"在唐前期俸禄制度確立之後,是否有以奪俸、奪禄的方式對官員進行處罰,由於史書缺乏這一方面的記載或其他原因,從貞觀到開元以前不見有奪俸、奪禄的事例……奪禄、奪俸的適用範圍也在擴大。"[④]爲何奪禄、奪俸在唐開元以前缺乏記載?《考課令》"加禄、奪禄"條按唐令考證,是開元七年或二十五年纔確定的。但其實《魏書》多處記載北魏官員"奪(削)禄一周",即全年之禄。[⑤] 因此可推知唐代在開元以前可能存在以考課與俸禄增減對應的情況,祇是史料缺載;或是《考課令》正式確立以後,纔有加禄奪禄的實例發生。

唐代《考課令》規定:"諸食禄之官,考在中上已上,每進一等,加禄一季;中下已下,每退一等,奪禄一季。若私罪下中已下,公罪下下,并解見任,奪當年禄,追告身;周年,聽依本品叙。"[⑥]"在中上以上,每進一等,加禄一季。中中者守本禄。中下以上,每退一等,奪禄一季。"[⑦]筆者將《考課令》的"加禄、奪禄"條列表如下:

---

① 比如曾一民:《唐代考課制度研究》,臺北:臺灣商務印書館,1979 年。鄧小南:《課績·資格·考察:唐宋文官考核制度側談》,鄭州:大象出版社,1997 年。論文如:宿志丕:《唐代官吏考課制度》,《首都師範大學學報》1994 年第 1 期,第 61—66 頁。李方:《唐代考課制度拾遺——敦煌吐魯番考課文書考釋》,《98 法門寺唐文化國際學術討論會論文集》,西安:陝西人民出版社,2001 年,第 557—568 頁。史睿:《唐代外官考課的法律程序》,《文津學志》2003 年輯,第 125—137 頁。

② 張國剛:《唐代官制》,西安:三秦出版社,1987 年,第 178 頁。

③ 罰俸研究如:馬長林:《唐代官吏的罰俸制度》,《歷史教學》1984 年第 6 期。〔日〕松浦典弘:《唐代における官人處罰:罰俸制度を中心に》,《東洋史研究》53(3),1994 年 12 月,第 377—412 頁。張艷雲:《唐中後期的罰俸及其唐律的影響》,《陝西師範大學學報(哲學社會科學版)》1996 年第 2 期。張艷雲:《唐中後期罰俸制度初探》,《中國史研究》1997 年第 2 期。張春海:《唐代罰俸制度略論》,《史學月刊》2008 年第 11 期。

④ 張艷雲:《唐中後期罰俸制度初探》,《中國史研究》1997 年第 2 期。

⑤ 如太和十八年,陸叡、元贊、于果、尉羽等多位官員被"削禄一周"。《魏書》卷二一上《獻文六王列傳·廣陵王羽傳》,北京:中華書局,1974 年,第 548—549 頁。

⑥ 《唐六典》卷二《尚書吏部》,第 44 頁。

⑦ 《唐會要》卷八二《考下》,第 1788 頁。

表二 唐代考課與官禄的對應表

考第	考 課 要 求	官 禄 情 況
上上	一最已上有四善	進四等,加禄四季
上中	一最已上有三善,或無最而有四善	進三等,加禄三季
上下	一最已上有二善;或無最而有三善	進二等,加禄二季
中上	一最已上有一善,或無最而有二善	進一等,加禄一季
中中	一最已上,或無最而有一善	守本禄
中下	職事粗理,善最弗聞	退一等,奪禄一季
下上	愛憎任情,處斷乖理	退二等,奪禄二季
下中	背公向私,職務廢闕	退三等,奪禄三季。私罪,解見任,奪當年禄,追告身
下下	居官諂詐,貪濁有狀	退四等,奪禄四季。私、公罪,解見任,奪當年禄,追告身

  筆者認爲《考課令》中的加禄、奪禄,與史籍出現的奪禄罰俸,特別是唐中後期的"罰俸",實非同一種性質。考課的加禄奪禄屬於"前考後禄",屬於考課制度的一部分。即先考定官員的等第高下,若有進步或退步纔會加減。俸禄發放的增減,按理應在考核這一步驟之後,先考第,後增減。但是後來史書頻出的奪禄罰俸,都是屬於"未考而罰",即在官員違反了朝儀、令式,或者失職失禮等突發情況,直接確定了罰俸内容,跳過了或者并沒有考核進退這一步,而且罰俸多按"月俸"計,而不是"季禄"。

  "前考後禄"的加禄奪禄,究竟有執行過嗎? 筆者認爲是有的。出土文書有諸多關於考課的實例,比如大谷1041《唐天寶元年(742)交河郡考課文書》:①

(前欠)

1 □八月廿一□

2 軍功出身

3 合今任經考三。一開廿八年考中中。一開廿九年考中中。一今校

---

① 〔日〕小田義久責任編集:《大谷文書集成》第一卷,京都:法藏館,1984年,圖版九四,録文第9頁。標點略有改動。

4　一　　從去年考後已來，被差攝判冑曹司、知甲杖雜物給

5　　　　　　　　　　　　　　　　]□勾覆廿

（後欠）

天寶元年八月二十一日，這位軍功出身的交河郡（西州）官員進行考課。貞觀十一年規定："凡入仕之後，遷代則以四考爲限。四考中中，進年勞一階。"①可見外官須經歷四考，四考中中，纔會進一階。而這位交河郡官員在開元二十八年、二十九年，連續兩年的考課都是"中中"，由於文書殘缺，不知其三考結果如何。若是未得四考中中，就無須進階，"中中守本祿"，②考後即按原來的規定支給甲仗雜物等。

唐中後期亦有前考後祿。元和年間，國子博士王彥威因祔廟之禮，與執政產生觀念衝突，正好宗正寺的祝版把憲宗寫成了睿宗，執政就參了王彥威的罪，"坐削一階，奪兩季俸"。③ 這就是考第連退兩等，所以奪兩季俸。這時候奪季祿成了奪季俸。甚至可能還有前罰後考的情況："文宗大和九年，以天下回殘錢置常平義倉本錢，歲增市之。非遇水旱不增者，判官罰俸，書下考；州縣假藉，以枉法論。"④如果不考慮史書的撰寫順序，可能判官確實先罰俸，再書了下考，但下考又會奪祿，豈非先罰俸，後奪祿？筆者對此存疑，可能確實沒有下考再奪祿，執行流於形式。

唐後期，考功司甚至還重申了一次《考課令》的加祿奪祿條。宣宗大中六年七月，考功司上奏：

> 又近日諸州府所申考解，皆不指言善最，或漫稱考秩，或廣説門資，既乖令文，實爲繁弊。自今以後，如有此色，并請准令降其考第。又准《考課令》："在中上已上，每進一等，加祿一季。中中者守本祿。中下已上，每退一等，奪祿一季。"准令以此勸懲，事在必行。近年以來，與奪幾廢，或有申請之處，則言無本色可支，徒掛簿書，實無給與……自今以後，每省司校考畢，符牒到州後，仰當時便具升降與奪事由申請。如違令式，不舉明者，其所由官，請奪俸祿一季。其已去任官，追奪祿事，并請准令式處分。⑤

---

① 《唐會要》卷八一《考上》，第 1776 頁。
② 《新唐書》卷四六《百官志一·尚書省吏部》，第 1192 頁。
③ 《舊唐書》卷一五七《王彥威傳》，第 4155 頁。
④ 《新唐書》卷五二《食貨志二》，第 1358 頁。
⑤ 《唐會要》卷八二《考下》，第 1787—1788 頁。

從此可見:(1)考第升降一直存在,而加禄、奪禄"近年以來,與奪幾廢",或者有申請加禄的地方,没有本處禄可支給,祇留下了文書,實際上没有加禄。那就説明,在以前確實是施行過"前考後禄",但近年荒廢了。(2)這次上奏重新規定了次序:先省司校考第,然後符牒下放到州縣,州縣根據考牒處理官員的申請事宜,包括考第升降和請加奪禄。十月二十五日到中央,進行審核之後,十一月末又將文書返回原來的機構。而且如果違反了令式,不申請説明,就奪一季俸禄。甚至已經去任的官員,也要追奪俸禄,按照令式處分。(3)這條奏敕,不僅重新明確了"前考後禄"需要執行,不能廢止,并且對有違令式的官員,實行"奪俸禄一季"的處罰,讓地方官不要違反考課制度。

"前考後禄"實際上是賞罰并行,有加有減,是除賞賜制度之外的又一項考課激勵舉措。但是也正如大中年間出現的情況,地方實施起來已流於形式,或不降考第,或不給加禄,使得多數官員并没能完全享受到這一待遇。

(二)未考而罰:中後期官員的經濟懲罰機制

"未考而罰",奪官員季禄、月俸的實例都是從玄宗時期開始的。先天二年(713)十月敕文規定了違反文武官朝參禮儀的懲罰:"其有不著入班者,各奪一月俸。若無故不到者,奪一季禄。其行香拜表不到,亦準此,頻犯者量事貶降。"①可以看出奪一月俸、一季禄針對朝參官偶然犯規,貶官、降官針對多次犯規。如果嚴格按唐律"違失儀式"來定罪,是要判笞刑的。《唐律疏議》卷九《職制律》"祭祀朝會失錯違儀"條:"'若朝會',謂百官朝參、集會;及侍衛、祭祀之事:行事失錯及違失儀式者,笞四十。"②因此這次敕文以經濟處罰,既加強了對朝儀的管理,又減輕了官員的定罪負擔。

後來又出現了地方官朝集的時候越次上奏的情況。開元七年(719)正月,在紫宸殿朝集的時候,敬讓違反班次越次上奏,被左臺御史彈劾,③玄宗認爲"朝廷之儀,不可不肅也",④於是奪敬讓"一季禄"。開元二十五年(737),"自餘應合著而不著者。請奪一月俸,以懲不恪"。⑤ 天寶十三載九月,"朔望朝參,望自今以後,除仗衛官外,餘官不到兩人以上者,及本司官長,各奪一季禄"。⑥ 這些都是對朝參朝集禮儀制度的完善措

---

① 《唐會要》卷二四《朔望朝參》,第 541 頁。
② 《唐律疏議箋解》卷九《職制律》,北京:中華書局,1996 年,第 735 頁。
③ 《唐會要》卷六二《御史臺下·知班》,第 1279 頁。
④ 《新唐書》卷二〇九《酷吏傳·周利貞傳》,第 5910 頁。
⑤ 《唐會要》卷二四《朔望朝參》,第 541—542 頁。
⑥ 《唐會要》卷二四《朔望朝參》,第 542 頁。

施,實行奪季禄、月俸的懲罰方式。

除了朝儀之外,還有官員失職失理行爲的處罰。開元五年(717)禁別宅婦人詔:"今所括獲者,見任官徵納四季禄,前資準見任,自餘諸色,并準九品官禄數納粟。"①這個"徵納"實爲對官員的經濟處罰。開元六年(718),大理主簿侯郢矜、大理評事高庭之因爲"用法不精,安有疑阻"被奪一季禄。② 到天寶九載(750)敕文,更是出現了州縣官下屬犯事,上司實行連坐的情況:"自今以後,判司縣令一人犯,奪太守一季禄。丞簿尉一人有犯,與縣令中下考。三人以上,既量事貶黜。"③"建中元年二月十五日敕:責情狀,宜準格式處分。"④官員犯法,上司奪禄、降考第、貶官都成爲了格式。

因此,"未考而罰"在玄宗開天時期就定下了基調,從此皇帝可以對官員直接罰俸,而罰俸對象、内容多少全憑臺官奏請,或者皇帝决斷。這樣的話,考課制度在中後期越發流於形式,是很正常的了。

唐中後期出現的罰俸,都是"未考而罰",即還没有進行官員考課,皇帝就直接通過敕詔,對官員進行了經濟上的行政處罰。筆者結合前人研究,根據《唐會要》、兩《唐書》、《册府元龜》等補充,列出表格呈現官員罰俸情況,既包括政策規定,亦有相關實例。

表三　唐代官員罰俸内容表

時　間	官　員	内　容	罰俸原因	備　注
乾元元年敕		奪一月俸	朝參:"無故不到"⑤	大曆七年重申
乾元元年三月敕	朝參官	各奪一月俸	朝參:"朝堂相弔慰及跪拜,待漏行立不序,談笑喧嘩。入衙門執笏不端,行立遲慢。至班列不正,趨拜失儀,言語微喧。穿班仗,出閤門,不即就班,無故離位。廊下食行坐失儀語鬧。入朝及退朝,不從正衙出入。非公事入中書"⑥	元和二年十二月重申,改爲"每罰各減一半"⑦

① 《唐大詔令集》卷一〇九《政事·禁約下》,北京:中華書局,2008 年,第 565 頁。
② 《册府元龜》卷六一九《刑法部十一·枉濫》,第 7444 頁。
③ 《唐會要》卷四一《雜記》,第 873 頁。
④ 《唐會要》卷四一《雜記》,第 874 頁。
⑤ 《唐會要》卷二四《朔望朝參》,第 543 頁。以下備注一欄的頁碼若與之同,則省。
⑥ 《唐會要》卷二四《朔望朝參》,第 545 頁。
⑦ 《舊唐書》卷十五上《憲宗本紀上》,第 423 頁。

續　表

時　間	官　員	内　容	罰俸原因	備　注
大曆七年六月	本司長官	罰一月手力資錢	**朝參**："其一司之中,有三人以上是參官,其日并不到者。其一月内三度不到者,雖每度有罰,亦準前"①	"今者以手力資錢,比俸禄舊罰⋯⋯每月仍便於左藏庫折納"
	文武常參官	奪一月俸	**朝參**："或有晚入,并全不到,及班列失儀"②	"委御史臺録名,牒所由"
德宗貞元時期	將作監元亘	坐罰俸	**失職,攝祭失當**："當攝太尉享昭德皇后廟,以私忌日不受誓誡"③	
貞元十七年夏	京兆尹顧少連已下	罪止奪俸停官	**瀆職,謊報灾害**："好時縣風雹傷麥,上命品官覆視,不實"④	
憲宗元和四年⑤	河南尹房式	罰一月俸⑥	**違法,做不法事**：爲不法事。	元積"奉使東蜀⋯⋯欲追攝,擅令停務"⑦
元和四年	劍南東川七刺史	奪俸	**違詔,重賦没奴**："（劍南東川）節度使嚴礪違詔過賦數百萬,没入塗山甫等八十餘家田産奴婢。時礪已死,七刺史皆奪俸"⑧	監察御史元積,出使劍南東川,彈劾東川不法
元和四年閏三月	費州刺史裴行立	罰一月俸料	**違制書**："迂路詣觀察使"⑨	
	觀察使郗士美	罰一季俸	**失職**："不舉奏"	
	金州刺史裴瑾	罰一季俸料	**瀆職,上供違旨**："以上供違旨條限"	爲度支所奏
元和五年春正月己巳	浙西觀察使韓皋	罰一月俸料	**違法,杖決致死**："杖決安吉令孫澥致死,有乖法典"⑩	

---

① 《唐會要》卷二四《朔望朝參》,第 543 頁。
② 《唐會要》卷二四《朔望朝參》,第 543 頁。
③ 《舊唐書》卷一三六《盧邁傳》,第 3753 頁。
④ 《舊唐書》卷一五四《許孟容傳》,第 4100 頁。
⑤ 《舊唐書》記爲"元和四年",《資治通鑑》爲"元和五年"。《舊唐書》卷一六六《元積傳》,第 4331 頁。
⑥ 《舊唐書》記爲"一月俸"。《資治通鑑》記爲"一季俸"。頁數同上。
⑦ 《舊唐書》卷一六六《元積傳》,第 4331 頁。
⑧ 《新唐書》卷一七四《元積傳》,第 5224 頁。
⑨ 《册府元龜》卷六九九《牧守部·譴讓》,第 8341 頁。以下兩例同頁。
⑩ 《舊唐書》卷十五上《憲宗本紀上》,第 430 頁。

續　表

時　間	官　員	内　容	罰俸原因	備　注
元和五年	監察御史元稹	罰俸	**彈劾房式**："去歲又登朝,登爲柏臺吏。臺官相束縛……分司在東洛,所職尤不易。罰俸得西歸,心知受朝庇"①	
元和六年	太常少卿知禮部貢舉李建	坐罰俸料	**失職,貢舉選人不精**："取捨非其人,又惑於請托,故其年選士不精"②	"明年,除禮部侍郎,竟以人情不洽,改爲刑部"
元和六年十二月甲申	京兆尹元義方、户部侍郎判度支盧坦	罰一月俸,收奪所請門戟	**違令**："違令立戟"③	"近代立戟者,率有銀青階,而義方只據勛官,有司不詳覆而給之,議者非之。臺司將劾而未果。會餘慶自東都來,發論大以爲不可"④
	左司郎中陸則、禮部員外崔備	罰俸	**失職,不詳覆核**："臺司移牒詰禮部"	
	壽安令盧坦	罰俸	**違令,未及時交賦**："河南尹徵賦限窮,而縣人訴以機織未就;坦請延十日,府不許。坦令户人但織而輸,勿顧限"⑤	"由是知名。累遷至庫部員外郎、兼侍御史、知雜事"
元和七年三月	湖南觀察使柳公綽	罰兩季俸料	**違令,進絹欠少**："所進絹等,所司奏聞,各有欠少。事緣貢獻,皆合精詳,致使闕遺,固非審慎"⑥	
	江南觀察使崔芄	罰一季俸		
	襄州觀察使袁滋	罰一月俸料	**失職,官吏糾紛**："襄州軍吏謀劫洪以殺之,滋知之,慮其亂,因杖洪十五"	爲御史所舉

---

①（唐）元稹：《元和五年予官不了罰俸西歸三月六日……愴襄游因投五十韻》,《元氏長慶集》卷五,上海古籍出版社,1994 年,第 22 頁。

②《舊唐書》卷一五五《李遜傳附弟建傳》,第 4125 頁。

③《舊唐書》卷十五上《憲宗本紀上》,第 438 頁。

④《舊唐書》卷一五八《鄭餘慶傳》,第 4164 頁。

⑤《舊唐書》卷一五三《盧坦傳》,第 4092 頁。《新唐書》卷一五三《盧坦傳》,第 4956 頁。

⑥《册府元龜》卷六九九《牧守部·譴讓》,第 8341 頁。下例同頁。

續　表

時　間	官　員	内　容	罰俸原因	備　注
元和中	京兆尹元義方	奪三月俸	**瀆職，冤枉下屬**："京兆尹元義方責租賦不時，繫二縣吏，將罪之。羔等辯列尤苦，尹不爲縱"①	"憲宗遣中使問狀，具對府政苛細，力不堪奉"
元和九年	鄧州刺史王遂	坐罰一季俸	**違敕**："輒詣觀察使，有違前後敕文"②	御史臺奏
元和九年	晉絳慈隰節度觀察使趙宗儒	坐罰一月俸	**瀆職，擅用供軍錢**："赴鎮後，擅用供軍錢八千餘貫"③	
元和十年	山陵橋道置頓使李翛	罰俸	**失職，偷工減料**："誣奏遵皫軸折，山陵使李逢吉令御史封其車軸……奏請免翛官"④	"上以用兵務集財賦，以翛前後進奉，不之責"
元和十四年二月詔	文武官	朔望據錢多少，每貫罰二十五文	**朝參**：常參不到	"仍委御史臺糾察聞奏"⑤
元和十四年二月辛酉	襄陽節度使孟簡	罰一月俸料	**違式，舉使爲縣令**："舉郿鄉鎮遏使趙潔爲郿鄉縣令，有虧常式"⑥	
元和十五年十二月	山陵禮儀使、檢校右僕射韓皋	罰一月俸料	**失職，銓考失實**："銓司考科目人失實"⑦	
穆宗長慶元年六月	懷州刺史烏重裔、令狐楚、魏義通	各罰一月俸料	**失職，未先上奏而加稅**："額外加徵并節度使司簡見苗徵子及草等共計五百六十萬三千五百八十石束"⑧	監察御史韋珩奏

① 《新唐書》卷一七二《杜兼傳附羔傳》，第5205頁。
② 《册府元龜》卷六九九《牧守部·譴讓》，第8341頁。
③ 《舊唐書》卷一六七《趙宗儒傳》，第4362頁。
④ 《舊唐書》卷一六二《李翛傳》，第4362頁。
⑤ 《唐會要》卷二四《朔望朝參》，第546頁。
⑥ 《舊唐書》卷十五下《憲宗本紀下》，第466頁。
⑦ 《舊唐書》卷一二九《韓滉傳附子皋傳》，第3605頁。
⑧ 《册府元龜》卷六九九《牧守部·譴讓》，第8342頁。

續 表

時　間	官　員	内　容	罰俸原因	備　注
長慶二年六月	京兆尹劉遵古	詔罰一月俸料	**失職，奏事未核實**："遵古官守尹寺，所寄非輕，奏事之間，先須撡實，闕於詳審，須示薄懲"①	
寶曆二年春正月癸酉	右贊善大夫李光現、品官李重實	罰兩月俸料	**失儀，官員衝突**："爭忿，以笏擊重實流血"②	
寶曆二年三月辛未	江西觀察使殷侑	罰一季俸料	**違制令，擅置戒壇**："請于洪州寶曆寺置僧尼戒壇"③	
寶曆二年十月	御史中丞獨孤朗	罰俸	**失職，執法不稱**："高少逸入閤失儀，朗不彈奏"④	
寶曆二年四月	崔元略	罰一月俸料	**失職，下屬貪贓**："造東渭橋時，被本典鄭位、判官鄭復虛長物價，抬估給用，不還人工價直，率斂工匠破用，計贓二萬一千七百九貫"⑤	"劉棲楚自爲京兆尹，有覬覦相位之意……以計摧之，乃按舉山陵時錢物以污之"⑥
寶曆三年	山南東道節度使李逢吉	詔奪一季俸	**濫用職權，包庇親信**：田伾"坐事匿逢吉家，名捕弗獲。及出鎮，表隨軍，滿歲不敢集，使人僞過門下省，調房州司馬"⑦	"及罷相，裴度發其事，逢吉坐罰俸"⑧
大和元年六月	文武常參官	每貫罰25文	**朝參**：朝參不到⑨	據料錢多少
太和二年十一月	御史中丞溫造、兩巡使姚合、崔蠡	各罰一月俸料	**失職，事涉乖儀**：宮中昭德寺着火，臺官不到，兩巡使"火滅方到"⑩	溫造自請"罰三十直"，後又免除了罰俸⑪

---

① 《册府元龜》卷六九九《牧守部·譴讓》，第 8342 頁。
② 《舊唐書》卷十七上《敬宗本紀》，第 518 頁。
③ 《舊唐書》卷十七上《敬宗本紀》，第 519 頁。
④ 《舊唐書》卷一六八《獨孤郁傳附弟朗傳》，第 4382 頁。
⑤ 《舊唐書》卷一六三《崔元略傳》，第 4261 頁。
⑥ 《舊唐書》卷一六三《崔元略傳》，第 4261 頁。
⑦ 《新唐書》卷一七四《李逢吉傳》，第 5220 頁。
⑧ 《舊唐書》卷一四九《張薦傳附子又新、希復傳》，第 4025 頁。
⑨ 《舊唐書》卷十七上《文宗本紀上》，第 526 頁。
⑩ 《舊唐書》卷一六五《溫造傳》，第 4316 頁。
⑪ 《舊唐書》卷一六五《溫造傳》，第 4316 頁。

續　表

時　間	官　員	内　容	罰俸原因	備　注
太和三年冬十月戊申朔	江西節度使沈傳師	罰一月俸料	**違敕命,度僧尼:** "皇帝誕月,請爲僧尼起方等戒壇……忝爲藩守,合奉詔條,誘致愚妄,庸非理道"①	
太和四年九月	諸司諸使及諸州府縣并監院的判官、勾官	各罰三十直	**失職,不上報申牒:** "限外經十日不報"②	御史臺奏
		各罰五十直	"兩度不報"	
		各罰一百直	"三度不報"	
太和五年	宗正卿李銳、將作王堪	罰俸	**失職,慢官不恪:** "太廟當修,詔下逾月,有司弛墮,曾不加誡"③	"委内臣葺修,是許百司之官公然廢職",追止④
太和九年上巳	京兆尹賈餗	坐奪俸	**違故事,不揖御史:** "百官會曲江。……餗自矜大,不徹扇蓋,騎而入"⑤	
開成三年正月	京兆尹崔琪	罰俸料	**失職,捕盜不獲:** "其賊出於禁軍,珙坐捕盜不獲"⑥	
開成三年六月	鄭州刺史李穎	罰一季俸料	**違敕命,度僧尼:** "中牟縣私置壇場,度僧一百六十人,并仰勒歸色役"⑦	
開成元年九月	鳳翔節度使陳君奕	詔罰兩月俸	**違舊制:** "以舊制,西藩非賀正賀冬纘好使臣不至,論屈熱等不由三事而來,節度使宜留之奏聽朝旨,君奕不遵舊制故有是罰"⑧	

---

① 《舊唐書》卷十七上《文宗本紀上》,第533頁。
② 《唐會要》卷六〇《御史臺上·御史臺》,第1230—1231頁。
③ 《舊唐書》卷一六八《韋溫傳》,第4378頁。
④ 《舊唐書》卷十七下《文宗本紀下》,第542頁。
⑤ 《新唐書》卷一七九《賈餗傳》,第5317頁。
⑥ 《舊唐書》卷一七七《崔珙傳附兄琯傳》,第4589頁。
⑦ 《册府元龜》卷六九九《牧守部·譴讓》,第8342頁。
⑧ 《册府元龜》卷六九九《牧守部·譴讓》,第8342頁。

續 表

時　　間	官　　員	内　　容	罰俸原因	備　　注
開成四年十一月	鄭滑節度使裴宏泰	罰一季俸料	**失職,擅放累囚**："擅放累囚,雖曰竭誠,且爲干禁,恐開後例,須示薄懲"①	
大中五年十二月	京兆尹韋博	罰兩月俸	**失職,監盗不利**：景陵神門戟被盗斫	"貶宗正卿李文舉睦州刺史,陵令吳閲岳州司馬,奉先令裴讓隋州司馬"②
大中九年三月	郎中周敬復	罰兩月俸料	**瀆職,科舉泄題**："試宏詞舉人,漏匯題目,爲御史臺所劾"	"侍郎裴諗改國子祭酒……考試官刑部郎中唐枝出爲處州刺史……其登科十人并落下"③
	監察御史馮顓	罰一月俸料		

　　從上述多項政策,以及 41 項罰俸實例,可以看出：罰俸時間方面,德宗、憲宗、穆宗、敬宗、文宗、宣宗幾朝較爲集中。除與罰俸頻率有關,亦與史料多寡有關,以後數朝實錄有缺,難見罰俸之例。代宗朝實例主要是朝參禮儀的處罰。從德宗朝起,其他類型的罰俸也越來越多。憲宗元和年間的罰俸尤爲突出,其原因之一,就是元稹等作爲監察御史,出使地方,專門彈劾官員,因此罰俸的記載也是最多的。

　　彈劾主體方面,罰俸多數情況是由朝臣上奏彈劾某位官員,中央通過下敕、詔、制來執行。御史臺的各類御史,是上奏彈劾的主力,其他還有中書門下宰相、度支司、禮部等機構官員參與。若是個人上奏舉報,多數是與被舉報者有嫌隙。換言之,此乃朋黨之爭的具現,如太和九年,賈餗參加曲江宴會,不向御史作揖,還與之產生衝突。在官員相互攻訐的情況下,皇帝對其中一方采取罰俸的方式,平息雙方衝突,這是權衡的手段。

　　被罰對象方面,範圍包括了内外官。朝儀方面,主要是文武常參官。其他被罰俸的官員和機構,可以分類爲：(1)中央：被罰俸的官員都是各司長官或者主事之人。比如六部的户部侍郎、禮部員外郎、吏部郎中。御史臺的御史中丞、監察御史。二十四司的

①　《册府元龜》卷六九九《牧守部・譴讓》,第 8342 頁。
②　《舊唐書》卷十八下《宣宗本紀》,第 630 頁。
③　《舊唐書》卷十八下《宣宗本紀》,第 633 頁。

將作監長官、太常少卿、宗正卿。(2)地方:被罰俸的官員都是三府、州縣的長官。比如三府的京兆尹、河南尹。州級的費州刺史、劍南道東川鎮七州刺史、金州刺史、鄧州刺史、懷州刺史、鄭州刺史。縣級的壽安縣令。(3)使職:以道級使職爲主,兼及其他。觀察使有浙西觀察使、湖南觀察使、江西觀察使、襄州觀察使。節度使有山南東道節度使、晉絳慈隰四州節度觀察使、襄陽節度使、鳳翔節度使、鄭滑節度使。其他使職有山陵橋道置頓使、山陵禮儀使、兩巡使。所有官員中,京兆尹一職被罰俸的頻次最高,7次以上,除了京兆尹更迭頻繁外,還因爲京兆尹地位有所提升,政績頗受朝廷關注。

被罰內容方面,罰俸以俸料爲主,兼及手力資錢。數額有:罰俸料有一月、兩月、三月、一季、兩季,還有抽取比例:按1貫抽25文,折合俸料罰奪比例2.5%。罰手力資錢一月,主要出現在俸祿制度停滯期,因爲那時百官俸料還未完全恢復。除朝儀之外,罰俸的數額較爲隨機,既不與官員品級相關,官位越高罰得越輕或越重,也不與官員犯事的嚴重程度有關。比如同樣是江西節度使違反制敕,設置戒壇度僧尼,寶曆年間在任的殷侑被罰一季,而太和年間在任的沈傳師被罰一月。筆者初步認爲,罰俸數額與皇帝個人或中書門下的決策有關。

第五,被罰原因方面,前人將其分爲朝儀、違法制令式、失職瀆職三類。[1] 筆者完全贊同這一分類。被罰俸的官員有的被貶,影響仕途,而有的毫無影響,依然升遷。

因此,唐代圍繞俸祿存在兩種官員獎懲機制,一是與考課制度相關的"加祿—奪祿",作爲一種制度,主要在前期實行,中後期雖然得以重申,但執行有限;二是與皇帝與中書門下裁決息息相關的"罰俸",主要出現在唐中後期,其運行多數是由朝臣上奏彈劾,中央通過下敕、詔、制來執行。無論是考課奪祿還是罰俸,其主要目的不是爲了充實國庫,更多是國家對官員細化到個人的制度管理,而經濟上的獎懲罰奪衹是一種手段。唐中後期的罰俸,對國家降低官員部分重刑有積極影響,而且中央直接下敕詔,加強了對地方官員的管理和監督。但有些涉及違法犯罪情況嚴重(比如巨額貪污納賄),卻簡單以罰一月俸料了事,這樣不利於對官員進行法律約束,以至於唐中後期官場日益腐敗墮落。

三、財政用度:俸祿充國用

除了上述因爲職內變動、官員獎懲而帶來的實際俸祿變化,還有俸祿支出整體層面

---

[1]　張艷雲:《唐中後期罰俸制度初探》,《中國史研究》1997年第2期。

的變化。在不同時期，國家會將俸禄支出，挪作他用，以此帶來實際支給變動的情況，這與財政支出密切相關。下面筆者以俸禄支出"充國用"爲例，分三部分進行分析。

第一，中央以修宫殿、修官司爲目的，减百官俸禄。

高宗龍朔二年（662），高宗修舊大明宫改名爲蓬萊宫。龍朔三年（663），二月，"减百官一月俸，賦雍、同等十五州民錢，以作蓬萊宫"。① 由於唐前期外官俸料多以地方公廨收息充，所以這裏應是减了京官一月俸禄。根據《唐六典》定額京官數額，以乾封制月俸换算，約减支出 2823.3 貫。

玄宗開元二十三年（735）五月，"宗子請率月俸于興慶宫建龍池，上《聖德頌》"。② 張九齡曾撰寫《龍池頌》刊在興慶宫石碑上，宗子認爲"不稱盛德"，③改命《聖德頌》。十二月，龍池《聖德頌》石碑發出自鳴，聲音如鐘磬，《春秋傳》"怨讟動於民"，就會有非言之物發出聲音。④ 可見此次修建被認爲是宫室奢崇，耗費民力。

憲宗元和年間，財政大臣皇甫鎛，厚賂中尉吐突承璀，貢羡餘錢討憲宗歡心，低價買了積年陳朽的内庫物料支給邊軍："羅縠繒彩，觸風斷裂，隨手散壞，軍士怨怒，皆聚而焚之。"皇甫鎛掌權以後，"奏减内外官俸錢以贍國用"，這個國用，主要是宫室之費，因爲"憲宗以世道漸平，欲肆意娱樂，池臺館宇，稍增崇飾"，⑤崔植"封還敕書，極諫而止"。⑥ 宰相皇甫鎛想通過减内外官俸錢，來滿足憲宗修"池臺館宇"的欲望，最後因爲朝臣的物議勸諫没有成行。

憲宗元和十四年（819）十二月，太子少師兼國子祭酒鄭餘慶上書諫言："兵興以來，學校廢，諸生離散。今天下承平，臣願率文吏月俸百取一，以資完葺。"⑦這次"文吏"的範圍，是現任"見任文官一品至九品，外使兼京正員官者"⑧，在俸錢中"每貫抽十文"，即月俸的 1%。以貞元四年文官俸錢⑨估算，至少能减俸禄 514.05 貫（未包括外使兼京正員官）。至於爲什麼衹抽文官，不抽武官，因爲元和十五年（820）五月詔："以國用不

---

① 《新唐書》卷三《高宗皇帝紀》，第 63 頁。《唐會要》和《舊唐書》都作"京官俸"，《唐會要》卷三〇《大明宫》，第 644 頁。《舊唐書》卷四《高宗本紀上》，第 84 頁。

② 《舊唐書》卷八《玄宗本紀上》，第 202 頁。

③ 《新唐書》卷八一《許王素節傳》，第 3585 頁。

④ 《新唐書》卷三五《五行志二》，第 910 頁。

⑤ 《舊唐書》卷一三五《皇甫鎛傳》，第 3741 頁。

⑥ 《舊唐書》卷一一九《崔祐甫傳》，第 3441 頁。

⑦ 《新唐書》卷一六五《鄭餘慶傳》，第 5057 頁。

⑧ 《舊唐書》卷十五下《憲宗本紀下》，第 471 頁。

⑨ 《唐會要》卷九一《內外官料錢上》，第 1972—1973 頁。

足……應合送上都及留州、留使、諸道支用、諸司使職掌人課料等錢,并每貫除舊墊陌外,量抽五十文。仍委本道、本司、本使據數逐季收計。其諸道錢便差綱部送付度支收管,待國用稍充,即依舊制。其京百司俸料,文官已抽修國學,不可重有抽取;武官所給校薄,亦不在抽取之限。"①從諸道、諸司、諸使的錢中不僅抽取原有的除陌錢,還要每貫抽50文做國用,按季度收取。在京的文官已抽取俸錢助修國學,而武官俸祿比較薄,所以不在抽取之限。

昭宗大順元年(890)二月,"宰臣兼國子祭酒孔緯以孔子廟經兵火,有司釋奠無所,請内外文臣自觀察使、制使下及令佐,於本官料錢上緡抽十文,助修國學,從之"。② 料錢抽取百分之一,與元和那次相同,但範圍擴大到了外官、使職。但以唐末期節度使的進羨錢來充作百官"救接"的情況,③主要是因爲户部度支已經發不出百官俸祿,要靠盤奪方鎮纔能抽得料錢來修國子監。

總之,中央抽取官員的俸料來修宫殿官司,多是一個月,具有臨時性。前期以月份抽俸料,中後期内外官同品而俸異,且高品與低品差距極大,因此按照比例抽取俸料,更有利於照顧俸料較低的官員生活。抽取對象方面,内外官都有,後期更傾向於抽諸使的俸料,因爲使職的俸料較多。

第二,地方多因灾荒、百姓難以繳税,減地方官員的俸祿,或挪闕官俸祿,用於賑濟、補百姓闕税。

唐代,地方發生水旱灾害,對於百姓的賑濟,有專門的和糶庫、常平倉。到了唐中後期,由於部分州縣倉儲不豐,收闕官職田祿米、停使額的支出,反而成了州縣水旱賑濟錢的來源。關於闕官,"闕官是臨時暫缺的具員官,其人雖缺,其位、其職田仍存。唐前期這筆闕官職田的地子粟草,則成爲諸司的羨餘來源……闕官職田,與其說它是一項支出,毋寧説它已轉化爲一項收入"。④ 這主要是唐前期外官的情況。

到了唐中後期,地方州縣闕官不少,闕官的俸祿亦多,所以貞元三年(787)五月,宰相張延賞曾經上奏裁官:"舊制官員,繁而且費,州縣殘破,職此之由也。臣在荆南,所管州縣闕官員者,不下十數年,吏部未嘗補授。但令一官假攝,公事亦治。以此言之,官

---

① 《舊唐書》卷十六《穆宗本紀》,第478頁。
② 《舊唐書》卷二十上《昭宗本紀》,第740頁。
③ 比如光化三年(900)十一月,"太子登皇帝位,宰臣、百僚、方鎮加爵進秩,又賜百僚銀一千五百兩、絹千匹、綿萬兩充救接,皆季述求媚於朝也。"《舊唐書》卷二十上《昭宗本紀》,第770頁。
④ 李錦綉:《唐代財政史稿》(上册·第三分册),第827—829頁。

員可減,無可疑也。請減官員,收其禄俸,以資募士。"①直接把多餘的員額裁去,這樣就能省下一大筆俸禄支出。另外,地方官貪污闕官職田俸禄的現象越發凸顯。寶曆二年(826),馮定爲鄧州刺史,"長壽縣尉馬洪沼告定强奪人妻,及將闕官職田禄粟入己費用"。② 雖然最後被查出來馮定并没有犯法,但至少説明地方將闕官俸禄占爲己用的情况是存在的。

因此收回這些定額的闕官俸禄,改革百司職田越發重要。元和至太和年間,户部有好幾次對闕官俸禄的改革。元和六年(811)八月,户部侍郎李絳上奏:"諸州闕官職田禄米,及見任官抽一分職田,請所在收貯,以備水旱賑貸。"③同年十月詔:"百官職田,其數甚廣,今緣水潦,諸處道路不通,宜令所在貯納,度支支用,令百官據數於太倉請受。遭水旱處,通計所損,便與除破,不得檢覆。"④元和十三年(818)三月詔:"百司職田,多少不均,爲弊日久,宜令逐司各收職田草粟都數,自長官以下,除留闕官物外分給。"⑤太和年間庾敬休上奏:"兩川米價騰踊,百姓流亡。請糶兩川闕官職田禄米,以救貧人。"⑥這幾次上奏和下詔都得到了執行。州縣闕官的職田、禄米(全部)、現任官的職田(抽取三分之一)由當地收貯作爲水旱費用,救流亡的百姓。其中現任官的職田,由所在司收回草粟收入,重新分配,京官的職田,要去太倉請受。會昌六年(846)十一月,京兆府奏:"京師百司職田斛斗,請準會昌三年例,許人户自送納京師,所冀州縣無得欺隱。"⑦這一奏書被執行,可見職田的回收改革一直在進行當中。

除了用闕官的職田、禄米,現任官的三分之一職田來進行水旱賑濟。國家對使職系統中日益龐大的使額俸料,也采取了手段。元和六年十月詔:"其河水陸運、陝府陸運、潤州鎮海軍、宣州采石軍、越州義勝軍、洪州南昌軍、福州靖海軍等使額,并宜停。所收使已下俸料一事已來,委本道充代百姓闕額兩税,仍具數奏聞。"⑧不僅收納百官職田,還停了一些使額,將"使"以下的俸料充代了百姓兩税缺額,這樣也起到了調節地方財政的作用。

---

① 《唐會要》卷六九《州府及縣加減官》,第1449頁。
② 《舊唐書》卷一六八《馮宿傳附弟定傳》,第4391頁。
③ 《舊唐書》卷十五上《憲宗本紀上》,第437頁。
④ 《舊唐書》卷十五上《憲宗本紀上》,第437頁。
⑤ 《舊唐書》卷十五下《憲宗本紀下》,第463頁。
⑥ 《舊唐書》卷一八七下《忠義傳下·庾敬休傳》,第4914頁。
⑦ 《舊唐書》卷十八下《宣宗本紀》,第616頁。
⑧ 《舊唐書》卷十五上《憲宗本紀上》,第437頁。

　　到了文宗太和年間,在地方自然灾害、財政困難的時候,甚至用官吏的禄廩、俸料,來代替常賦。《李正卿墓誌》記載:"自江陵少尹拜安州刺史,益義倉粟萬斛,年饑輒以禄廩濟窮乏……復爲淄州刺史。遭螟蝗,設糜粥以食餓者,用清白俸代貧人入租。"①李正卿任安州、淄州刺史的時候,饑荒時,用禄粟賑濟灾民,蟲灾時,用俸料代替貧户的租税。陸亘曾任兗州刺史,"常陷寇境,集官吏廩禄之半,以代常賦,因循相踵,吏返爲幸。亘按舉贓罪,表請郡守以降,增給其俸,人皆賴之"。② 在不穩定的地方,地方官司集官吏俸禄的一半,來代替常規應繳納的賦税,這不僅破壞了中央對地方的賦役制度,也嚴重傷害了地方官員的利益。所以陸亘到任之後,力圖改變這一地方的做法,給郡守以下的官員增加俸禄,受到了當地官員的信賴。

　　以地方官員的俸禄進行水旱賑濟、填充兩税闕額,主要發生在唐中後期。國家先是采取裁官的措施,減少地方州縣官員的闕額,省去俸禄開支,但是没有成功。所以國家又實施了收回闕官禄米、職田,抽取現任官三分之一職田地租的政策,讓這部分收入用於滿足地方的倉儲賑濟需求。這種以"空額"養地方財政的方式,得到了國家的許可。這種用俸禄支出來滿足地方財政的公費需求,實際上是俸禄發揮財政調節作用的體現。但是,地方財政困難,將官員俸禄都用於填充兩税闕額。這樣使得部分州縣官員生活更加困苦,無法維持地方財政秩序,造成財政收支的惡性循環。當然,國家有時候會以户部額外出錢的方式對部分州縣官員進行補給,但是并不能覆蓋到全部。因此這種以官員俸禄充作地方賑濟、兩税闕額,祇能是偶然之舉,長此以往,會損害州縣的發展。

　　第三,原本的俸禄支出,作爲助軍之用,以保證錢糧供應,也是前後期都有的舉措。

　　唐前期,助軍多是征討突厥。高宗時期,曾有幾次提出俸料助軍之事。調露二年(680),"霍王元軌率文武百僚,請出一月俸料助軍,以討突厥"。③ 武則天上奏:"今群臣納半俸、百姓計口錢以贍邊兵,恐四方妄商虛實,請一罷之。"④高宗許可。後來"契丹陷幽州,饋輓不給,左相豆盧欽望請輟京官兩月俸料以助軍,求禮謂欽望曰:'公禄厚俸優,輟之可也。國家富有四海,足以儲軍國之用,何藉貧官薄俸。公此舉豈宰相法邪?'

①　會昌040《唐故綿州刺史江夏李公墓誌銘并序》,周紹良主編:《唐代墓誌彙編》下册,上海古籍出版社,1992年,第2240頁。

②　《舊唐書》卷一六二《陸亘傳》,第4252頁。

③　《舊唐書》卷五《高宗本紀下》,第105頁。

④　《新唐書》卷七六《後妃傳上·則天武皇后傳》,第3474頁。

欽望作色拒之，乃奏曰：'秦、漢皆有稅算以贍軍，求禮不識大體，妄有訟辭。'求禮對曰：'秦皇、漢武稅天下，虛中以事邊，奈何使聖朝則效？不知欽望此言是大體耶!'事遂不行。"①

從這三段材料可以看出，無論是一月、半月俸料還是兩月俸料，減百官俸料、百姓口錢助軍確實是實行過的。起頭請示的都是親王李元軌、宰臣豆盧欽望，而反對的是王求禮。王求禮曾任左拾遺和監察御史，從他與豆盧欽望的爭執可以看出，抽月俸助軍的行爲，傷害到的是品秩低的官吏的利益。據乾封制俸、武周時期米價 300 文一斗估算，六至九品官吏月俸折合成米有 6~9 斗不等，祇能維持一個月 2~3 人的飯食。而唐代官員不少俸養家族宗親，家族十餘口到百餘口不等，這樣的月俸就已經勉强維持生計，更不用説抽取月俸了。

到了唐中後期，財政在軍費上的開支用度極大，"計天下財賦耗數之大者，唯二事焉，最多者兵資，次多者官俸"。② 具體而言，有幾次俸禄助軍之舉：永泰元年閏十月，百官上表："以軍興急於糧餉，請納職田以助費。從之。"③大曆二年（767）十月，"減京官職田三分之一，給軍糧。"④十一月"率百官京城士庶出錢以助軍"。⑤ 建中三年（782）春正月詔："宰臣上言，減堂厨、百官月俸，請三分省一以助軍。從之。"⑥代宗、德宗時期這幾次通過抽錢和減百官職田、月俸的方式助軍，支付軍錢和軍糧，抽取三分之一月俸、職田。

德宗時期，因爲軍費不足，專門設置了"除陌錢"，在公私貿易當中每貫抽 20 文稅，後來上升到 50 文，物品交易折成錢計算。如果有人逃稅，100 文罰 2 000 文，杖責 60，告發的人獎賞 10 緡，由被罰的人來出。⑦ 但還嫌不足，就抽取現任官吏的俸禄助軍。

貞元年間，饑荒災害也頻繁發生，財政收支困難，影響了朝廷日常運作。貞元二年（786）春正月，"以歲饑罷元會，禮也。丙申，詔以民饑，御膳之費減半，宮人月共糧米都一千五百石，飛龍馬減半料；臺郎御史與兼官出爲畿赤令"。⑧ 貞元元年拜相的張延賞，

---

① 《舊唐書》卷一〇一《王求禮傳》，第 3154 頁。《大唐新語》卷三作"貧官九品之俸"。
② 《舊唐書》卷一四九《沈傳師傳》，第 4037 頁。《新唐書》卷一三二《沈既濟傳》，第 4536 頁。
③ 《舊唐書》卷十一《代宗本紀》，第 280 頁。
④ 《舊唐書》卷十一《代宗本紀》，第 287 頁。
⑤ 《舊唐書》卷十一《代宗本紀》，第 288 頁。
⑥ 《舊唐書》卷十二《德宗本紀上》，第 331 頁。
⑦ 《資治通鑑》卷二二八《唐紀四十四》，建中四年條，第 7346 頁。
⑧ 《舊唐書》卷十二《德宗本紀上》，第 352 頁。

不僅從宮人膳食之費開始節流,還將目光放到了裁官減俸禄之費上。張延賞奏議裁減官員:"舊制官員繁而且費,州縣殘破,職此之由……請減官員,收其禄俸,資幕職戰士,俾劉玄佐復河湟,軍用不乏矣。"①德宗下詔:"省州縣官員……時宰相張延賞請減官收俸料以助軍討吐蕃故也。"②可見這次裁減官員,主要針對的是外官的州縣官員。裁減人數,收回俸禄,用於軍費。由於朝廷"物議不平",地方"道路怨嘆,日聞於上",③一年就被廢止。

貞元三年(787),李泌采納了群臣的意見,"諷官論之",令德宗改變主意。同年七月詔:"朕頃緣興師備邊,資用不給,遂權議減官,以務集事。近聞授官者皆已隨牒之任,扶老携幼,盡室而行。俸禄未請,歸還無所,衣冠之弊,流寓何依?其先敕所減官員,并宜仍舊。"④李泌任宰相之後,貞元四年通過收除陌錢、闕官俸料和職田收入、外官三分之一的職田收入等方式,組成"户部別貯錢"來助國用,50萬貫充百官俸料,常有200萬貫作爲國用。⑤

到了昭宗乾寧年間,太府少卿李元實想以"中外九品以上官兩月俸"助軍,⑥最後却没能成行,這恐怕與唐末户部經費不充,官員俸禄支出匱乏有關。

總結起來,唐代以俸禄助軍,前期主要發生在高宗則天征討突厥時期,主要以京官的俸料來充作軍費。唐中後期,軍費開支成爲第一要事,朝廷財政較爲困難。國家幾次以官員的職田地租、禄米充作軍糧,官員月俸、宰相堂厨作爲軍錢。徵收的對象包括京官和外官的闕官、現任官。除此之外,中央曾想裁官收回俸禄助軍,没有實行,最後還是以户部專設別貯錢,來常備開支。到了唐末,官員俸禄難繼,俸禄助軍難以實行。俸禄助軍,從前期因戰事而行,到中後期成爲國家常事,同樣體現了俸禄支出發揮財政調節作用。

結　語

唐代官員在職官遷轉中,按照"上日"原則支給官禄、俸料、職田,"上日"是内外官上任之日。京官出使,以敕出(敕下)之日,爲上日;外官出使,以接收到敕符之日,爲上

---

①　《舊唐書》卷一二九《張延賞傳》,第3609頁。
②　《舊唐書》卷十二《德宗本紀上》,第359頁。
③　《舊唐書》卷一二九《張延賞傳》,第3609頁。
④　《舊唐書》卷十二《德宗本紀上》,第359頁。
⑤　《舊唐書》卷十三下《德宗本紀下》,第364頁。
⑥　《新唐書》卷一八三《朱樸傳》,第5382頁。

日。根據"上日"，可以把官員分爲前任官（舊人、前官）和見任官（新人，新授官）來分別支給，從敦煌吐魯番文書、墓誌來看，支給是按日數來分別計算的。請假，《假寧令》有公廨假，但祇有時限而未與俸祿掛鉤，唐中後期逐漸有了新規定，一旦超出應有天數，會停發俸料，一月以下將事權交由判司，一月以上則要扣除俸料的20%來補貼判官。

唐前期《考課令》規定了考課與俸祿挂鉤，其制度承襲北朝，具體而言是以中中爲基準，考課進一等加一季官祿，退一等減一季官祿。這種設置是"前考後祿"。到了唐中後期，考課流程化，逐漸失去了考核政績的功效，官員的俸祿不再局限於考課增減，取而代之的是"罰俸"，未先考課，中央就通過敕詔進行罰俸，此乃"未考而罰"。這種經濟處罰，多由御史臺起頭彈劾，中央下敕、詔文書，包括官員的朝儀、違法、違令式、違制詔敕命、違故事，失職瀆職等原因，被罰俸的對象有京官二十四司官、京兆尹、州縣長官、節度使、觀察使等。罰俸實例多集中在德宗、憲宗、敬宗、文宗、宣宗數朝。罰俸的數額，有俸料一月、兩月、一季、兩季，按 1 貫抽25 文，2.5%的罰料錢、手力資課錢等不同的情況，罰俸數額隨機，具有不確定性。被罰俸的官員有的被貶，影響仕途，而有的毫無影響，依舊升遷。

奪祿與罰俸的不同之處，除了考課的差異，還在於奪"祿"是減官祿（以米爲額），而罰"俸"主要是俸料（以錢爲額），有時兼及手力資課等錢。從"奪祿"到"罰俸"的轉變，俸祿已經成爲獎懲官員的一項砝碼，而非簡單的經濟待遇，以俸祿增減罰奪來實現對官員細化到個人的制度管理，其意義已超出俸祿作爲待遇本身。

俸祿一直被唐代官方視爲"國用"，作爲國家財政支出的一部分，由國家來調控數額，增減開支，以達到俸養官吏，維持龐大官僚體系運作的目的。但是，如何保持數與量的平衡呢？唐代國家財政中俸祿支出的增加，多數是通過改革俸祿制度，提高數額實現的，比如内外官提升俸祿定額；對地方部分州縣加料錢；在重要的國事活動上，也會整體賜祿。①

當然，俸祿并不是在任何時候都能順利發放的。在不同時期，國家財政會削減俸祿的發放，以作其他的財政用度。在中央，俸祿作爲一項財政開支，在財政不支時，抽取俸祿充作他用。比如抽京官的俸祿修宮殿臺閣、官司府第，或者抽整月俸，或者月俸中抽比例。抽取的對象的選擇也是有特定的政治含義的。在地方，俸祿作爲地方除公費之外的支出，往往根據當地實際情況，用於賑貸，或者補充百姓的賦稅缺額。俸祿的抽取，

---

① 比如開元十三年（725）十一月，封禪泰山"辛卯，禪於社首。壬辰，大赦。賜文武官階、勛、爵，致仕官一季祿，公主、嗣王、郡縣主一子官，諸蕃酋長來會者一官"。《新唐書》卷五《玄宗本紀》，第 131 頁。

多用職田禄米,闕官作爲地方官員空額,所對應的職田俸料,也往往被充作公用。在軍隊,唐前期曾抽百官俸料作爲討伐突厥的軍費,到中後期,俸料助軍成爲常態,官員月俸、職田都曾作爲軍費被抽取,到唐末已經無力抽取百官俸料助軍,因爲百官已經難以發放俸料。

因此,俸禄是職官制度能够順利運轉最爲重要的經濟"實利",也是國家考核官員,對官員進行獎懲的重要手段,更是在財政收支中起到了至關重要的調節作用。俸禄研究的重點應從制度條文走向具體的財政實踐研究。

附記:本文於 2019 年寫成,又於 2022 年參加北京大學史學論壇,得到分論壇二與會師生的諸多指正,謹致謝忱!

《魏晉南北朝隋唐史資料》第四十七輯

2023 年 5 月,207—228 頁

論唐後期方鎮的基本使職

羅　凱

中晚唐五代時期,方鎮(藩鎮)①是不得不提的重要存在。于鶴年先生在 20 世紀 30 年代即謂:"自中唐至宋初乃是一整個的藩鎮時代。在這二百餘年的長時期中……若以藩鎮爲這一時期歷史的中心,是最適當不過的。"②但是,方鎮有諸多使職,③如節度使、觀察使、防禦使、團練使、經略使、支度使、營田使、招討使、水陸運使、押蕃落使、制置使等,在這形形色色的使職中,何者纔是方鎮的基本使職? 即方鎮之所以能成爲方鎮的根本"身份"?

長期以來,這個問題并没有引起學界的重視,探討者寥寥。實際上,該問題關涉到對方鎮的基本認識,即方鎮是什麽? 什麽樣的機構或存在纔能稱作方鎮? 不解決此問題,許多關於方鎮的研究,無異於無本之木、無源之水,因爲探討的前提或許就值得商榷。

方鎮研究的權威專家張國剛先生認爲:"安史之亂以後所謂'道'或'藩鎮',實際上應該指觀察使,因爲觀察使不一定帶節度使,很多祇帶都團練使、都防禦使或經略使,但

---

① "方鎮"與"藩鎮"大多數情況下涵義相同,爲便於行文,除非必要,本文一般寫作方鎮。二者之異同,可參見王壽南《唐代藩鎮與中央關係之研究》,臺北: 大化書局,1978 年,第 1—2 頁。

② 于鶴年:《唐五代藩鎮解説》,《大公報·史地周刊》第 25 期,1935 年 3 月 8 日,第 3 張第 11 版。

③ 本文所説的使職,係指使職差遣的主官,不包括其僚屬,如副使、判官、巡官等。20 世紀 40 年代以來,使職研究逐漸興盛,與本文相關且比較宏觀的有: 矢野主税:《"使"制度の發生について》,《史學研究》1940 年第 2 號;陳仲安:《唐代的使職差遣制》,《武漢大學學報(人文科學)》1963 年第 1 期;何汝泉:《唐代使職的產生》,《西南師範大學學報(人文社會科學版)》1987 年第 1 期;唐長孺:《唐代的内諸司使及其演變》,《山居存稿》,北京: 中華書局,1989 年,第 244—272 頁;薛明揚:《論唐代使職的功能與作用》,《復旦學報(社會科學版)》1990 年第 1 期;寧志新:《唐朝使職若干問題研究》,《歷史研究》1999 年第 2 期;杜文玉:《唐代内諸司使考略》,《陝西師範大學學報(哲學社會科學版)》1999 年第 3 期;寧志新:《隋唐使職制度研究: 農牧工商編》,北京: 中華書局,2005 年;孟憲實:《唐代前期的使職問題研究》,吳宗國主編:《盛唐政治制度研究》,上海辭書出版社,2003 年,第 176—263 頁;劉後濱:《唐後期使職行政體制的確立及其在唐宋制度變遷中的意義》,《中國人民大學學報》2005 年第 6 期;賴瑞和:《唐代使職的定義》,《史林》2012 年第 2 期。

節度、都團練、都防禦、經略使則必帶觀察使。"①"唐代藩鎮身掛數使,其中觀察使是最普遍最基本的使銜……"②"唐後期的'道',亦即方鎮……的基本使職是觀察使。"③賴青壽先生亦認同"方鎮的最基本使職爲觀察使""觀察使爲方鎮最基本的使職""如帶觀察,則爲方鎮",④故在其博士論文中,以觀察使作爲方鎮建置的絕對指標,非觀察使即不在其探討的方鎮之列。⑤

其他學者儘管不曾這樣明確主張何爲唐後期方鎮的基本使職,但在研究中或多或少會涉及對這一問題的思考。因爲這是唐後期方鎮研究的基礎問題,⑥涉及對方鎮的判斷與取捨,祇有這個問題得到解決,後續研究纔好開展。如寧志新先生也以爲所有方鎮都帶觀察使職。⑦ 吳廷燮先生在《唐方鎮年表》中,雖未明言,實際上也是以觀察使作爲方鎮基本使職的,故其以乾符六年(879)爲斷限,所列四十七鎮,并不包括"遜於方鎮"的同、華、豐等,卻在具有"補遺"或"附錄"性質的卷八中詳列京畿觀察使和東畿觀察使,祇是四十七鎮中的容管,即便到乾符六年亦非觀察使,難免百密一疏。⑧

其實,以觀察使作爲唐後期方鎮基本使職的思想,至少可以追溯到宋代的洪邁,在《容齋隨筆》中,洪氏謂:

> 唐世於諸道置按察使,後改爲采訪處置使,治於所部之大郡。既又改爲觀察,其有戎旅之地,即置節度使。分天下爲四十餘道,大者十餘州,小者二、三州,但令訪察善惡,舉其大綱。然兵甲、財賦、民俗之事,無所不領,謂之都府,權勢不勝其重,能生殺人,或專私其所領州,而虐視支郡。⑨

洪氏所謂的"分天下爲四十餘道",顯然是從諸道置按察使—采訪處置使—觀察

---

① 張國剛:《唐代藩鎮研究(增訂版)》,北京:中國人民大學出版社,2010 年,第 19 頁。
② 張國剛:《唐代藩鎮研究(增訂版)》,第 132 頁。
③ 張國剛:《唐代官制》,西安:三秦出版社,1987 年,第 130—131 頁。
④ 賴青壽:《唐後期方鎮沿革研究》,復旦大學博士學位論文,1999 年,第 8、12、61 頁。
⑤ 但事實上,天德軍、金商等雖不帶觀察使,亦在其論述之列。
⑥ 需要指出的是,五代時期情況與唐後期不同,這個問題的重要性大大降低了。
⑦ 寧志新:《唐朝使職若干問題研究》,《歷史研究》1999 年第 2 期,第 60—61 頁。
⑧ 吳廷燮:《唐方鎮年表》,北京:中華書局,1980 年。實際上,戴偉華《唐方鎮文職僚佐考》(桂林:廣西師範大學出版社, 2007 年)幾乎完全沿用了吳氏的方鎮取捨標準。
⑨ (宋)洪邁:《容齋隨筆·三筆》卷七"唐觀察使"條,上海古籍出版社,1978 年,第 497 頁。

（使）的脈絡而言的,這無疑暗含觀察使爲諸道基本使職之意。洪氏爲何以觀察使代指方鎮? 其出發點恐怕還是因爲觀察使設置得"最普遍"。

但是,數量最多、最普遍的使職,就是方鎮最基本的使職嗎? 這或許并非一個能輕易劃等號的問題。竊以爲,方鎮的基本使職,反映的是"什麼是方鎮"的問題,具備這個或這類使職,這個機構纔能算方鎮,否則就不能稱爲方鎮。那麼,觀察使能够"擔此重任"嗎? 答案是否定的。本文將就此展開討論,并對什麼是方鎮的基本使職,作正面論證。需要指出的是,由於方鎮有三個維度的涵義,即特指（狹義）、泛指（廣義）和常指（一般義）,[①]所以本文所探討的方鎮,除非特别説明,皆是常指（一般義）的方鎮。因爲特指的方鎮就是節度使,其使職是固定而明確的,没有探討的必要,而泛指的方鎮包括州刺史等,在唐代并非使職,無法討論。

一、元和、會昌年間的方鎮數目

要弄清楚唐後期方鎮的基本使職,需要先知道當時究竟有哪些方鎮,否則得出的結論難免有誤。歷史研究中,想要畫出一張精確的"平面圖",必須有標準年（時間斷限）的概念,不能將不同年代的東西"一鍋煮",這應是最起碼的共識。《舊唐書·地理志》總叙部分所列方鎮,[②]就犯了"亂燉"的大忌。如朔方、邠寧節度使轄區遼闊,似乎是肅、代之際的情形,但天平軍節度使、兖海節度使是元和十四年（819）後纔設置的,而大同軍防禦使遲至大中十三年（859）纔設立,[③]嶺南之分東、西道節度則始於咸通三年（862）。錢大昕認爲是大和（827—835）之制,[④]未免失考。因此,爲避免出現"關公戰秦瓊"式的問題,我們需以史料來源比較可靠的年份爲斷限,一一考察當時的所有方鎮,盡可能找出每個方鎮所具備的使職,從而歸納出唐後期方鎮的基本使職。因爲節度使是當然的方鎮,所以我們將重點分析方鎮的其他使職。

從史料學而言,考察唐代的方鎮,首選的資料,自然應該是唐朝當時的文獻,而非五

---

① 參見拙文《何爲方鎮: 方鎮的特指、泛指與常指》,《學術月刊》2018 年第 8 期,第 159—169 頁;人大報刊複印資料《魏晋南北朝隋唐史》2019 年第 1 期全文轉載。

② 參見《舊唐書》卷三八《地理志一》,北京: 中華書局,1975 年,第 1389—1392 頁。

③ 《新唐書》卷六五《方鎮表二》曰: 會昌三年"以雲、蔚、朔三州置大同都團練使",次年"升大同都團練使爲大同都防禦使"（北京: 中華書局,1975 年,第 1819 頁）。但會昌五年的三份文獻均未提及該鎮,實則大中十三年纔設立大同軍防禦使。限於主旨和篇幅,此處不詳論,筆者將另撰文探討。

④ （清）錢大昕撰,陳文和、張連生、曹明升校點:《廿二史考異》卷五八《舊唐書二·地理志一》,南京: 鳳凰出版社,2008 年,第 677 頁。

代、北宋等晚出的典籍,如《新唐書·方鎮表》(以下簡稱《方鎮表》)等。目前所知,最權威的唐後期方鎮數據,主要集中在兩個時期,一是唐憲宗元和年間,二是唐武宗會昌年間。

前者以《元和國計簿》《元和郡縣圖志》(以下簡稱《元和志》)爲代表,這兩部文獻爲世人所熟知,自不待言。但《元和國計簿》早已失傳,我們今天祇知道當時"總計天下方鎮凡四十八",①具體是哪些方鎮則不清楚。《元和志》宋代已有缺佚,所以我們瞭解的元和中期的方鎮情況,也是不完整的。此外,開成二年(837)王彥威《供軍圖》所言的方鎮,實際上也是元和年間的。

至於會昌時的情況,因爲缺乏《元和志》這樣的著名文獻,前人多不曾措意,但在流傳至今的會昌年間的零散文獻中,却恰恰保存了目前所知關於唐後期方鎮最完整的記録。

《唐會要》曰:

> 其年(會昌五年)九月,中書門下奏:條流諸道判官員額,西川本有十二員,望留八員,節度副使、判官、掌書記、觀察判官、支使、推官、雲南判官、巡官。淮南、河東舊額,各除向前職額外,淮南留營田判官,河東留留守判官……東都留守、陝府,舊有五員,并望不減。天德舊有三員,亦望不減。同州舊有四員,商州兩員,并望不減。防禦副使。莘(華)州、泗州各有兩員,并望不減。楚州、壽州各有三員,壽州望減團練副使一員,楚州望減營田巡官一員。汝州、鹽州、隴州,舊各有一員,望不減……②

我們可以將這份中書門下奏文命名爲《條流諸道判官員額奏》(以下簡稱《判官員額奏》)。在這份奏文中,除了河東、江西、桂管等常見的方鎮外,還出現了東都留守、同州、商州、泗州、隴州、龍陂等"道",後者是不是常指的方鎮呢?僅從《判官員額奏》我們無法得出確定的答案。

---

① 《舊唐書》卷一四《憲宗紀上》,第424頁;《太平御覽》卷一一四《皇王部三十九·唐憲宗章武皇帝》,北京:中華書局,1960年,第551頁;《唐會要》卷八四"雜録",上海古籍出版社,2006年,第1839頁;《資治通鑑》卷二三七《唐紀五十三》"憲宗元和二年"條,北京:中華書局,1956年,第7647頁。此外,《册府元龜》卷四八六《邦計部·户籍遷徙》謂"凡四十九道",北京:中華書局,1960年,第5813頁。
② 《唐會要》卷七九"諸使下",第1714—1715頁。按:今本《會要》多有錯漏,此不贅舉。

《資治通鑑考異》保留了《唐武宗實録》的一段内容：

　　《實録》："……中書門下奏：'奉敕，諸道所留僧尼數宜令更商量，分爲三等：上至二十人，中至十人，下至五人。今據天下諸道共五十處，四十六道合配三等：鎮州、魏博、淮南、西川、山南東道、荆南、嶺南、汴宋、幽州、東川、鄂岳、浙西、浙東、宣歙、湖南、江西、河南府，望每道許留僧二十人；山南西道、河東、鄭滑、陳許、潞磁、鄆曹、徐泗、鳳翔、兖海、淄青、滄齊、易定、福建、同、華州，望令每道許留十人；夏、桂、邕管、黔中、安南、汝、金、商州、容管，望每道許留五人；一道河中，已敕下留十三人。'"①

這份中書門下奏文，我們權且命名爲《留僧奏》。時在會昌五年七月，"天下諸道共五十處"，這個方鎮總數非常重要，它跟元和年間的 48 鎮、47 鎮，構成關於唐後期方鎮總額的一個數據鏈，有助於系統的研究。不過，該奏文現存僅 42 道，而河南府、華州與魏博、淮南、容管等一樣，均在其中。

此外，《會昌五年舉格節文》（以下簡稱《舉格節文》）曰：

　　公卿百寮子弟及京畿内士人寄客外州府舉士人等修明經、進士業者，并隸名所在監及官學，仍精加考試。所送人數：其國子監明經，舊格每年送三百五十人，今請送三百人；進士，依舊格送三十人；其隸名明經，亦請送二百人；其宗正寺進士，送二十人；其東監、同、華、②河中，所送進士不得過三十人，明經不得過五十人。其鳳翔、山南西道、東道、荆南、鄂岳、湖南、鄭滑、浙西、浙東、鄜坊、宣、商、涇、邠、江南、江西、③淮南、西川、東川、陝虢等道，所送進士不得過一十五人，明經不得過二十人。其河東、陳許、汴、徐泗、易定、齊德、魏博、澤潞、幽、孟、靈、夏、淄青、鄆曹、兖海、鎮冀、麟勝等道，所送進士不得過一十人，明經不得過十五人。金、汝、鹽、④豊、福建、黔府、桂府、嶺南、安南、邕、容等道，所送進士不得過七人，明經不得過十人。

---

① 《資治通鑑》卷二四八《唐紀六十四》"武宗會昌五年"條胡三省注引《資治通鑑考異》，第 8016 頁。在《何爲方鎮》一文中，對司馬光《考異》中的困惑，筆者已經作了闡釋，此不贅述。

② 中華書局上海編輯所編輯本標點作"東監同華、"，姜漢椿《唐摭言校注》此處點作"東監、同華、"，標點者不明其時方鎮情形，今改。下文類似情況，徑改。

③ 唐後期没有叫作"江南"的方鎮，此處"江南江西"殊爲怪異，或"江南"二字衍，或後一"江"字衍。

④ "鹽"字或衍，若確有，則表明會昌五年鹽州一度單列爲方鎮，則彼時有 51 鎮。

其諸支郡所送人數,請申觀察使爲解都送,不得諸州各自申解……①

收錄該節文的《唐摭言》已出版多種標點本,但歷來標點者多將該文中的州府兩兩配對作爲一道,祇有其中前後不靠的"汴"單獨爲一道。不過,陽羨生校點本《唐摭言》"幽、孟""邕、容"二處中間已點斷,陽氏顯然已經意識到"幽、孟"二州相距懸遠,"邕、容"兩管不可混同。事實上,文中某州單獨成道是正常的,其中一些本就是一州一道,如同、華、金等,另一些則是簡稱,如涇、靈、容等。這在唐宋時期并不罕見。如《舊唐書·穆宗紀》載元和十五年"定、鹽、夏、劍南東西川、嶺南、黔中、邕管、容管、安南合九十七州不申户帳"②。又如宋敏求《長安志》述及平康坊,有"同華河中河陽襄徐魏涇原靈武夏州昭義浙西東容州進奏院",③其中既有河中、涇原、昭義等兩字鎮,也有同、華、襄、徐、魏這樣的一字鎮,同州、華州是各自爲鎮,後三者則是以治所州作爲一鎮之代表。下文所引《資治通鑑》及《考異》會昌二年八月條,也存在這種情況。可見方鎮簡稱的單、雙混用,在當時是普遍現象,此不贅引。

將《舉格節文》與同年的《留僧奏》《判官員額奏》比堪,可知此文所述的方鎮52道,是最完備的。流傳至今的《留僧奏》缺漏甚多,僅存42道。《判官員額奏》所載儘管多達55道,却無邕管、安南及華、金州等,顯然也有脱逸。不過,《舉格節文》較之二者,又多出江南、鹽州,若除去這兩道,正好是《留僧奏》所謂的"天下諸道共五十處"。

抛開"江南""鹽"兩處問題不談,這裏的商、金、汝等單獨爲"道",而東監、同、華、河中并列,"所送進士不得過三十人,明經不得過五十人",顯然四者跟其他諸道一樣,屬於能直接參與"精加考試"的"監及官學"之列。祇是與諸道的府、州官學不同,河南府有一個特殊的官學——東都國子監,簡稱東監,彼時囊括了整個東都畿(即河南府)的送舉人數。所以,這裏的東監,從儒學貢士的角度而言,即代指河南府或東都畿,實際上也是諸道之一,祇不過因爲稱東監,所以纏與其他諸道有所區別。

綜上,會昌五年的三份不同文獻,分別從軍政、宗教、舉士等不同方面,反映出東都畿(河南府)、金州、華州等,與河東、福建、西川一樣,屬於諸道之列。而當時的方鎮,往

---

① 《會昌五年舉格節文》,(五代)王定保著、中華書局上海編輯所編輯:《唐摭言》卷一"統序科第",北京:中華書局,1959年新1版,第2頁。另可參見姜漢椿校注:《唐摭言校注》,上海社會科學院出版社,2002年,第3—4頁;陽羨生校點:《唐摭言》,上海古籍出版社,2012年,第1—2頁。

② 《舊唐書》卷一六《穆宗紀》,第484頁。

③ (宋)宋敏求纂:《長安志》,民國二十年鉛印本,卷八第4頁。

往以"道"稱之。《判官員額奏》曰:"右奉聖旨令商量減諸道判官,約以六員爲額者。臣等商量,須據舊額多少,難於一例停減。今據本鎮額量減……"①"本鎮"與"諸道"相呼應,顯然,這里道與鎮是同義混用的。那麼華、汝、商等州,東都留守及其關聯的河南府(東都畿),自然也是方鎮,而且屬於"常指"的方鎮之列。

《資治通鑑》曰:"(會昌二年八月)庚午,詔發陳許、徐、汝、襄陽等兵屯太原及振武、天德,俟來春驅逐回鶻。"②其"考異"引《唐武宗實録》和李德裕《會昌一品集》,亦曰"發陳許、徐、汝、襄陽(等)兵",③可見汝州在會昌年間確爲獨立方鎮。綜合東都畿與汝州的官員任免情況,可推斷太和四年底或五年初,河南府與汝州已各爲方鎮。④

結合以上三份文獻,我們可以復原出一份完整的會昌五年方鎮名單:華州、同州、商州、金州、陝虢、東都畿、汝州、鳳翔、涇原、邠寧、靈鹽、夏州、天德軍、振武、鄜坊、河中、河東、昭義、幽州、易定、成德、滄州、魏博、河陽、鄭滑、陳許、汴州、鄆州、淄青、兗海、徐州、淮南、荊南、山南東道、山南西道、劍南東川、劍南西川、浙西、浙東、福建、宣歙、江西、鄂岳、湖南、黔中、桂管、嶺南、容管、邕管、安南,合計50鎮。⑤

有了會昌五年具體50鎮這個已知數,就可以推知元和年間的47鎮、48鎮。元和九年至會昌五年期間,雖然方鎮的變動并不少,但大多屬於旋置旋廢或廢而又置,以及方鎮使額的升降,影響有限。真正大的變化發生在元和末期,原淮西節度使罷廢,原淄青平盧鎮一分爲三:淄青、鄆曹、兗海,另外就是畿汝、金商二鎮的分分合合,所以,元和八年的47鎮,⑥由會昌五年的50鎮逆推,其實就是減去鄆曹、兗海、汝州、金州,而加上淮西。至於《元和志》序言中,李吉甫自言"謹上《元和郡縣圖志》,起京兆府,盡隴右道,

① 《唐會要》卷七九"諸使下",第1715—1716頁。

② 《資治通鑑》卷二四六《唐紀六十二》武宗會昌二年條,第7963頁。

③ 《資治通鑑》卷二四六《唐紀六十二》武宗會昌二年條胡三省注引,第7964頁。筆者按:《資治通鑑》中華書局點校本,三處"陳許"均用頓號點開,從而將一鎮分爲兩鎮,欠妥。

④ 參考郁賢皓《唐刺史考全編》之東都和汝州部分,合肥:安徽大學出版社,2000年,第539—572、707—728頁。需要指出的是,郁氏所考王正雅任汝州刺史充本州防禦使的時間有誤,當在大和四、五年的歲末年初,即裴潾之後、郭行餘之前。

⑤ 若鹽州該年一度爲方鎮,則在此基礎上宜再加一鎮,爲51鎮。

⑥ 《舊唐書》卷一五《憲宗紀下》(第445頁)謂元和八年二月:"宰相李吉甫進所撰《元和郡國圖》三十卷,又進《六代略》三十卷,又爲《十道州郡圖》五十四卷。"亦可參見《唐會要》卷三六"修撰",第771頁。《册府元龜》卷五五四《國史部·總序選任公正恩獎》(第6660頁)亦曰:"李吉甫爲宰相,元和八年二月進所撰《元和州郡圖》三十卷。"筆者按:三十卷當作四十卷,或因"卅""冊"形近致訛。周雯亦持此觀點,參見周雯:《〈元和郡縣圖志〉之時間斷限、書名及卷次諸問題考辨》,《歷史地理》第27輯,第290頁。有些學者以傳世本《元和志》中記載宥州,認爲《元和志》完成於元和九年,實則爲"傳世本"在"進獻本"基礎上所加的修訂。

凡四十七鎮,成四十卷",①筆者跟周雯的看法是一致的,"四十七鎮"不包括京兆府和隴右道,②因爲京兆府是朝廷所在,也是地方軍鎮藩維的目標;隴右道早已陷蕃,并未如同各鎮一樣標明治所和轄州,二者自然都不在"四十七鎮"之列。

至於元和二年十二月的48鎮,與元和八年的47鎮相比,儘管東畿一鎮的範圍有所變化,③《方鎮表》亦謂元和三年纔罷晉慈隰觀察使,④但多出來的一鎮,其實是保義軍節度使。因爲就在李吉甫進獻《元和國計簿》的前三天,保義軍節度使劉澭纔去世,⑤唐憲宗不可能在功臣劉澭尸骨未寒的時候,就罷省保義軍一鎮。考慮到著作本身的滯後性,就更是如此了。

二、觀察使并非唐後期方鎮的基本使職

上文復原了元和、會昌年間的方鎮名單,但尚未涉及方鎮的使職。貞元十八年,權德輿作《魏國公〈貞元十道録〉序》謂:"凡今三十一節度,十一觀察,與防禦、經略以守臣稱使府者,共五十。"⑥唐文宗開成二年,王彦威進所撰《供軍圖》,其序曰:"至德、乾元之後,迄於貞元、元和之際,天下有觀察者十,節度二十有九,防禦者四,經略者三。"⑦與之對比,錢大昕在《舊唐書·地理志》所列方鎮之後,寫下劄記:"自東都畿至安南,凡四十四鎮,蓋據大和中方鎮言之……凡三十二節度,七觀察(東都畿帶防禦,嶺南西道帶經略),三防禦,二經略也。"⑧

在節度使例兼觀察使,且前者地位、權勢高於後者的情況下,王彦威所謂的觀察,即

① (唐)李吉甫撰,賀次君點校:《元和郡縣圖志·序》,北京:中華書局,1983年,第2頁。
② 參見周雯:《〈元和郡縣圖志〉之時間斷限、書名及卷次諸問題考辨》,《歷史地理》第27輯,第291頁;拙文《何爲方鎮:方鎮的特指、泛指與常指》。但周雯將河南府也排除在"方鎮"之外,筆者不敢苟同,會昌五年的情況充分表明東都留守(河南府)在方鎮之列。
③ 參見《舊唐書》卷一四《憲宗紀上》,第425頁;《唐會要》卷六七《留守》,第1401頁;《元和郡縣圖志》卷六《河南道二》,北京:中華書局,1983年,第155頁。
④ 《新唐書》卷六六《方鎮表三》,第1848頁。但二年年初,杜黄裳任河中節度使結銜中已含有晉慈隰三州,參見《册府元龜》卷三二二《宰輔部·出鎮》,第3806頁。
⑤ 《舊唐書》卷一四《憲宗紀上》,第423—424頁。
⑥ 權德輿:《魏國公貞元十道録序》,(唐)權德輿撰,郭廣偉校點:《權德輿詩文集》卷三五《序》,上海古籍出版社,2008年,第529頁;(宋)李昉等編《文苑英華》卷七三七《雜序三》,北京:中華書局,1966年,第3841頁。較之元和二年李吉甫所謂的48鎮,貞元十八年的50鎮,應加晉慈隰觀察使、安黄節度使。
⑦ 《舊唐書》卷一七下《文宗紀下》,第567頁。亦見於《舊唐書》卷一五七《王彦威傳》(第4156—4157頁)、《新唐書》卷一六四《王彦威傳》(第5057頁)、《太平御覽》卷三三二《兵部六三·漕運》(第1527頁)、《册府元龜》卷四八六《邦計部·户籍》(第5814頁)等,《通鑑地理通釋》《弘簡録》等亦有引用,唯不同文獻文辭稍異。
⑧ 《廿二史考異》卷五八《舊唐書二·地理志一》,第677頁。

都團練、都防禦、經略使等兼觀察使,但觀察使淵源更深、地位較高,所以一般徑稱觀察。不過,也有防禦使、經略使不加觀察使的,所以衹能叫作防禦使、經略使,而不能叫作"觀察",這就是王彥威單列"防禦者四,經略者三"的原因。此點前賢較少措意,容易造成誤解,如張國剛、寧志新、賴青壽等先生認爲"節度、都團練、都防禦、經略使必帶觀察使",即是顯著的例子,故需稍加闡發。

對此,《方鎮表》作爲歷來方鎮研究的主要史源,基本上沒有區分,且該表晚出,并非第一手資料,錯誤頗多,難以盡述。故欲正本清源,必須拋開《方鎮表》,另覓途徑。《元和志》作爲唐朝"當代"著作,基本上可以看作原始史料,且李吉甫作爲當朝宰相,對各鎮的使職,有精準的概括。以《元和志》爲綫索,在廣泛參考《舊唐書》紀、傳和唐人文奏、金石材料等的基礎上,筆者認爲王彥威《進供軍圖奏》"防禦者四,經略者三"所指當是:天德軍都防禦使、金商都防禦使、[1]同州防禦使、華州防禦使和容管經略使、邕管經略使、安南經略使,這些方鎮皆不帶觀察使職。

其中同州防禦使的全稱一般是同州刺史、本州防禦長春宮等使;[2]華州防禦使爲華州刺史、鎮國軍及潼關防禦等使,[3]或華州刺史、潼關防禦鎮國軍等使;[4]天德軍都防禦使也叫豐州都防禦使,其初置時管三城,故名豐州刺史、天德軍豐州西受降城都防禦使,[5]後加中受降城,全稱爲豐州刺史、天德軍豐州四城都防禦本管押蕃落等使。[6] 這三

---

① 因爲駐扎於商州,所以又叫商州防禦使。詳見杜兼等人的情況。按:《中國歷史地圖集》第五册之《元和方鎮圖》(第38—39頁)定金商都防禦使的治所於金州,恐誤。史籍中除了唐末,多見商州防禦使,很少見金州防禦使。

② 參見(唐)謝楚:《爲同州顏中丞謝上表》,《文苑英華》卷五八六《表三十四·藩鎮謝官三》,第3033頁;(唐)李虞仲:《授高重同州刺史兼防禦使制》,《文苑英華》卷四〇九《中書制誥三十·諸使二》,第2073頁;《舊唐書》卷一三《德宗紀下》,第388—389頁;《册府元龜》卷四九八《邦計部·漕運》,第5970頁;《唐刺史考全編》卷四《同州(馮翊郡)》,第129—131,136頁。

③ 參見(唐)常袞:《授張重光尚書左丞制》,《文苑英華》卷三八五《中書制誥六·南省一》,第1965頁;《唐刺史考全編》卷三《華州(太州、華陰郡)》,第82—97頁。

④ 參見韓愈:《故金紫光禄大夫檢校尚書左僕射同中書門下平章事兼汴州刺史充宣武軍節度副大使知節度事管内支度營田汴宋亳潁等州觀察處置等使上柱國隴西郡開國公贈太傅董公行狀》,(唐)韓愈著,馬其昶校注,馬茂元整理:《韓昌黎文集校注》卷八《雜文、狀、表狀》,上海古籍出版社,1986年,第578頁;杜牧:《李訥除浙東觀察使兼御史大夫制》,(唐)杜牧著,陳允吉校點:《樊川文集》卷一八,上海古籍出版社,2007年,第268頁,亦可參見《全唐文》卷七四八,第7753頁;《唐刺史考全編》卷三《華州(太州、華陰郡)》,第82—103頁;以及《舊唐書》諸《本紀》等。

⑤ 參見《舊唐書》卷一三《德宗紀下》,第384頁。

⑥ 參見(唐)李德裕:《授石雄晉絳行營節度使制》,(清)董誥等編:《全唐文》卷六九八,北京:中華書局,1983年,第7167頁。

者史籍中較常見,毋須贅言。①

金商都防禦使比較少見。元和初年,杜兼曾任商州刺史、金商防禦使:"……爲給事中,出爲商州刺史、金商防禦使,改河南少尹,行大尹事;半歲,拜大尹。元和四年十一月二十二日無疾暴薨,年六十。"②這是唐末大亂以前,傳世文獻中唯一明確兼任金商二州的都防禦使,其他所見均爲金州或商州防禦使。

《方鎮表》外,唐末之前,史籍中金州防禦使祇見一例:"李融,興元初爲金州刺史,兼防禦使。州人懷之,刻石紀政。"③賴青壽先生結合《方鎮表》金商都防禦使的記載,認爲當時金商都防禦使治金州,貞元二年(786)徙治商州,但其徙治所據材料甚爲模糊。④

相對而言,商州防禦使則較爲多見。建中四年(783)十一月"甲午,以商州都虞候王仙鶴權商州防禦使"。⑤ 一個多月後,即是興元元年(784),也就是《方鎮表》置金商都防禦使的時間。但前引史料僅言李融爲金州刺史兼防禦使,若《册府元龜》用詞足够精確,那麼該"防禦使"當僅爲本州防禦使,因爲差相同時商州亦置有防禦使。

其實,早在至德年間,歐陽琟即曾"遷右驍衛將軍,兼上洛郡太守,充武關防禦使"⑥。廣德元年,吐蕃攻關中,占領長安,代宗東徙,郭子儀受命爲關內副元帥,"至商州,得武關防兵及六軍散卒四千人"。⑦ 這二則事例表明,武關與潼關類似,因其重要性,都有專門的防禦使職和軍隊。如是之故,商州防禦使的全稱,很可能與華州接近,爲"商州刺史、武關防禦等使",且其所置時間很早,安史之亂初期已有。《册府元龜》又載:"殷仲卿爲商州刺史,充本州防禦使,爲部下兵馬使劉洽所殺。"⑧據《新唐書》和《資治通鑑》,事發於大曆三年(768)二月。⑨《寶刻叢編》載有《唐東都留守李憕碑》,篆額

① 值得注意的是,《舊唐書》卷三八《地理志一》(第1389—1392頁)述及諸方鎮,有潼關防禦鎮國軍使(華州刺史領之)、同州防禦長春宮使(同州刺史領之),但無天德軍防禦使、金商防禦使。

② (唐)韓愈:《故中散大夫河南尹杜君墓誌銘》,《韓昌黎文集校注》卷六《碑誌》,第391頁。亦可參見《舊唐書》卷一四六《杜兼傳》(第3969頁)、《册府元龜》卷三三七《宰輔部·不協徇私樹黨》(第3991頁)、《册府元龜》卷九四五《總録部·巧宦附勢朋黨》(第11135頁),但此三者皆僅言"金商防禦使",不言其爲商州刺史。

③ 《册府元龜》卷八二〇《總録部·立祠》,第9746頁。

④ 賴青壽:《唐後期方鎮建置沿革研究》,第128—129頁。

⑤ 《舊唐書》卷一二《德宗紀上》,第338頁。

⑥ (唐)顏真卿《遊擊將軍左領軍衛大將軍兼商州刺史武關防禦使上柱國歐陽使君神道碑銘》,《全唐文》卷三四三,第3485—3486頁。

⑦ 《舊唐書》卷一二〇《郭子儀傳》,第3456頁。另可參見《册府元龜》卷三五八《將帥部·立功一一》,第4248—4249頁;《新唐書》卷一三七《郭子儀傳》,第4603頁;《資治通鑑》卷二二三《唐紀三十九》"唐代宗廣德元年"條,第7152頁。

⑧ 《册府元龜》卷四三七《將帥部·强愎失士心》,第5191頁。

⑨ 《新唐書》卷六《代宗紀》,第173頁;《資治通鑑》卷二二四《唐紀四十》"唐代宗大曆三年"條,第7198頁。

者爲唐商州防禦隨軍儲或,該碑立於大曆四年。① 此外,《元和姓纂》有商州防禦使沈樞。②《舊唐書·崔玄暐傳》曰:"曾孫郢,開成三年,自商州防禦判官兼殿中侍御史入爲監察御史。"③

綜觀金商二州的情況,可知多數時候祇有商州防禦使,而金州防禦使和金商都防禦使很少見。會昌五年方鎮的情形,④也顯示該年不設金商都防禦使,商州、金州各爲"方鎮",可能均爲當州防禦使。不過元和年間的情形也許不一樣,因爲元和初年杜兼曾任金商(都)防禦使,這是史有明文的。而《元和志》儘管這一部分闕逸,但從方鎮數目來看,應該也是金商二州合置一個都防禦使,祇是當如杜兼那樣,治所在商州而非金州,因爲從唐代的地緣形勢而言,商州有武關,且距首都長安更近,戰略地位遠高於金州。

《方鎮表》謂,上元元年(760)升容管經略都防禦使爲觀察使;廣德二年(764)改安南節度使爲鎮南大都護都防禦觀察經略使;元和元年邕州管内都防禦觀察經略使增領懷遠軍使。⑤ 因而後世學者大多以爲此三鎮均兼觀察使,如《唐後期方鎮建置沿革研究》即持此觀點,⑥但《中國歷史地圖集·元和方鎮圖》依據《元和志》,此三鎮均僅標爲經略使。⑦ 事實上,嶺南五管,在升爲節度使之前,祇有桂管兼觀察使,⑧嶺南節度使因爲通例,自然帶觀察處置使職,其他三管,在唐後期的絕大部分時間内,均非觀察使。

關於容管,元結有《再讓容州表》,其所讓職銜爲"守金吾衛將軍員外置同正員、兼御史中丞、使持節、都督容州諸軍事、兼容州刺史、充本管經略守捉使、賜紫金魚袋",此前《讓容州表》亦爲"本管經略守捉使",據文中所言"容府陷没十二三年,管内諸州,多在賊境",⑨結合孫望師《元次山年譜》,該表當作於大曆三年,⑩可知其時并未有觀察使

① (宋)陳思:《寶刻叢編》卷四《京西北路》,清文淵閣四庫全書本。另可參見(清)倪濤《六藝之一録》卷六九《石刻文字四十五》,清文淵閣四庫全書本。

② (唐)林寶撰,岑仲勉校記:《元和姓纂》卷七"沈"姓,北京:中華書局,1994年,第1137頁。

③ 《舊唐書》卷九一《崔玄暐傳》,第2935頁。又見《册府元龜》卷一三一《帝王部·延賞第二》:"又以博陵王崔玄暐曾孫、前商州防禦判官兼殿中侍御史郢爲監察御史。"(第1582頁)

④ 參見前引《會昌五年舉格節文》《留僧奏文》《判官員額奏文》等,亦可參見拙文《何爲方鎮:方鎮的特指、泛指與常指》,《學術月刊》2018年第8期。

⑤ 《新唐書》卷六七《方鎮表六》,第1936、1937、1942頁。

⑥ 賴青壽:《唐後期方鎮建置沿革研究》,第175—180頁。

⑦ 譚其驤主編:《中國歷史地圖集》第五册《元和方鎮圖》,第38—39頁。

⑧ 容管略有出入,可能有幾年的誤差,但彼時已是唐末昭宗年間,制度混亂,此不細論。

⑨ 二表并參見《文苑英華》卷五七六《表二十四·節度刺史讓官》,第2966—2967頁;《全唐文》卷三八〇,第3862—3863頁。

⑩ 孫望:《元次山年譜》,上海:古典文學出版社,1957年,第88—89頁。

之職。建中初爲"容管經略招討等使",①貞元三年爲"本管經略守捉招討處置等使",②則較之大曆年間,又加了"招討處置"等使。此後,容管使職恒爲"容管經略招討處置等使",或簡稱"容管經略招討使",③其使職有二,即"經略使""招討處置使",④不帶"觀察"之名。直到昭宗乾寧二年(895),河東節度使李克用大將蓋寓領"容管觀察經略使",⑤容管纔見"觀察"之號,但據《方鎮表》,兩年後的乾寧四年,容管即升爲寧遠軍節度使,且此時方鎮濫授嚴重,蓋寓乃遥領此職,并未離開河東節度使的大本營往嶺南赴任。

邕管、安南的情況與容管相似。《舊唐書·德宗紀》曰:貞元七年七月"庚辰,以虔州刺史趙昌爲安南都護、經略招討使"。⑥可見最遲該年,安南的使職也確定爲經略招討使了。《孫筥墓誌》曰:"烈考府君諱公器,皇朝邕管經略招討等使、御史中丞,贈司空。"⑦而《舊唐書·德宗紀》載:貞元九年七月"庚子,以信州刺史孫公器爲邕管經略使"。⑧但因史料不如容管豐富,不能確定邕管、安南的"經略招討使"是否亦由"經略使"逐漸添加而來。等到咸通三年、七年,邕管、安南分別升爲節度使,二者自亦援例加觀察使,毋庸贅述。

以上所述是以元和年間爲代表的中晚唐較穩定時期的一般情況,期間不兼觀察使的方鎮,最少7個,最多達到14個。至於安史之亂期間和稍後的代宗時期,方鎮中不帶觀察使職的就更多了。

《文苑英華》收録有大曆初期常衮一人所擬的7篇有關團練使任命的詔令,⑨其中除了叠州一制是本州團練使之外,其餘6制均爲都團練使,但是祇有江西、浙東、宣歙池

---

① (唐)穆員:《陝虢觀察使盧公(嶽)墓誌銘》,《全唐文》卷七八四,第8197頁。
② 參見《唐檢校右散騎常侍容州刺史李公去思頌并序》,《全唐文》卷四二九(作于邵撰)、卷六二一(作李罕撰,標題"常侍"後有"兼御史中丞"五字),第4371、6267頁。原文作貞元二年,岑仲勉以爲二年當是三年之訛,參見《唐方鎮年表正補》,《(國立中央研究院)歷史語言研究所集刊》第15本,中華民國三十七年出版,中華書局1987年影印版,第364頁。
③ 例如(唐)劉禹錫《代容州刺史謝上表》即作:"容州刺史兼御史中丞充本路(管)經略招討等使。"《文苑英華》卷五八六《表三十四·藩鎮謝官三》,第3036頁。
④ 《唐會要》卷七九"諸使下"載會昌五年九月中書門下奏減諸道判官員額,内有"減招討巡官一員",第1715頁。
⑤ 《册府元龜》卷三四七《將帥部·佐命第八》,第4108頁。
⑥ 《舊唐書》卷一三《德宗紀下》,第372頁。
⑦ 《唐故前左武衛兵曹參軍安孫府君(筥)墓誌銘并序》,羅振玉輯:《芒洛冢墓遺文》卷中,民國六年自刊本,江蘇古籍出版社1998年影印版,第47頁。
⑧ 《舊唐書》卷一三《德宗紀下》,第377頁。
⑨ 《文苑英華》卷四〇九《中書制誥三十·諸使二·團練使》,第2075—2077頁。按:另有一制乃湖南都團練觀察使加兼御史大夫,非授官制書。

等 3 道是都團練使兼觀察使,另外 3 制均僅爲都團練使而不兼觀察使,分別爲丹延兩州都團練使("使"字疑衍)守捉使、鄂岳沔等三州都團練守捉使、辰溪巫錦業等五州都團練守捉使,另外還有前任爲扶文兩州招討團練使的。

最典型的個案,是鄂岳鎮的變遷。趙憬《鄂州新廳記》曰:

> 鄂在楚爲國,秦爲縣,吳爲江夏郡……當荆吳江漢之衝要,爲藩鎮固護之雄制。天寶以前,四方無虞,第據編户衆寡等,襄州望,鄂是以齒於下。後戎狄亂華,寓縣沸騰,屯兵阻險,斯稱巨防,朝廷尋州陟(疑作陟州)列將,寄勛賢之重。廣德二年(764),遂聯岳、沔事,置三州都團練使。大曆八年(773),加觀察處置使。十四年六月,二使廢,時置當州防禦使,且屬於江西。國家姑務省官息人,而終慮咽喉襟帶之地,思典守者。既輕其權矣,復欲俾任重,尤難其選。是月(年)十月,乃命秘書少監兼侍御史李公授之。公名兼,隴西人也,到官三年之五月,使改爲三州防禦使,江、岳隸焉。仍領元戎之副,董江西諸軍,銳師以伐叛于襄陽,既而克平。九月,就加散騎常侍,防禦洎州如舊。公之苻鄂也,今兹四年……時建中三年(782)十有一月也。①

由此記觀之,廣德二年至大曆八年間,鄂岳沔三州都團練使是不帶觀察使銜的。大曆八年至十四年,鄂岳都團練使加觀察處置使,全稱當爲鄂岳沔都團練觀察處置使。《舊唐書·代宗紀》即載大曆八年四月戊午,以吳仲孺爲鄂岳沔等州團練觀察使。② 大曆十四年,都團練使和觀察處置使兩個使職皆廢,鄂州置當州防禦使,不管其他州,是爲單州防禦使,這種情況持續了三個年頭,建中二年改爲鄂岳江三州(都)防禦使,至次年也就是該廳壁記所作之年,仍是三州(都)防禦使,并未兼有觀察處置使職。也就是説,鄂岳無論是前十年的都團練使,還是建中年間的都防禦使,都不帶觀察使職。

作爲當時人,趙憬該記的真實性是很高的,較之兩三百年後編纂的《方鎮表》,無疑更可信據。當時的原始史料還有《黄鶴樓記》:"……刺史兼侍御史、淮西租庸使、鄂岳沔等州都團練使河南穆公名寧,下單(應是"車"之訛)而亂繩皆理,發號而庶政其凝……皇唐永泰元年(765)歲次(石本無"次"字)大荒落月孟夏日庚寅也。"③説明廣德

---

① (唐)趙憬:《鄂州新廳記》,《文苑英華》卷八〇一《記五·廳壁五·州郡中》,第 4235—4236 頁。

② 《舊唐書》卷一一《代宗紀》,第 302 頁。

③ (唐)閻伯里(石本作"埋"):《黄鶴樓記》,《文苑英華》卷八一〇《記十四·樓下》,第 4279—4280 頁。

二年所置,確實是不帶觀察使職的鄂岳沔等州都團練使。

綜上,從唐後期的較原始史料出發,我們可以看到,觀察使雖然是設置最多的使職,但并不能覆蓋所有的方鎮。在當時人看來,方鎮不僅包括"并置"觀察使的節度使、都團練使、都防禦使、經略使等,也包括不置觀察使的都防禦使、防禦使、經略使、留守等,前者可稱爲"連帥大府",①但後者却也是被朝廷認可的"方鎮",且其數目和占方鎮總量的比重,并非可以忽略的。以《元和志》爲代表的元和中期方鎮數量計算,當時 47 鎮中,39 鎮帶觀察使職,17%的方鎮則不帶觀察使職。以貞元十八年的 50 鎮計算,8 鎮無觀察使職,占比亦有 16%。以會昌五年的 50 鎮計算,10 鎮不帶觀察使職,占比達到 20%。由此可知,觀察使并不是方鎮的基本使職,否則"連帥大府"之外的方鎮將無以名之。

觀察使是從采訪使改置的,其延續的是"連率""連帥""廉帥""廉問""廉察""廉使"這一脉絡。在上引洪邁關於觀察使的著名論斷中,對其權責是這麽描述的:"但令訪察善惡,舉其大綱。然兵甲、財賦、民俗之事,無所不領。"②這里提及 4 個方面的事務:監察、軍政、財政、民政,洪氏認爲觀察使"無所不領",其實并非如此。

張國剛先生在論唐後期藩鎮的起源時指出:"與其説安史之亂以後的藩鎮是節度使體制在内地的移植、再版,還不如説是開元天寶時内地采訪使與邊疆節度使權力的結合和擴展。"③這是極有見地的論斷,唐後期方鎮的特徵之一,確實是軍事權和行政督察權的合二而一。但是,"節度使以司戎事,采訪使以聽民政",④胡三省也指出"唐制:節度使掌兵事,觀察使掌民事",⑤二者本非一體。吳廷燮亦曰:"節度治軍,觀察治民,各有印綬,各有幕僚。"⑥唐後期,節度使和觀察使雖然往往以一人兼任二職,本身却是兩個相互獨立的使職。元和十三年七月,唐憲宗詔曰:"事關軍旅,并屬節制。務繫州縣,悉歸察廉。二使所領,管轄諸道。"⑦此前,杜佑亦曾指出:"至德以來,天下多難,諸道皆聚兵,增節度使爲二十餘道。其非節度使者,謂之防禦使,以采訪使并領之。采訪理州縣,防禦理軍事。初,節度與采訪各置一人,天寶中始一人兼領之。"⑧這些都揭示了方鎮建置

① 參見拙文《何爲方鎮:方鎮的特指、泛指與常指》。

② (宋)洪邁:《容齋隨筆·三筆》卷七"唐觀察使"條,上海古籍出版社,1978 年,第 497 頁。

③ 張國剛:《唐代藩鎮研究(增訂版)》,第 19 頁。

④ 《册府元龜》卷六七一《牧守部·總序》,第 8015 頁。

⑤ 《資治通鑑》卷二七三《後唐紀二》"後唐莊宗同光二年"條胡三省注,第 8925 頁。

⑥ 吳廷燮:《唐方鎮年表·序録》,北京:中華書局,1980 年,第 2 頁。

⑦ 《唐會要》卷七八"諸使中",第 1696 頁。

⑧ (唐)杜佑撰,王文錦、王永興等點校:《通典》卷三二《職官十四·州郡上》"都督(總管、節度、團練、都統等使附)"條,北京:中華書局,1988 年,第 895 頁。

中,節度使(防禦使)和觀察使(采訪使),亦即軍事權和行政督察權的二元格局。

大中六年(852)十二月,中書門下奏文稱:"觀察使職當廉問,位重藩維……敬事以守法度,節用以減徵徭。有利於國者必行,不以近名爲慮;有害於人者必去,不以循例爲辭。絶連夜之酣歌,務盡心於議讞。常推此道,方免曠官。其巡屬州縣,須知善惡,每歲考校,具以上聞,隱而不言,罪歸廉帥。應有所論薦,須直書事績,不得虛詞。有所舉聞,須盡録奸贓,不得隱漏。懦弱不任職者奏免,不得徇情。清强能立事者上陳,不得蔽善。如此即上下相制,遠近相臨,同推至公,共成致治。"宣宗敕旨"并依"。① 這是關於唐後期觀察使職責比較全面亦十分權威的一個檔案,奏文中,唐朝宰相將觀察使的職責定性爲"廉問",②即察訪查問,屬於監察機構。但從具體要求來看,并不局限於監察,至少還包括兩項工作,一是"節用以減徵徭",一是"巡屬州縣",這兩者雖然分別牽涉財政、監察,但也是行政管理的核心内容。

"(貞元二年正月)甲寅,詔天下兩税錢物,委本道觀察使、刺史差人送上都",③韓愈曾謂"爲觀察使者恒急於其賦",④《順宗實録》記陽城爲道州刺史,"賦税不登,觀察使數誚讓。……觀察使嘗使判官督其賦",⑤如是等等,難以一一例舉,均説明觀察使的主要職責之一,甚至可以説是其最關鍵的使命,就是負責其轄區内的賦税督辦。代、德之際,同州境内有京畿觀察使的儲廩,⑥也可印證這一點。這也是爲何東南數道的方鎮長官,常常被稱爲某某觀察使,而較少被叫作某某都團練使的緣故。

此外,肅宗至德宗朝,京畿曾置觀察使,而"京畿"與"方鎮"本就是相對的兩個區域,因此觀察使轄區并不一定屬於方鎮。這一點從觀察使的淵源亦可看出來,觀察使與按察使、采訪使等一脉相承,這些負責監察與民政的使職均不回避"京畿"之職,且京畿按察使、京畿采訪使、京畿觀察使等一般由中央官員御史中丞或御史大夫充任,而非地方官員兼任,顯然,其與"方鎮"恰成圓鑿方枘,此點也值得我們重視。

---

① 《唐會要》卷七九"諸使下",第 1718—1719 頁。亦可參見《册府元龜》卷一五五《帝王部·督吏》(第 1880 頁),但文句頗有不同。

② "廉問"一詞,唐後期一般指觀察使,另可參見《舊唐書》卷一六二《曹華傳》、卷一七九《劉崇望傳》、卷一九〇下《文苑列傳》、卷一九二《隱逸列傳》,以及《唐摭言》卷二、卷一〇、卷一一、卷一三與《因話録》卷四、《北夢瑣言》卷五、《宣室志》等。

③ 《舊唐書》卷一二《德宗紀上》,第 352 頁。

④ (唐)韓愈:《送許郢州序》,《韓昌黎文集校注》卷四《序》,第 236—237 頁。

⑤ (唐)韓愈:《順宗實録》卷四,《韓昌黎文集校注·文外集下卷》,第 717 頁。

⑥ 《舊唐書》卷一二五《蕭復傳》,第 3551 頁。《新唐書》卷一〇一《蕭瑀傳附蕭復傳》(第 3955 頁)略同。

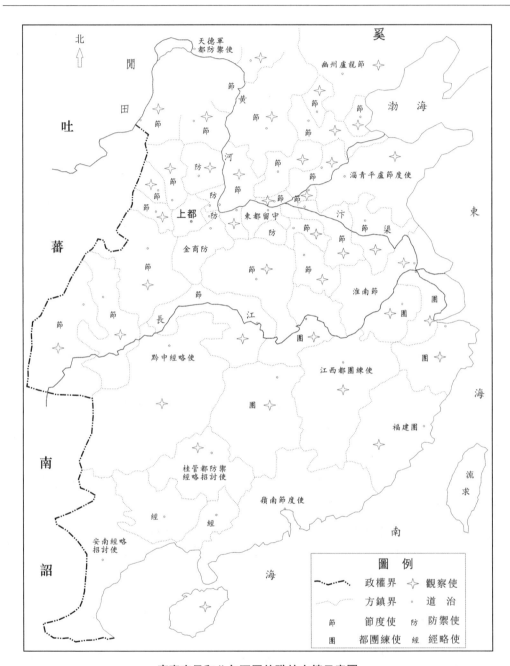

唐憲宗元和八年不同使職的方鎮示意圖

圖注：據《中國歷史地圖集》第五冊之《元和方鎮圖》改繪。如圖所示，元和八年，除嶺南節度使之外，其餘的28個節度使全在長江以北地區，且29鎮均帶觀察使職；都團練使全在長江以南地區，即東南財賦七道，亦例兼觀察使；經略使則集中於西南地區，其中黔中經略使兼觀察使，邕、容、安南等3鎮不帶觀察使職；防禦使情況較複雜，共7個，除同、華二鎮外，均爲都防禦使，其中鄜坊、陝虢(汝州爲其飛地)、桂管兼觀察使，而桂管偏處南方，天德軍(豐州)位處極西北，其他5鎮則在畿輔地帶。東都留守爲特例。其時47鎮中，合計置觀察使者39，不置者8。

三、唐後期方鎮的基本使職爲軍事使職

既然觀察使不是唐後期方鎮的基本使職,那麼何者纔是?

度支使、營田使,中唐多爲節度使所兼,且除個別方鎮外,元和十三年七月皆被罷省,①此後鮮見。招討使、水陸運使、押蕃落使等,僅個別方鎮兼有。這些顯然不可能是方鎮的基本使職。

若從具體某個使職的分布範圍和數量來講,觀察使確實是唐後期方鎮諸使職中最普遍的,超過其他任何一個使職。節度使的數量和覆蓋範圍,尚不及觀察使。至於都團練使、都防禦使、防禦使、經略使、陪都留守等,比節度使更少。這也是吳廷燮、張國剛、賴青壽等學者主張觀察使爲方鎮基本使職的緣由。但是,如上所述,觀察使并不能實現對方鎮的"全覆蓋",因此,將觀察使作爲方鎮的基本使職,至少在邏輯上是不够縝密的。

不過,唐後期方鎮的基本使職非觀察使,最關鍵的原因尚不在此。

首先,顧名思義,方鎮(藩鎮)重在"鎮"。鎮,《説文解字》曰"博壓也",《説文解字注》謂:"引申之爲重也。安也。壓也。"②《漢語大字典》在這個基本義之外,所列鎮的諸多含義中,安定、安撫、擬制、壓制,鎮服,重要或險要的地方等,都跟方鎮有一定關係,但最直接相關的,是"用武力據守"。③ 據此,從字面意思來講,方鎮與藩鎮,於地方、藩衛的涵義之外,最核心的含義是鎮守、駐守,包含安撫、壓制、以武力維持安定等意思。概言之,方鎮(藩鎮)就是指在地方上鎮守以藩翰朝廷的武裝力量。從這個角度而言,如前文所述,觀察使作爲以監察爲主,偏重民政事務的使職,④無疑不符合"方鎮"的本義。

其次,從歷史淵源和脉絡而言,方鎮也是對地方軍事力量的一種稱謂。筆者曾在《何爲方鎮》一文中梳理了歷史時期"方鎮"一詞的含義。⑤ 通過系統檢索魏晉南北朝至

---

① 參見《舊唐書》卷一五《憲宗紀下》,第 463 頁;《唐會要》卷七八"諸使中",第 1696 頁。

② （漢）許慎撰,（清）段玉裁注,許惟賢整理:《説文解字注》第一四篇上"金部",南京:鳳凰出版社,2015年,第 1229 頁。

③ 漢語大字典編輯委員會編著:《漢語大字典(縮印本)》,成都:四川辭書出版社、武漢:湖北辭書出版社,1993 年,第 1763—1764 頁。

④ 另可參見鄭炳俊《唐代の觀察處置使について——藩鎮體制の一考察》,《史林》1994 年第 5 號;虞雲國、張玲《唐宋時期"觀察使"職權的演變》,《宋史研究論叢》第 7 輯,2006 年,第 35—54 頁。

⑤ 參見拙文《何爲方鎮:方鎮的特指、泛指與常指》。

唐朝文獻,可以發現"方鎮"或"藩鎮"①是代不絕書的。綜合考察,"方鎮(藩鎮)"一詞主要有幾種涵義:其一,州或州刺史。東漢末年,"藩鎮"在史籍中第一次出現,就是指當時的交州刺史。②此後一直到唐朝後期,朝野上下均習慣將州或州刺史稱爲方鎮(藩鎮)。其二,都督(府)或總管(府),擁有統州的權力,事實上是高於州(刺史)的一級地方實權機構(或官員)。其三,六朝時,擁有生殺大權、可節制州郡的地方駐守將軍。也就是説,方鎮或藩鎮,在不同時期、不同人物的口中或筆下,有不同的含義,但一般情況下,皆泛指鎮守一方的大員,如州牧(刺史)、都督、將軍等"州牧督將",及其相應的機構或區域。

這表明,歷史地看,"方鎮(藩鎮)"本就是"名實相副"的辭彙。從方鎮的角度而言,是指以軍事力量鎮守地方者;從藩鎮的角度而言,是指藩屏、捍衛中央的地方軍鎮。總而言之,方鎮(藩鎮)是相對於中央軍事力量而言的地方武裝力量。從積極面來看,方鎮(藩鎮)是中央的藩翰、屏障;從消極面來看,則有可能淪爲驕橫跋扈、尾大不掉的軍閥。但不管怎樣,方鎮(藩鎮)的根本屬性,都是與"兵"直接相關的,這是它跟同時期其他地方權力機構的最大區別。從掌兵的角度而言,《新唐書·兵志》謂"夫所謂方鎮者,節度使之兵也",③是不無道理的,儘管并不全面。

因此,方鎮在唐代的真正興起,成爲大家耳熟能詳的一個概念或術語,即因爲節度使制度的創置和推廣。"節度之立,其初固止於沿邊十道耳。自安禄山之亂,則内地始置九節度以討之……内地之置節度,其初猶止於九道耳。自朱氏之倡亂中原也,則自國門之外,皆方鎮矣。蓋其先也,欲以方鎮禦四夷,而其後也,則以方鎮禦方鎮。"④這段話雖不全對,但鮮明地表達了節度使即方鎮的觀點。這就是筆者在《何爲方鎮》一文中提及的方鎮的"特指"。當然,方鎮并非衹是節度使,即便是在節度使制度如日中天的唐後期,方鎮也還包括節度使之外的衆多地方實權派,如州刺史、防禦使、經略使等,這些是方鎮的"泛指"。如果我們從唐後期朝野上下的"共識"出發,來討論方鎮的通常指

---

① 唐以前,不計《南史》《北史》,正史中"方鎮"一詞共出現 36 次,其中《晉書》19 次,《宋書》8 次;"藩鎮"15 次,且集中於《三國志》《晉書》,二者共計 10 次。此外,庾信《庾子山集》卷一四之《周兖州刺史廣饒公宇文公神道碑》、《文館詞林》卷六七〇之李德林《隋文帝免三道逆人家口詔一首》、《文館詞林》卷六九一之李德林《北齊後主除僧惠肇冀州沙門都維那敕一首》等傳世文獻亦有提及。

② 《三國志》卷三八《蜀書八·許靖傳》,北京:中華書局,1982 年,第 964—965 頁。此《與曹公書》,亦見於《册府元龜》卷九〇四《總録部·書信二》(第 10708—10709 頁)、(清)嚴可均《全上古三代秦漢三國六朝文》之《全三國文》卷六〇《蜀四·許靖》(北京:中華書局,1958 年,第 2756—2757 頁)等。

③ 《新唐書》卷五〇《兵志》,第 1326 頁。

④ (宋)王讜撰,周勛初校證:《唐語林校證》卷八,北京:中華書局,1987 年,第 695 頁。

稱,即《元和志》《供軍圖》《留僧奏》等所代表的的人們當時習以爲常的47鎮、50鎮等方鎮,那麼必然會涉及方鎮的基本使職——衹有確定何爲方鎮的基本使職,人們"常指"的方鎮纔具有穩定性和排他性,纔構成當時朝廷施政的制度性"默契",而不必每次發布政令都强調方鎮具體包括哪些地方建置,這樣47鎮、50鎮等説法方能成立。

會昌五年的50鎮中,包括30個節度鎮——鳳翔、涇原、邠寧、鄜坊、靈武、夏綏、振武、鄭滑、陳許、汴宋、徐泗、鄆曹、兗海、淄青平盧、河中、河東、澤潞、孟懷、魏博、成德、易定、齊德、幽州盧龍、山南東、荆州、山南西、淮南、劍南西川、東川、嶺南,10個觀察鎮——陝虢、浙西、浙東、福建、宣歙、江西、鄂岳、湖南、黔中、桂管,6個防禦鎮——華州、同州、豐州、汝州、金州、商州,3個經略鎮——容管、邕管、安南,以及1個留守鎮——東都畿(河南府)。而10個觀察鎮中,陝虢、桂管同時也是防禦鎮,黔中爲經略鎮,浙西、浙東、福建、宣歙、江西、鄂岳、湖南7個則爲都團練鎮。這樣,如果刨除觀察使這個因素,50鎮可以分爲30個節制鎮、7個都團練鎮、3個都防禦鎮、5個防禦鎮、4個經略鎮、一個留守鎮。50鎮(道)無不具有軍事使職,也就是説,唯有軍事使職能覆蓋所有方鎮。

其中,東都留守儘管不叫"某某使",但本質上仍是一個差遣性質的軍事職務。"元和三年五月敕:'承前東都留守無防禦使名。往因權宜,遂有制置。俾從省便,以復舊章。其東都畿汝州都防禦使及副使,宜停。所管將士六千七百三十八人,數内見所管將士都防鎮,及宮苑中、營田、河陰、陽翟、偃師等縣鎮過使,共四千六百三十人,委留守收管。襄城、葉縣鎮過使,共二千一百人,委汝州防禦使收管。'其年七月,復置東都留守防禦兵士七百人。"①東都留守管數千將士,顯然是擁有軍事實權的大員。事實上,雖然"東都留守罕用武臣",②但"留守"一向爲軍事性質的職務。諸陵留守亦是如此:"凡諸陵皆置留守,領甲士,與陵令相知。巡警左右兆域内,禁人無得葬埋,古墳則不毀之。"③

北都留守例以太原尹、河東節度使兼充,屬於當然的方鎮。東都留守情況較複雜,有時候朝廷將之視爲中央機構而非方鎮,肅宗、代宗和德宗初期尤其如此,彼時皇帝仍欲延續高宗至玄宗朝的兩都并立制度。但經過建中年間的"四鎮之亂"後,東都留守以兼畿汝都防禦使爲常,中央政府衹有若干不太關鍵的"留司""分司"在洛陽,加之皇帝長時期不曾駕臨駐蹕,久而久之,東都留守性質已然變化。元和中期的東都留守之職,

① 《唐會要》卷六七"留守",第1401頁。
② 《唐會要》卷六七"留守",第1402頁。
③ 《唐會要》卷二一"陪陵名位",第479—480頁。

繼承了東都畿汝州都防禦使的大部分權限,或許也繼承了其方鎮的地位和性質,因此即便在不兼都防禦使的時候,往往也被視爲諸方鎮之一。這在《判官員額奏》中反映得十分明顯。在這份中書門下奏文中,"河東留留守判官",[①]表明河東鎮的使職中包含"北都留守"這一職務。而"東都留守、陝府,舊有五員,并望不減",[②]東都留守與陝府并列,則東都留守顯然與陝虢都防禦觀察使類似,均爲使職。[③] 東都留守的"判官"(即僚屬)員額,可能有副留守、留守判官、留守巡官等。

唐後期方鎮内部軍政與民政并立的二元格局,在《判官員額奏》中亦體現得十分明顯。如西川本有判官十二員,所留八員中,除去雲南判官、巡官外,還有六員,其中節度副使、判官、掌書記屬於節度使序列,觀察判官、支使、推官則屬於觀察使序列;至於魏博、涇原、嶺南等普通的節度鎮,各留六員中,節度副使、判官、掌書記、推官屬於節度使序列,觀察判官、支使則屬於觀察使序列;浙東、湖南、江西等各留五員,團練副使、判官是都團練使序列,觀察判官、支使、推官則屬於觀察使序列。

此外,東都留守舊有五員,同州四員,天德三員,商州兩員,汝州一員,"并望不減",而容管舊有五員,減招討巡官一員,所留仍有四員。天德軍都防禦使、容管經略使等無疑在方鎮之列,但却均不帶觀察使職,這意味着其使職就是軍事使職,其判官員額全屬軍事使職序列。并且,帶觀察使職的陝虢,與不帶觀察使職的容管、東都留守原來同爲五名判官,説明帶觀察使的方鎮,其判官員額并不一定多於不帶觀察使職的方鎮。又,天德軍爲都防禦使,同州僅爲防禦使,但判官員額前者却比後者少,更遑論東都留守,這也從一個側面佐證了非都府[④]的方鎮地位。

但是,《判官員額奏》更重要的價值,是告訴我們,方鎮最基本的使職是軍事使職。除去延州、壽州、隴州等非常指的方鎮,即便是在常指的方鎮中,也有一些是不帶觀察使職的,如容管、天德軍、同州等,這些方鎮之所以能成爲方鎮,最根本的原因,就是因爲其擁有合法的軍事力量,其軍隊長官,即朝廷任命的軍事使職,包括地位最高的節度使、陪都留守,與地位稍低的都團練使、(都)防禦使,以及地位更低的經略使等。換言之,唐

① 《唐會要》卷七九"諸使下",第1715頁。
② 《唐會要》卷七九"諸使下",第1715頁。
③ 即隱性使職,參見賴瑞和:《再論唐代的使職和職事官——李建墓碑墓誌的啓示》,《中華文史論叢》2011年第4期,第165—213頁;賴瑞和:《唐代使職的定義》,《史林》2012年第2期,第46—50頁。
④ 關於"都府",參見拙文《何爲方鎮:方鎮的特指、泛指與常指》;《唐初嶺南的統一與府州建置考述》,李勇先主編:《歷史地理學的繼承與創新暨中國西部邊疆安全與歷代治理研究》,成都:四川大學出版社,2015年,第164—173頁。

後期没有朝廷正式認可的軍事使職,則不成爲方鎮。

需要説明的是,方鎮的基本使職不是任何一個具體的使職,既非觀察使,亦非節度使,當然更不是都團練、防禦、經略等使。唐朝并不存在一個"絶對的"方鎮的基本使職,没有任何一個具體的使職,能够稱得上是方鎮的基本使職,即缺乏這個使職就不能稱之爲方鎮。洪邁、吴廷燮、張國剛等前賢以觀察使作爲方鎮的基本使職,根源之一就是想找到"一個"能代表方鎮的使職,殊不知欲以某個具體的使職,來作爲判斷方鎮的標準,是行不通的。

但這并不是説,唐後期的方鎮,就没有基本使職。因爲就方鎮總體而言,雖不存在某一個具體的基本使職,但却存在着一類使職,來充當方鎮的基本使職,這就是以節度使爲代表的軍事使職,具體説來,包括節度使、都團練使、都防禦使、防禦使、經略使等,甚至還包括一個特殊的非使名的使職——東都留守。而就某個具體的方鎮而言,必定存在上文所舉的其中某個軍事使職。簡言之,是否爲方鎮,關鍵在於是否擁有軍事使職,以及與之相應的不隸屬於其他常設地方機構的軍事力量。筆者認爲,唐後期的方鎮,以陪都留守、節度使、都團練使、(都)防禦使、經略使等軍事使職爲基本使職,即地方權力部門祇有獲授其中的某個使職,纔能够擁有合法的武裝力量,纔具備成爲方鎮的基本條件。

但軍事使職祇是成爲方鎮的必要條件,而非充要條件,正如《判官員額奏》所展現的,延州、壽州、泗州等儘管有軍事使職,[①]却并非常指的方鎮,不在當時的 50 道之列。故筆者在《何爲方鎮》一文中强調,我們通常所指的方鎮,其實是中央由上而下地看待地方的一個横截面。[②] 這個横截面,就是朝廷正式認可的、中央軍令能直接通達的地方軍政機構。所以,地方機構在獲得軍事使職後,尚需得到朝廷許可的直接奏事權,纔能成爲常指的方鎮。

唐朝在地方上之所以設置一類而非一個軍事使職,乃基於現實的考量,是針對廣袤、多樣的國土,和紛繁複雜的國內外形勢,所采取的分而治之策略,體現出明顯的因地制宜思想。安史之亂後,唐皇朝長期面臨著兩個最主要威脅——西面的强敵吐蕃和東北的强藩河朔方鎮。所以在國境西部,要建立禦邊型方鎮,在河朔諸鎮的周邊,要建立

---

① 關於唐後期非常指方鎮的防禦使、團練使,可參見賴青壽:《唐後期方鎮建置沿革研究》附錄三《單州防禦使·團練使勾稽》,第 253—263 頁;屈卡樂:《唐後期團練、防禦州考述:以唐會昌五年爲時間截面》,《歷史地理研究》2020 年第 3 期,第 33—48 頁。

② 參見拙文《何爲方鎮:方鎮的特指、泛指與常指》。

防遏型方鎮,這兩種類型的方鎮,均需强大的武裝力量,故後來皆發展爲節度鎮,而割據型的方鎮本身,不言而喻也是位權崇重的節鎮。唐後期東南地區諸道,是國家財賦淵藪,在經濟上維繫著帝國的運轉,使職上觀察使更顯重要,除了淮南,軍事使職都是權任較輕的都團練使。① 在這四種類型的方鎮之外,其實還存在着兩種不太被前賢關注的方鎮類型。一是東西兩都之間的畿輔型方鎮,②和平時期的軍事使職均爲防禦使,間或包括特殊使職東都留守。一是嶺南五管和黔中,軍事使職都含有經略使,③且安史亂前即已存在。德宗以後,不帶觀察使的也主要是這兩類方鎮。

此外,針對不同的政治、軍事局勢,以及不同資歷或功勞的方鎮主官,唐廷也會升格或降低方鎮的軍事使職,這又體現出顯著的因時而動的靈活性。這種案例舉不勝舉,此不贅述。

總之,唐後期方鎮的基本使職,并非祇有一個,而是一套系統的軍事使職,這些不同的軍事使職,會因地、因時、因事、因人,隨宜設置或調整,反映出李唐朝廷對地方進行"差異化治理"的基本施政理念。

---

① 參見張國剛:《唐代方鎮的類型分析》,《唐代藩鎮研究(增訂版)》第四章,第 42—59 頁;李碧妍:《危機與重構:唐帝國及其地方諸侯》,北京師範大學出版社,2015 年。

② C. A. 彼得森已經注意到了方鎮體系中京畿的關鍵意義,參見〔英〕崔瑞德編:《劍橋中國隋唐史》第八章《中唐、晚唐的宫廷和地方》,北京:中國社會科學出版社,1990 年,第 493 頁。

③ 唐後期,廣管、桂管的軍事使職雖分别主要爲節度使、都防禦使,但仍兼經略使。桂管的全稱當爲"桂州本管都防禦經略招討觀察處置等使",可參見(唐)孫綝:《千唐志·唐故中大夫守桂州刺史兼御史中丞充桂州本管都防禦經略招討觀察處置等使上柱國樂安縣開國男賜紫金魚袋孫府君(成)墓誌銘并序》,《全唐文補遺》第 1 輯,西安:三秦出版社,1994 年,第 217 頁。廣管元和改制前的全稱當爲"嶺南節度度支營田觀察處置本管經略等使",可參見(唐)權德輿:《金紫光禄大夫檢校禮部尚(書)持節度("度"字衍)都督廣州諸軍事兼廣州刺史御史大夫充嶺南節度度支營田觀察處置本管經略等使東海郡開國公贈太子少保徐公(申)墓誌銘》,《權德輿詩文集》卷二四《墓誌銘》,第 355 頁;《文苑英華》卷九三九《職官志一》,第 4937 頁。

《魏晉南北朝隋唐史資料》第四十七輯
2023 年 5 月，229—247 頁

8—9 世紀唐朝沿邊地方政府交聘文書考*

齊會君

  在唐朝與邊疆民族政權交往的過程中，除了鴻臚寺、尚書主客司以及三省其他相關部門以外，地方政府尤其是緣邊地方政府基於其特殊的地理位置，時常直接與邊疆民族政權發生關係，發揮着舉足輕重的作用。具體來説，迎送交聘使節、授受交聘文書、管理邊境互市、執行對外交涉、搜集上報蕃情等諸項事務均在其職責範圍之内。① 其中，沿邊地方政府授受的交聘文書是我們瞭解其與邊疆民族政權交涉的實際情況以及唐朝邊疆治策的第一手資料。目前，國内外學界對於唐代沿邊地方政府與邊疆民族政權間往來的交聘文書缺乏深入細緻的分析，②因而很有必要單列出來進行研究。本文擬以 8—9 世紀唐朝沿邊地方政府授受的交聘文書爲切入點，在梳理相關文書格式及種類的同時，對唐朝沿邊地方政府與邊疆民族政權的交聘實況進行考查。

一、唐朝交聘文書概況

  本文所謂交聘文書即唐朝與邊疆民族政權在交往過程中處理雙邊糾紛、衝突等各種問題之際所使用的具有特定規範格式的公文和書信。從文種來看，唐朝交聘文書主要有慰勞制書、論事敕書、致書以及牒，其中前兩種文書爲唐朝皇帝授與邊疆民族政權首領的文書，③後兩種文書多用於緣邊地方政府與邊疆民族政權交往之中。關於唐朝皇帝發給邊疆民族政權首領的慰勞制書與論事敕書，中村裕一根據現存史料將其格式

---

  * 本文係國家社會科學基金青年項目“唐朝交聘文書整理與研究”（20CZ2019）的階段性成果。
  ① 黎虎：《漢唐外交制度史（增訂版）》，北京：中國社會科學出版社，2019 年，第 430—534 頁。
  ② 黎虎在《漢唐外交制度史》一書中對唐朝沿邊地方政府授受交聘文書的職能進行了分析，但對交聘文書本身并未進行深入考查。
  ③ 根據中村裕一的考證，唐初武德四年（621）至八年（625）唐高祖授與突厥可汗的文書爲致書，其他均爲唐朝沿邊地方政府與邊疆民族政權間往來的文書（〔日〕中村裕一：《唐代制敕研究》，東京：汲古書院，1991 年，第 316—319 頁）。

復原如下：①

> 皇帝(敬)問某。云云。
>> 年月御畫日
>>> 中書令具官封臣姓名　　　宣
>>> 中書侍郎具官封臣姓名　　奉
>>> 中書舍人具官封陳姓名　　行

> 敕某(姓名等)云云(想宜知悉。時令問候。)卿比平安好。遣書。指不
多及。
>> 年月御畫日
>>> 中書令具官封臣姓名　　　宣
>>> 中書侍郎具官封臣姓名　　奉
>>> 中書舍人具官封陳姓名　　行

由此可見，這兩種文書主要區別在於開頭部分，對此金子修一認爲“皇帝敬問某”代表唐朝與授與對象之間爲對等關係，使用“皇帝問某”或“敕某”則代表唐朝與授與對象之間爲君臣關係。② 中村裕一則對金子修一的觀點予以駁斥，指出以“皇帝敬問某”“皇帝問某”開頭的文書係慰勞制書，以“敕某”開頭的文書係論事敕書，不同的開頭用語僅代表兩種不同的文書格式，③且該觀點在日本古代史的文書研究領域也得到了證實。④

關於這兩種文書，《唐六典》卷九“中書省中書令職掌”條載：“凡王言之制有七：一曰册書……三曰慰勞制書，褒贊賢能，勸勉勤勞則用之……六曰論事敕書，慰諭公卿，誡

---

① 〔日〕中村裕一：《唐代制敕研究》，東京：汲古書院，1991 年，第 273、617 頁。

② 〔日〕金子修一：《隋唐國際秩序與東亞》，東京：名著刊行會，2001 年，第 126—171 頁(原刊於《史學雜誌》1974 年 83 卷 10 號，第 29—51 頁)。

③ 〔日〕中村裕一：《唐代制敕研究》，東京：汲古書院，1991 年，第 299—330、578—622 頁、《隋唐王言研究》，東京：汲古書院，2003 年，第 69—86、124—145 頁。

④ 〔日〕中野高行：《日本古代外交制度史》，東京：岩田書院，2008 年，第 113—153 頁(相關章節原刊於《古文書研究》1984 年第 23 號，第 60—71 頁、1987 年第 27 號，第 73—77 頁；《史學》1985 年第 55 卷第 1 號，第 95—103 頁)。丸山裕美子：《關於慰勞詔書、論事敕書的受容》，《延喜式研究》1995 年第 10 號，第 49—70 頁。

約臣下則用之。"①可知,慰勞制書與論事敕書在唐朝均是皇帝授與臣下的文書,基於唐朝與邊疆民族政權之間所建立的藩屬關係,唐朝將此兩類文書授與邊疆民族政權首領亦無可厚非。不過,針對不同的邊疆民族政權,唐朝所使用的文書格式亦不相同,至於兩者適用對象方面的差異,與邊疆民族政權的蕃望有關。②

沿邊地方政府與邊疆民族政權之間往來的致書與牒,學界鮮有論及。王使臻對敦煌出土的三件内容基本相同的致書《肅州刺史劉臣璧致南蕃書》進行了格式比較,復原了其原貌,并對致書在流傳過程中所發生的文本變異進行了探討。③ 中村裕一在對8—9世紀日本太政官與渤海中臺省、日本太政官、大宰府與新羅執事省之間往來的牒進行分析的基礎上,從9世紀末南詔執政機構督爽曾致牒於唐朝中書省這一事例,推測牒作爲交聘文書是由唐朝逐漸擴散至周邊民族或政權的。此外,他還對唐代致書的使用情況進行了簡單考查。④ 無疑,這些研究成果對於唐代交聘文書研究來説是重要的參考資料,但由於兩者研究視角的限制,未能對致書與牒作爲交聘文書的實際應用情況及其在唐朝與邊疆民族政權交往過程中所發揮的作用等問題展開論述,以下圍繞上述問題對這兩種文書進行考查。

二、致　書

致書與南北朝時期少數民族政權之間互致的移書、檄書文本有一定的淵源,這一時期不同政權之間不僅通過邊州轉致文書,邊州之間亦會以對等地位互致文書,這種文書被稱爲移書,後來逐漸演變成致書。⑤ 進入隋唐時期以後,與周邊民族政權之間建立了藩屬關係,隋唐王朝對諸藩屬國皆用授與臣下的"慰勞制書"或"論事敕書",鮮少使用代表雙方對等關係的致書。⑥ 不過,在唐代却出現了沿邊地方政府與邊疆民族政權之

---

① 《唐六典》卷九"中書省中書令職掌"條,北京:中華書局,2014年,第273—274頁。
② 〔日〕中村裕一:《唐代制敕研究》,東京:汲古書院,1991年,第327頁。所謂"蕃望",石見清裕對其進行了界定,即唐王朝以某種方法對進貢諸蕃進行等級區分,作爲維繫唐朝與邊疆民族政權關係與秩序的準則(〔日〕石見清裕:《唐的北方問題與國際秩序》,東京:汲古書院,1998年,第384頁)。
③ 王使臻:《敦煌所出三件"致書"比較》,《敦煌學輯刊》2012年第1期,第81—87頁。
④ 〔日〕中村裕一:《唐代官文書研究》,京都:中文出版社,1991年,第373—402頁,同氏著《唐代制敕研究》,第313—330頁。
⑤ 王使臻:《敦煌所出三件"致書"比較》,《敦煌學輯刊》2012年第1期,第86頁。
⑥ 隋唐時期皇帝與周邊民族政權首領往來的文書中,僅有開皇四年(584)突厥可汗致隋文帝的文書和大業三年(607)日本聖德太子致隋煬帝的文書爲致書文書(《隋書》卷八一《東夷倭國傳》、同書卷八四《北狄突厥傳》,北京:中華書局,1973年,第1827、1868頁)。

間互致致書的情況,目前文本保存完整的致書共有八件(表一),本節按時間順序依次對八件文書的起草時間及相關背景予以考查。

表一　唐朝沿邊地方政府與邊疆民族政權往來交聘文書——致書一覽

文 書 題 名	出 典	發信人	收信人	起草時間
《前大斗軍使將軍康太和書於 吐蕃 贊普》	敦 煌 文 獻 P.3885	唐朝河西節度副大使、大斗軍使康太和	吐蕃赤德組贊贊普	開 元 二 十 九 年 (741)
《爲肅州刺史劉臣璧答南蕃書》	敦 煌 文 獻 P.2555	肅州刺史劉臣璧	吐蕃上贊摩射娑曩	寶應元年(762)
《代王俭〈答吐蕃北道節度論贊勃藏書〉》	《白氏長慶集》卷五六	朔方節度使王俭	吐蕃北道節度論贊勃藏	元和四年(809)—元和八年(813)
《代忠亮〈答吐蕃東道節度使論結都離等書〉》	《白氏長慶集》卷五七	涇原節度使朱忠亮	吐蕃東道節度使論結都離等	元和四年(809)
《代劉沔與回鶻宰相頡于伽思書》	《會昌一品集》卷八	河東節度使劉沔	回鶻宰相頡于伽思	會昌二年(842)八月二十日
《代忠順報回鶻宰相書意》	《會昌一品集》卷八	振武節度使李忠順	回鶻宰相	會昌二年(842)八月二十日前後
《代劉沔與回鶻宰相書意》	《會昌一品集》卷八	河東節度使劉沔	回鶻宰相	會昌二年(842)十一月—十二月
《貽韋皋書》	《全唐文》卷九九九	南詔異牟尋	西川節度使韋皋	貞元九年(793)
《報坦綽書》	《全唐文》卷八二七	西川節度使牛叢	南詔坦綽	乾符元年(874)十二月二十四日

(一)唐朝沿邊地方政府與吐蕃之間往來的致書

現存唐朝沿邊地方政府與吐蕃之間往來的致書共有三件,其中一件爲敦煌文獻 P.2555,其餘兩件爲白居易所撰文書,收録於《白氏長慶集》之中。

1.《前大斗軍使將軍康太和書於 吐蕃 贊普》(P.3885)

開元二十九年(741)六月,吐蕃贊普赤德祖贊親率四十萬大軍經九曲地區侵犯唐朝邊境,途中攻陷廓州達化縣,渡過黃河後,經承風堡——今湟水流域——大通河流域——大斗拔谷抵達甘州境內的胭脂山下。中途遭遇渾崖峰騎將盛希液率領五千唐軍的打擊而一度大敗,被迫撤軍南返。①

> 家則論家,國則論國,各有分野,常自守隅。天子聖明,垂拱而理,不拘細物。海納百川,四海賓朝,重易(譯)來貢。故待已(以)禮,榮之以官,人事往來,自無忠(中)外。吐蕃國大,早爲敵禮之思,華夏清勲(勤),號曰外甥之國。……河西、隴右兩節度使蓋大夫,昨往南軍,逡巡未至。近令馳報,朝□即來,少留三五日,決定一兩場,強弱得知,臧否便定。田苗不惜,人之敢當。足馬斯(嘶)有草,人食有苗,足得蹤(縱)橫,於此養省(生)。何期念(匆)速,便擬告還。太和拱奉□堦(階),侍衛天子。但緣邊隙,勒此鎮 軍。客軍自來,未申主禮,增已(己)慚顔,□多戀德。謹遣行官鄭玄志,馳書重諮,可否垂報,不只□□書。②

該文書起草於開元二十九年夏,係大斗軍使康太和派行官鄭玄志在吐蕃贊普撤退途中送去的書信。據考,康太和時任大斗軍使、河西節度副使,③文書前半部分強烈譴責了吐蕃贊普不守"外甥之國"的本分擅自發動戰爭之舉,後半部分又以蔑視和挑釁的口吻勸其停留三五日,待河西、隴右節度兩節度使蓋嘉運歸來"決定一兩場,強弱得知,臧否便定"。

2.《爲肅州刺史劉臣璧答南蕃書》(P. 2555)

安史之亂後,河西地區大部兵力調往中原平亂,吐蕃乘機大舉進攻,在占領隴右諸州後,爲減少軍事對抗,便派遣使者前往致書河西諸州刺史。其中,肅州刺史劉臣璧回

---

① 關於此次唐蕃戰爭的詳細情況,參照陸離:《敦煌文書 P. 3885 號中記載的有關唐朝與吐蕃戰事研究》,《中國藏學》2012 年第 2 期,第 90—98 頁;李宗俊:《敦煌文書 P. 3885 反映的吐蕃行軍路綫及神策軍駐地、洮州治所等相關問題考》,《唐史論叢》2016 年第 22 輯,第 233—250 頁;趙世金、馬振穎:《新刊〈康太和墓誌〉考釋——兼論敦煌文書 P. 3885 的唐蕃之戰》,《西夏研究》2021 年第 1 期,第 69—74 頁。

② 文書圖版見上海古籍出版社、法國國家圖書館編:《法藏敦煌西域文獻》29 册,上海古籍出版社,2002 年,第 89—90 頁;陳祚龍先生最早錄文,見其文《敦煌學新記》,載《敦煌文物隨筆》,臺北:臺灣商務印書館,1978 年,第 261 頁。邵文實:《開元後期唐蕃關係探謎》,《西北史地》1996 年第 3 期,第 80—83 頁;陸離:《敦煌文書 P. 3885 號中記載的有關唐朝與吐蕃戰事研究》,《中國藏學》2012 年第 2 期,第 90—98 頁;李宗俊:《敦煌文書 P. 3885 反映的吐蕃行軍路綫及神策軍駐地、洮州治所等相關問題考》,《唐史論叢》2016 年第 22 輯;趙世金、馬振穎:《新刊〈康太和墓誌〉考釋——兼論敦煌文書 P. 3885 的唐蕃之戰》,《西夏研究》2021 年第 1 期,第 69—74 頁。另需要説明的是,該文書與《爲肅州刺史劉臣璧答南蕃書》《代忠順報回鶻宰相書意》《貽韋皋書》等四件文書均屬首尾不全的文書,但從當時唐朝沿邊地方政府與邊疆民族政權之間往來的文書情況來看,四件文書爲"致書"的可能性較大,故此處暫且將其歸入致書範疇。

③ 趙世金、馬振穎:《新刊〈康太和墓誌〉考釋——兼論敦煌文書 P. 3885 的唐蕃之戰》,《西夏研究》2021 年第 1 期,第 73 頁。

復吐蕃將領的"致書"在河西流傳甚廣,在敦煌文獻中保存有三件抄本,抄寫於不同時期,至於其文本内容,已有多位學者考證,①鑒於篇幅所限,僅將部分内容節選如下:

> 和使論悉蘭琮至,**遠垂翰墨**,兼惠銀盤。睹物思賢,愧佩非分。適來首春尚寒,惟上贊摩射娑苇,動納清勝。臣壁盡忠之外,餘何足言……今所和來,正合其日。願爲鐵石,永罷相侵。必也二三,其如天遺(譴)。限以封守,言會無由。但增瞻雲山,仰德難極。珍重珍重。謹勒將軍潘旰白還答。不具。肅州刺史劉臣壁頓首。②

該文書作于寶應元年(762)正月,由肅州司户參軍寶昊代肅州刺史劉臣壁所撰致吐蕃將領的答書,③吐蕃來書似乎是勸降書。從格式上來看,起首處當省略了"某年月日唐肅州刺史(具全官銜)劉臣壁致書於吐蕃上贊摩射娑苇閣下(或足下、麾下)"之語,其中回顧了唐中宗至唐肅宗前後約六十年間唐蕃之間的歷史,力陳和則雙方受益,戰則兩敗俱傷,一方面表達肅州刺史對和談的誠意,同時規勸吐蕃放棄進攻肅州,維持雙方邊境和平安定。從文書起草過程來看,當是吐蕃將領上贊摩射娑苇遣和使并致書劉臣壁,而後劉臣壁命僚佐寶昊代撰答書。但是,由於史書記載不詳,肅州刺史劉臣壁是否將吐蕃將領來書上報朝廷,所撰答書是否由朝廷授意尚無法斷定。

3.《代王佖〈答吐蕃北道節度論贊勃藏書〉》

該文書的發信人王佖係德宗朝名將李晟的外甥,雄武善騎射,追隨李晟南征北戰,在"涇師之亂"中收復京城之際身先士卒,敗賊前鋒,被封爲神策將。元和四年(809)六月,被憲宗任命爲靈州大都府長史、朔方靈鹽節度使。④

> 大唐朔方靈鹽豐等州節度使、檢校户部尚書、甯塞郡王王佖致書大蕃河西北道節度使論公麾下:**遠辱來書**,兼蒙厚貺,慰悚之至,難述所懷。國家與彼蕃,代爲舅甥,日洽恩信,雖雲兩國,實若一家。遂令疆場之臣,得以書信相問。……且如黨

---

① 鄧小楠:《爲肅州刺史劉臣壁答南蕃書(伯二五五五)校釋》,北京大學中國中古史研究中心編:《敦煌吐魯番文獻研究論集》第一輯,北京:中華書局,1982年,第596頁;唐耕耦、陸宏基編:《敦煌社會經濟文書釋録》第四輯,北京:全國圖書館文獻縮微複製中心,1990年,第354—356頁;王使臻:《敦煌所出三件"致書"比較》,《敦煌學輯刊》2012年第1期,第81—87頁。

② 轉引自王使臻:《敦煌所出三件"致書"比較》,《敦煌學輯刊》2012年第1期,第83頁。

③ 鍾書林:《敦煌寫本〈爲肅州刺史劉臣壁答南蕃書〉疏證》,《中國典籍與文化》2017年第4期,第9—21頁。

④ 《舊唐書》卷一三三《王佖傳》,北京:中華書局,1975年,第3686頁。

項,久居漢界,曾無徵税;既感恩德,未嘗動摇。然雖懷此撫循,亦聞窺彼財貨,亡命而去,獲利而歸。但恐彼蕃不知,大爲黨項所賣。其中亦聞誘致,事甚分明,不能縷陳,計已深悉。今請去而勿誘,來而勿容,不失兩境之歡,不傷二國之好。……初秋尚熱,惟所履珍和。謹因譯語官馬屈、林恭回,不具。佖白。①

從文書内容來看,主要是對在唐朝境内的黨項在唐蕃邊境抄掠之事予以回應,吐蕃懷疑是黨項受到唐朝指使而爲,爲打消吐蕃疑慮,唐朝强調邊境一直奉行"凡此邊鎮,皆奉朝章。但令慎守邊陲,不許輒令侵軼"之策,表示將會解決黨項抄掠問題,并拒絶吐蕃協助處理之好意。由於該文書係時任翰林學士的白居易代撰,可以推測王佖是在收到吐蕃北道節度使論贊勃藏來書之後,將之上報朝廷,憲宗命白居易以王佖的名義撰寫答書。據吳廷燮考證,王佖任朔方節度使是在元和四年至八年(809—813),②該文書當作於此時。

4.《代忠亮〈答吐蕃東道節度使論結都離等書〉》

該文書的發信人朱忠亮本名士明,憲宗時,授御史大夫,再拔擢爲涇原四鎮節度使,賜名忠亮,文書内容如下:

> 大唐四鎮北庭行軍涇原等州節度使、檢校工部尚書兼御史大夫、丹陽郡王朱忠亮,致書大蕃東道節度使論公、都監軍使論公麾下:專使辱問,悚慰良深。……來書云"頻見燒草,何使如然"者。至如時警邊防,歲焚宿草,蓋是每年常事,何忽今日形言?況牛馬因風,猶出疆以相及;草木延火,縱近境而何傷?遽懷異端,未敢聞命。又云"去年忽生異見,近界築城"者。**……頃曾報牒,彼已息詞;今又再言,寧無慚德?**……今因押衙回,亦有少答信〔物〕,具如别紙,恕輕鮮也,不具。忠亮敬白。③

從文書内容來看,吐蕃東道節度使論結都離給涇原節度使朱忠亮來信,對唐蕃邊境地區"頻見燒烟、近界築城"之事表示抗議,朱忠亮將該信上報朝廷之後,白居易受命代

---

① 顧學頡校點:《白居易集》卷五六《代王佖〈答吐蕃北道節度論贊勃藏書〉》,北京:中華書局,1999年,第1186—1187頁。

② 吳廷燮:《唐方鎮年表》,北京:中華書局,1980年,第144—145頁。

③ 顧學頡校點:《白居易集》卷五六《代忠亮〈答吐蕃東道節度使論結都離等書〉》,第1220—1221頁。

撰答書,對吐蕃提出的質疑分別予以回應。另據《舊唐書·憲宗本紀》①記載,朱忠亮任涇原四鎮節度使是在元和三年(808)三月至元和八年(813),又文書中有"皇帝君臨萬方,迨及四載"之語,可以推測此文書當作于元和四年(809)。此外,從文中"頃曾報牒,彼已息詞"之語不難看出,除致書外,吐蕃東道節度使與唐朝涇原節度使也曾將"牒"作爲交聘文書使用。

(二) 唐朝沿邊地方政府與回鶻之間往來的致書

現存唐朝沿邊地方政府與回鶻之間往來的文書共三件,均收録于李德裕所撰《會昌一品集》之中。開成五年(840),遭遇天灾及黠戛斯的入侵,回鶻政權潰敗,部衆四散,除了一部分西遷之外,還有部分餘衆南下至唐朝北部邊境地區,即"南遷回鶻"。他們爲了能夠在漠南安身立命,多次向唐朝呈遞文書并進行了多次交涉,其中亦包括這三件文書。在這些文書發出之前,唐朝已與南遷回鶻交涉將近兩年的時間。在此過程中,唐朝接受了一部分南遷回鶻的歸附,針對以烏介可汗爲首的南遷回鶻,在給予糧食等物資予以安撫的同時,要求其返回漠北回鶻故地并向黠戛斯復仇。儘管如此,南遷回鶻依然不時地入侵唐朝北部邊境地區。面對這種局面,唐朝在以武宗名義給烏介可汗發出文書進行交涉的同時,還以邊境守將的名義給回鶻宰相發出文書予以警告,以下僅摘録其中兩件文書的部分内容,對會昌年間河東節度使與回鶻宰相之間往來的文書進行介紹。

> 會昌二年八月二十日,大唐河東節度使、檢校右僕射劉沔致書於九姓回鶻頡于相公閣下。……**來書**又云:"蕃人易動難安,如忿怒後,不可制得。"……倘自改悔,實未爲晚。恐未嘗思此,聊布所懷,信之與否,幸垂見示。不具。沔白。(《代劉沔與回鶻宰相頡于伽思書》)②

> **來牒**云,未得般次歸國。不知今日推明日白,回鶻聞此事,盡頭悶者。國家富有四海,豈惜微細貲財?……若只務侵擾漢界,劫奪牛羊,以此爲强,實所不憚。如此行事,與諸小部落何如?欲稱回鶻强大,豈肯敬貴?忠順邊將粗才,性本愚直,輒此忠告,幸垂三思。(《代忠順報回鶻宰相書意》)③

---

① 《舊唐書》卷一四《憲宗本紀上》、卷一五《憲宗本紀下》,第425、447頁。
② 傅璇琮、周建國校箋:《李德裕文集校箋》,石家莊:河北教育出版社,1999年,第138—139頁。
③ 傅璇琮、周建國校箋:《李德裕文集校箋》,第141—142頁。

第一件文書的發信人劉沔於會昌二年(842)三月被任命爲河東節度使,①文書作於會昌二年八月二十日,從其内容來看,回鶻宰相頡于伽思致書劉沔稱回鶻部衆難以安撫,故時常會有回鶻人在唐朝邊境地區行搶掠之事。劉沔將此書信彙報朝廷,武宗命宰相李德裕代劉沔撰文予以回復。第二件文書的發信人李忠順時任振武節度使,與河東節度使劉沔同處於防禦回鶻的北疆前綫,該文書起草時間與第一件文書基本相近,大約是會昌二年八月二十日前後,回鶻宰相致牒於李忠順催促唐朝儘快支付馬價絹以解回鶻燃眉之急。與劉沔相同,李忠順亦將回鶻宰相來牒彙報朝廷,最終由李德裕以李忠順名義撰文答覆。

(三)唐朝沿邊地方政府與南詔之間往來的致書

唐朝與南詔國往來較多的沿邊地方政府主要是劍南西川節度使,目前可搜集到的兩者之間往來的致書文書僅兩件,均輯録于《全唐文》之中。

1.《貽韋皋書》

該文書與其他文書不同,係南詔王異牟尋致劍南西川節度使韋皋的書信,其文如下:

> 異牟尋世爲唐臣,曩緣張虔陀志在吞侮,中使者至,不爲澄雪,舉部惶窘,得生異計。……異牟尋願竭誠自新,歸款天子,請加戍劍南、西山、涇原等州。安西鎮守揚兵四臨,委回鶻諸國所在侵掠,使吐蕃勢分力散,不能爲强。此西南隅不煩天兵,可以立功云。②

該文書於貞元九年(793)五月送至韋皋處,其中詳述了吐蕃脅迫南詔爲前鋒攻占唐朝轄地,又責重賦于南詔的事實以及異牟尋"歸款天子"并與唐朝聯手對抗吐蕃的意願。至於當時的詳細情形,《資治通鑑》卷二三四"德宗貞元九年五月條"條載:"異牟尋上表請棄吐蕃歸唐,并遺皋帛書,自稱唐故雲南王孫、吐蕃贊普義弟日東王。皋遺其使者詣長安,并上表賀。上賜異牟尋詔書,令皋遺使慰撫之。"③可知,異牟尋在向唐朝廷

---

① "三月,李拭巡邊還,稱振武節度使劉沔有威略,可任大事。時河東節度使符澈疾病,庚申,以沔代之;以金吾上將軍李忠順爲振武節度使。"(《資治通鑑》卷二四六"武宗會昌二年三月"條,北京:中華書局,2011 年,第 8080—8081 頁)

② 周紹良主編:《全唐文新編》卷九九九《貽韋皋書》,長春:吉林文史出版社,2000 年,第 15580 頁。

③ 《資治通鑑》卷二三四"德宗貞元九年五月"條,第 7669 頁。

上表的同時,亦派使者向韋皋送去一封書信即《貽韋皋書》。對於異牟尋的來信,韋皋則是在貞元九年十月"遣其節度巡官崔佐時齎詔書詣雲南,并自爲皋書答之"。[1] 儘管來自異牟尋的《貽韋皋書》首尾格式無法確認,但根據史料記載可以推測,南詔王與劍南西川節度使之間往來的文書爲致書的可能性較大,且韋皋的答書係其本人撰寫。

2.《報坦綽書》

該文書的發信人劍南西川節度使牛叢係牛僧孺次子,相關事迹附於《舊唐書》卷一七二《牛僧孺傳》,收信人坦綽爲唐代南詔職官名,爲三個清平官之一,相當於唐朝的宰相。[2] 該文書原文如下:

> 十二月二十四日,劍南西川節度觀察安撫使守兵部尚書成都尹牛叢,致書於雲南詔國坦綽麾下:專人遽到,示翰忽臨。承統押師徒,來及近界。竊以詔國自爲背叛,積有歲年……所差王保誠四十人送書,并已囚繫,候於軍前,用以釁鼓。今發遣鄭嚨、段首遷二人持報書,望詳覽不具。某白。[3]

顯然,該文書係劍南西川節度使牛叢致南詔國坦綽的答書,起草於乾符元年十二月二十四日。關於坦綽的來書,《資治通鑑》卷二五二"僖宗乾符元年十二月條"載:"驃信使其坦綽遺節度使牛叢書云:'非敢爲寇也,欲入見天子,面訴數十年爲讒人離間冤抑之事。儻蒙聖恩矜恤,當還與尚書永敦鄰好。今假道貴府,欲藉蜀王廳留止數日,即東上。'"[4]針對南詔藉道蜀中并藉居蜀王廳的要求,牛叢接受其僚佐楊慶復的建議,斬南詔使者,僅留下二人,讓他們持回信——《報坦綽書》回到南詔軍中。從文書起草前後經過來看,此文書并非由朝廷指派專人撰寫,而是由牛叢本人或其幕僚撰寫而成。

可見,本節所探討的八件致書除《前大門軍使將軍康太和書於 吐蕃 贊普》與《貽韋皋書》外,其餘均爲唐朝沿邊地方政府在收到邊疆民族政權來書之後所作答書,來書之中既有致書亦有牒,但唐朝的答書無一例外均采用了致書予以回復。從這一點來看,當

---

① 《資治通鑑》卷二三四"德宗貞元九年十月"條,第 7671 頁。

② 王自稱曰元,猶朕也;謂其下曰昶,猶卿、爾也。官曰坦綽、曰布燮、曰久贊,謂之清平官,所以決國事輕重,猶唐宰相也(《新唐書》卷二二二上《南蠻傳上》,北京:中華書局,1975 年,第 6267—6268 頁)。

③ 周紹良主編:《全唐文新編》卷八二七《報坦綽書》,第 10400 頁。另外,《全唐文新編》同卷中還收錄了牛叢發給南詔的《責南詔蠻書》,并在文後注稱:"謹案此文從《新唐書》采出,上篇《報坦綽書》從《成都文類》采出,二篇事同文異,今并載存證。"基於此,本文在此處僅以前者爲例加以考查。

④ 《資治通鑑》卷二五二"僖宗乾符元年十二月"條,第 8294—8295 頁。

時,在唐朝與邊疆民族政權往來交聘之際,牒與致書應該是可以通用的。另外,就現存文書而言,在唐朝沿邊地方政府答書之際,有地方政府長官本人或僚佐直接撰書作答與朝廷指定翰林學士、中書舍人或宰相代撰兩種情況。

三、牒

關於唐代官文書之一──牒的適用範圍,《唐六典》卷一"尚書都省左右司郎中員外郎條"注載:"九品已上公文皆曰牒。庶人言曰辭。"依據行文對象和用途的不同,牒分爲上行文書、平行文書和下行文書,前兩者正文部分以"謹牒"結尾,下行文書以"故牒"結尾。[①] 此外,最晚在 8 世紀中期,普通民衆向官府上申之際所用的辭已逐漸被作爲上行文書而使用的牒所取代。[②] 那麼,牒是何時開始作爲交聘文書而使用的呢? 其與作爲唐朝官文書的牒是否存在差異?

> 開元四年,遷監察御史,仍往磧西覆屯。會安西副都護郭虔瓘與西突厥可汗史獻、鎮守使劉遐慶等不葉,更相執奏,詔暹按其事實。時暹已回至涼州,承詔復往磧西,因入突騎施,以究虔瓘等犯狀。蕃人齎金以遺,暹固辭不受,左右曰:"公遠使絕域,不可失蕃人情。"暹不得已受之,埋幕下,既去出境,乃**移牒**令收取之。蕃人大驚,度磧追之,不及而止。(《舊唐書》卷九十八《杜暹傳》)[③]

開元四年(716),杜暹奉詔調查安西副都護郭虔瓘與西突厥可汗史獻、鎮守使劉遐慶等不和之事,突騎施人以重金相贈,在不得已接受之後,却將其埋在幕帳之下。走出蕃境後,杜暹方移牒告知蕃人。此處是目前所見史料中唐朝與邊疆民族政權之間使用牒文書進行交流的最早的事例。此外,上節所考查的致書文書《代忠亮〈答吐蕃東道節度使論結都離等書〉》[元和四年(809)]載"頃曾報牒,彼已息詞;今又再言,寧無慚德",《代忠順報回鶻宰相書意》[會昌二年(842)]載"來牒云,未得般次歸國",亦是牒

---

① 盧向前:《牒式及其處理程式的探討──唐公式文研究》,《唐代政治經濟史綜論──甘露之變研究及其他》,北京:商務印書館,2012 年,第 307—362 頁(原刊於《敦煌吐魯番文獻研究論集》第 3 輯,北京大學出版社,1986 年)。〔日〕中村裕一:《唐代公文書研究》,東京:汲古書院,1996 年,第 186 頁。〔日〕赤木崇敏:《唐代前半期的地方文書行政──以吐魯番文書的考察爲中心》,《史學雜志》第 117 卷第 11 號,2008 年,第 75—102 頁。

② 〔日〕赤木崇敏:《唐代官文書體系及其變遷──以牒、帖、狀爲中心》,平田茂樹、遠藤隆俊編:《从外交史料看十~十四世紀》,東京:汲古書院,2013 年,第 31—75 頁。

③ 《舊唐書》卷九八《杜暹傳》,第 3076 頁。

作爲唐朝沿邊地方政府與邊疆民族政權之間往來的交聘文書而使用的重要佐證。不過,需要留意的是,儘管吐蕃與回鶻發給唐朝沿邊地方政府的是"牒",但唐朝却使用致書文書予以答覆,從這一點來看,似乎兩者可以通用。那麽,唐朝對於在與邊疆民族政權交往過程中所使用的"牒"的適用條件是如何認知的呢?《資治通鑑》卷二五二"僖宗乾符二年正月"條有如下記載:

> 先是,南詔督爽屢牒中書,辭語怨望,中書不答。盧携奏稱:"如此,則蠻益驕,謂唐無以答,宜數其十代受恩以責之。然自中書發牒,則嫌於體敵,請賜高駢及嶺南西道節度使辛讜詔,使録詔白,牒與之。"從之。①

南詔督爽相當於唐朝的宰相,②唐朝官員認爲,不能以中書省名義予以回復,而是將詔書發給高駢及嶺南節度使辛讜,令他們謄抄詔書内容,以節度使名義發牒給南詔督爽,否則等於變相承認了南詔與唐朝的對等關係。由此可知,牒作爲交聘文書使用之際,與致書相同一般用於地位對等的機構或官員之間。實際上,劍南西川節度使高駢發給南詔的牒有兩件流傳至今,現收録在《全唐文》之中,分别爲掌書記胡曾代撰《代高駢回雲南牒》和高駢所作《回雲南牒》,現摘録其内容如下:

> 牒。前件木夾,萬里雖南,一朝至北,開緘捧讀,辭藻焕然,獎飾過多,欣慰何極……是陳木夾申懷,用貯榮報,及披回示,已見事根。**止於囚繫使人,放歸彼國,始乎小怨,終此身讎。吞噬我朗寧,虔劉我交阯,取我越巂,犯我益州。**若報東門,乃及再四。……**僕雖自絳紗,素耽黄石,既探師律,亦識兵機。**……**蓋緣從前元戎,皆是儒者,有昧見機而作,但守升平之元規。雖分常憂,不教民戰。**是以彼國得以深入,無備故也。……**僕官是宰衡,位當侯伯,披堅執鋭。雖則未曾,濟河焚舟,平生所貯**……若彼直我曲,恐招天殃。既彼傲我謙,何患神怒?見已訓齊士卒,調集糧糧,或玉露垂槐,金風動柳。建鼓數里,命車指南,涉巂吊民,渡瀘會獵。繼齊魯之夾谷,紹秦趙之澠池。便是行人,豈遺佳策?皇帝聖旨,已具前緘奉聞,臣下不復

---

① 《資治通鑑》卷二五二"僖宗乾符二年正月"條,第8299頁。

② "幕爽主兵,琮爽主户籍,慈爽主禮,罰爽主刑,勸爽主官人,厥爽主工作,萬爽主財用,引爽主客,禾爽主商賈,皆清平官、酋望、大軍將兼之。爽,猶言省也。督爽,總三省也。"(《新唐書》卷二二二上《南蠻傳上》,北京:中華書局,1975年,第6267—6268頁)

多談。恐乖忠告。**謹牒**。(《代高駢回雲南牒》)①

我大唐皇帝德配二儀，光齊兩曜，仁霑動植，聖役神龍。煦萬國若青天，養兆民同赤子。……復窮兵再犯朗寧，重陷交阯。兩俘邛蜀，一劫黔巫。城池皆爲灰燼，士庶盡爲幽冤。轉恣胸襟，罔知悛革。吞越嶲之舊地，圍相如之故城。……詔國前後俘獲越十萬人，今獨送杜驤妻，言是没落。**杜驤守職，本在安南，城陷驅行，故非没落。星霜半代，桎梏幾年。李氏偷生，空令返國。杜驤早殁，不得還鄉**。……勳名須立，國史永書，且杜驤官銜，李瑶門地，不是親近。但王室疏宗，天枝遠派而已。李氏并詔國木夾，并差人押領進送朝廷。**是故牒**。(《回雲南牒》)②

從形式上看，兩件文書采用的均是官文書——牒的格式，但兩者最大的區別在於文末用語，前者采用上行/平行文書"謹牒"，後者采用下行文書"故牒"的套語。那麽，同樣是發給南詔的文書，爲何在格式上會有差異？抑或是在作爲交聘文書使用之際，牒并無上行/平行、下行之別的緣故？下文結合兩件文書的内容以及起草前後的歷史背景進行分析。

關於胡曾所作《代高駢回雲南牒》，後蜀何光遠所著筆記《鑒誡録》卷二"判木夾"條載："高相公駢統臨益部，兼號征南，蠻陬聞名，預自屏迹矣。然時飛一木夾，其中惟誇兵革犀象，欲借綿、錦之江飲馬濯足而已。高相公於是經營版築，置防城勇士八千，命胡記室曾以檄破之，仍判回木夾。"③然而，其注云："此答木夾書，元是胡曾與路岩相公鎮蜀日修之，非爲高駢相公也，何光遠誤述。"該注爲何人所作已無從考證，但由於其未闡明緣由，故後世編纂的《圖書集成》《全唐文》《寶安府志》皆從何光遠之説。由於路岩（咸通十二年四月至咸通十四年十一月）與高駢（乾符二年正月至乾符五年正月）均曾任職劍南西川節度使，胡曾先後擔任其文職僚佐，故纔有此兩説。

針對上述史書記載中的分歧，學界亦存在一定的爭議。文正義與陳勇先後撰文對此牒究竟是胡曾爲何人所作一事進行了梳理考證，認爲何光遠之説有誤，該牒當爲爲胡曾代路岩所撰，兩位學者皆以牒文中"僕雖自絳紗，素耽黄石，既探師律，亦識兵

---

① 周紹良主編：《全唐文新編》卷八一一《代高駢回雲南牒》，第 9976—9978 頁。
② 周紹良主編：《全唐文新編》卷八〇二《回雲南牒》，第 9759 頁。
③ （後蜀）何光遠：《鑒誡録》，收入《叢書集成初編》第 2843 册，北京：中華書局，1985 年。

機。……僕官是宰衡,位當侯伯,披堅執鋭”的記載爲主要依據,指出發文人應出自儒門,且擔任宰相之職,與武職出身的高駢不同,路岩正好滿足這兩個條件,故該牒當是胡曾代路岩所撰。①

然《舊唐書》卷一八二《高駢傳》載:“駢,家世仕禁軍,幼而朗拔,好爲文,多與儒者遊,喜言理道”,②《資治通鑑》卷二五二“懿宗咸通十四年九月”條載:“以西川節度使路岩兼侍中,加成德節度使王景崇中書令,魏博節度使韓君雄、盧龍節度使張公素、天平節度使高駢并同平章事。”③又牒文載:“**蓋緣從前元戎,皆是儒者**,有昧見機而作,但守升平之元規。雖分常憂,不教民戰。”可知:其一,高駢雖非出自儒學世家,但其亦有涉獵,且有五十餘首詩作流傳至今,在與南詔的牒文中有所誇大亦無不可;其二,高駢亦在任劍南西川節度使之前加封同平章事,自稱官是宰衡更是情理之中;其三,從牒文强調從前的劍南西川節度使皆是儒者,不教民戰纔導致南詔得以深入這一點來看,牒文發信人并未將自身歸入“儒者”之列;其四,結合牒文中“止於囚繫使人,放歸彼國,始乎小怨,終此身讎。吞噬我朗寧,虜劉我交阯,取我越巂,犯我益州”,當指乾符元年劍南西川節度使牛叢斬殺南詔使者王保成等人,後留二人授書遣還南詔之事,侵犯唐朝領土之事亦發生於此時。④ 基於上述原因,筆者認爲前述兩位學者的觀點仍有值得商榷之處,其爲胡曾代替高駢所作的可能性較大。

那麽,這件牒文是在什麽樣的背景下撰寫而成的呢？牒文云“皇帝聖旨,已具前緘奉聞,臣下不復多談”,也就是説在此文書發出之前或者同時高駢另發一文向南詔傳達了皇帝的聖旨。關於高駢代傳皇帝旨意之事,《資治通鑑》卷二五二“僖宗乾符二年正月”條載:“先是,南詔督爽屢牒中書,辭語怨望,中書不答。盧携奏稱:‘如此,則蠻益驕,謂唐無以答,宜數其十代受恩以責之。然自中書發牒,則嫌於體敵,請賜高駢及嶺南西道節度使辛讜詔,使録詔白,牒與之。’從之。”⑤由此可知,南詔可能分别給劍南西川

<hr/>

① 文正義:《胡曾及其作品考》,《湘潭大學學報(社會科學版)》1985 年第 1 期,第 130—136 頁。陳勇:《〈全唐文〉所録胡曾〈代高駢回雲南牒〉糾誤》,《湖北成人教育學院學報》2009 年第 2 期,第 53—54 頁。

② (後晉)劉昫:《舊唐書》卷一八二《高駢傳》,北京:中華書局,1975 年,第 4703 頁。

③ 《資治通鑑》卷二五二“懿宗咸通十四年九月”條,北京:中華書局,2011 年,第 8289 頁。

④ “南詔乘勝陷黎州,入邛峽關,攻雅州。大渡河潰兵奔入邛州,成都驚擾,民争入城,或北奔他州。城中大爲守備,而壍壘比曩時嚴固。驃信使其坦綽遺節度使牛叢書云:‘非敢爲寇也,欲入見天子,面訴數十年爲讒人離間冤抑之事。儻蒙聖恩矜恤,當遣與尚書永敦鄉好。今假道貴府,欲藉蜀王廳留止數日,即東上。’叢素懦怯,欲許之,楊慶復以爲不可;斬其使者,留二人,授以書,遣還,書辭極數其罪,詈辱之。”(《資治通鑑》卷二五二“僖宗乾符元年十二月”條,北京:中華書局,2011 年,第 8294 頁)

⑤ 《資治通鑑》卷二五二“僖宗乾符二年正月”條,北京:中華書局,2011 年,第 8299 頁。

節度使高駢和中書省各發牒一件,唐朝爲了維護天朝大國的體面,將朝廷給南詔的答書分別發給高駢和嶺南西道節度使,以節度使的名義、"牒"文書的形式將皇帝的旨意傳達給南詔,而此處胡曾所撰文書則是節度使高駢直接回復南詔的牒文。

關於高駢所作《回雲南牒》起草的歷史背景,《資治通鑑》卷二五二"僖宗乾符三年三月"條有如下記載:

> 南詔遣使者詣高駢求和而盜邊不息,駢斬其使者。**蠻之陷交趾也,虜安南經略判官杜驤妻李瑤。瑤,宗室之疏屬也。蠻遣瑤還,遞木夾以遺駢**,稱"督爽牒西川節度使",辭極驕慢。駢送瑤京師。甲辰,復牒南詔,數其負累聖恩德、暴犯邊境、殘賊欺詐之罪,安南、大渡覆敗之狀,折辱之。①

乾符三年三月,南詔遣使者至劍南西川節度使高駢處求和,"遞木夾以遺駢,稱'督爽牒西川節度使',辭極驕慢",高駢斬殺使者,且在給南詔督爽的復牒中,歷陳南詔"負累聖恩德、暴犯邊境、殘賊欺詐之罪"。通過將史料記載與文書內容加以比對,尤其是兩者關於南詔送回安南經略判官杜驤之妻李瑤的內容,可以確定乾符三年高駢的復牒即爲《回雲南牒》。

當然,由於唐朝與邊疆民族政權之間往來的牒僅有以上兩件流傳至今,囿於現存史料的局限性,以上分析也祇是筆者的一個推測。不過,牒作爲交聘文書而使用的現象并不局限於唐朝地方政府與邊疆民族政權之間,在渤海與日本(中臺省牒、太政官牒)、新羅與日本(執事省牒、太政官牒)進行交涉之際也頻繁用到牒文書,這或許能够爲我們研究唐朝交聘文書提供一定的參考。最早見於史料的是渤海中臺省於759年發給日本太政官的中臺省牒,其文如下:

> 迎藤原河清使總九十九人。大唐禄山先爲逆命,思明後作亂常,内外騷荒,未有平殄。即欲放還,恐被害殘,又欲勒還,慮違鄰意。仍放頭首高元度等十一人,往大唐迎河清,即差此使,同爲發遣。其判官全成等,并放歸鄉,亦差此使隨往,通報委曲。②

---

① 《資治通鑑》卷二五二"僖宗乾符三年三月"條,第8305頁。
② 〔日〕鈴木靖民等編:《譯注日本古代外交文書》,東京:八木書店,2014年,第80—81頁。

　　759 年日本派遣使者高元度、内藏全成等九十九人陪同渤海使者楊承慶等返回渤海,準備經渤海赴唐迎回前年入唐朝貢的日本遣唐使藤原河清。然而,唐朝適逢安史之亂,渤海對是否將日本派來的使者送至唐朝有所顧慮,"即欲放還,恐被害殘,又欲勒還,慮違鄰意"。最終決定派大使高元度等十一人赴唐迎回藤原河清,同時派輔國大將軍、玄兔州刺史高南申等聘日,并送判官内藏全成等一行回國。這件牒文便是對此事進行説明的文書,也是日本與渤海交往過程中將牒作爲交聘文書使用的開端。同一時期,764 年新羅執事省爲代唐朝使者向日本確認日僧戒融是否平安歸國而致牒日本大宰府,其後大宰府亦復牒執事省,新羅官方致牒日本僅有兩例,而現存渤海與日本往來的牒共 12 件。① 現摘録其中兩件文書如下:

　　渤海國中臺省牒上日本國太政官。應差入覲貴國使、政堂省左允賀福延,并行從一百五人。**牒**。奉處分……宜遵舊章,欽修覲禮。謹差政堂省左允賀福延,令覲貴國者。准狀牒上日本國太政官者。謹録牒上。**謹牒**。〔渤海咸和十一年(841)《渤海中臺省牒》〕②

　　日本國太政官牒渤海國中臺省。入覲使政堂省左允賀福延等一百五人。**牒**。得中臺省稱,奉處分,日域東遥,遼陽西阻……今使還之次,附璽書并信物。至宜領之。但啓函修飾,不依舊例。官議棄瑕不舉,自後奉以悛之。**准敕牒送,牒到准狀**。**故牒**。〔日本承和九年(842)《日本太政官牒》〕③

　　以上兩件文書分别是渤海中臺省致日本太政官牒與日本太政官對渤海中臺省的答書,與日渤之間往來的第一件牒文相比,所采用的牒文書格式更爲完整。不過,需要注意的是,日渤之間往來的第一件牒文(759 年)與第二件牒文(827 年)以及日羅之間往來的第一件牒文(764 年)與第二件牒文(835 年)均存在 70 年左右的間隔以及兩者的同步性問題。也就是説,進入 9 世紀以後,渤海、新羅與日本之間將牒作爲交聘文書的機制已趨於成熟,渤海中臺省牒係"某牒上某……謹牒"的上行/平行文書格式,而日本

---

　　① 實際上,第三次渤海使者慕施蒙在 752 年訪日時,采取了不修國書,而由大使口陳來旨的做法,受到了孝謙天皇的強烈指責。此次係渤海派遣使者第四次訪日,使者僅攜帶此牒而無王啓,但并未引起日本朝堂的不滿,相關歷史背景尚需進一步探究。此外,這一時期渤海與新羅相繼開始在對日交聘中使用牒文書這一點也是值得關注的重要問題。由於本文的研究對象主要是唐朝沿邊地方政府的交聘文書,故此處不再展開分析。

　　② 轉引自〔日〕中村裕一:《唐代官文書研究》,京都:中文出版社,1991 年,第 373—374 頁。

　　③ 〔日〕鈴木靖民等編:《譯注日本古代外交文書》,第 215—216 頁。

太政官牒則是"某牒某……故牒"的下行文書格式。由於日本與新羅之間往來的牒文書現存僅有一件新羅執事省致日本太政官的文書,而且末尾并無"謹牒""故牒"之類的套話,此處無法作爲比較對象進行考察。

關於渤海與日本往來使用的牒文書格式問題,日本學者中村裕一曾撰文予以考察,并指出渤海中臺省牒使用"牒上""謹牒",日本太政官牒則用"牒""故牒",儘管同爲牒,但日本太政官却將自身置於高於渤海中臺省的位置。① 酒寄雅志則認爲中臺省牒代表了渤海作爲日本附庸國的身份以及中臺省作爲附庸國官司低於日本太政官的地位。② 進入 9 世紀以後雙方的交聘關係與文書機制漸趨穩定,渤海使者訪日之際一般會同時遞上王啓與中臺省牒,形成了一種新的交聘模式。如前所述,牒在交聘之際一般代表雙方爲對等關係,也就是説渤海通過中臺省向日本太政官致牒來宣示其與日本之間的對等關係,與此同時日本爲了彰顯自身在對渤關係中的地位而在回牒之時采用了下行文書的格式。這也從一個側面證實了牒儘管代表雙方爲對等關係,但在具體使用的過程中雙方仍然會通過采用上行或下行文書的格式來確認彼此的地位,唐朝沿邊地方政府在與邊疆民族政權交聘之時所用之牒采用以"故牒"結尾的下行文書格式的可能性較大。

餘　論

致書在唐代以前用於交聘的事例,最爲學界所熟知的當是倭國於 607 年向隋煬帝遞交的交聘文書,據《隋書》卷八一《倭國傳》載,文書句首爲:"日出處天子致書日没處天子:無恙。"這句話使隋煬帝"覽之不悦,謂鴻臚卿曰:蠻夷書有無禮者,勿復以聞"。③此外,在隋文帝時期,隋朝皇帝與突厥可汗之間亦曾互致致書。然而,諸如此類隋朝皇帝與邊疆民族政權首領之間使用致書的情況在唐朝并未得到沿襲,《新唐書》卷二一五上《突厥傳上》載:"(武德)八年……初,帝待突厥用敵國禮,及是,怒曰:'往吾以天下未定,厚於虜以紓吾邊。今卒敗約,朕將擊滅之,毋須姑息。'命有司更所與書爲詔若敕。"④在唐朝建國之初,爲了維護邊疆的穩定,唐高祖李淵致書突厥可汗而未用詔敕,武德八年(625)欲滅突厥之際,直接將發與突厥可汗的致書改爲詔敕。此後,唐朝逐步

---

① 〔日〕中村裕一:《唐代官文書研究》,第 373—402 頁。
② 〔日〕酒寄雅志:《關於渤海國中臺省牒的位置》,《日本歷史》1985 年第 451 號,第 80—82 頁。
③ 《隋書》卷八四《倭國傳》,北京:中華書局,1973 年,第 1827 頁。
④ 《新唐書》卷二一五上《突厥傳上》,北京:中華書局,1975 年,第 6032 頁。

確立與邊疆諸民族政權之間的宗藩關係,在唐朝皇帝與邊疆民族政權首領的交往之中致書也隨之消失不見。與此同時,致書又作爲一種新的交聘文書形式出現在8—9世紀唐朝沿邊地方政府與邊疆民族政權的交往過程中,從現存文書來看,交聘雙方一般是唐朝的刺史、節度使等沿邊地方政府行政長官與邊疆民族政權的首領、宰相或節度使。

除了致書之外,牒作爲一種比較常見的官文書,也在唐朝沿邊地方政府與邊疆民族政權的交聘之中頻繁被使用,且在使用過程中兩種文書可以通用,互致文書的雙方一般爲對等關係。但是,需要留意的是,牒作爲官文書所具備的上行、平行以及下行文書的功能,亦被延伸應用到了交聘之中,唐朝沿邊地方政府在發牒給邊疆民族政權之際,在文末采用"故牒"的下行文書的格式,以彰顯其作爲宗主國的主導地位。如出現9世紀末期南詔督爽直接向唐朝中書門下省致牒的非對等情況,唐朝一般會將起草好的文書直接交與沿邊地方政府,令其以牒文的形式直接予以答覆。牒作爲交聘文書使用的這種模式在至遲在8世紀中葉以前已經出現并擴展至整個東亞地區,故而纔會出現日本與渤海、新羅之間往來交聘使用的中臺省牒、太政官牒以及執事省牒的情況。但是,還有一個獨特的現象就是渤海與日本互致牒文書的同時還附有渤海王啓和日本天皇詔書。中村裕一認爲這種詔書/王啓與牒配套出現用於交聘的模式,應該最早出現在唐朝在與邊疆民族政權交往過程之中,并逐漸普及到整個東亞地區。[1]

然而,從《資治通鑑》卷二五三"僖宗乾符五年四月"條:"南詔遣其酋望趙宗政來請和親。無表,但令督爽牒中書。請爲弟而不稱臣。詔百僚議之……"[2]以及同書同卷"僖宗乾符五年十二月"條"南詔使者趙宗政還其國。中書不答督爽牒。但作西川節度使崔安潛書意。使安潛答之"[3]來看,一般情況下,南詔應向唐朝皇帝上表,由於當時雙方關係比較緊張,南詔僅令督爽發牒給唐朝中書,與前文高駢任職劍南西川節度使時期的情況相同,唐朝認爲督爽與中書并非對等關係,故而令西川節度使答之。換言之,在唐朝所構建的宗藩體系框架下,唐朝的政治中樞——中書省與邊疆民族政權的政治中樞并非對等關係,而是上下級關係,與之對等的是身處邊境防衛一綫的地方政府。

實際上,進入8世紀以後,隨着羈縻府州體制的崩潰和節度使制度的確立,唐朝對於邊疆民族政權的經略方式也隨之發生變化,開始設置由節度使、邊境都督府等沿邊軍

---

① 〔日〕中村裕一:《唐代官文書研究》,第373—402頁。
② 《資治通鑑》卷二五二"僖宗乾符五年四月"條,第8325頁。
③ 《資治通鑑》卷二五二"僖宗乾符五年十二月"條,第8331頁。

事單位兼領的押蕃使(又稱"押蕃落使""押諸蕃部落使"等)處理邊疆民族事務,其在唐朝與邊疆民族政權互動的過程中主要承擔朝貢管理、接轉貢獻、上報蕃情、過所管理等職能。① 僅就現存交聘文書而言,沿邊地方政府(邊州刺史、節度使)與邊疆民族政權互致文書主要集中在 8 世紀中後期至 9 世紀末這一時期與前述唐朝中後期對邊疆民族經略之策的變遷不無關係。

---

① 黎虎:《漢唐外交制度史(增訂本)》,北京:中國社會科學出版社,2019 年,第 519—526 頁。〔日〕村井恭子:《押蕃使設置考——唐玄宗時期對異民族政策的轉換》,《東洋學報》2003 年第 84 卷第 4 號。蘇航:《唐代北方內附蕃部研究》,北京大學博士學位論文,2006 年,第 82—89 頁。

《魏晉南北朝隋唐史資料》第四十七輯
2023 年 5 月,248—263 頁

晚唐橋梁營建與地方社會互動

——以《通濟橋記》爲綫索[*]

史正玉

以橋梁爲代表的交通建築是古代社會保障民生的必要公共設施。此類工程的順利完成,往往需要地方社會集合各方力量。通過觀察其營建過程,可以窺見地方官員自上而下的施政行爲、基層民衆自下而上的配合支持,以及佛教、社邑等宗教和民間組織的協作。本文考察的通濟橋,位於河東靈石縣(今山西省靈石縣),建於唐咸通年間。鐫刻在橋旁岩壁的摩崖題記《河東節度高壁鎮新建通濟橋記》(以下簡稱《通濟橋記》),記録了此橋的修建過程及參與人員,爲後人瞭解晚唐當地社會面貌提供了豐富素材。筆者不揣譾陋,擬從當地官民互動的角度,重新審視此橋的營造與靈石地方治理和社會結構之間的關係,敬請方家賜教。①

---

* 本文係教育部人文社會科學重點研究基地重大項目"制度與生活:王朝秩序與唐五代以前的日常生活研究"(20JJD770008)及南開大學文科發展基金項目"石刻史料所見唐代地方官府與地域社會"(ZB21BZ0105)階段性研究成果。

① 有關唐代橋梁營造的研究,參看牛來穎:《〈營繕令〉橋道營修令文與諸司職掌》,見〔日〕井上徹、楊振紅主編:《中日學者論中國古代城市社會》,西安:三秦出版社,2007 年,第 178—197 頁;《從〈唐韋少華墓誌〉看地方營繕工程實施》,杜文玉主編:《唐史論叢》第 16 輯,西安:三秦出版社,2013 年,第 184—193 頁。利用《通濟橋記》進行研究的有劉淑芬:《慈悲喜舍——中古時期佛教徒的社會福利事業》,載其著《中古的佛教與社會》,上海古籍出版社,2008 年,第 168—179 頁。〔美〕柯嘉豪著,趙悠、陳瑞峰、董浩暉、宋京、楊增譯:《佛教對中國物質文化的影響》,上海:中西書局,2015 年,第 195 頁。以上兩位學者,利用此文探討了中古僧人與橋梁營造的關係。李書吉:《雀鼠谷的古代交通》,載其著《張壁古堡的歷史考察》,太原:三晉出版社,2013 年,第 238—250 頁。靳生禾、謝鴻喜:《隋唐雀鼠谷古戰場考察報告》,載其著《山西古戰場野外考察與研究》,太原:山西人民出版社,2013 年,第 173 頁。王文楚:《唐代太原至長安驛路考》,載其著《史地叢稿》,上海人民出版社,2014 年,第 151—152 頁。以上諸人利用《通濟橋記》研究古戰場、驛路等地理問題。史念海主編《中國通史》第六卷有《安史之亂以後的藩鎮兵》一節,利用碑中題名研究中晚唐藩鎮軍將,參見白壽彝總主編、史念海主編:《中國通史》第六卷《中古時代·隋唐時期(上)》,上海人民出版社,1997 年,第 1023 頁。趙璐璐在研究中提到地方官藉助僧人募集造橋資金,參見趙璐璐:《唐代縣級政務運行機制研究》,北京:社會科學文獻出版社,2017 年,第 186 頁。

一、《通濟橋記》及通濟橋相關情況

此記爲唐咸通十三年（872）鎸刻的一處摩崖石刻，原刻位於山西省靈石縣夏門鎮西南照壁灘汾河石壁，現已不存。① 此碑自唐代刻後，一直聲名不顯，未被金石學家措意。直到乾隆五十二年（1787），喬文與從牧童處訪得此碑，始有拓片流傳。嘉慶十六年（1811），梁中靖携親友及石工再訪此碑并拓印之。② 嘉慶十四年（1809）至二十二年（1817），王志瀜任靈石知縣，③其間訪拓石刻，④將此文編入《靈石縣志》，此記首被著録。其後陸耀通、陸增祥、胡聘之等金石學者紛紛留意此碑并録文；再後陸心源將此文收入《唐文續拾》，這則材料纔爲更多學者所知并徵引其證史論史。碑文行書，共 51 行（其中題 1 行，撰人題名 1 行，正文 29 行，正文題名中間空 1 行，題名 19 行），行字不等。此碑自唐至清失載九百餘年，清人雖有拓印，但流傳不廣，以致諸家録文多有抵牾。其中，録文相對較早且最翔實豐富者爲陸耀通《金石續編》⑤録文，筆者以之爲底本，參校《八瓊室金石補正》⑥（以下簡稱《八瓊室》）、《山右石刻叢編》⑦（以下簡稱《叢編》）、《靈石縣志》⑧諸版録文及《永宣金石——古代碑帖拓本選粹》⑨刊布民國拓片，整理出以下文本：

---

① 梁中靖《再訪古碑記》："由夏門西行六七里曰照壁灘，兩碑相照故名。山勢峙立，汾水中流，幽谷邃袤，長四十里，其南即陰地關，蓋古之雀鼠谷也。碑在河北者，唐咸通十三年蕭珙《通濟橋記》，記有高壁鎮、雁歸亭諸勝，書法蒼老，距水高數尋。"參見：（清）楊篤：《山右金石記》卷九《高壁鎮通濟橋摩崖記》引梁中靖《再訪古碑記》，太原：三晉出版社，2018 年，第 816 頁。

② 梁中靖《再訪古碑記》："乾隆丁未，文與喬君訪於牧豎而碑始顯，偕同人往揭之。今年秋天日清爽，水落沙見，同遊復有訪碑之約……大中至今九百六十年矣，而碑之顯，喬君以前無聞焉。"（清）楊篤：《山右金石記》卷九，第 816—817 頁。

③ （清）王志瀜編：《靈石縣志》卷一《序·靈石志序》，《中國地方志集成·山西府縣志輯 20·嘉慶靈石縣志》，南京：鳳凰出版社，2005 年，第 4 頁。

④ 陸耀通按語："《河東高壁鎮通濟橋記》，蕭珙撰，行書，書人不著，在山西霍州靈石縣。今冀寧道華州王公志瀜宰靈石時拓寄。"參見（清）陸耀通：《金石續編》卷十一《高壁鎮通濟橋記》，上海古籍出版社，2020 年，第 999 頁。

⑤ （清）陸耀通：《金石續編》卷十一《高壁鎮通濟橋記》，第 992—1002 頁。

⑥ （清）陸增祥撰：《八瓊室金石補正》卷七六《高壁鎮通濟橋記》，上海古籍出版社，2020 年，第 1262—1263 頁。

⑦ （清）胡聘之修，（清）胡延纂：《山右石刻叢編》卷九《河東節度高壁鎮新建通濟橋記》，太原：三晉出版社，2018 年，第 775—783 頁。

⑧ （清）王志瀜編：《靈石縣志》卷十一《藝文志·記·河東節度高壁鎮新建通濟橋記》，第 165—166 頁。

⑨ 民國拓爲整拓，高 67 厘米、寬 97 厘米，照片及數據參見張永强著：《永宣金石——古代碑帖拓本選粹》，杭州：西泠印社出版社，2018 年，第 272—273 頁。

河東節度高壁鎮新建通濟橋記/①

蘭陵蕭珙撰/

粵茲雄鎮，實河東軍之要津；封接蒲城，當舜夏墟之/舊地。② 有關曰陰地，有亭曰雁歸，固晉川之一隅，通汾水之/千派。金流洶湧，林麓森沉。東控介巒，西連白壁。峰巒/萬仞，壁峭千尋。足食足兵，有威有固。則代郡雁門，何/越之有。至若馴騎星馳，華軒雲湊，往返駢闐者，皆/中朝名士，悉憩駕于雁歸亭，未嘗不題藻句、紀年代也。西/南松門洞豁，迤通千里，岩巘隱映，有輪蹊者居焉。③ 旦暝遺運/者衆，④混流箭激，不可渡之。雖有葉舟，過者懷疑，或覆溺/谿人，或駐滯遊子。凡經渡者，咸有咨懼之詞。伏會/兵馬使清河張公領是鎮，初有關城居人百姓等，偕詣/柳營，請創建長橋，以導達津阻。公挺雋人表，導全禮/樂，器兼經濟，才爲時生，深惻隱，運良籌，允所陳而召節級。僉曰：吾北離/旌榮，南過斯軍，致舟車不便，衆有慼容，胡爲關河字人/矣？遂請當鎮咸通觀音院主法大德普安，激勸朋輩，⑤結聚/青兒，兼自減月俸，以咸通九年戊子歲五月九日，興良工，/政綱條。畢能乘時逐便，自利出材，勉爲甘言，賞勵短匠，不日/畢成。是橋長一百尺，闊一丈五尺，下去水四十尺。創置門屋、立/鎖鑰、安華表柱，俾闇者潔嚴掌轄，署其名曰通濟。其/橋南有古之魯氏石橋、雖名揚寰海，而通濟之義，莫大茲也。/由是自華亭，鬭虹梁，飛鵲腳，架雲棧，回朱檻，化螮蝀於/洪波，騰華鶴於朱戶。炳煥方面，蓋以壯/皇家天外北門之咽扼耳。曩者亭際中流，有怪石戲浪，聲/砰轟若雷霆，震而不息。兩堤人辯其言音，狀有蛟螭，潛/處其下。居者嘗虞，罕窺其禎昝。/公以建橋之日，莫鮨酒祝之，其聲頓止。是則規風振俗，⑥兆/應昭彰，故得磊落妖聲，潛彌水府，以表/我公之勛業巍巍乎。愚才非敏達，得不紀其殊績，⑦輒綴斯/文，⑧用刊貞石。是十三年壬辰四月十五日紀。/

節度衙前兵馬使、勾當關鎮務、銀青光祿大夫、檢校太子賓客、上柱國張諗；/

---

① 碑文轉行處用"/"標記，爲便通讀，碑文正文轉行處不再換行；題名爲便了解人物身份等級，換行處則作轉行處裡。身份或職務相同的人名之間用"、"隔開，身份或職務不同的人名之間用"；"隔開。

② 之，《金石續編》及《叢編》作"□"，據《八瓊室》《靈石縣志》及拓片改。

③ 有，《金石續編》闕此字，《八瓊室》作"朋"，《靈石縣志》作"用"，《叢編》作"多"，據拓片改。

④ 旦，據拓片補。

⑤ 朋，《八瓊室》作"朋"，《靈石縣志》作"乃"，《叢編》作"多"，拓片僅殘存"月"字，從《八瓊室》改。

⑥ 是則規風振俗，《金石續編》作"是□□規風振俗"，據拓片改。

⑦ 其，據拓片補。

⑧ 輒綴斯文，《金石續編》作"載綴斯文"，《叢編》作"續綴斯文"，據《八瓊室》《靈石縣志》及拓片改。

儒林郎守靈石縣令路誨；承務郎行靈石縣主簿裴□；／

軍判官、宣德郎試汝州長史馬瞻；十將、雲麾將軍、試殿中監梁季真；／

權副將陳之戩；勾押官齊順；押衙李公成、康少千、秦元貞、范君政、／

馬士□；虞侯許敬立、常宗約、秦行和、趙存實、張元茂；將虞侯任叔亮；／

押官蓋公茂、曹叔顏、田仗；庫官趙文晟；印官安季馹；使官楊元信、范元操、／

王憲文、王宗禮、辟懷炭、蔡全□；權押官張從佐、薛□□、衛義深；／

橫巡張公素、儀季穆；稅木官儀季程；糧料官高弘□；行問官季公亮；／

直頭康少晟、王國忠；廳子溫叔緒；①行官蔡全真、王太敢、賈義宗、元君集、／

溫行初、秦君立、賈宗慶、衛元實、張重實、任行恭、張敬武、楊叔和、②李君雅、／

王文亮、蓋從諫、封建忠、韓公亮、張元順、秦士和、邊公慶；③城局鄒行深、／

邢懷寶；外巡李文緒、霍元政；橋門子劉行周、王太和、孫惠叔；④／

應諸火山施主等：孔季武、張楚、袁季用、張從諫、張從亮、唐元迪、武元晟、瞿建、王忠順、／

張閏江、王忠政、陳約、王慶、李弁、武憲、張政、王弁、儀和、李愜之、順關宗、梁晟、／

范元真、許賀、郭維則、李宗、許義、張文則、郭亮、傅懷亮、牛楚、劉亮、蔡寧、蔡斌、／

蔡恭、蔡宗、秦行方、席弁、秦詵、任□、任恭、秦回、籍榮、張公緒、張炭；／

造橋邑長前石州押衙□□錄事范楚，邑人范鄰、李再亮、張茂貞；／

都勾當造橋法學沙門普安，禮經僧應堅；都料匠王恭；／

老人賈公亮、李元晟、季公緯、衛季武、藍慶；鑴字人□□⑤

高壁鎮屬河東節度管轄，駐地位於靈石縣，以鎮當高壁領，故作此名。⑥ 靈石縣山川形

---

① 廳子溫叔緒，諸家錄文皆闕此五字，據拓片補。

② 楊叔和，諸家錄文皆無此人名，據拓片補。

③ 邊公慶，《金石續編》作"邊慶"，據拓片補。

④ 孫惠叔，諸家錄文皆作"孫惠"，據拓片補。

⑤ 此後行文所用碑文，皆以筆者校對錄文爲準，不再一一説明依據。

⑥ 據《（光緒）山西通志》載："汾水入雀鼠谷，經靈石、霍州，皆曲行兩山間。宋以前，并、汾州治均在汾西，故南出之道入雀鼠谷必傍西山而行，至高壁鎮始渡汾循霍山之麓，以達於陰地關。據唐蕭珙《高壁鎮通濟橋碑記》：鎮即今照碑灘也，與賈胡堡并在汾西，以當高壁嶺，故與嶺同名。"（清）王軒等纂修：《（光緒）山西通志》卷四九《關梁考六·河東道屬地平陽北路及霍州屬》，太原：三晉出版社，2015 年，第 2489 頁。

勝,乃兵家必爭之地,高壁鎮更是控扼咽喉的戰略要地。唐高祖起兵太原,"入自雀鼠谷,次於靈石縣","此縣西北抗汾水,東拒霍太山,守險之衝,是爲襟帶"。[①] 靈石處在狹長汾河谷地的中段,控扼南北,爲交通要塞。而高壁更是這一要塞的咽喉所在。北周滅北齊,齊相高阿那肱守高壁;[②]隋楊素討平楊諒叛亂,關鍵節點也在高壁。[③] 兩場戰役表明,高壁與介休、太原休戚與共,高壁失守,則太原難存。唐代宗朝,各節度屯兵防禦吐蕃入侵,李抱玉即屯高壁,[④]足見此地極具戰略價值。此外,汾河之上橋梁在戰爭中的作用也不容小覷,北周滅齊,兩軍交戰就多次利用汾河之上的橋梁展開攻防。[⑤] 綜上可知,在靈石縣高壁鎮這一軍事要地,跨汾河建橋具有重要戰略意義。

二、通濟橋的建造與唐代地方橋梁營造模式

《元和郡縣圖志》載靈石段汾河水文狀況云:"汾河,在縣北十步,深一丈,闊三丈。"[⑥]雖然看上去并不十分深廣,但此段汾河經行山谷,落差大、水流急,正如碑文所言"金流洶湧,林麓森沉"。[⑦] 在汾河西岸靈石縣西南方向的山地中,生活着以運輸礬爲生的人。礬在唐代主要用於煉丹、入藥,具有較高經濟價值。高壁鎮所屬的汾州有礬山七座,礬業興盛。[⑧] 緊鄰汾州的晉州設置有平陽院礬官,用來管理礬業開採及相關工匠。[⑨] 直到文宗朝,平陽院纔被廢除,官吏工匠四百餘户及礬山兩所,被劃到州縣管理。[⑩] 開採於汾河西岸的礬石,需要向河東岸運輸,且"旦暝遺運者衆",然而汾河"混流箭激,不

① (唐)温大雅撰:《大唐創業起居注》卷二,上海古籍出版社,1983年,第22頁。

② 相關事迹見《周書》卷六《武帝紀下》,北京:中華書局,1971年,第96—97頁;《資治通鑑》卷一七二《陳紀六·宣帝太建八年》,北京:中華書局,1956年,第5464—5465頁;《北齊書》卷十一《安德王延宗傳》,中華書局,1972年,第149頁。

③ 《隋書》卷四八《楊素傳》,北京:中華書局,1973年,第1289頁。

④ 《新唐書》卷二一六《吐蕃傳下》,北京:中華書局,1975年,第6092頁。

⑤ 如"齊人焚橋守險,軍不得進",見《周書》卷十二《齊煬王憲傳》,第191頁;"齊主自率衆來追,至於高梁橋。憲以精騎二千,阻水爲陣,"見《周書》卷十二《齊煬王憲傳》,第192頁;"慶退據汾橋,衆賊争進,慶引弓射之,所中人馬必倒,賊乃稍却",見《隋書》卷五十《宇文慶傳》,第1313—1314頁。

⑥ (唐)李吉甫撰,賀次君點校:《元和郡縣圖志》卷十三《河東道二·汾州·靈石》,北京:中華書局,1983年,第379頁。

⑦ (清)陸耀遹:《金石續編》卷十一《高壁鎮通濟橋記》,第993頁。正文引文一律改爲通用字,標點爲筆者所加,引文與《金石續編》錄文個別字句不同,爲筆者校對所致,以筆者錄文爲準,後文不再説明。

⑧ 《新唐書》卷五四《食貨志四》,第1383頁。

⑨ 《新唐書》卷三九《地理志三·河東道》,第1001頁。

⑩ (宋)王欽若等編:《册府元龜》卷四九四《邦計部·山澤二》,北京:中華書局,1960年,第5906頁。另見《舊唐書》卷十七《文宗紀下》,北京:中華書局,1975年,第574頁。

可渡之。雖有葉舟,過者懷疑,或覆溺谿人,或駐滯遊子"。① 湍流的汾河水給輪轡者的生命財産安全帶來極大的威脅,也給兩岸百姓、過往行人造成極大不便。因此,修建新橋勢在必行。居住在陰地關的"居人百姓",不得已前往軍營,請求當鎮長官兵馬使張誌主持修建新橋,利濟衆人。據《山西通志》:"宋以前,并、汾州治均在汾西,故南出之道入雀鼠谷必傍西山而行,至高壁鎮始渡汾循霍山之麓,以達於陰地關。"②則高壁鎮在汾河西岸,陰地關在河東側。作爲高壁鎮長官的張誌,同時有勾當關鎮務之責,陰地關的日常事務由其總領。居住在關内的居人百姓,遭遇困難,自然選擇向直屬上級申訴。此外,通濟橋所連接的高壁鎮與陰地關爲兩處軍事要塞,此橋的修建具有重要的軍事意義。基於以上兩點,主導營造者爲軍將張誌,而這也是晚唐時期軍鎮逐漸涉入地方政務的表現。

但唐代地方上營建橋梁之類的公共建築,一般還是由本地的行政長官主導。如開元二十六年(738),任城縣在橋梁建成、池塘疏浚之後,當地父老"請爲亭館,以壯橋池",其流程是"故鄉老白於吏,邑吏謀於府",記述此事的文章主要歌頌時任縣令鄭延華、縣丞盧璃、主簿孟景、縣尉王子言、裴迥等縣府官員的品行治績。③ 再如《西郭橋記》所載:

> 冬涸則邱坎險塞,夏漲則奔騰浩淼。憧憧來往,行人阻之。我州尊滎陽鄭公,權衡以心,利劍在手……京兆韋於屈爲宰,服黄綬於鄂渚,綰銅章於郢上……木取於市,百倍於市。價庸於工,畢樂於工……然後施諸赭腹,以暗粉飾。樹華刹而表道,刻堅珉以旌德。④

當地交通不便、行人受阻時,刺史鄭公及縣令韋於屈關心民生,推動橋梁修建。其中主要責任人是縣令韋於屈,在他的主持下取材、庸工,完成橋梁營建并立碑旌德。另有趙州新建石橋:

> (前缺)建石梁幾二百祀。壬申歲七月,大水方割,陷於梁北之左趾。下墳岸

---

① (清)陸耀通:《金石續編》卷十一《高壁鎮通濟橋記》,第 993 頁。

② (清)王軒等纂修:《(光緒)山西通志》卷四九《關梁考六·河東道屬地平陽北路及霍州屬》,第 2489 頁。

③ 參見(清)董誥等編:《全唐文》卷三六五《任城縣橋亭記》,北京:中華書局,1983 年,第 3708 頁。

④ 《全唐文》卷六一九《西郭橋記》,第 6249 頁。

以崩落,上排篷又敬嵌,則修之爲可。成德節度參謀侍御史知趙州事盧公,慮在往來,利濟爲事。速攻石其葺複,仍累土以負茲。補欄植柱,靡不永固。俾壯不墜於遠近。①

主持此橋修建的盧公,雖然是成德節度參謀,但他知趙州事,從職責上看,應視之爲趙州行政長官。由上述材料可見,主導營建橋梁的一般是當地行政官員。《通濟橋記》最後的題名中,也出現了靈石縣令路誨、縣主簿裴某的身影,代表着靈石縣地方政府也參與到通濟橋的修建。除官員外,唐代橋梁的修建也有平民作爲主導者的案例。同樣位於汾河之上的義橋,就是由當地的一名孝子發起修建的:

> 絳人有成橋於稷山縣南汾河水上……初茲縣有具舟之役,鄰邑有官修之梁。自太原、西河、上黨、平陽,至於絳,達於雍,黢卒迫程,賈人射利,濟舟爲捷,渡口如肆……廣可方軌,平可轉轂。去其飾,成無丹臒;取其固,勢異虹蜆。僉義於孝子之功也,故曰義橋。②

文中提到了稷山縣臨縣有官修橋,而稷山縣僅有以盈利爲目的的渡船。爲方便縣人通行,孝子乞討募集資金,堅持不懈,費三年之功,終成義橋。此橋無論是建造緣起,還是資金來源及參與其事者,都以孝子爲核心,并未見到官方身影,與鄰邑"官修之梁"截然不同。

橋梁營造除了要有主導者,還需要具體負責主持工程進度之人,更重要的是需要資金支持。張諗找到本鎮有名的高僧大德——觀音院主普安,藉其宗教影響力來募集善款,并將自己的部分俸禄用於造橋。而普安除了籌措造橋資金,他與另外一名禮經僧應堅,一起負責與造橋有關的具體事務。唐代,僧人主導造橋并不罕見。《五大夫市新橋記》載:

> 大雲寺置於茲市之北新江路,路通於市。則黄山河,古人以彴之。將接行旅爲不滯之由。緣不壯不麗,危而且險。或遊童牧豎,登陟於此,多悵斯墜墮……爲民

---

① 陳尚君輯校:《全唐文補編》卷五四《新修石橋記》,北京:中華書局,2005年,第652—653頁。
② 《全唐文》卷四百九《汾河義橋記》,第4191—4192頁。

所病。時大雲寺僧常雅公……遂乃發心慕緣，造茲橋二所。其橋上臨星斗，下跨
洪流。①

大雲寺僧人常雅痛心孩童失足墜墮，發心建橋以利衆生。另有《釋慧沼等造石橋記》②，
記述了僧人釋慧沼主導下，僧人元昧及劉琛、劉靈光等出資建橋及造像碑的事迹。劉淑
芬認爲，"佛教徒對地方的公共建設有相當的貢獻，係受到佛教福田思想的影響，篤信
佛教的人士——從城市到村落人們都致力於福田的實踐，鑿井、修橋、鋪路"，"在某些
地區特別强調和人們日常生活息息相關的交通建設，修建橋梁成爲福田事業中功德最
大者"。③ 而通濟橋得以順利完工，不僅有軍鎮長官宣導其事，還有僧人們籌措資金、主
持進度付出的努力，以及造橋邑這樣基層團體組織貢獻的力量和爲數衆多的施主們的
物力支持。

三、創建名勝與退散蛟螭：靈活的德政宣傳

據碑文所載，在通濟橋南，有"魯氏石橋"，并且"名揚寰海"。魯氏石橋未見廢毀，
爲何在相距不遠的河段上另建新橋？前文已述，通濟橋所在的位置溝通高壁鎮、陰地
關，兩地皆爲張諗管轄的軍事要地。民生上，張諗在轄境内有"關河字人"之責，境内百
姓交通不便，他需要出面爲民解憂；軍事上，高壁鎮、陰地關兩地皆爲要塞，兵貴神速，信
息溝通、人員往來越快越好，橫架兩地之間的通濟橋自然比偏南的魯氏橋更高效。但是
張諗建此橋的目的又不僅於此：在基本的交通功能具備的情況下，張諗又增設門屋、鑊
鑰、華表等配套設施，安排專人管理橋梁。通濟橋外觀壯闊，成爲"炳煥方面，蓋以壯皇
家天外北門之咽扼"④的地標建築。唐人常以橋爲勝景，并爲之題刻撰記。如張彧《趙
郡南石橋銘并序》云："闟茂歲，我御史大夫李公晟，奉詔總禁戎三萬，北定河朔。冬十
月，師次趙郡，郡南石橋者，天下之雄勝。乃揆厥迹，度厥功，皆合於自然，包我造化。"
李晟路過趙郡石橋，以其爲天下雄盛，於是"勒銘巨橋。敢告豪右"。⑤ 再如獨孤及作
《晚秋陪盧侍御遊石橋序》，即以石橋爲景，遊賞作文。又如崔恂所作《石橋題記》，自云

① （清）陸心源編：《唐文拾遺》卷三〇《五大夫市新橋記》，北京：中華書局，1983年，第10706頁。
② 陳尚君輯校：《全唐文補編》卷一三七《釋慧沼等造石橋記》，第1670頁。
③ 劉淑芬：《慈悲喜舍——中古時期佛教徒的社會福利事業》，第178頁。
④ （清）陸耀遹：《金石續編》卷十一《高壁鎮通濟橋記》，第995頁。
⑤ 《全唐文》卷五百十六《趙郡南石橋銘》，第5244頁。

路過此橋,喜其壯麗,刻詩留念。① 除此以外,唐人以橋爲景觀,遊覽賞玩,作銘作賦、題刻留念者不在少數。②

　　而高壁鎮原本就是溝通南北的關鍵節點,長安至太原的必經之地。正如碑文所云:"馹騎星馳,華軒雲湊,往返駢闐者,皆中朝名士,悉憇駕於雁歸亭,未嘗不題藻句、紀年代也。"途經此地的中朝名士、顯貴名流,絡繹不絕。而他們常做的雅事便是在雁歸亭休憩、賞玩風物、題寫辭藻。此地除《通濟橋記》,唐刻尚有大曆四年(769)崇徽公主手痕碑及大中三年(849)王宰題記。《集古録跋尾》載:

　　　　右《唐崇徽公主手痕詩》,李山甫撰。崇徽公主者,僕固懷恩女也。懷恩在肅宗時先以二女嫁回紇:其一嫁毗伽可汗少子,後號登里可汗者也,其一不知所嫁何人。《唐書·懷恩傳》及《回紇傳》皆不載,惟懷恩所上書自陳六罪,有云"二女遠嫁,爲國和親",以此知其又嘗嫁一女爾。此所謂崇徽公主者,懷恩幼女也……③

楊篤《山右金石記》引《靈石縣志》載:"在陰地關。唐大曆四年,以崇徽公主出塞,道出汾州,以石拓壁,遂有手痕。舊有碑,今漫滅,獨其手痕至今宛然。李山甫詩云云。謹案:靈石縣,唐貞觀後至宋并屬汾州,故《集古録》及《通志·金石略》皆謂碑在汾州也。陰地關在縣南五十里,今名南關鎮,蓋沿宋時陽諒南關之名也。"④可見僕固懷恩女和親回紇,經行此地,隨行者於此題詩刻石,以兹留念。大中三年三月,河東節度使王宰入覲還鎮,道經靈石,也在此刻石序所曆官階。⑤ 其文末稱:"駐斾關亭,吟睇移景,又睹中令河東公及相國令狐公、左揆狄公、相國崔公來遊之題列,遂輒紀其轉歷及往復所自云。"⑥楊篤以爲"當爲狄梁公(仁傑)、裴晉公(度)及令狐父子(楚、綯),皆嘗鎮河東者;

---

① 陳尚君輯校:《全唐文補編》卷二九《石橋題記》,第 347 頁。

② 如張説有《蒲津橋贊》《石橋銘》,閻伯璵有《河橋賦》,張嘉貞有《石橋銘序》,王昌齡有《灞橋賦》,皆以橋爲吟詠對象,稱贊其景致。此類唐人文章不勝枚舉。

③ (宋)歐陽修著,李逸安點校:《歐陽修全集》卷一四〇,《集古録跋尾》卷七《唐崇徽公主手痕詩》,北京:中華書局,2001 年,第 2240—2241 頁。

④ (清)王軒等纂修:《(光緒)山西通志》卷九七《金石記九·摩崖·唐·崇徽公主手痕碑》,第 4561 頁。

⑤ (清)王軒等纂修:《(光緒)山西通志》卷九七《金石記九·摩崖·唐·河東節度使王宰摩崖碑》,第 4562—4563 頁。

⑥ (清)胡聘之修,(清)胡延纂:《山右石刻叢編》卷九《王宰題記》,第 759 頁。

崔相疑爲崔圓,曾守汾州者也。"①無論楊篤推論是否準確,由王宰題記可知,在王宰駐足關亭、吟遊賞景時,已經有多位高官在此地留下了題刻。上述唐刻,一方面證實了此地居於要衝,爲長安、太原通道之關節,另一方面也證明《通濟橋記》所言中朝名士往來途經此地,題藻句、紀年代,并非虛語。

在這樣一處交通要道、行人駐足休憩并吟賞風景的地方,張諗主導修建的新橋不僅便利了行人交通,同時壯麗恢弘的新橋也爲本地增添了一處新的名勝,爲過往的文人墨客、達官顯要增添了一項新的吟詠對象。人們在享受交通便利的同時,也獲得視覺上的愉悦享受,此橋將與雁歸亭、陰地關一樣,成爲高壁鎮乃至靈石縣新的地標建築。如果考慮到曾在此處題寫刻石的大多是擔任過河東節度使的高官,那麽他主導造橋的用意就更加明顯了。身爲河東節度衙前兵馬使的張諗,他的造橋事迹,或者治下功績,最需要被長官河東節度使瞭解。咸通九年,此橋修建時,時任河東節度使爲鄭從讜。鄭從讜於咸通七年(866)出鎮河東,於咸通十年(869)十二月應詔赴闕。張諗造橋的事迹一定會傳至鄭從讜處,甚至鄭回京途徑靈石,或許正從此橋渡汾河。鄭從讜離任後,康承訓繼任河東節度使,至次年(870)正月即被貶,崔彦昭代之鎮河東。② 或許考慮到在通濟橋修建後,河東節度使一職變動頻繁。於是張諗決定在橋修建完成四年後的咸通十三年(872),以摩崖刻石的方式將自己主導建橋的事迹永久流傳下去。據前引《王宰題記》,於此地刻石留念是唐人風尚。張諗所作摩崖題記將與前人的石刻遺迹一同組成汾河兩岸石壁的文化景觀,被往來士人寓目并記載、傳播。宏偉壯麗的橋梁與橋下石壁的摩崖題記,相互輝映,成爲當地新的文化名勝,建築實體和文字記録,一同印入過客腦海。這樣無論何人擔任河東節度,都有機會聽聞此橋的勝景以及主導者張諗的令名。

在撰寫記文時,造橋時發生的一件異事被記録了下來:汾水湍急,拍打水中怪石,聲如雷霆,震人心魄。又因此處曾"覆溺谿人",兩岸百姓不由得產生聯想,認爲水下藏有蛟螭。蛟螭在唐代傳奇小説中常與鬼怪妖物一同出現,這點略舉《太平廣記》中幾則故事便知:"軒轅彌明者,不知何許人。在衡湘間來往九十餘年,善捕逐鬼物,能囚拘蛟螭虎豹。"③再如"唐開成中,有僧金剛仙者,西域人也。居於清遠峽山寺,能梵音,彈舌

① (清)王軒等纂修:《(光緒)山西通志》卷九七《金石記九·摩崖·唐·河東節度使王宰摩崖碑》,第4563頁。
② 《舊唐書》卷十九《懿宗紀上》,第673—675頁。
③ (宋)李昉等編:《太平廣記》卷五五《軒轅彌明》,北京:中華書局,1961年,第339頁。

搖錫而呪物,物無不應,善囚拘鬼魅,束縛蛟螭。"①甚至,在有些傳説中,蛟螭還會傷及人畜性命,爲害一方,如元和年間泉州有蛟螭吞食人及馬牛。②這些在傳説中與鬼怪虎豹并列、甚至會吞食人畜的蛟螭,無疑會令當時人惶怖。因此,當汾水兩岸之人猜測水下藏有蛟螭後,内心難免恐懼不安,不知吉凶禍福。同時,蛟螭作爲傳説中的動物,又被時人認爲具有特殊能力,水旱祈禱,常能應驗。③

蛟螭在時人心中的形象亦正亦邪,令人震怖。如何應對蛟螭成爲當地百姓心中充滿疑慮的事情。爲了消除百姓的恐懼,作爲軍鎮長官的張諗,設奠祝祭。碑文稱水下的怪聲從此消失,怪物被長官張諗的正氣所逼而遁逃。異象的消失紓解了當地的緊張氣氛、消解了百姓心中的恐懼。這當然是兵馬使張諗的"勛業巍巍"了。無獨有偶,蘄州在修建城門時,也曾遭受蛟螭擾亂、妨礙工程進度:

> 岳鄂觀察使御史中丞鄭公(紳)④前牧於蘄春……城隍不張,頹墉壞堞,僅爲平野。公乃度舊址,量客土,備畚鍤,嘯丁壯,勃焉而興……凡甲子五癸,即崒然城成矣……日者嗣曹王皋討希烈之叛,於此嘗具板幹,作爲坯築。役徒巨億,經費稱是;樹而復潰,卒無能名。風俗耆老以爲蛟螭靈怪,蟠窟固護,使人不見其績也。公躬自省視,循理辨物,心禱且計,輔之至誠,遂用堅致。⑤

時任蘄州刺史的鄭紳,在修築新城門時也曾遭遇困難。當地耆老以爲是蛟螭、蟠龍之類的靈怪作祟,導致此前在此修築城門的嗣曹王李皋徒勞無功。鄭紳聽從耆老建議後,一邊祝禱,一邊計量,最終精誠所至,築起堅固的新城門。鄭紳的這則事迹與張諗所爲可謂異曲同工。二人都爲當地長官,在主持公共工程、造福當地百姓時遇到傳説中的蛟螭妨礙。身爲長官的他們不懼妖邪,爲民祝禱,精誠所至,最終妖物退却,工程順利完工。在這樣的記述表達中,地方長官勤於政事、愛護百姓、德行高尚的形象便建立了起來。值得注意的是,張諗在建橋之日,設奠祝禱。這場公開的儀式,被隨行人員、工匠、附近

---

① (宋)李昉等編:《太平廣記》卷九六《金剛仙》,第643頁。
② (宋)李昉等編:《太平廣記》卷三九二《韓愈》,第3130頁。
③ 參見(清)陸心源:《唐文拾遺》卷五十《天台山記》,第10945頁。
④ 相關考證見郁賢皓:《唐刺史考全編》卷一三一《淮南道·蘄州(蘄春郡)》,合肥:安徽大學出版社,2000年,第1795頁。
⑤ 《全唐文》卷六八八《蘄州新城門頌》,第7042—7043頁。

百姓一起見證,起到直觀宣傳長官德政的效果。如果説摩崖刻下的文本,預設的閲讀對象是文化層次、社會地位較高的河東官員、往來士人及本地知識分子,那麼祝奠儀式的觀看者和蛟螭傳説的傳播者,則是文化程度不甚高的普通百姓。對基層百姓而言,他們願意相信親眼所見的盛大儀式,并去傳播儀式相關的神異故事。祝禱儀式的舉行、神異蛟螭的聯想,這些滿足基層民衆想像的要素,成爲他們口耳相傳的動力。張誘在本地的權威也隨之鞏固。

壯麗恢弘的橋梁爲南來北往的行人帶來便利的同時,奪目的外在景象會給他們留下深刻印象。而充滿神異色彩的蛟螭傳説,無疑爲通濟橋增添了更多話題性與故事性,相關事件的傳播力度必定大大增强。而整個事件的起因、經過、結果及相關人物,又以摩崖的形式長久留存在橋邊。有形的橋與石刻,和無形的傳説故事組成一個有機整體,使張誘坐鎮一方、造福於民的德政得到充分宣揚。橋梁建設完工創造的便利交通條件,也將極大擴展長官德政故事的傳播範圍。

四、題名所見地方社會分層與官民互動

此碑末尾留有不同身份、層次的人物題名124個,深入挖掘題名中藴含的歷史信息,將會增進我們對當地權力結構、社會分層和基層社會的力量構成的認知。

首先,題名的序列清楚展示了地方軍政的權力結構。處於第一序列的是張誘、路誨、裴□、馬瞻、梁季真這五人。所有題名中,僅有這五人帶散官、職事官或其他職銜。其中,張誘無論是職銜數量還是品階都最高,在本地的權力結構中居於塔尖,故列名在首。緊隨其後的是靈石縣令路誨,其所帶文散官爲正九品上儒林郎,而靈石縣爲上縣,據《唐六典》相關規定,①靈石縣令當爲從六品上。題名第三位爲靈石縣主簿裴某,其職事官品級爲正九品下,文散官承務郎爲從八品下。題名第四位的馬瞻,本職爲河東軍判官,帶正七品下文散官宣德郎,試官爲汝州長史。汝州爲望州,其户口數,《通典》《元和郡縣圖志》《舊唐書》所載不盡相同。② 開元年間定各州等級,户四萬以上爲上州,長史從五品上;二萬以上爲中州,長史正六品上;不滿二萬爲下州,無長史。③ 馬瞻在咸通年

---

① (唐)李林甫等撰,陳仲夫點校:《唐六典》卷三〇《京縣、畿縣、天下諸縣官吏》,北京:中華書局,1992年,第752頁。

② 參見(唐)杜佑撰,王文錦、王永興、劉俊文、徐庭雲、謝方點校:《通典》卷一七七《州郡七·古荆河州·臨汝郡》,北京:中華書局,1988年,第4660頁;《元和郡縣圖志》卷六《河南道二·汝州》,第165頁;《舊唐書》卷三八《地理志一·河南道》,第1430頁。

③ 《唐六典》卷三〇《上州·中州·下州官吏》,第745—746頁。

間帶汝州長史銜,則當時汝州等級至少爲中州,即馬瞻的試官銜最低爲正六品上。題名第五位的梁季真,本職爲十將,帶從三品武散官雲麾將軍,試官爲從三品殿中監。靈石縣府兩位官員的品階雖低於在軍府效力的馬瞻、梁季真,但題名順位却更靠前。或可説明,雖然軍鎮最高長官張誗在本地居於權力頂端,但是縣府的行政地位依舊不容小覷。縣府的主要官員,作爲靈石縣正式行政長官、當地百姓的父母官,在縣鎮政務系統中擁有超越其品級的政治地位。同時這樣的題名安排也在一定程度上反映了中晚唐藩鎮官員,特別是武人授官偏濫的現象和軍鎮干涉地方政務,軍府與縣府權力博弈、消長的特殊階段。[①] 此外,須注意的是馬瞻爲軍府文職僚佐,其所帶散官也爲文散官;梁季真爲武職,所帶散官也爲武散官;梁季真無論是散官還是試官,品階都遠高於馬瞻,但題名却在馬瞻之後。原因或在於武職十將在使府中的重要性較之文職判官稍遜,故梁季真散官、試官品級雖高,實際地位却要次於馬瞻。

自權副將陳之戬至橋門子孫惠叔等 62 人,爲第二序列。這些人僅帶本職,未列散官、檢校官、試官、勛官等銜,在權力結構上明顯低於第一序列的五人,但仍屬於官吏階層。具體而言,又可分爲三個層級,排名越前地位越高。一爲權副官陳之戬至將虞侯任叔亮,這些人爲本鎮中層僚佐,擔任是多是常設職務,有具體職掌,地位較高。二爲押官蓋公茂至行問官季公亮,這批人多爲因事設官,其職掌與官名直接相關,諸如庫官、印官、糧料官等,似與本鎮倉庫、印章、糧草管理相關。此類官銜,地位較低。三爲直頭康少盛以下至橋門子,則爲兵吏或雜職。其中行官雖名爲官,但據題名共有二十人之多,授職偏濫,顯非要職。劉長卿有《祭故吏行官文》[②],稱行官爲"故吏",且其職掌爲"執鞭弭"之類的體力活,可能屬於地位較低的吏。[③] 而"廳子""橋門子"的設置可能與"創置門屋、立鎖鑰"的安排有關,"橋門子"大概是記文中提到的"閽者",即負責把守橋梁之人。直頭以下至橋門子,在本鎮職務雖然不高,甚至不屬於官的序列,但他們也會負責具體事務,故能在當地享有與之相應的權力和影響力。

其次,該題名呈現了靈石地區的基層社會力量。以橋門子爲限,題名在此及之上者

① 史念海先生認爲,題名中的縣令等行政人員未兼任軍事職務,因爲河東長期隸屬朝廷遵守朝廷規定。參見史念海主編:《中國通史》第六卷《中古時代·隋唐時期》(上),第 1023 頁。

② (唐)劉長卿:《祭故吏行官文》,儲仲君箋注:《劉長卿詩編年箋注》,北京:中華書局,1996 年,第 562 頁。

③ 《舊唐書·懿宗紀》載和州防虞行官石伻等一百三十人狀訴刺史崔雍,狀文稱:"便令押衙李詞等各脱下衣甲,防虞官健束手被斬者八百餘人。行官石瓊脱衣甲稍遲,便被崔雍遣賊處斬。"出現"防虞行官"和"行官""防虞官健"等,則"行官"單獨出現或與"官健"意同,前加名目,則有具體職掌。參見《舊唐書》卷一一九《懿宗紀》,第 668—669 頁。

爲官吏,在此下者爲平民。平民得以列名其中,要麼擁有較强的經濟實力,通過布施來實現;要麼擁有前資官或宗族勢力較强,依靠在鄉里擁有較高威望來達成。因此,題名越多的姓氏,相應的在當地的宗族也越龐大、在地方實力也更强。在當前可知的 124 個題名中,除去兩名僧人和鐫字人姓名失載,張姓人數最多,有 16 人;其次爲王姓,有 11人;之後依次爲李姓 8 人,秦姓 7 人,蔡姓 6 人,范姓 5 人,任姓 4 人,儀姓、衛姓、賈姓、許姓各 3 人,蓋姓、楊姓、馬姓、梁姓、陳姓、季姓、趙姓、劉姓、郭姓、武姓、康姓各 2 人,餘有 30 姓各 1 人,總計 121 人。張、王、李、秦、蔡、范、任、儀、衛、賈、許等姓題名人數明顯較多,説明這些姓氏的宗族在當地整體實力更强、影響力更大。當然,軍鎮中的長官可能是外籍,僅在此任職,難以判斷其是否有本地宗族勢力。但是諸火山施主和老人毫無疑問是當地人士,他們依靠扎根鄉里的宗族勢力及個人經濟實力,纔爭取到刻石留名的資格。而上述大姓在這兩個人群題名中都有出現。説明題名中人數最多的姓氏也是當地綜合影響力較强的幾個大姓。

在人數較多的幾個姓氏中,有好幾組人物很可能爲同輩兄弟。如張姓中張公素與張公緒,張元茂與張元順,張從佐與張從諫、張從亮;王姓中王太敢與王太和,王忠順與王忠政;秦姓中秦行和與秦士和或秦行方;范姓的范元操與范元真;蔡姓的蔡全口與蔡全真;儀姓的儀季穆與儀季程;季姓的季公亮與季公緯;康姓的康少千、康少晟。其中,張公素爲横巡,張公緒爲布施錢財造橋的火山施主;張元茂爲虞侯,張元順爲行官;張從佐爲權押官,張從諫、張從亮爲施主;王太敢爲行官,王太和爲橋門子;王忠順、王忠政同爲施主;秦行和爲虞侯,秦士和爲行官,秦行方爲施主;范元操爲使官,范元真爲施主;蔡全口爲使官,蔡全真爲行官;儀季穆爲横巡,儀季程爲税木官;季公亮爲行問官,季公緯爲老人;康少千爲押衙,康少晟爲直頭。在這 11 組兄弟當中,同在軍鎮效力的有張姓、王姓、儀姓、康姓、蔡姓 5 姓 5 組;一人在軍鎮任職,一人爲施主或老人的有張姓、秦姓、范姓、季姓 4 姓 5 組;同爲施主的有王姓一組。這充分説明了高壁鎮軍府與靈石地方宗族勢力的結合,尤其是兄弟分屬官吏、平民群體的案例表明,高壁鎮軍府的官吏有相當一部分是選拔本地人來擔任。這些官吏與宗族勢力互爲表裏:他們個人依托宗族勢力在軍府升遷;而宗族中的其他成員如同輩兄弟等,又利用這層親屬關係,積極參與地方公共事務,進而擴大本宗族的影響力。

最後,題名還展示了地方官府與地方佛教的互動,以及在公共事務中官府利用佛教凝聚群衆的施政手段。前文已叙,張諗雖主導建橋,却主要依靠當地有名高僧普安及應堅總領造橋事務。張諗象徵性自减月俸的錢財與工程所費相比,無異於杯水車薪。因此,張諗利用普安在本地佛教界的威望,向虔誠的信徒募集善款。唐代佛教徒參與橋梁建造的事例不在少數,如《割牛溝小石橋碑》載:"有清信士王寶詮、朱元英、韓宏澤、朱元獎……知罔極之難追,爰發菩提,共崇斯果。"①修造通濟橋時,共有施主44人,他們因布施錢財得以刻石留名。但顯然,這44人祇是出資較多、貢獻較大或較有名望的信徒。當有許多熱心布施,却能力有限的信衆未能題名以致湮滅無聞。在資金到位後,工程進入到開工階段。儘管前文徵引許多僧人主持修橋的事例,説明唐代僧人在主持修建公共設施方面有相當的經驗,但造橋過程中材料采買、工匠雇傭等千頭萬緒的繁瑣事務,僅僅依靠兩名僧人是無法完成的。因此,爲了完成工事,當地專門成立了以造橋爲共同目的的基層社會組織——造橋邑,并由具有前資官、且在本地有一定宗族勢力的範楚擔任邑長,組織成員范鄰、李再亮、張茂貞三人也都是當地大姓成員。從題名排序來看,造橋邑衆人的位置介於信仰佛教的衆施主與兩位高僧之間,而中古時期的社邑組織常與佛教有千絲萬縷的關係。② 因此,可以推論這個造橋邑就是爲協助普安、應堅完成造橋工程并以佛教爲紐帶而專門成立的一個基層社會組織。佛教在整個工程實施中,起到了聯結地方官府與民衆的積極作用。

結　語

靈石縣高壁鎮地處冲要,通濟橋的修建兼具軍事意義與經濟意義。當地百姓提出造橋訴求,地方長官張諗出面發起營造工程,佛教領袖普安將此決定傳達給基層民衆,并從信徒處獲取資金支持。部分有實力的信衆依托佛教,結成社邑,協助僧人完成工事,自下而上的支持長官施政。最後,工程完工,衆人將功績歸美於長官。長官張諗獲得治績政聲的同時,又爲地方百姓帶來實利;交通要道上新造的橋梁,不光作爲交通設施,同時也是風景建築,能够得到上級關注,爲其仕進助益。僧人們通過造橋成就福田事業,實現自身信仰追求,也由於出色完成任務,更加受到長官倚重和廣大信徒擁戴,擴大了佛教影響。參與其中的普通信徒或基層百姓,出資或出力支持公共事業,造福鄉里,既踐行信仰,自身也享受到交通便利。更爲關鍵的是,他們通過在造橋事業中的積極貢獻,獲得了難得的揚名機會,也提高了本宗族在鄉里的聲望及影響力。由於宗族勢力與地方軍鎮的緊密連接,這些捐資者的兄弟或宗親多在軍府效力,布施的錢財及擴充

---

① 《全唐文》卷九九○《割牛溝小石橋碑》,第10251頁。
② 相關研究參看郝春文:《中古時期社邑研究》,上海古籍出版社,2019年。

的宗族影響力鞏固親人在軍府中的地位。總之，造橋這項公共事業，以佛教爲紐帶，將基層社會的各方勢力融合一體，朝共同目標努力，各方的訴求都得到滿足，基層治理也因此更加穩定。這些具體而微的歷史細節，有賴於摩崖石刻《通濟橋記》的留存，而爲後世所知。《墨子》云："是以書之竹帛，鏤之金石，琢之盤盂，傳遺後世子孫。"①足見金石材料在跨時空保留歷史信息方面的重要價值，而中古時期在各地鐫刻建立的摩崖、碑碣等石刻文獻，則成爲後世瞭解當時地方社會面貌和發展狀況的寶貴媒介。

---

① （清）孫詒讓撰，孫啓治點校：《墨子間詁》卷九《非命下》，北京：中華書局，2001年，第279—280頁。

《魏晉南北朝隋唐史資料》第四十七輯

2023 年 5 月，264—279 頁

《太平御覽》所引五代史料考

牛孟恩

宋人類書中，《册府元龜》與《太平御覽》因存有大量唐五代史料而爲學界重視。近年來，有關《册府》所存五代史料的深入挖掘工作已獲不俗效果，[①]但《御覽》所引七十餘條五代史料之來源却鮮有人問津。管見所及，僅臺灣學者郭武雄對《御覽》中的五代史料加以溯源，指出除少數不能斷定來源外，其餘皆出自五代實錄。[②] 筆者認爲這種觀點不能成立，通過對比《通鑑·考異》《册府元龜》《五代會要》《北夢瑣言》等傳世文獻，可知《太平御覽》所引五代史料之來源來源絕非單一之五代實錄，而是包括五代實錄、薛居正《舊五代史》原本甚至唐史佚文。以下就展開辯駁。

一、關於"皆出實錄説"

《太平御覽》引五代史料，或記其書名爲"五代史"，或徑直題爲"梁書""後唐史""後唐書"等。郭武雄對比《御覽》所引"五代史"與今本《舊五代史》後，發現《御覽》中所存五代史料與《舊五代史》多有齟齬之處，遂認爲《御覽》中所謂"五代史"者皆是五代實錄。但是，如此溯源有兩點疏漏之處。其一，如所周知，今本《舊五代史》乃清四庫館臣邵晉涵輯自《永樂大典》各韵，與《舊五代史》原貌相差甚遠。即使《御覽》所引"五代史"與今本《舊五代史》有異，也未足證明與《舊五代史》原本不同。其二，郭氏之工作并未將《御覽》與《册府》《五代會要》及《北夢瑣言》等存有大量五代實錄的文獻相比勘，遂致不夠深入，説服力不強。而究竟《御覽》所引"五代史"者是否有出自《舊五代史》者，拙見以爲可以通過史料對比、體例甄別等方式進行。

---

① 參考郭武雄：《五代史料探源》，臺北：臺灣商務印書館，1989 年，第 80—98 頁；陳尚君：《〈舊五代史〉新輯會證》，上海：復旦大學出版社，2005 年，"前言"，第 52—60 頁；陳智超：《輯補〈舊五代史〉》，成都：巴蜀書社，2020 年。

② 郭武雄：《五代史料探源》，第 72—80 頁。

　　《御覽》所引七十餘條五代史料分散於各部之中，而《御覽》乃是由李昉、扈蒙奉敕領銜，李穆、湯悅、徐鉉、張洎等十四人參與編纂。由於眾人分部編纂，史臣在引五代史料時難以統一，很容易導致同書異名。《御覽》中題爲"五代史"者，雖有出自實錄的確鑿案例，但亦不乏引自《舊五代史》者。

　　如《太平御覽》卷一五八《州郡部四》引《五代史》："梁開平元年，梁祖初開國，升汴州爲開封府，建名東京，元管開封、浚儀、陳留、雍丘、封丘、尉氏六縣，至是割滑州之酸棗、長垣，鄭州之中牟、陽武，宋州之襄邑，曹州之戴邑，許州之扶溝、鄢陵，陳州之太康九縣隸焉。後唐復降爲汴州，以宣武軍爲額，其武陽、長垣、扶溝、考城等四縣仍且隸汴州，其餘五縣却還本部。晉天福中，復升爲東京，復以前五縣隸之，漢、周因之。"①又，《太平御覽》卷一五九《州郡部五》引《五代史》曰："單州，本單父縣，梁爲輝州，後唐同光二年復舊，隸宋州。周廣順中，割隸曹州。"②《州郡部》所引這兩條文字，雖皆見於今本《舊五代史·郡縣志》，但係清館臣輯自《御覽》，無法判定出自原本《舊五代史》。觀《御覽》此處行文，涉及五代汴、單二州沿革，與專記一朝史事之實錄、功臣列傳體例不合。又據陳尚君先生研究，《舊五代史》原書有《地理志》，却於流轉過程中散佚，清館臣輯録各志時，誤題爲"郡縣志"。③　因此，此處"五代史"所叙汴、單二州沿革事，應即出自《舊五代史·地理志》。

　　《五代周史》曰："王殷遷奉國右廂都指揮使。漢祖受命，從征杜重威於鄴下。殷與劉詞皆率先力戰，矢中於首。久之出，折鏃於口中。以是漢祖嘉之。"④今本《舊五代史·王殷傳》與其完全一致。"杜重威"其名，因犯後周太祖郭威之諱，故在後周實錄中皆記作"杜重暉"。如《册府》："劉詞，晉天福中從杜重暉敗安鐵胡於宗城。及圍鎮陽，詞自登雲梯，身先士卒，以功加檢校司徒、沁州刺史。"⑤此處改杜重威爲杜重暉，改安重榮爲安鐵胡，避郭威、柴榮諱，出自後周實錄無疑。又《册府》："白延遇，歷典禁軍，累遷至檢校司空。天福中，晉祖在鄴，安鐵胡叛於鎮州，帥衆數萬詣闕而來。晉祖命杜重暉統諸將以禦之"；⑥"天福七年夏，晉祖幸鄴，襄州安從進與鎮州安鐵胡合從搆

<hr>

① 《太平御覽》卷一五八《州郡部四》引《五代史》，北京：中華書局，1960 年，第 767 頁。
② 《太平御覽》卷一五九《州郡部五》引《五代史》，第 773 頁。
③ 陳尚君：《〈舊五代史〉新輯會證》，第 4581—4582 頁。
④ 《太平御覽》卷三一〇《兵部四一》引《五代周史》，第 1427 頁。
⑤ （宋）王欽若等：《册府元龜》卷三九六《將帥部·勇敢》，南京：鳳凰出版社，2006 年，第 4480 頁。
⑥ 《册府元龜》卷三九六《將帥部·勇敢》，第 4479 頁。

逆”，①安鐵胡即安重榮，《册府》此處避“榮”“威”，可確定後周《實録》避諱之嚴。相比之下，《御覽》所引《五代周史》不避周諱，當即《舊五代史·周書》。

同樣的案例亦見於《御覽》卷三一八《兵部四九》引《五代周史》，其文曰：“慕容彦超，漢祖即位授澶州節度使。檢校太尉杜重威叛於鄴下，以鄆州節度使高行周爲行營都部署，彦超爲副……”②《册府》卷四四五與此條文字極爲相似，惟作“漢慕容彦超，晉末從高祖圍杜重暉於鄴下”，③避周太祖諱，出自後周實録無疑。而《五代周史》不避“威”諱，應即《舊五代史》。此則史料涉及慕容彦超仕後漢情節，正可補今本《舊五代史·慕容彦超傳》之闕。

除以上二條外，《御覽》卷二九八《兵部二九》、卷三〇〇《兵部三一》、卷三四二《兵部七三》、卷三五五《兵部八六》亦曾引《五代周史》，分別與《世宗紀》《唐景思傳》《鄭仁誨傳》完全相同，更證《五代周史》即《舊五代史·周書》。由此可見，負責編纂《兵部》的史臣在引用《舊五代史》後周部分時，皆題做“五代周史”。

再如《五代史唐書》曰：“清泰二年，制以前同州節度使馮道爲守司空。時議以自隋唐已來，三公無職事，自非親王不恒置，於宰臣爲加官，無單置者。道在相位時帶司空，及罷鎮，未命官，議者不練故事，率意行之。及制出，言議紛然。或云便可綜中書門下事，或云須册開府。及就列，無故事，乃不就朝堂叙班，臺官兩省官入就列，方入，宰臣退，蹕後先退。及晉天福中，以李鱗爲司徒；周廣順初，以竇貞固爲司徒，蘇禹珪爲司空，遂以爲例。議者不復有云。”④此則史料與《舊五代史·職官志》完全一致。此處題爲“五代史唐書”者竟記晉周時事，頗不可解。若此“五代史唐書”爲後唐《廢帝實録》，則斷無存晉周職官沿革之理。頗疑此處“唐書”爲《御覽》編者誤加，此則應出自《職官志》。

最後如《梁記》曰：“朱友貞末年，許州獻緑毛龜，以爲瑞。因宫中造室以居之，目爲龜堂。”⑤此則文字今本《梁末帝紀》《五行志》亦載，詳略不同，而梁末帝無實録存世，其來源應爲《舊五代史·梁末帝紀》。《梁記》稱末帝爲“朱友貞”，不見於他書，當係《御覽》史臣所改。

---

① 《册府元龜》卷三六〇《將帥部·立功》，第4069頁。
② 《太平御覽》卷三一八《兵部四九》，第1466頁。
③ 《册府元龜》卷四四五《將帥部·無謀》，第5018頁。
④ 《太平御覽》卷二〇八《職官部六》引《五代史唐書》，第1000頁。
⑤ 《太平御覽》卷九三一《鱗介部三》引《梁記》，第4138頁。

從以上的討論可知,《御覽》所引五代史料斷非皆出自實録,存在引自《舊五代史》原本的例子。雖僅有 12 條案例,亦足否定郭武雄先生的判斷。若據以上數條進行輯佚工作,當可一觀《舊五代史》之原貌。

二、《御覽》所引皆爲五代史料之檢討

雖然《御覽》所引五代史料有極大可能出自五代實録或《舊五代史》,但通過辨析可知,《御覽》中有兩條題爲"五代史"者絶非出自五代各朝史册,而係史臣之誤題。

如《五代史朱梁傳》曰:"宰相柳璨奏:'西京舊有凌烟閣圖畫國初功臣,今遷奉東都,比未崇建四鎮,副元帥梁王勛業冠古,請近新凌烟閣別創一閣,圖畫梁王,以旌德業。'詔曰:'魏賞彭陽之功,別創紀勛之觀,齊旌泗水之績,乃崇嘉德之樓,式示新規,爰從舊典。宜令所司於皇城内擇吉地別造凌烟閣,圖寫賜名曰天佑旌功之閣。'"①此段文字不見於他處。引文中之柳璨,死於唐天祐二年(905),并非由唐入梁之人。觀《御覽》所言,乃柳璨任職唐廷時,爲褒揚朱温功業,向唐廷請命設閣之事。所謂"詔",應是唐哀帝之詔。此處題爲《五代史朱梁傳》者,雖其來源待考,但可斷言絶非出自五代實録或《舊五代史》。

又如《五代史漢史》曰:"唐李昭以尚書郎出爲蘇州刺史,期歲,以中書舍人召還,不拜。謂宰輔曰:'省郎拜舍人,以知制誥爲次序;便由刺史玷綸閣,非敢聞命。'乃以兵部郎中知制誥,翌歲拜舍人,受之。"②乍看之下,這則史料應是後漢實録或《舊五代史·漢書》部分,但細細揣摩,便知訛誤。據《册府》:"李昭,初自尚書郎出爲蘇州刺史,期月,以中書舍人召還。"③據《册府》此卷次序,李昭乃唐順憲之間人,不知爲何載於《五代史漢史》之中。另,"出爲蘇州刺史"亦不可解。五代時,蘇州屬錢氏吳越國之地,查《舊五代史》,凡有蘇州刺史者,若非追溯官員先人仕迹,即爲遥領之例,似無書爲"出"之理。揆諸情理,此段文字疑出自唐代史册,《御覽》編者誤題爲"五代史漢史"。

三、《太平御覽》引五代實録考

誠如郭武雄先生所言,《御覽》曾廣泛徵引五代實録,但郭氏并未進行深入分析,且難稱全面。兹以朝代爲序、書名爲別,舉例考證如下:

① 《太平御覽》卷一八四《居處部一二》引《五代史朱梁傳》,第 895 頁。
② 《太平御覽》卷二二二《職官部二〇》引《五代史漢史》,第 1057 頁。
③ 《册府元龜》卷五五一《詞臣部·器識》,第 6313 頁。

(一) 涉後梁史事者

1. 五代史梁書：開平三年,詔升尚書令爲正一品。按唐典,尚書令正二品,至是以將授趙王鎔此官,故升之。①

《御覽》所謂"唐典",《舊五代史·職官志》作"唐六典";"至是以將授趙王鎔",《職官志》作"是時以將授趙州王鎔"。② 查《新五代史·王鎔傳》,梁太祖即位,封王鎔爲"趙王"。③ 另,王鎔以鎮州爲都,《職官志》稱"趙州王鎔",不合情理。《五代史梁書》所言得其實。另,即使原本《梁太祖紀》中亦載本條,與《職官志》保持一致的可能性較大。《梁書》與《舊五代史》差異不小,當非同書。綜上,此處《五代史梁書》當即《梁太祖實録》。④ 另,《職官部·良刺史下》亦曾引"五代史梁書"三條,其中有關王檀事迹作"爲密州刺史",與今本保存完整之《舊五代史·王檀傳》"守密州刺史"不同,可知"五代史梁書"即《梁太祖實録》。

(二) 涉後唐史事者

2. 五代史後唐書曰：莊宗御文明殿,册齊王張全義爲守太尉如常。儀禮畢,全義於尚書都省領事,宰臣群官在列,左諫議竇專不降階,爲御史所劾。專援引舊典以對。時宰臣不記故事,無能詰責,寢而不行。⑤

3. 五代史後唐書曰：蕭頃遷吏部員外郎。先是,張濬由中書出爲右僕射,曲爲朱温判官高邵使祖蔭求一子出身,官省寺,皆稱無例……⑥

---

① 《太平御覽》卷二一〇《職官部八》引《五代史梁書》,第1099頁。

② 《舊五代史》卷一三九《職官志》,北京：中華書局,2016年點校本修訂本,第2316頁。

③ 《新五代史》卷三九《王鎔傳》,北京：中華書局,2016年點校本修訂本,第465頁。

④ 宋初,被稱爲"五代史"者有五代實録與《舊五代史》。指代五代實録者見王禹偁《五代史闕文》："臣讀《五代史》總三百六十卷,記五十三年行事,其書固亦多矣。"(傅璇琮主編：《五代史書彙編》,杭州出版社,2004年,第2447頁)對王氏書中"五代史"所指的辨析,見郭武雄：《五代史料探源》,第1—7頁;羅亮：《五代正統性與司空圖形象的重塑——〈舊五代史〉原文有無〈司空圖傳〉問題再探討》,《魏晉南北朝隋唐史資料》第三十二輯,上海古籍出版社,2016年,第168—173頁。指稱《舊五代史》者見《册府元龜》卷六六八《内臣部·規諫門》："按五代史,承業天祐十九年十一月卒。明年四月,莊宗始即帝位。"(第7701頁)其中有關張承業卒年的記載,正合《舊五代史·張承業傳》。因此,《御覽》中所引"五代史"若非五代各朝實録,即爲《舊五代史》。本文對《御覽》所引實録的考證正是在這一基礎上進行。

⑤ 《太平御覽》卷二〇七《職官部五》引《五代史後唐書》,第994頁。

⑥ 《太平御覽》卷二一六《職官部一四》引《五代史後唐書》,第1031頁。

4. 五代史後唐書曰：膳部郎中鄭兟先奏："諸司諸使職掌人吏，乘暖坐帶銀魚席帽，輕衣肥馬參雜，庭臣尊卑無別，污染時風，請下禁止。"上嘉其事，促行之……①

上引各條出自《太平御覽·職官部》，皆題做"五代史後唐書"。其中，第2、3條分別與今本《舊五代史·莊宗紀六》《舊五代史·蕭頃傳》內容同而有異。第2條之"守太尉如常"，《莊宗紀》作"太尉"；"時宰臣不記故事，無能詰責"，《莊宗紀》作"宰相不能詰"。② 今本《莊宗紀》係清館臣輯自《永樂大典》卷七一五五至七一八五，內容完備，當即《舊五代史》原貌。相比之下，《御覽》所載較詳，且更具骨肉，二者間無承襲關係。如此，《御覽》此處"五代史後唐書"當即《莊宗實錄》。第3條之"朱溫"，《蕭頃傳》作"梁祖"；"使祖蔭求"，《蕭頃傳》作"使梁祖蔭求"。③ 今本《蕭頃傳》係清館臣輯自永樂大典卷五二二五，并無缺漏之處，可知《御覽》所引并非《舊五代史》。蕭頃亡於明宗天成（926—930）初，其傳應附於《明宗實錄》後。第4條徑稱明宗爲"上"，與實錄體例相符，出自《明宗實錄》無疑。另，《職官部》亦有數條題作"五代史後唐書（史）"者，皆係後唐實錄。

5. 後唐書曰：同光三年，太常奏吳越王錢鏐冊禮。案禮文用竹冊，上優其禮，敕以玉爲之。議者以玉冊帝王受命之重數，不可假之，非禮之宜也。④

6. 後唐書曰：朱守殷奏："於積善坊役所，得古文錢四百五十六，文'得一元寶'；四百四十，文'順天元寶'。"守殷進納。⑤

7. 後唐書曰：監軍張承業，本朝舊人，權貴任事，人士脅肩低首候之，惟馬郁以猾稽侮狎。每賓僚宴集，承業出異方珍果陳列於前，客無敢先嘗者，當郁前者，食必盡。承業私戒主膳者曰："他日馬監至，惟以乾蓮子置前而已！"郁至，窺之，知其不可啖。異日，靴中置鐵錘，出以擊之。承業大笑，曰："爲公易饌，勿敗予案！"⑥

上引各條分別出自《太平御覽》文部、資產部及果部，皆題作"後唐書"。第5條與前述第4條情況一致，出自《莊宗實錄》。第6條不見於今本《舊五代史》，而與《冊府》

<hr>

① 《太平御覽》卷二一八《職官部一六》引《五代史後唐書》，第1038頁。
② 《舊五代史》卷三二《莊宗紀第六》，第497頁。
③ 《舊五代史》卷五八《蕭頃傳》，第907—908頁。
④ 《太平御覽》卷五九三《文部九》引《後唐書》，第2671頁。
⑤ 《太平御覽》卷八三六《資產部一六》引《後唐書》，第3733頁。
⑥ 《太平御覽》卷九六七《果部一二》引《後唐書》，第4288頁。

文同，惟"文'得一天寶'"作"一十六文'得一天寶'"。《册府》此條前有"謹按"："自六璽之外，有傳國璽，即謂此受命璽也。起於秦相李斯爲之，傳於高皇帝，即漢末甄井所得，即乘輿六寶之一也。自隋末迄今，喪亂弘多，湮墜者耻而不言，好事者落然無記。吁哉！"①《册府》此則渾然一體，當有同樣史源。此處之傳國璽，後唐末爲李從珂所焚，契丹主曾據此詰晉少帝，②知其已不見於宋初。細繹史臣此段評語，可知傳國璽尚存，則這段文字出自後唐史臣之評述。又觀其行文不合功臣列傳體例，"後唐書"應即《莊宗實錄》。第 7 條與《舊五代史·馬郁傳》同中有異，而今本《馬郁傳》係清館臣輯自《册府》。比勘其中文字，《册府》"滑稽侮狎"後多"其往如歸，有時直造卧内"；"陳列於前"後缺"客無敢先嘗者"；"出而擊之"作"碎而食之"。③ 以上差異顯示《御覽》與《册府》當屬同源異流。《册府》此段渾然一體，又稱克用爲"武皇"，④知其出自《舊五代史》原本。且《後唐書》稱李唐爲"本朝"，係後唐官方視角，更證"後唐書"即實錄。

8. 後唐史曰：都官郎中庾傳美充三川搜訪圖籍使。傳美言僞蜀王衍之書，舊僚家在成都，便於歸計，且言成都具有本朝實錄。及傳美使回，所得纔九朝而已，其餘殘缺雜書，蓋不足記。⑤

9. 後唐史曰：賜宰相李愚絹百匹、錢百緡、鋪陳物一十三件。時愚病，上令中使宣問。愚所居寢室，蕭然四壁，卧弊氊而已。⑥

10. 後唐史曰：潞州長柳巷田家有桃樹，伐已經年，舊坎仍在，其僕木一朝屹然而起，行數十步，復於舊坎。其家駭異，倉黄散走。

11. （後唐史）又曰：莊宗年邁多疾，馮道因奏事言於帝曰："臣願陛下寢膳之間動留調衛。"道因指御前果實曰："如食桃不康，翊日見桃而思戒可也；如食李不康，翊日見李而思戒可也。陛下幸思而戒之矣！"⑦

① 《册府元龜》卷二五《帝王部·符瑞四》，第 253 頁。
② 《舊五代史·晉少帝紀五》："時契丹主以所送傳國寶製造非工，與載籍所述者異，使人來問。帝進狀曰：'頃以僞主王從珂於洛京大内自焚之後，其真傳國寶不知所在，必是當時焚之。先帝受命，旋製此寶，在位臣僚，備知其事，臣至今日，敢有隱藏'云。"（第 1307—1308 頁）
③ 《册府元龜》卷八五五《總錄部·縱逸》，第 9964 頁。
④ 《舊五代史》例稱李克用爲武皇，後唐官方則稱作"太祖"，如《資治通鑑》卷二六二唐昭宗天復元年（901）二月條引《唐太祖紀年錄》："天復元年六月，太祖以梁寇方强，難以兵伏。"北京：中華書局，1956 年，第 8850 頁。
⑤ 《太平御覽》卷六一九《學部一三》引《後唐史》，第 2779 頁。
⑥ 《太平御覽》卷八一七《布帛部四》引《後唐史》，第 3635 頁。
⑦ 《太平御覽》卷九七五《果部四》引《後唐史》，第 4322 頁。

以上諸條分別出自《太平御覽》學部、布帛部及果部,題作"後唐史(書)"。其中,第8條與今本保存完整之《舊五代史·明宗紀》内容大略一致,惟"僞蜀王衍之書",《明宗紀》作"爲蜀王衍之舊僚",①極力避免"僞"字,以致句意混亂。據此,二者當同出《明宗實録》而異流。第9條與前述4、5條情況一致,此不贅。第10、11條係同書,其中第11條内容亦見於《北夢瑣言》:"上聖體乖和,馮道對寢膳之間,動思調衛。因指御前果實曰:'如食桃不康,翌日見李而思戒可也。'初,上因御李,暴得風虛之疾。馮道不敢斥言,因奏事諷悟上意。"②《瑣言》此條徑稱後唐某帝爲"上",足見出自後唐實録。又,此段前有"自安重誨伏誅"一語,安重誨伏誅在明宗長興二年(931),可知此處"上"當爲明宗,《御覽》編者誤書爲"莊宗"。之所以如此,原因在於:第10條内容與今本《五行志》同而有異,當同出自《莊宗實録》,《御覽》史臣誤認爲第11條内容亦出自《莊宗實録》。如此,《御覽》題爲"後唐史"則亦皆爲後唐實録。

綜上,《御覽》各部題作"五代史後唐書(史)""後唐書""後唐史"者皆出自後唐實録無疑。

(三) 涉後晉史事者

12. 五代史晉史曰:羅紹威前唐時嘗建第洛陽福善里。莊宗同光中,始賜明宗梁租庸使趙岩宅,雖華,以趨内遠,乃召紹威子周敬易其第……上夢中曰:"此得非前宅主羅氏乎!"③

13. 五代史晉書曰:裴皞知貢舉,擢桑維翰進士第。後維翰居相位,徵拜皞工部尚書,舍於相國寺,維翰謁之,不迎不送。或問之,答曰:"皞見維翰於中書則庶僚也,維翰見皞於館則門生也,何送迎之有?"人重其耿介。④

14. 五代史晉史曰:天福五年九月詔曰:六典云:"中書舍人掌侍奉進奏,參議表章。凡詔旨、制敕、璽書、策命,皆按故事起草進畫;既下,則署而行之。其禁有四:一曰漏泄,二曰稽緩,三曰違失,四曰忘誤,所以重王命也。"……⑤

15. 五代史晉史曰:相里(今)[金]自羽林都虞候爲忻州刺史。凡部曲私屬,

---

① 《舊五代史》卷三七《明宗紀三》,第582頁。
② (五代)孫光憲撰,賈二强校點:《北夢瑣言》卷二〇"見李思戒",北京:中華書局,2002年,第355頁。
③ 《太平御覽》卷一八〇《居處部八》引《五代史晉史》,第876頁。
④ 《太平御覽》卷二一八《職官部一六》引《五代史晉書》,第1038頁。
⑤ 《太平御覽》卷二二二《職官部二〇》引《五代史晉史》,第1057頁。

　　將吏不遣蒞州邑之職,皆優其給贍,使分掌家事而已。其後累典大都,皆有聲績。①

　　上引各條分別出自《太平御覽》居處部、職官部,題作"五代史晉史(書)。"其中第12條與今本保存完整之《羅周敬傳》基本一致,惟"前唐",《傳》作"唐天祐中";"因授左馮翊",《傳》作"因授同州節度使,加檢校太保。"②五代史册中稱李唐爲"前唐"者,僅見於《晉高祖紀一》末尾的"始梁開國之歲,即前唐天祐四年也,潞州行營使李思安奏:壺關縣庶穰鄉鄉人伐樹,樹倒自分兩片,内有六字如左書,云'天十四載石進'"。③此段文字是將唐天祐年間出現的讖文"天十四載石進"拆分重組,得出"丙申"二字,以此表明石敬瑭以丙申年(天福元年,936)即位且國號爲"晉"(與讖文之"進"音近)是天命所歸。史官費心解讖以宣示大晉之正統,由此可推知這段文字應出自《晉高祖實錄》。從僅存於後晉實錄的"前唐"及《舊五代史》從未出現二字可知,《御覽》所引與《舊五代史》之間無承襲關係,當即《晉高祖實錄》。④第13條中,除"後維翰居相位,徵拜皟工部尚書,舍於相國寺,維翰謁之"外,與今本保存完整之《裴皟傳》完全一致,當皆出自《晉高祖實錄》。第14條與《職官志》《五代會要》完全一致,⑤當有共同史源。王溥《五代會要》成書時,《薛史》尚未問世,可據者僅有五代實錄。⑥此外,《舊五代史·晉書》部分并無"職官志"。因此,《御覽》此處所引當出自《晉高祖實錄》。第15條的"將吏不遣蒞州邑之職",《相里金傳》作"皆不令干預民事",⑦兩相比較,《薛史》句意更爲圓順。由此可知二者同源異流,皆出自《晉高祖實錄》。另,石晉一朝,凡遇"民"字皆缺筆或不

---

　　①　《太平御覽》卷二五八《職官部五六》引《五代史晉史》,第1211頁。
　　②　《舊五代史》卷九一《羅周敬傳》,第1408頁。
　　③　《舊五代史》卷七五《晉高祖紀一》,第1149頁。
　　④　中華書局點校本修訂本校勘記:"此得非前宅主羅氏乎","乎"原作"子",據彭校、《太平御覽》卷一八〇引《五代史晉史》、《册府》卷一七二改。《御覽》所引"五代史晉史"乃《晉高祖實錄》,《册府》卷一七二同,點校本修訂本據實錄改《舊五代史》原文,恐非是。
　　⑤　(宋)王溥:《五代會要》卷一三"中書舍人",北京:中華書局,1998年,第170頁。
　　⑥　關於《五代會要》的成書時間,有建隆二年和乾德元年二説。建隆初説見晁公武《郡齋讀書志》卷一四"類書類":"《五代會要》三十卷,國朝王溥等撰,采梁至周典故,纂次成秩,建隆初上之。"[(宋)晁公武編,孫猛校證:《郡齋讀書志校證》,上海古籍出版社,1990年,第659頁]《四庫全書總目》:"(五代會要)於建隆二年與唐會要并進、詔藏書館。"[(清)永瑢等:《四庫全書總目》卷八一《史部三十七·政書類一·通制·五代會要三十卷》,北京:中華書局,1965年,第694頁]乾德元年説見李燾《續資治通鑑長編》卷四"乾德元年七月"條:"監修國史王溥又上新修梁、後唐、晉、漢、周五代會要,三十卷。"[(宋)李燾:《續資治通鑑長編》,北京:中華書局,2004年,第97頁]無論《五代會要》成書於建隆二年(961)或乾德元年(963),均早於《舊五代史》(974年),而與范質《五代通録》約略同時,因此其可據者僅有五代實錄。
　　⑦　《舊五代史》卷九〇《相里金傳》,第1387頁。

書(如天福五年的《相里金神道碑》),①不知《實録》編者是否因此而選擇了更爲艱澀的説法。此條後有兩則"又曰",當爲同書。

16. 五代史曰:鄭韜以户部尚書致仕,自纓裸迫於懸車,事真僞十一君,凡七十載……②

17. 晉書曰:右驍衛大將軍張籛,始在雍州,因春景舒和,出遊近郊,憩於大冢之上。忽有黄雀,銜一銅錢,置之而去。未幾,復於衙院畫卧,見二燕相門,皆各銜一錢落於籛首後。所獲三錢,嘗秘於巾箱,識者以爲大富之徵。③

18. 晉史曰:安州李金全之將叛也,郡樓有介蟲,如龜而巨鱗,鋭首能陷堅。出於金全足下,金全惡而焚之。④

以上三條分别出自《太平御覽》職官部、資産部、鱗介部,題作"五代史""晉書""晉史"。其中,今本保存完整之《鄭韜光傳》與第16條文字基本相同,惟"以户部尚書致仕"前多"國初"二字,無"真僞",⑤二者當有相同史源。《傳》稱"國初",疑是《晉高祖實録》之吉光片羽;删去"真僞",符合中立體例。又,《御覽》少一"光",應是宋太宗朝史官爲避免國諱故意漏抄。鄭韜光亡於天福年間,此處"五代史"應即《晉高祖實録》。第17條中的"右驍衛大將軍",不見於今本完備之《張籛傳》;而"皆各銜一錢落於籛首後。所獲三錢",《傳》作"各銜一錢落於籛首。前後所獲三錢"。⑥ 由此可知二者當同出於《晉高祖實録》。此則後有"又曰"一條,當出自同書。第18條,亦見於《册府》:"郡樓有介蟲如龜,而巨鱗鋭首,能陷堅,出於金全足下,漢筠取而焚之。及牛全節除安州節度,金全送款於淮夷。至是而竄,妓樂、車馬、珍奇、帑藏皆爲僞將李承裕所奪,與其黨數百人束身夜出,曉至汉川,引領北望,泣下而去。"⑦自"金全送款於淮夷"後,今本《舊五代史·李金全傳》與《册府》文字相同,又據"僞將""淮夷"可知,《册府》此段蓋出自後晉實録,《舊五

---

① (唐)李鼎祚撰,王豐先點校:《周易集解》附録一《序跋·劉毓崧周易集解跋上篇》:"《日知録》云:'孟蜀所刻石經,於唐高祖、太宗諱皆缺畫。石晉相里金神道碑"民""瑉"二字皆缺末筆。'"北京:中華書局,2016年,第598頁。

② 《太平御覽》卷二四三《職官部四一》引《五代史》,第1154頁。

③ 《太平御覽》卷八三六《資産部一六》引《晉書》,第3733頁。

④ 《太平御覽》卷九三一《鱗介部三》引《晉史》,第4138頁。

⑤ 《舊五代史》卷九二《鄭韜光傳》,第1422頁。

⑥ 《舊五代史》卷九〇《張籛傳》,第1376頁。

⑦ 《册府元龜》卷九五一《總録部·咎徵》,第11015頁。

代史》漏改。綜上,《御覽》各部題作"晉史""晉書"所涉後晉史事,皆出自後晉實錄。

(四)涉後漢史事者

19. 五代史曰:是夜,少帝伏甲,欲與徒臣謀害晉高祖,詐屏人對語。方坐於亭廡,帝密遣御士石敢袖鎚立其後,伏甲者俄起,左右驚憂,敢素有勇力,擁晉高祖入一室,以巨木塞門。敢力當其鋒,尋死焉。①

20. 漢實錄曰:敏使於湖南,途出江陵。帥高從誨爲贅,是時諫曰:"祭酒惠及經書,從誨所識不過《孝經》十八章爾。"……②

21. 漢實錄曰:王周性寬恕,不忤物情。初,刺信都,州城西橋敗,覆民租車。周曰:"橋梁不飾,予之過也。"乃還其所沉粟,出私財以修之。③

22. 漢實錄曰:周太祖軍至北郊時,慕容彥超自負沉勇,謂上曰:"北來都將,臣盡諳知。以臣觀之,蜉蝣、蟻蟓耳!"④

《御覽》所涉及後漢史事者有五處,分別出自人事部、學部、百穀部及蟲豸部。其中,與第19條稱李從厚爲"少帝"不同,《舊五代史》統稱爲閔帝,且觀《漢高祖紀》所載,與此有較大出入。《通鑑·考異》引《漢高祖實錄》:"是夜偵知少帝伏甲欲與從臣謀害晉高祖,詐屏人對語,方坐庭廡。帝密遣御士石敢袖鎚立於後,俄頃伏甲者起,敢有勇力,擁晉祖入一室,以巨木塞門,敢力當其鋒,死之。"⑤文字與《御覽》所引"五代史"完全一致,知其出自《漢高祖實錄》。第20、21、22條皆題作"漢實錄",其中第20條與《宋史·田敏傳》大致相同,⑥可見元末史官修《宋史》時曾參據五代實錄。第21條中之王周,歿於後漢高祖乾祐元年(948),《漢實錄》者,應即《漢高祖實錄》。第22條叙述郭威奪取大寶之事,所謂《漢實錄》必爲《漢隱帝實錄》。《漢隱帝實錄》始修於後周世宗顯德四年(957),⑦《御覽》此處"周太祖",應出自世宗朝史臣之手。

① 《太平御覽》卷四一七《人事部五八》引《五代史》,第1924頁。
② 《太平御覽》卷六一〇《學部四》引《漢實錄》,第2747頁。
③ 《太平御覽》卷八四〇《百穀部四》引《漢實錄》,第3755頁。
④ 《太平御覽》卷九四五《蟲豸部二》引《漢實錄》,第4196頁。
⑤ 《通鑑》卷二七九"潞王清泰元年(934)夏四月"條,第9114頁。
⑥ 《宋史》卷四三一《田敏傳》,北京:中華書局,1985年,第12819頁。
⑦ 《舊五代史》卷一一七《周世宗紀第四》:"顯德四年春正月己丑朔……壬寅,兵部尚書張昭上言:'奉詔編修太祖實錄及梁、唐二末主實錄。伏以撰漢書者先爲項籍,編蜀記者首序劉璋,貴神器之傳授有因,歷數之推遷得序。伏緣漢隱帝君臨在太祖之前,歷試之績,并在隱帝朝內,請先修隱帝實錄,以全太祖之事功。'"(第1805頁)

（五）涉後周史事者

23. 五代史周書曰：漢初，以晉入蕃將相第宅賜隨駕大臣，以趙瑩第賜太祖。太祖召瑩子前刑部郎中易則告之曰："所賜第，除素屬版籍外，如別有契券，已所置者，可歸本直。"即以千餘緡遺易則，易則惶恐辭讓，太祖堅之，乃受。①

24. 五代史周書曰：顯德五年，敕諫議大夫宜依舊正五品上，仍班位在給事中之下。按唐六典，諫議大夫四員，正五品上，皆隸門下省，班在給事中之下……②

25. 五代史周史曰：王延爲中書舍人，權知貢舉。有崔頎者，協之子也。授偃師簿，薄其卑屑，棄去。數年，應進士。③

26. 周史曰：蕭願字惟恭……及願長，事父母，以孝稱，後爲兵部郎。卒之時，年七十餘，母猶在堂，一門壽考，人罕及者矣。④

27. 周史曰：徐台符仕晉，爲翰林學士、中書舍人。契丹之陷中原也，台符從虜帳北至於薊門。及戎人內潰，乃竄身南歸。⑤

28. 周書曰：賈緯乾祐中受詔與王伸、竇儼修晉高祖、少帝、漢高祖三朝實錄。⑥

以上諸條分別出自《太平御覽》居處部、職官部、人事部、獸部。其中，與第 23 條相比，今本完整之《趙瑩傳》除"先是，漢高祖以入蕃將相第宅遍賜隨駕大臣"外皆同。⑦《册府》則與《御覽》所引完全一致，其後又曰："未幾，瑩卒於幽州。瑩初被病，遣人祈告於虜主，願歸骨於南朝，使羈魂幸復鄉里，虜主閔而許之。及卒，遣其子易從及家人數輩護喪而還，仍遣大將送至京師。太祖閔瑩死於異域，而知夷狄亦能不違物性歸其喪柩，感嘆久之。仍賜其子絹五百匹以備喪事，令歸葬於華陰故里。"⑧《册府》此段渾然一體，絕非雜抄而來，而應有相同史源。其中"虜主"，《趙瑩傳》改爲"契丹主"；"太祖閔……

① 《太平御覽》卷一八〇《居處部八》引《五代史周書》，第 876 頁。
② 《太平御覽》卷二二三《職官部二一》引《五代史周書》，第 1061 頁。
③ 《太平御覽》卷二二二《職官部二〇》引《五代史周史》，第 1057 頁。
④ 《太平御覽》卷三八三《人事部二四》引《周史》，第 1770 頁。
⑤ 《太平御覽》卷八九五《獸部七》引《周史》，第 3974 頁。
⑥ 《太平御覽》卷六〇四《文部二〇》引《周書》，第 2718 頁。
⑦ 《舊五代史》卷八九《趙瑩傳》，第 1361—1362 頁。
⑧ 《册府元龜》卷九四一《總錄部·患難》，第 10894 頁。

喪柩”一句，《趙瑩傳》删之，似因有“夷狄”二字之故。由此可見，《册府》此段文字絕非來自《舊五代史·趙瑩傳》。而《御覽》所引又與《册府》相同，知其出自後周實錄無疑。又觀《御覽》此處文字，應爲趙瑩傳記，《趙瑩傳》屬《舊五代史·晉書》，與《五代史·周書》絕非同書。綜上，此處《五代史周書》應即《周太祖實錄》。第 24 條與《五代會要》《職官志》完全一致，①觀此處題爲“五代史周書”，知其非《職官志》，三者當同出自《周世宗實錄》。第 25 條之“授偃師簿，薄其卑屑，棄去。數年，應進士”，今本《王延傳》不載，其餘則完全一致，②知二書并無承襲關係。由此可知，三者當有相同史源。王延亡於後周太祖廣順二年（952），其小傳應附於《周太祖實錄》後。第 26 條除“及願長，事父母，以孝稱，後爲兵部郎”外，與今本完整之《蕭願傳》完全一致，③當屬同源異流，出自《周太祖實錄》。第 27 條，《薛史》無《徐台符傳》，且《周》充斥着“虜帳”“戎人”之語，與《薛史》允持厥中之體例不合。《舊五代史》“虜”字僅見於《王繼弘傳》，④蓋史官遺漏未改；而“戎人”僅見於《桑維翰傳》奏語。⑤ 據此，此段應出自後周《實錄》。第 28 條“修晉高祖、少帝、漢高祖三朝實錄”，《册府》同，⑥《賈緯傳》則作“修漢高祖實錄”，⑦可證二者之間并無承襲關係，當同出自《周太祖實錄》。

四、《太平御覽》中不知源之五代史料

除以上梳理《御覽》所引出自《舊五代史》、唐史佚文及五代實錄外，尚有一批不知來源者，兹舉例如下：

《五代晉史》曰：“梁將有王彦章者，勇力過人，常執鐵槍僅百斤。所向辟易，莊宗畏之。”⑧此則不見於今本完備之《舊五代史·王彦章傳》。《册府》有文曰：“梁王彦章，曹南人，少好勇，多力。太祖領四鎮，擢爲偏校。常持一鐵槍，重僅百斤，所向無敢當者。”⑨王彦章乃後梁時人，去後晉尚遠，無論後晉實錄或《舊五代史·晉書》部分都不應有彦章的記載。此處《御覽·兵部》題爲“五代晉史”者，不知爲何書。

---

① 《五代會要》卷一三“諫議大夫”，第 171 頁。
② 《舊五代史》卷一三一《王延傳》，第 2005—2006 頁。
③ 《舊五代史》卷一二八《蕭願傳》，第 1963 頁。
④ 《舊五代史》卷一二五《王繼弘傳》，第 1910 頁。
⑤ 《舊五代史》卷八九《桑維翰傳》，第 1355 頁。
⑥ 《册府元龜》卷五六二《國史部·不實》，第 6449 頁。
⑦ 《舊五代史》卷一三一《賈緯傳》，第 2010 頁。
⑧ 《太平御覽》卷三五四《兵部八五》引《五代晉史》，第 1628 頁。
⑨ 《册府元龜》卷八五四《總録部·膂力》，第 9822 頁。

《後周史》曰:"周玄豹者,本鄞人,少爲僧。其師有知人之鑒,從遊十餘年,苦辛無憚。師知其可教,遂傳其秘旨。既長,還歸俗。盧程寄褐嘗遊於燕,與同志二人謁焉。玄豹退謂鄉人張殷衮曰:'適二君子明年花發,俱爲故人。惟彼道士他年甚貴。'來歲,二子果零落於趙魏間。又二十年,程登庸於鄞下。"①今本《周玄豹傳》《北夢瑣言》與《御覽》雖相似,②但如籍貫等細節却不合,三者當屬同源異流。惜無證據確定其源,姑存疑。

《周史》曰:"太祖常寢,柴后見五色小蛇入顑鼻間,心異之,知其必貴,敬奉愈厚。"③《周后妃傳》所載文字完全一致,不排除《御覽》摘自《舊五代史·周書》的可能。《后妃傳》此段前有文曰:"世宗皇帝即后之姪也,幼而謹願,后甚憐之,故太祖養之爲己子。"④《通鑑·考異》引《世宗實錄》曰:"太祖皇帝之長子也,母曰聖穆皇后柴氏,以唐天祐十八年九月二十四日丙午生於邢臺之別墅。"⑤可見《后妃傳》此條并非來自《世宗實錄》。但此條與後文"五色小蛇"之異象無關,不能排除《舊五代史》此條抄自《周太祖實錄》而改變世宗身世的可能。在沒有其他證據之前,姑存疑。

結　語

現據上文研究,將《太平御覽》所引五代史料來源列表如下:

《太平御覽》引五代史料來源表

來　源	數　量	題　名	分　部	分　冊
出自原本《舊五代史》者	12 條	五代史 2 條	州郡部	1
		五代史梁書 1 條	職官部	1
		五代周史 7 條	兵部	2
		五代史後唐書 1 條	職官部	1
		梁記 1 條	鱗介部	4

① 《太平御覽》卷七三一《方術部一二》引《後周史》,第 3243 頁。
② 《北夢瑣言》卷一九"周玄豹"條,第 341 頁。
③ 《太平御覽》卷九三三《鱗介部五》引《周史》,第 4147 頁。
④ 《舊五代史》卷一二一《后妃傳》,第 1858 頁。
⑤ 《通鑑》卷二八九"漢隱帝乾祐三年(950)四月壬辰"條,第 9424 頁。

續　表

來　源	數　量	題　名	分　部	分　冊
出自唐史者	2 條	五代史朱梁傳	居處部	1
		五代史漢史	職官部	1
出自五代實録者（計 55 條）	後梁 4 條	五代史梁書	職官部	1
	後唐 23 條	五代史後唐書（史）9 條	職官部	1
		後唐書 6 條	文部 3 條、資産部 2 條、果部 1 條	3、4
		後唐史 8 條	文部 1 條、學部 1 條、布帛部 1 條、資産部 1 條、果部 2 條、鱗介部 2 條	3、4
	後晉 15 條	五代史 2 條	職官部	1
		五代史晉書 8 條	職官部	1
		晉書 1 條	資産部	3
		晉史 4 條	職官部 1 條、百穀部 1 條、鱗介部 2 條	1、4
	後漢 5 條	五代史 1 條	人事部	2
		漢實録 4 條	學部 1 條、百穀部 1 條、蟲豸部 2 條	3、4
	後周 8 條	五代史周書 4 條	居處部 1 條、職官部 3 條	1
		周書 1 條	文部	3
		周史 3 條	人事部 2 條、獸部 1 條	3、4
不明其源者	6 條	五代晉史、後周史、周史、晉史	兵部、方術部、鱗介部	2、3、4

從上表可知,《太平御覽》所引 75 條五代史料,分別出自《舊五代史》、唐史佚文、五代實録及不明來源者。從分部來看,在一部之中,《御覽》所引五代史料名稱比較統一,如"職官部"中引後梁、後唐、後晉、後周實録,皆題作"五代史梁書""五代史後唐書""五

代史晉書”“五代史周書”，當出自同一史官之手。但在其他分部中出現了同書異名的情況，如後唐實録在“職官部”以下的分部中有“後唐書”“後唐史”二名；後晉實録亦在非“職官部”的部分被題作“晉書”“晉史”；後周實録除在“職官部”多被記爲“五代史周書”外，在其他分部亦作“周書”“周史”。這就是負責各部編纂的不同史臣引用同一史料時未能劃一，遂致同書異名。從分册來看，第 1、2 册引用五代史料之書名較爲統一，3、4 册則極爲混亂。《御覽》中有不少同書異名的情況，因而使用時應慎之又慎。引用《御覽》所引五代史料時，切不可僅據名稱斷定其來源，而應通過體例、文字來推定史源，做出判斷後再行利用。

明乎《御覽》所引五代史料之來源，不僅有益於搜羅五代佚文，亦爲我們洞察五代實録之體例提供了更多可能。此外，在校勘《舊五代史》時，雖可利用《御覽》所引部分五代史料，但絶不能全盤照用。2016 年中華書局出版的《舊五代史》點校本修訂本，曾利用《御覽》所引“五代史晉史”校今本《羅周敬傳》，殊不知是以後晉實録校《舊五代史》，反致訛誤。五代存世史料較少，雖可驚喜欲新發現之文獻，但亦要注意判斷其來源，在此前提下加以利用。否則，便會在五代史料形成的幽暗密林中迷失方向。

《魏晉南北朝隋唐史資料》第四十七輯

2023 年 5 月 ,280—307 頁

《唐刺史考全編》校正(下)

姚　波

第七編　河　北　道

卷九八　魏州(冀州、魏郡)

獨孤思莊　約聖曆二年(約 699)

《王中孚墓誌銘》:"夫人獨孤氏,今魏州刺史思莊之女。"①王中孚卒於聖曆二年,壽三十三歲,葬年不詳。故知聖曆二年或稍後時,獨孤思莊在魏州刺史任。《全編》魏州卷(第 1370—1371 頁)有獨孤思莊,天册萬歲元年(695)至萬歲通天元年(696)在任。又載狄仁傑於萬歲通天元年至神功元年(697)時在任,王及善於神功元年在任。《王中孚墓誌》所載魏州刺史獨孤思莊,當爲再任。

韋銑　開元初

説見卷五四汝州韋銑條。

尹元綽　延載元年(694)

《尹元綽墓誌》(開元十八年十一月十日):"弱冠以大父勛補右千牛……歷城門郎、絳州司馬、鄭州長史、豪州刺史……未幾,除乾封令……二載,擢大理少卿……出拜宜州刺史。府君以政殷軍役,地密畿甸,請辭大郡,別讓通賢……封金城縣男,遷魏州刺史……胤子仙州司馬子羽、澧州刺史子産等,皆義方稟彝,名教爲樂。"②《全編》澧州卷(第 2506 頁)有尹子産,懷疑約在中宗時,誤。

唐制有兩宜州,一在嶺南道,一在京畿道。墓誌既稱"地密畿甸",則尹元綽所任當是京畿道宜州。武德元年以楊隋宜君郡故地爲宜州,貞觀十七年廢。天授二年(691)復置,

---

① 《大唐西市博物館藏墓誌》,第 315 頁。

② 《洛陽流散唐代墓誌彙編續集》,第 225 頁。

大足元年再廢。①尹元綷終於延載元年,壽六十六歲,則其當生於貞觀二十二年(648),故主政宜州必在武后時。又尹元綷於延載元年卒於魏州刺史任,則其刺宜州約在長壽時。上推尹元綷主政豪州,似約在武后初。《全編》豪州、宜州、魏州皆不載尹元綷,可據補。

卷九九　博州(博平郡)

李德穎　龍朔二年(662)以後

説見卷六七濮州李德穎條。

卷一〇〇　相州(鄴郡)

韓嵩　天寶十二載(753)

《劉文暉墓誌銘》(天寶十二載十一月二十四日):"御史大夫相州刺史韓嵩撰并書。"②《全編》相州卷(第1409頁)王燾條引《直齋書録解題》:"《外臺秘要方》四十卷,唐鄴郡太守王燾撰,自爲序,天寶十一載也。"以爲王燾始任相州是在天寶十一載。又引《新唐書·王燾傳》《顏真卿傳》《全唐文·顏真卿墓誌》以爲王燾於天寶十四載卸任。刺史祇能有一員,天寶十二載十一月末時韓嵩正在相州任,則王燾刺相州必不能始於天寶十一載。《外臺秘要方》所謂天寶十一載可能爲十二載之訛。

王燾　天寶十二載末—十四載(753—755)

見上文韓嵩條。

卷一〇二　貝州(清河郡)

張敬輿　開元二十年(732)以前

説見卷五三鄭州張敬輿條。

卷一〇三　邢州(鉅鹿郡)

謝叔方　貞觀中

説見卷三〇蘭州謝叔方條。

韋銑　開元五年(717)

説見卷五四汝州韋銑條。

卷一〇四　洺州(廣平郡)

沈從道　開元二十八年(740)

《沈從道墓誌》(天寶四載七月十七日):"俄出爲舒州刺史。三載考績,六條惟允。

---

① 《新唐書》卷三七《地理志一》,第963—964頁。
② 《秦晉豫新出土墓誌蒐佚三編》,第687頁。

入拜右司郎中……尋除軍器監……遷太原府少尹，兼留守北都……更歲，移冀州刺史……尋除蘇州刺史。無何，遷廣平郡太守……開元廿八年八月十五日，奉敕歸丘園，鼓缶白歌，揮金取樂。"①沈從道卒於天寶元年，壽八十一歲。開元十一年置北都，改并州爲太原府。② 北都留守例由太原尹兼任。沈從道官爲少尹，則志文所謂北都留守似當是北都副留守。據志文，沈從道官冀州刺史當在開元中，且必晚於開元十一年。後任蘇州刺史，再改洺州，時均應在開元中。從道任洺州直至開元二十八年致仕。上推沈從道出刺舒州，可能在開元初。《全編》唯冀州卷（第 1502 頁）有沈從道，繫於待考録。現可校正爲開元十一年以後。《全編》舒州、蘇州、洺州卷皆不載沈從道，當據補。

卷一〇五　趙州（趙郡）

李德穎　龍朔二年（662）以後

説見卷六七濮州李德穎條。

長孫元翼　約開元初

《長孫元翼墓誌》（開元二十年十月十六日）："皇朝屬運中圮，外戚專政，侯籍不修，勛門是屏，乃除公爲睦州司馬。俄而，睿圖光啓，王業聿興……授太子率更令。未幾，朝廷以爲政之要，先於理人……以公爲宣州刺史……以親累貶，授台州刺史，尋入爲右宗衛率，遷左武衛將軍……降授太子右諭德，又改授趙州刺史。"③長孫元翼卒於開元十一年。所謂"皇運中圮"當指武后改唐爲周，"睿圖光啓"即是神龍革命，中宗復位。長孫元翼任宣州刺史是在神龍革命後不久，當即在中宗時。《全編》宣州卷（第 2218 頁）引《元和姓纂》，懷疑長孫元翼於開元時在任，有誤。《全編》台州、趙州卷不載長孫元翼，可據補。

卷一〇七　冀州（魏州、信都郡）

丘師利（丘師）　約武德八、九年—貞觀初

《全編》冀州卷（第 1491 頁）有丘師利，約武德末在任。吴炯炯引貞觀十五年《丘師墓誌》以爲武德末、貞觀初在任，然繫於魏州卷。④《丘師墓誌》云："除公使持節、都督冀深貝宗四州諸軍事、冀州都督……主上賓於四門，龍飛九五，加公散騎常侍，改都督爲刺

---

① 《洛陽流散唐代墓誌彙編續集》，第 329 頁。
② 《舊唐書》卷三九《地理志二》，第 1481 頁。
③ 《洛陽新獲墓誌二〇一五》，第 183 頁。
④ 《〈唐刺史考全編〉補正（四）》，第 167 頁。

史,增封三百户,并前一千三百户。既而任遠親老,思展扶侍,表請還京,終其孝道。"①
丘師始任冀州時官爲都督,卸任時已改稱刺史。貞觀元年廢冀州都督府。又《全編》冀
州卷(第1490頁)載約武德六年(623)、七年時,齊善行在冀州都督任。故丘師利始任
冀州長官當在武德末,卸任在貞觀初。《舊唐書》載魏州於龍朔二年改爲冀州大都督
府,咸亨三年(672)復舊。冀州於龍朔二年改魏州大都督府,咸亨三年復舊。② 結合任
職時間,可以確定丘師所任之冀州是隋信都郡故地,當從《全編》繫於冀州卷,吳考大誤。

卷一〇九　滄州(景城郡)

張有德　武德中

此爲第一任,趙望秦補充不確,説見卷十六夏州張有德條。

張有德　貞觀十八年(644)

此爲第二任,説見卷十六夏州張有德條。

卷一一〇　德州(平原郡)

弓之義　武德中

《全編》德州卷(第1526頁)引《元和姓纂》以爲弓義之約武后時在德州刺史任。黃
樓考引開元十八年《弓鳳兒墓誌》及景龍二年《弓昭墓誌》以爲當正作弓之義,武德、貞
觀時期在任。③ 復檢《弓昭墓誌》:"大父之義,皇朝金紫光禄大夫,德州總管,上柱國,離
石郡開國公,贈使持節洪州諸軍事,洪州刺史,謚曰貞公。"④故知弓之義所任實爲德州
總管,《元和姓纂》《弓鳳兒墓誌》等均是因總管、刺史二者職權相若,而徑作刺史。武德
四年置德州總管府,貞觀元年廢都督府。⑤ 故弓之義總管德州祇能在武德中,不能遲至
貞觀時期,《全編》大誤,黃樓補考亦不確。

卷一一一　棣州(樂安郡)

竇誠盈　天寶初

此條係毛陽光補充,以爲在天寶中,誤。説見卷八八儀州竇誠盈條。

皇甫翼　開元中(未之任)

説見卷五二懷州皇甫翼條。

---

① 《洛陽新獲七朝墓誌》,第68頁。
② 《舊唐書》卷三九《地理志二》,第1493、1504頁。
③ 《〈唐刺史考全編〉訂補——以〈大唐西市博物館藏墓誌〉爲中心》,第34—35頁。
④ 《大唐西市博物館藏墓誌》,第347頁。
⑤ 《舊唐書》卷三九《地理志二》,第1509頁。

卷一一三　易州(上穀郡)

樊侃侃　約開元初—開元三年(715)

《樊侃侃墓誌》(開元九年二月七日):"授秦州長史,尋除幽州長史,遷□州刺史,試邛州刺史……徙□州刺史。有制爲朔方軍長史……尋除易州刺史兼五回軍使。時帝命宰臣薛訥將伐東北虜焉,申命公使持節都督營順等十二州諸軍事、營州刺史,假金章紫綬兼漁陽軍使……有功,除益州大都督府司馬兼蜀川防禦使……又遷使持節都督梁鳳興洋等州諸軍事、梁州刺史。"①樊侃侃卒於開元七年(719),壽六十二歲。蘇頲曾撰《授樊侃益州司馬制》:"太中大夫前守榮州都督借紫金魚袋上柱國樊侃……可行益州大都督府司馬,餘如故,仍知蜀川防禦副使,即馳驛赴任。"②樊侃當即是樊侃侃,任職榮州當在任朔方軍長史以前。墓誌第二處殘缺可補充"榮"字。墓誌本就是虛美隱惡之詞,常有虛高志主職銜的描述,所謂蜀川防禦使應據制文改作副使。

《全編》榮州卷(第3067頁)有樊侃,以爲約開元初年曾爲榮州都督。由此推知,樊侃侃任邛州刺史似在睿宗時,任易州刺史似當始於開元初年。開元二年,"特令(薛)訥同紫微黃門三品,總兵擊奚、契丹"。此次李唐兵敗,薛訥"所有官爵等并從除削"③,與志文所謂有功顯然不合。又"(開元三年九月)壬戌,以涼州大總管薛訥爲朔方道行軍大總管,太僕卿呂延祚、靈州刺史杜賓客副之,以討突厥"④,樊侃侃自易州改任營州當即在此時。由於突厥內亂,薛訥的此次出征獲得巨大成功。"(開元四年六月)癸酉,拔曳固斬突厥可汗默啜首來獻……拔曳固、回紇、同羅、霫、僕固五部皆來降,置於大武軍北。"⑤樊侃侃當即憑此軍功改授益州司馬。由此可以確定,樊侃侃任職營州刺史當在開元三年九月,至四年六月改官益州。後又改任梁州刺史,至開元七年卒任。《全編》梁州卷(第2789頁)考證開元四年時,張守潔在任。則樊侃侃主政梁州當在開元五年至七年。《全編》邛州、易州、營州、梁州四卷皆不載樊侃侃,當補充。

《全編》梁州卷(第2789—2790頁)引開元二十一年《開休元墓誌》:"尋轉婺州蘭溪丞,秩滿,調補梁州兵曹參軍。時中令蕭公作牧斯郡,按察劍外,唯賢是舉。"懷疑中令蕭公即蕭嵩,約開元五年至八年在梁州刺史任。前文已確定開元五年至七年間,梁州刺史爲

---

① 《洛陽新獲墓誌二〇一五》,第162頁。
② 《全唐文》卷二五三《授樊侃益州司馬制》,第2554頁。
③ 《舊唐書》卷九三《薛訥傳》,第2984頁。
④ 《資治通鑑》卷二一一,開元三年九月,第6712頁。
⑤ 《資治通鑑》卷二一一,開元四年六月,第6719頁。

樊侃侃,故蕭公刺梁州必不能在開元五年至七年。《全編》此條似當校正爲"蕭嵩? 約開元初?"至於蕭嵩是否即《開休元墓誌》所謂中令蕭公及其牧守梁州的具體時間,俟考。

卷一一八　檀州(密雲郡)

李承悦　大曆、建中時

《李涿墓誌》(咸通九年十二月二十四日,868):"曾祖承悦,大曆建中間,雖羯憨初寧,而餘祋尚梗,乃命公爲燕然朔方兩道大總管、檀州刺史……"[1]李涿卒於咸通四年(863),壽五十九歲。《全編》檀州卷(第1624頁)有李承悦,懷疑可能於大曆中在任。現據墓誌可以確定承悦官檀州刺史是在大曆、建中時。

卷一二一　營州(柳城郡)

李道謙　約武后時

說見卷十延州李道謙條。

樊侃侃　開元三年—四年(715—716)

說見卷一一三易州樊侃侃條。

第八編　淮　南　道

卷一二三　揚州(兗州、邗州、廣陵郡)

皇甫翼　約開元二十三年(約735)

說見卷五二懷州皇甫翼條。

卷一二四　楚州(淮陰郡)

李儉(李孝廉)　約永徽中

此條係吳炯炯增補,以爲在儀鳳三年以前,不確。說見卷七三齊州李儉條。

卷一二五　滁州(永陽郡)

韋詢　乾符初

《韋詢墓誌》(乾符五年七月九日):"纔及周歲,除授朗州刺史、檢校尚書戶部員外郎……又蒙除滁州刺史、檢校尚書司封郎中、兼侍御史,賜緋魚袋……遂蒙宰相除河中少尹。"[2]韋詢卒於乾符五年,壽六十三歲。《全編》滁州卷(第1715頁)有韋詢,繫於待考錄。現可確定應在乾符初。《全編》朗州卷不載韋詢,可補充。

---

[1]　《洛陽流散唐代墓誌彙編續集》,第769頁。
[2]　西安市長安博物館:《長安新出墓誌》,北京:文物出版社,2011年,第315頁。

又《新唐書·宰相世系表》載韋詢爲台州刺史韋方憲之子、殿中侍御史韋象之孫、淡之曾孫、臨汾主簿韋澹之玄孫。① 墓誌則稱韋詢曾祖爲韋澹,祖父爲陵州刺史韋漸,父爲陝州觀察判官韋宗禮。二者迥異。墓誌是褒揚先祖功業的文字,雖有攀附高門的情況,但絕不至誤認父祖,《新表》當誤。

卷一二六　和州(歷陽郡)

元琰(元允殖)　天寶七載(未之任)(748)

《元琰墓誌》(天寶七載十一月十八日):"改簿太常,又丞少府。貳神陳鄧,別乘平原……拜歷陽郡守。嗚呼! 虎符方至,熊軾未行。"②元琰字允殖,天寶七載卒於平原郡官舍。故元琰當是於天寶七載受命持節歷陽,未行而卒。《全編》和州卷(第1721頁)有元允殖,約肅宗時在任,當校正。

卷一二七　濠州(豪州、鐘離郡)

尹元綽　約武后初

說見卷九八魏州尹元綽條。

吳揚吾　武后中—天授元年(690)

《吳揚吾墓誌》(景雲二年十一月十九日):"應兩館學士舉,策試高第,制授太子文學,直崇文館兼國子博士……俄遷豪州諸軍事、豪州刺史……迫以懸車沉歲,賜几優德,禮光退老,賞在歸休。"③吳炯炯曾增補濠州刺史吳揚吾,以爲任職在景龍三年以前。④從志文看,吳揚吾在懸車之年致仕。所謂懸車即指七十歲,吳揚吾卒於景龍三年,壽八十九,推知其當在武周天授元年致仕。吳考不確。

李道謙　約武后時

說見卷十延州李道謙條。

卷一二八　舒州(同安郡、盛唐郡)

沈從道　開元中

說見卷一〇四洺州沈從道條。

孔威　約大中中

《崔亮及妻李氏盧氏墓誌》(大中十一年五月六日):"故宣州廉察裴公誼代唐公,至

---

① 《新唐書》卷七四上《宰相世系表四上》,第3046—3050頁。
② 《洛陽流散唐代墓誌彙編》,第351頁。
③ 《洛陽新獲墓誌二〇一五》,第150頁。
④ 《〈唐刺史考全編〉補正(四)》,第168頁。

止請留。復與故鄭州刺史蘇公特、舒州刺史孔公威佐裴公半歲，然後懇免。"①顯然，孔威任舒州刺史必不能晚於大中十一年，或即在大中中。《全編》舒州卷（第1751頁）有孔威，咸通末在任，誤。

卷一二九　廬州（廬江郡）

張屺　約長慶元年—二年（821—822）

《張屺墓誌》（長慶三年七月二十一日，823）："詔除廬州刺史兼御史中丞，以賞勛也……歲餘罷去，整駕歸闕，除澧州刺史。載脂熊軾，次於道途。神慮怡然，禍兆蒼卒。"②《全編》廬州卷（第1764頁）有張屺，約長慶元年在任。從志文看，張屺刺廬州一年有餘，故其離任當在長慶二年。再改澧州刺史，未到任而卒，時在長慶三年。《全編》澧州卷不載張屺，可補充。

卷一三〇　壽州（壽春郡）

盧簡求　大中六年—七年（852—853）

《全編》壽州卷（第1784—1785頁）引大典本《淳熙臨安志》確定大中六年時，壽州刺史爲盧簡求。又引《歷代名畫記》以爲大中七年時盧簡求仍在壽州刺史任。又據大中十年《支光墓誌》確定大中十年時，壽州刺史爲令狐緒。十一年時，壽州刺史爲李玄。參以員缺，《全編》考訂盧簡求於大中六年至九年（855）在任。《嚴密墓誌》（咸通五年八月，864）："大中七年，壽牧燉煌令狐公別奏公，用答勞效……"③所謂燉煌令狐公即令狐緒。現可確定，早在大中七年令狐緒已爲壽州刺史。故盧簡求絕不能連任壽州至大中九年。《全編》考盧簡求、令狐緒任期皆不確，當校正。

令狐緒　大中七年—十年（853—856）

説見上文盧簡求條。

卷一三三　申州（義陽郡）

陸紹　會昌六年—大中五年（846—851）

《陸紹墓誌》（大中六年十一月十日）："即除虞部員外，時開成四年（839）也……明年，襄陽節度使奏郢州刺史政非循良，請降佳吏。相府即奏以公從請……會昌三年，復除虞部郎中……改金部郎中。會朝廷以左衛上將軍程忠建除涇原節度使……遂除檢校

① 《河洛墓刻拾零》，第580頁。
② 《洛陽流散唐代墓誌彙編續集》，第607頁。
③ 《唐代墓誌彙編》，第2406頁。

兵部郎中兼御史中丞,充涇原節度副使……明年,征忠建還,以公爲申州刺史……除信州刺史……次於襄陽不能前進。"①開成五年(840),經襄陽節度使牛僧孺奏,朝廷以陸紹爲郢州刺史。至會昌三年,入朝爲虞部郎中。《全編》郢州卷不載陸紹,當補充。會昌六年,程忠建歸朝後(説見卷一三涇州程忠建條),陸紹自涇原副使改刺申州。《全編》申州卷(第1812頁)載大中五年時陸紹在任。現據墓誌可以確定陸紹刺申州始於會昌六年。《全編》申州卷所考不確。陸紹於大中六年改拜信州刺史,赴任途中病逝於襄州。《全編》附編江南東道信州卷所載不確,當依《全編》體例補正爲:"陸紹,大中六年(未之任)。"

卷一三五 安州(安陸郡)

李恪 永徽初—四年(653)

《李恪墓誌》(永徽四年四月十五日):"(貞觀)七年,還授都督齊淄青莒萊密七州諸軍事、齊州刺史……改封吳王,徙授潭州都督,不行。轉授都督安隨温沔復五州諸軍事、安州刺史……今上以大明纂位,敦序九族……策拜司徒,徙授梁州都督。尋又重授安隨温沔復五州諸軍事、安州刺史。"②《全編》潭州卷(第2406頁)有李恪,貞觀十年在任。現據墓誌可以確定,李恪不曾實際赴潭州任。又改李恪官爲安州刺史。《全編》安州卷(第1827頁)有李恪,貞觀十一年(637)至永徽四年在任。吳炯炯已校正李恪牧安州在貞觀十年至二十三年(649)。③從墓誌看,李恪曾在貞觀、永徽年間兩次都督安州,《全編》誤兩任爲一任,吳考漏第二任。《全編》梁州卷(第2786頁)載李恪於貞觀二十三年在任。以此推之則李恪第二次任安州刺史當在永徽初至四年。

卷一三六 沔州(漢陽郡)

虞當 大曆十一年—十四年(776—779)

《鄭液墓誌》(大曆十四年五月二十日):"以大曆十一年十一月廿五日,遘疾終於沔州刺史宅之西院。昔公外祖李悌掾於斯,而公生於斯;今外生虞當牧於斯,而公殁於斯。"撰者爲外生、朝散大夫使持節沔州諸軍事、守沔州刺史虞當。④吳炯炯考以爲大曆十四年時楊偁在沔州任。⑤故知大曆十一年至十四年時,虞當在沔州任,係楊偁前任。《全編》沔州卷(第1841頁)有虞當,建中元年在任,誤。

① 《洛陽新獲墓誌二〇一五》,第337頁。
② 《長安新出墓誌》,第63頁。
③ 《〈唐刺史考全編〉補正》,第86頁。
④ 《全唐文補遺》第八輯,第88—89頁。
⑤ 《〈唐刺史考全編〉補正(五)——以〈西安碑林博物館新藏墓誌續編〉爲中心》,第102頁。

第九編　江　南　東　道

卷一三七　潤州（丹陽郡）

王守真　約垂拱三年—永昌元年（約 687—689）

《王守真墓誌》（天授三年三月一日）：“垂拱二年，授博州刺史……奏課居最，恩敕賜物一百段。徙授潤州刺史。永昌元年，授滄州刺史。”①《全編》潤州卷（第 1846 頁）有王守真，約高宗後期在任，當校正。

卷一三八　常州（晉陵郡）

姚勖　大中三年—四年（849—850）

《姚勖墓誌》（大中七年十月十六日）：“改守湖州刺史，加朝議大夫。遷尚書吏部郎中，又遷右諫議大夫。改常州刺史，加通議大夫。大中四年受替，遂權居潤州別業。”②《全編》常州卷（第 1893 頁）載大中三年時馬植在任。故姚勖祇能是馬植之繼任，於大中三年始出刺常州，四年受替。《全編》常州卷（第 1894 頁）有姚勖，以爲可能於大中四年在任，不確。

卷一三九　蘇州（吳郡）

薛士通（薛通）　武德四年（621）

《薛文休墓誌》（開元四年四月二十四日）：“父士通，皇朝上大將軍、判蘇州總管事，歷東武、海、泉三州刺史，上柱國，贈使持節、都督越婺衢温台括泉建八州諸軍事、越州刺史。”③《全編》蘇州卷（第 1901 頁）有薛通，武德五、六年間在任。東武州卷（第 3458 頁）有薛士通，武德四年至七年在任。福州卷（第 2150 頁）有薛士通，貞觀元年在任。黃樓引《薛文休墓誌》於海州卷補充薛士通，以爲武德末或貞觀初在任。④ 薛士通、薛通牧守諸州皆同，當爲一人。武德五、六年時，薛士通已在東武州任，則必不能總管蘇州。《全編》蘇州卷所考必誤。武德四年，平定李子通後，始設蘇州。⑤ 薛士通總管蘇州當即在武德四年，旋即改東武州刺史。

李德穎　龍朔二年（662）以後

説見卷六七濮州李德穎條。

---

①　《珍稀墓誌百品》，第 90 頁。
②　《洛陽流散唐代墓誌彙編》，第 607 頁。
③　《洛陽流散唐代墓誌彙編》，第 171 頁。
④　《〈唐刺史考全編〉考補——以〈洛陽新獲七朝墓誌〉爲中心》，第 241 頁。
⑤　《舊唐書》卷四十《地理志三》，第 1586 頁。

沈從道　開元中

説見卷一〇四洺州沈從道條。

卷一四〇　湖州（吳興郡）

趙慎微　開元二年—三年（714—715）

説見卷七五濟州趙慎微條。

王浦　貞元十二年—十三年（796—797）

《王浦墓誌》（貞元十三年十一月二十一日）：“貞元丙子歲夏四月己丑，詔以建州刺史太原王公領湖州，理行聞也。明年二月丙戌薨於位。”①貞元丙子歲即貞元十二年。故知王浦於貞元十二年自建州刺史改任湖州，次年卒於湖州。《全編》湖州卷（第1950頁）有王浦，貞元十一年（795）見在任，顯然有誤。

《全編》建州卷（第2179頁）有王浦，貞元十年（794）在任。據《王浦墓誌》可知，遲至貞元十二年夏王浦方自建州改湖州。又《王浦妻李氏志文》（貞元十年二月二十六日）：“唐貞元八年（792）歲次壬申朔十二月廿三日建州使君隴西李夫人終於州宅之正堂。”②可知貞元八年時，王浦已官建州刺史。《全編》建州卷所考不確，當校正。

卷一四三　明州（餘姚郡）

裴定　大和八年—開成二年（834—837）

《裴定墓誌》（開成二年十一月□日）：“元和末，憲宗皇帝山陵，朝廷以復土之重，分務難人。公勤敏著稱……獎授鰲屋縣令……尋除刺開州，郡事大理……大和八年，使持節于明州。”③裴定於開成二年卒於明州官舍。郁賢皓於明州卷補充裴定，以爲約開成二年前在任，④不確。憲宗崩於元和十五年，裴定時爲鰲屋縣令，則其改開州刺史或在長慶中。《全編》開州卷不載裴定，當據補。

卷一四四　台州（臨海郡）

韋銑　約中宗時

説見卷五四汝州韋銑條。

長孫元翼　約睿宗時

説見卷一〇五趙州長孫元翼條。

---

①　《洛陽流散唐代墓誌彙編續集》，第485頁。
②　《洛陽流散唐代墓誌彙編續集》，第471頁。
③　《全唐文補遺》第八輯，第158頁。
④　《〈唐刺史考全編〉補遺》，第989頁。

賈長源　開元二十九年—天寶元年(741—742)

《全編》台州卷(第2041頁)唯作開元二十九年。又引《唐文拾遺》卷五〇徐靈府《天台山記》:"天寶六載,郡守賈公長源及玄靜先生……等立碑。"以爲"六載"可能爲"元載"之誤。《唐天台山桐柏觀頌》:"朝散大夫使持節台州諸軍事守台州刺史上柱國賈公,名長源,有道化人,有德養物,常謂別駕蔡欽宗等曰:'且道以含德,德以致美,美而不頌,後代何觀?'乃相與立石紀頌。"碑立於天寶元年三月二日。①　以此可以確定天寶元年時,賈長源仍在台州任。

卷一四六　衢州(信安郡)

鄭瓚　當刪

《全編》趙州卷(第1473頁)、衢州卷(第2082頁)皆引開成五年《李潘墓誌》:"先世趙郡贊皇人……家於常山。太守鄭公瓚性樂善,喜後進,目之爲奇童,薦於帥,特表奏聞……敕同孝廉登第,時纔年八歲。"以爲貞元十四年(798)時鄭瓚見在本州刺史任。趙州、衢州相隔數千里,顯然鄭瓚不能同時任兩州刺史,《全編》兩卷必有一誤。李潘爲趙郡人,曾祖爲趙州司馬李詮,祖父爲檢校司門員外郎李章,父爲趙郡贊皇縣令李并。②以此推知,李潘當世居趙郡,幼年徙居常山。此常山應爲河北道常山郡,亦即恒州,而非江南東道衢州常山縣。《全編》衢州卷此條當刪。《全編》恒州卷(第1484頁)載王武俊於建中三年至貞元十七年(801)在任。恒州時爲成德軍節度使治所,下轄恒、趙、冀、深四州。③趙州爲李潘鄉梓,《全編》繫鄭瓚爲趙州刺史,甚是。

豆盧署　元和九年(814)

《前定錄》:"豆盧署本名輔真,貞元六年(790)舉進士,下第,遊信安,以文謁郡守鄭式瞻,甚禮之……其夕宿於館,夢一老人謂曰:'聞使君與子更名,子當四舉成名,四者甚佳。後二十年爲此郡守。'……大和九年,署自秘書少監爲衢州刺史。"④貞元六年下推二十年爲元和五年,下距大和九年四十餘年。據此則大和當是元和之誤。《全編》衢州卷(第2086頁)有豆盧署,大和九年在任,誤。

卷一四八　歙州(新安郡)

權若訥　景雲時

《張樽墓誌》(天寶十載二月十八日):"解褐同州參軍。英掾盧齊卿、李日知并卷懷

---

①　(明)都穆:《金薤琳琅》卷十五,《石刻史料新編》第一輯第十冊,臺北:新文豐出版公司,1977年,第7733—7734頁。

②　《唐代墓誌彙編》,第2205頁。

③　《舊唐書》卷三八《地理志一》,第1391頁。

④　(唐)鍾輅:《前定錄》,《全唐五代筆記》,第914頁。

前古,獎拔當時……時李公已當軸秉鈞……尋擢拜監察御史。時歙州刺史權若訥深理社鼠,大庇平人。權臣中以危法,公受命按之。"①李日知拜相是在景雲元年(710)六月壬寅至二年十月甲辰,②張樽按察權若訥事不能出此範圍。《全編》歙州卷(第2115頁)有權若訥,以爲約開元中在任,誤。

卷一五〇　温州(東嘉州、永嘉郡)

李江　天寶十二載—十三載(753—754)

《李適之墓誌》(天寶十三載正月十三日):"侄男汲郡長史粹、大理評事黔、蜀郡功曹參軍震、永嘉郡太守江、司議郎冰、少府監丞泳、文部員外郎廣,實猶子之名,深如父之痛。"③《李静妻韋大通墓誌》(天寶十三載十一月二十九日):"次子江,朝請大夫、永嘉太守。"④《全編》温州卷(第2143頁)有李江,天寶十二載在任。現據墓誌可以確定天寶十三載時李江仍在永嘉太守任。

卷一五二　建州

王浦　貞元八年—十二年(792—796)

説見卷一四〇湖州王浦條。

卷一五三　泉州(豐州、武榮州、清源郡)

李構　大曆十三年(778)

《鄭曜妻李氏墓誌》(大曆十三年六月二十二日):"六女適泉州刺史隴西李構。"⑤《全編》泉州卷(第2190頁)有李構,大曆中在任。當據墓誌確定爲大曆十三年。

第十編　江　南　西　道

卷一五六　宣州(宣城郡)

長孫元翼　約中宗時

説見卷一〇五趙州長孫元翼條。

楊收　咸通八年(867)

《楊收墓誌》(咸通十四年二月二十五日):"拜尚書右僕射,依前門下侍郎平章

---

① 《秦晉豫新出土墓誌蒐佚三編》,第667頁。
② 《新唐書》卷六十一《宰相表上》,第1676、1679頁。
③ 《河洛墓刻拾零》,第406頁。
④ 《洛陽流散唐代墓誌彙編續集》,第385頁。
⑤ 《洛陽新獲七朝墓誌》,第279頁。

事……後數日罷相,出爲宣州觀察使,未期月,重貶端州司馬。又明年,徙於虔州。"①舊史對於楊收罷相的時間記載迥異。毛陽光於此有詳論,他認爲:"楊收於咸通八年八月被貶端州,他罷相被貶宣歙的時間當在咸通八年七月。"②《全編》宣州卷(第2237頁)有楊收,咸通七年(866)至八年在任,誤。

卷一五八　江州(潯陽郡)

裴諷(裴行諷)　大中十三年—十四年(859—860)

《韋君室女墓誌》(大中十三年五月二十九日):"士曹少從宦職,□□□夫人天□薑氏,生三女,一歸河東裴氏,一嫁京兆杜氏……裴刺潯陽郡,杜任殿中少監都四方館事,爲天子□□禮儀之臣,并振休譽。"③裴氏卒年不詳,壽二十二歲。《全編》江州卷(第2288頁)有裴諷,大中十四年在任。墓誌所謂河東裴氏當即爲裴諷,大中十三年已見在任。

卷一六一　虔州(南康郡)

源敳翰　約大曆七、八年(約772、773)

《王浦妻李氏志文》(貞元十年二月二十六日):"夫人即國朝宗室之望,蔡王之後……故虔州刺史源公諱敳翰之生也。"④《全編》虔州卷(第2328頁):"源敳幹(源敷翰),約大曆七、八年。"舊史作敳幹、敷翰皆誤,當據墓誌正作敳翰。

卷一六二　吉州(廬陵郡)

徐嶠之　開元二十一年—二十三年(733—735)

《全編》吉州卷(第2341頁)引《古刻叢鈔·唐徐氏山口碣石題刻》及《嘉泰吳興志》確定開元二十三年時,徐嶠之自吉州刺史遷拜湖州。推測其遷入約在開元二十一年。《張之輔墓誌》(開元二十一年三月五日):"吉州刺史東海徐嶠之書。"⑤故可確定開元二十一年初,徐嶠之已在吉州任。

卷一六三　沔州(漢陽郡)

崔恒　約肅宗時

説見卷四同州吳士矩條。

①　《洛陽流散唐代墓誌彙編》,第637頁。
②　毛陽光:《晚唐宰相楊收及其夫人韋東真墓誌發微》,《唐史論叢》第14輯,第97頁。
③　趙力光:《西安碑林博物館新藏墓誌續編》,西安:陝西師範大學出版社,2014年,第617頁。
④　《洛陽流散唐代墓誌彙編續集》,第471頁。
⑤　《洛陽新獲七朝墓誌》,第205頁。

卷一六六　潭州(長沙郡)

李恪　貞觀十年(未之任)(636)

說見卷一三五安州李恪條。

皇甫翼　約開元二十一年(約733)

說見卷五二懷州皇甫翼條。

卷一六九　連州(連山郡)

李紹　約大中時

《李元嗣墓誌》(咸通十四年二月十四日):"五代祖皇朝常州刺史,名列十八學士諱玄道。玄道生給事中寡。寡生昭王府司馬成休。成休生潤州丹徒尉霸。霸生檢校屯田郎中、連州刺史紹。君即連州府君之次子也。"①李元嗣卒於咸通十三年,壽四十六歲。則其父李紹刺連州或即在大中時。《全編》連州卷(第2464頁)有李紹,繫於待考録,當校正。

崔元膚　約咸通四年—咸通十年(約863—869)

《崔元膚墓誌》(乾符三年二月六日,876):"(大中)十四年,鹽鐵使孰其能,奏爲檢校户部郎中,知利國監事。明年,課溢户安,俾其大務,領嘉興監。又二年,檢校駕部郎中。朱衣象板,移江陵院,益稱職……遂遷連州刺史……(咸通)十年,改刺郢州,治郢如連。十一年(870),詔褒以金紫。十二年,加朝散大夫,將徵於朝,以盡其用者數矣。然公中立無所黨附,不以金帛笑語買交取容於時,竟受代。"②崔元膚卒於乾符二年(875),壽七十二歲。大中十四年時,崔元膚知鹽鐵利國監事。咸通元年(860),領嘉興監。咸通三年,知江陵院。再改連州刺史,至十年改刺郢州,十二年離任。《全編》連州卷(第2464頁)有崔元膚,繫於待考録。今據墓誌可以確定。《全編》郢州卷不載崔元膚,當補充。

卷一七四　澧州(澧陽郡)

尹子産　開元十八年(730)

說見卷九八魏州卷尹元綜條。

斑瑟(班瑟、班遜)　大曆中

《斑瑟墓誌》(貞元六年十一月二十八日):"前山南劍南副元帥、相國杜公特薦除

① 《秦晉豫新出土墓誌蒐佚三編》,第1116頁。
② 《洛陽流散唐代墓誌彙編續集》,第789頁。

梓州刺史,轉刺閬中,尋遷澧、硤二州……尋拜夔州刺史。"①斑愸卒於大曆十四年,壽六十四歲。山南劍南副元帥杜公即杜鴻漸,"明年(永泰二年)二月,命鴻漸以宰相兼充山、劍副元帥、劍南西川節度使……大曆二年(767),詔以(崔)旰爲成都尹、劍南西川節度使,召鴻漸還京……後知政事,轉門下侍郎,讓山南副元帥"。② 斑愸任梓州是出於前副元帥杜鴻漸的推薦,則其任職當在大曆初。《全編》梓州卷(第3024—3025頁)載大曆年間曾主政梓州的官員有李某(大曆初)、張獻誠(大曆元年,766)、杜濟(大曆元年—二年,766—767)、李長(約大曆二年—三年,767—768)、鮮于叔明(大曆三年—貞元二年,768—786)等五人。其中李長的任職時間并無確鑿證據,不過是據員缺而已。據曾潤研究,大曆三年時,李長已見在明州刺史任。③ 由此推知,李長任職梓州當在大曆二年,不久改刺明州,在梓州時間極短。斑愸亦當於大曆二年任職梓州,然不詳其爲李長之前任或繼任,再改閬州刺史。斑愸始官閬州可能在大曆三年,離任時間不詳。歷任澧州、硤州當皆在大曆中。斑愸自硤州遷出後,拜夔州刺史。《斑愸妻杜氏墓誌》(大曆十三年正月二日):"夫人其先京兆杜陵人也……大曆十二年(777)六月三日寢疾終於夔州官舍,春秋冊有五。"④顯然,大曆十二年六月時,斑愸已在夔州任,直至十四年卒官。《全編》梓州、閬州、澧州、硤州、夔州等卷皆不載斑愸,當補充。

又,《全編》夔州卷(第2729頁)引《元和姓纂》卷四扶風班氏,認爲班震可能在大曆末官夔州刺史。查,班震爲班蕭之子,班弘之孫,班景倩之曾孫。景倩有七子:鈞、杭、懸、渙、弘、映、榮。⑤ "懸""愸"兩字形近,《姓纂》所謂"懸"似當正作"愸"。如此,則班愸(斑愸)爲班震之伯祖。斑愸任職夔州刺史已在大曆末年,其侄孫班震牧守夔州必在此後,或在貞元時? 俟考。

張峴　長慶三年(未之任)(823)

説見卷一二九盧州張峴條。

王宰　大和七年(833)

説見卷八七澤州王宰條。

① 《洛陽新獲墓誌二○一五》,第234頁。
② 《舊唐書》卷一百八《杜鴻漸傳》,第3283—3284頁。
③ 《〈唐刺史考全編〉訂正》,第62頁。
④ 《秦晉豫新出土墓誌蒐佚三編》,第749頁。
⑤ 《元和姓纂(附四校記)》,第526頁。

第十一編　黔中道

卷一七五　黔州（黔中郡）

魏義通　元和十一年—十四年（816—819）

《盧處約墓誌》（大和九年四月十日）：“（元和）十一年冬，魏義通帥黔中，辟爲經略推官，不就。”①《全編》黔州卷（第2529頁）有魏義通，約元和十一年至十四年在任。現據墓誌可以確定，魏義通始任黔中觀察使是在元和十一年冬。

第十二編　山南東道

卷一八九　襄州（襄陽郡）

徐悰　天寶初

曾涓引天寶五載《徐悰墓誌》補充，以爲徐悰於開元末或天寶初在襄州任。② 復查《徐悰墓誌》：“又拜公豫章太守兼江西采訪使……除襄陽太守兼山南東路采訪使……又除陳留郡太守兼河南采訪使。”③徐悰是自洪州太守改授襄陽郡守。《全編》洪州卷（第2250頁）有徐悰，以爲開元二十九年至天寶元年在任。既然徐悰任洪州已在天寶元年，則其牧守襄州斷不能在開元末，曾涓考有誤。

卷一九一　唐州（顯州、淮安郡）

韋銑　武后時

説見卷五四汝州韋銑條。

卷一九二　隋州（漢東郡）

王裕　武德八年（625）

《王裕墓誌》（貞觀元年二月十九日）：“武德八年，詔除隨州諸軍事、隨州刺史。”④當年卒官。《全編》隋州卷（第2628頁）以爲王裕武德初期在任，今可據改。

李權　大曆十年（775）

《盧構妻王氏墓誌》（大曆十年十月十八日）：“四女適隨州刺史李權。非府君

---

① 《河洛墓刻拾零》，第556頁。
② 《〈唐刺史考全編〉增訂》，第433頁。
③ 《河洛墓刻拾零》，第366頁。
④ 《洛陽新獲墓誌二〇一五》，第62頁。

鍾美流慶,非夫人閨德淑行,孰能若斯。"①王氏卒於大曆六年(771),壽八十六歲。《河洛墓刻拾零》收録有此通墓誌拓片,編者以爲盧君當是盧楫。② 楊曉、吳炯炯引此通墓誌補充李權非於大曆十年在隋州任。③ 顯然,楊、吳句讀有誤,李權非是李權之訛。

卷一九三 郢州(富水郡)

陸紹 開成五年—會昌三年(840—843)

說見卷一三三申州陸紹條。

崔元膺 大中十年—十二年(856—858)

說見卷一六九連州崔元膺條。

卷一九六 均州(武當郡)

趙慎微 約中宗時

說見卷七五濟州趙慎微條。

盧玄明 開元中

《盧玄明墓誌》(開元二十一年十一月二十七日):"遷均州刺史。無何,改牧巴郡。所蒞有能名,□抗疏請老,天子優而許之。"④《全編》均州卷(第2701頁)有盧玄明,繫於待考録,現可確定是在開元中。《全編》巴州卷不載盧玄明,當補充。

卷一九七 房州(房陵郡)

李縱 興元元年—貞元四年(784—788)

曾潤引寶曆二年(826)《李縱墓誌》於金州卷補充:"李縱,貞元四年—六年。"⑤復核《李縱墓誌》:"惟興元元年十二月,詔以公爲房州刺史,比加朝議郎、朝散大夫、上柱國,開國爲高邑縣男,遷金州刺史。在位三年而寢疾,以貞元六年八月三日薨。"⑥曾潤考遺漏李縱刺房州事,當補充,興元元年至貞元四年在任。

① 《全唐文補遺》第八輯,第85頁。
② 《河洛墓刻拾零》,第441頁。
③ 《〈唐刺史考全編〉補正(二)》,第175頁。
④ 《全唐文補遺》第八輯,第28頁。
⑤ 《〈唐刺史考全編〉訂正》,第63頁。
⑥ 《洛陽新獲墓誌二〇一五》,第289頁。

卷一九八　硤州（夷陵郡）①

斑懸（班懸、班遜）　大曆中

説見卷一七四澧州斑懸條。

卷二〇〇　夔州（信州、雲安郡）

李道謙　約武后時

説見卷十延州李道謙條。

斑懸（班懸、班遜）　大曆十二年—十四年（777—779）

説見卷一七四澧州斑懸條。

斑震（班震）　約貞元時？

説見卷一七四澧州斑懸條。

卷二〇三　金州（安康郡、漢陰郡）

韓偕　上元元年—儀鳳二年（674—677）

《全編》金州卷（第2753）有韓偕，儀鳳二年在任。《佛祖歷代通載》卷十二：“上稱天皇，后稱天后。是歲讓和上四月八日生，有白氣六道貫天。太史奏聞……有頃，金州太守韓偕具表奏聞。”②高宗稱天皇、武后稱天后是在上元元年。③ 可知韓偕早在上元元年已在金州任。

楊令本　高宗時

《全編》沂州卷（第1020頁）有楊令本，武德或貞觀中在任。吳炯炯、田衛衛引儀鳳三年《柳沖墓誌》確定高宗上元元年時楊令本在沂州任。④ 以此觀之，楊令本牧守金州也當在高宗時。《全編》金州卷（第2751頁）有楊令本，以爲約貞觀中在任，誤。

卷二〇四　商州（上洛郡）

姚彝　開元初

説見卷七二海州姚彝條。

---

① 《全編》作峽州（夷陵郡），所據當是《新唐書·地理志四》（第1028頁）。《舊唐書·地理志二》作硤州（第1553頁）。《括地志輯校》（李泰著，賀次君輯校，北京：中華書局，1980年，第191頁）、《通典》（第4865頁）亦作硤州。《宋史·地理志四》載峽州：“‘峽’字舊從‘硤’，今從‘山’。”（脱脱撰，北京：中華書局，2000年，第1477頁）。似乎是唐人作“硤州”，宋人改“峽州”，如此則論及唐代夷陵郡時當以硤州爲正。

② （元）念常：《歷代佛祖通載》，《北京圖書館古籍珍本叢刊》，北京：書目文獻出版社，2000年，第195頁。

③ 《舊唐書》卷五《高宗紀下》，第99頁。

④ 《大唐西市博物館藏墓誌所見唐刺史資料輯考》，第188頁。

第十三編　山南西道

卷二〇五　梁州（襃州、漢中郡、興元府）

竇誕　貞觀元年—二年（627—628）

《竇誕墓誌》（貞觀二十二年八月）：“貞觀元年，除使持節都督梁集洋巴興璧六州諸軍事、梁州刺史……二年，遷殿中監，加左光禄大夫。”①《全編》梁州卷（第 2784 頁）載貞觀元年，竇誕見在任。據墓誌可以確定，竇誕自梁州入朝是在貞觀二年。

蕭嵩？　約開元初？

説見卷一一三易州樊侃侃條。

樊侃侃　開元五年—七年（717—719）

説見卷一一三易州樊侃侃條。

卷二〇七　興州（順政郡）

李德穎　龍朔二年（662）以後

説見卷六七濮州李德穎條。

卷二〇八　利州（益昌郡）

李玄成　約開成時

毛陽光引大中十四年《盧重墓誌》於利州卷補充李玄成，認爲任職時間待考。②《崔璠墓誌》（會昌元年八月五日，841）：“有女一人適故利州刺史李玄成。”③從墓誌看，會昌元年時李玄成已故，則其刺利州或在開成時。

卷二一〇　通州（通川郡）

秦昌舜　開元二十三年（735），初任；開元二十六年—天寶元年（738—742），再任

《全編》通州卷（第 2845 頁）引《嘉泰會稽志》：“秦昌舜，天寶元年自通川郡太守授；六載，移江華郡太守。”以爲秦昌舜於天寶元年至六載在通州任。顯然，據《嘉泰會稽志》，天寶元年至六載，秦昌舜所任乃會稽郡守，絶非通川郡守。《全編》解讀有誤。《秦守一妻沈和墓誌》（開元二十六年五月二十九日）：“時昌舜自右衛率府中郎將，拜通州刺史，表以求仕，有詔不許，遂極興扶疾……（沈和）以開元廿三年十二月廿一日終於河南府永寧界之

---

① 《唐代墓誌彙編續集》，第 43 頁。
② 《〈唐刺史考全編〉新補訂》，第 39 頁。
③ 《秦晉豫出土墓誌蒐佚三編》，第 992 頁。

客舍,春秋七十有二。"①秦昌舜是沈和之子。據墓誌可知,秦昌舜早於開元二十三年已在通州任,當年末丁母憂去官。開元二十六年服闋,復舊任,至天寶元年改會稽郡守。

陶遜　會昌三年—六年(843—846)

董秋實引大中六年《陶遜墓誌》(大中六年五月四日)於通州卷補陶遜,以爲會昌三年在任。②《陶媛墓誌》(會昌六年二月十三日):"夫人仲兄通州刺史遜與(郭)㲉中外,有加等之分。"③故知會昌六年時陶遜仍在通州任。

卷二一四　巴州(清化郡)

盧玄道　開元中

説見卷一九六均州盧玄道條。

卷二一六　閬州(隆州、閬中郡)

鄭仲達　武德時

《鄭欽祚墓誌》(顯慶三年十二月十二日,658):"祖詮,隨蜀郡咸陽二郡太守、御正御伯納言三中大夫、許昌公。父諱達,隨朝散大夫,皇朝使持節隆州諸軍事、隆州刺史。"④鄭欽祚卒於永徽三年,年壽無考。趙望秦引天寶十載《盧藏用妻鄭沖墓誌》於閬州卷補充鄭仲達,太宗時在任。⑤ 王化昆亦引《鄭沖墓誌》,以爲鄭仲達任閬州刺史約在武德、貞觀間。⑥ 鄭達與鄭仲達世系相同,即爲一人。據《鄭欽祚墓誌》可知,鄭仲達於楊隋時已爲朝散大夫,入唐後即爲隆州刺史,以此推知似當在武德時。

楊仲嗣　約開元時

説見卷六一豫州楊仲嗣條。

斑瑟(班瑟、班遜)　約大曆三年(約768)

説見卷一七四澧州斑瑟條。

卷二一八　合州(巴川郡)

徐申　貞元五年—六年(789—790)

《徐君妻侯莫陳氏墓誌》(貞元七年八月二十六日,791):"朝請郎前合州刺史賜緋

---

① 西安市文物保護考古研究院:《西安南郊唐吳興郡夫人沈和墓發掘簡報》,《文物》2019 年第 7 期,第 48 頁。

② 《〈唐刺史考全編〉補正—以新出唐代墓誌爲中心》,第 280 頁。

③ 《洛陽新獲墓誌二〇一五》,第 330 頁。

④ 《秦晉豫新出土墓誌蒐佚三編》,第 197 頁。

⑤ 《〈唐刺史考全編〉補遺》,第 283 頁。

⑥ 《〈唐刺史考全編〉再補遺》,第 276 頁。

魚袋徐申撰。"①從撰者題銜看,貞元七年八月時徐申已離任合州,且尚未履新。《全編》景州卷(第3444頁)有徐申,貞元五年至十七年在任,後改邕州刺史,與墓誌顯然不合。《徐申行狀》曰:"既滄景觀察使奏請景州刺史闕,其帥輒以其僚屬將校自爲之,不請有年矣。宰相累進刺史名,皆不出。及召公入,言合上旨,遂下詔遷朝散郎、使持節景州諸軍事、景州刺史,充本州團練使兼御史中丞,賜紫金魚袋。尋加節度副使。其明年滄景節度使始朝,二年又朝,遂留。詔以其從父兄代之,奏以公充行軍司馬。"②《資治通鑑》載貞元五年二月:"(程)懷直請分弓高、景城爲景州,仍請朝廷除刺史……乃以員外郎徐申爲景州刺史。"③合觀之,滄景節帥程懷直於貞元五年請置景州,然景州初置時,刺史皆由節帥所屬將校兼任,并不經朝廷除授。徐申係朝廷正授的第一任景州刺史,然并非貞元五年初設景州時即在任。《通鑑》繫徐申出刺景州於貞元五年,不妥。又《舊唐書·德宗紀》載貞元十年三月,"滄州程懷直來朝,賜安業坊宅,妓一人,復令還鎮"。十一年九月,"滄州大將程懷信逐其帥程懷直"。④《舊唐書·程懷直傳》:"(程)懷直荒於畋獵,數日方還,不恤軍政,軍士不勝寒餒。其帳下將從父兄懷信因衆怒閉門不內,懷直因來朝覲,貞元九年(793)也。"⑤貞元九年當是十年之訛。懷直、懷信爲從父兄弟,與《行狀》亦合。故知,徐申始任景州刺史當在貞元九年,至貞元十七年改邕州刺史。

《全編》合州卷(第2902頁)有徐申,以爲貞元四年在任。然細檢《全編》,所謂貞元四年云云,實是據徐申貞元五年在景州任得出。前述已確定徐申遲至貞元九年方出刺景州,則不能據此推論其刺合州在貞元四年。從墓誌題銜看,徐申離任合州當略早於貞元七年八月,或即在貞元六年。

又《全編》韶州卷(第3187頁)有徐申,約興元元年至貞元四年在任。《徐申行狀》載:"其始來也,韶之户僅七千,凡六年遷合州,其去也,倍其初之數,又盈四千户焉。"《新唐書·徐申傳》:"始來韶,户止七千,比六年,倍而半之。"⑥故知徐申在韶州刺史任共計六年。興元元年至貞元四年不過五年,顯然有誤。趙望秦引《裴札墓誌》《裴道生

① 《大唐西市博物館藏墓誌》,第683頁。
② 《全唐文》卷六三九《唐故金紫光禄大夫檢校禮部尚書使持節都督廣州諸軍事兼廣州刺史兼御史大夫充嶺南節度營田觀察制置本管經略等使東海郡開國公食邑二千户徐公(申)行狀》,第6458頁。
③ 《資治通鑑》卷二三三"貞元五年二月"條,第7517頁。
④ 《舊唐書》卷十三《德宗紀下》,第379、382頁。
⑤ 《舊唐書》卷一四三《程懷直傳》,第3905頁。
⑥ 《新唐書》卷一四三《徐申傳》,第4694頁。

墓表》《裴札妻路氏墓誌》以爲裴札自建中末至興元元年在韶州任,①陳翔考以爲裴札自建中初至興元元年在韶州任。② 故徐申任職韶州不能早於興元元年,則其自韶州改合州當在貞元五年。

綜上,徐申當是自興元元年至貞元五年在韶州任,當年改合州。至貞元六年卸任,入朝拜某部員外郎。貞元九年出刺景州,至十七年改牧邕州。《全編》韶州、合州、景州卷所考徐申任期皆有誤,當校正。

卷二一九　渠州(潾山郡)

郭瓊　大中五年—七年(851—853)

《郭瓊墓誌》(大中七年十月十六日):"詔受公刺史文州……在郡滿秩。纔歸京師,今山南尚書封公知公周敏,有良刺史材。以公在任日續用上聞,復詔受渠州,進階正議。"③郭瓊卒於大中七年,壽六十六歲。《全編》文州卷(第3135頁)載郭瓊大中五年時在任。唐制,四考爲滿,則郭瓊始任文州當在大中元年(847),五年卸任。《全編》渠州卷(第2909頁)載約大中五年,郭瓊在渠州刺史任。現據墓誌可以確定郭瓊刺渠州直至大中七年卒任。

第十四編　劍　南　道

卷二二四　彭州(濛陽郡)

韋慎名　開元中—十二年(724)

《韋慎名墓誌》:"拜梓州刺史,又歷彭州,增秩三品……開元十二載徙金蜀路,會玉周京,睠園邑而思歸,懷闕庭而積戀。"④故知韋慎名刺彭州當在開元中,至十二年辭歸。《全編》彭州卷(第2975頁)有韋慎名,以爲在武后時,誤。又《全編》梓州卷不載韋慎名,當補充,時約在開元初。

卷二二六　眉州(通義郡)

李自昌　貞元六年(790)

《張垍妻李氏墓誌》(貞元六年閏四月十三日):"有女一人,適眉州刺史李自昌。"⑤

---

① 《〈唐刺史考全編〉補遺》,287頁。
② 《〈唐刺史考全編〉拾遺訂正》,第280頁。
③ 《洛陽新獲墓誌二〇一五》,第338頁。
④ 《長安高陽原新出土隋唐墓誌》,第161—163頁。
⑤ 《秦晉豫新出土墓誌蒐佚三編》,第772頁。

《全編》眉州卷（第 2995 頁）有李自昌，以爲可能於元和中在任，誤。

卷二二八　劍州（始州、普安郡）

武士逸　約貞觀初

《武思元墓誌》（垂拱三年十一月二十四日）："父諱士逸，皇朝庫部、兵部二郎中、益州司馬、益州道行臺左丞、始州刺史、六安縣開國公。"①《全編》韶州卷（第 3184 頁）有武士逸，貞觀初在任。《全編》以爲《新唐書·宰相世系表》所謂始州刺史係韶州之誤。現據墓誌可以確定，武士逸確曾任職始州，《新表》不誤。武士逸是自益州行臺左丞改刺始州，而唐唯武德三年至九年有益州行臺，②故武士逸任始州刺史當在貞觀初。

卷二二九　梓州（梓潼郡）

韋慎名　開元初

説見卷二二四彭州韋慎名條。

斑瑳（班瑳、班遜）　大曆二年（767）

説見卷一七四澧州斑瑳條。

卷二三一　普州（安嶽郡）

劉胐（劉朏）　開元三年（715）

《金剛般若經集驗記》："至開元三年，雅州刺史劉胐，左降爲普州刺史。"陶敏注曰《廣記》作劉胐。③《全編》普州卷（第 3050 頁）引《廣記》作劉朏，約開元初在任，當進一步明確。

卷二三三　資州（資陽郡）

皇甫珍義　當刪

《皇甫文房墓誌》（文明元年八月五日，684）："父珎義，隨右屯衛兵曹參軍，皇朝蓼州刺史，降授海州司馬、歙州休寧縣令、朝散大夫、湖州司馬、資州長史、上輕車都尉。"④《全編》資州卷（第 3059 頁）有皇甫珍義，貞觀中在任。現據墓誌可以確定所謂資州刺史實爲資州長史，此條當刪。又皇甫珍義曾官蓼州刺史。《全編》無蓼州。查《舊唐

---

①　《西安碑林博物館新藏墓誌續編》，第 192—193 頁。
②　《舊唐書》卷四一《地理志四》，第 1663—1664 頁。
③　（唐）孟獻忠：《金剛般若經集驗記》，《全唐五代筆記》，第 119 頁。
④　《洛陽新獲七朝墓誌》，第 103 頁。

書·地理志》,武德四年至七年時有蓼州,領霍丘縣,後屬壽州。① 故皇甫珍義任蓼州刺史必在武德中。當於《全編》附編補充淮南道蓼州,并增補皇甫珍義。

卷二三五　簡州(陽安郡)

竇孝忠　武后初

説見卷三三河州竇孝忠條。

卷二三六　嘉州(犍爲郡)

李浚　貞元六年—九年(790—793)

《李浚墓誌》(貞元九年十二月二十一日):"俄授成都縣令……遷嘉州刺史。"②李浚卒於貞元九年,壽六十五歲。又《大唐嘉州刺史李公(浚)故夫人河東裴氏墓誌銘并序》載裴氏葬於貞元六年十二月四日。③ 從墓誌志題看,貞元六年末李浚當正在嘉州任。《全編》嘉州卷(第3081頁)有李浚,以爲任職可能在大曆中,誤。

卷二三七　邛州(臨邛郡)

辛君昌　貞觀時

《全編》邛州卷(第3085—3086頁)引《冥報記》:"臨邛韋仲珪者,天性孝悌……父卒,謝遣妻妾,廬於墓左……時辛君昌爲刺史……共至墓所察之……君昌等尤深嗟歎,采芝封奏,詔表門閭。(唐)臨以貞觀七年奉使江東,揚州針醫飄陀爲臨説此。"以爲辛君昌於貞觀七年前曾在邛州任。查《冥報記》,"臨邛韋仲珪"條實是"仲珪弟孝諧爲大理主簿,爲臨説,更問州人,亦同云爾。"揚州針醫飄陀所説是江都孫寶事。④ 據此則《全編》所謂貞觀七年云云顯然有誤,似當校正爲貞觀時。

李道謙　約武后時

説見卷十延州李道謙條。

樊侃侃　約睿宗時

説見卷一一三易州樊侃侃條。

卷二四〇　瀘州(瀘川郡)

謝叔方　貞觀中

説見卷三〇蘭州謝叔方條。

---

① 《舊唐書》卷四十《地理志三》,第1577頁。
② 《洛陽新獲墓誌二〇一五》,第242頁。
③ 《洛陽新獲墓誌二〇一五》,第235頁。
④ (唐)唐臨:《冥報記》,《全唐五代筆記》,第21—22頁。

卷二四四　戎州(南溪郡)

李道謙　約武后時

説見卷十延州李道謙條。

卷二四六　巂州(越巂郡)

李知古　先天初

《金剛經報應記》:"崔善冲,先天初任梓州桐山丞。巂州刺史李知古奏充判官。"①《全編》巂州卷(第3129頁):"《廣記》卷一一二引《報應記》:'崔善冲,先初任梓州桐山丞,巂州刺史李知古奏充判官。'"繫李知古於待考録。可知《廣記》所引漏一"天"字,所謂"先初"實爲"先天初"。

卷二四八　文州(陰平郡)

郭瓊　大中元年—五年(847—851)

説見卷二一九渠州郭瓊條。

第十五編　嶺南道

卷二五七　廣州(南海郡)

謝叔方　貞觀末

説見卷三〇蘭州謝叔方條。

韋據　儀鳳二年(677)

《全編》韶州卷(第3184—3185頁)引《宋高僧傳》:"上元中……乃移住寶林寺焉。時刺史韋據命出大梵寺,苦辭,入雙峰曹侯溪矣。"又據《(同治)韶州府志》:"韋據,先天二年(713)韶州刺史。"以爲韋據可能於先天二年時在任。高宗上元年至玄宗先天二年相距約四十年,必有一誤。《全編》未能判斷上元、先天何者爲正。《佛祖歷代通載》卷十三:"先天元年,三十三祖惠能大師示寂……儀鳳元年(676)正月八日届於南海……明年七月,辭歸新州故宅國恩寺……於八月三日示衆曰……既時廣州都督韋據率韶、新二郡官吏,迎奉全身歸於曹溪寶林寺建塔,真身今尚存焉。"②故知儀鳳二年時,韋據在廣州都督任。據此,則其爲韶州牧亦當在高宗上元中。《(同治)韶州府志》誤。

---

① (唐)盧求:《金剛經報應記》,《全唐五代筆記》,第1772頁。
② 《佛祖歷代通載》,第208頁。

卷二五八　韶州(番州、東衡州、始興郡)

韋據　上元中

說見卷二五七廣州韋據條。

卷二五九　循州(海豐郡)

李宿　貞元十二年(796)

《李匡符墓誌》(會昌三年十二月十六日):"祖宿,皇循州刺史。"①又《李行素墓誌》(咸通十年十二月一日):"曾祖宿,以御史丞爲循州刺史。"②李行素即李匡符之子。《全編》潮州卷(第3199頁)引《(雍正)廣東通志》:"李宿,貞元十二年由御史中丞貶潮州刺史,據《通鑑》。"結合兩通墓誌看,李宿所任當爲循州刺史,時在貞元十二年,方志誤作潮州,當刪除《全編》潮州卷李宿條,於循州卷補入。

卷二六〇　潮州(潮陽郡)

李宿　當刪

說見卷二五九循州李宿條。

卷二六二　賀州(臨賀郡)

李郃　開成五年—會昌二年(840—842)

《李郃墓誌》(會昌三年八月二十八日):"(開成)五年十一月,除賀州刺史。"③李郃於會昌二年末卒於賀州官舍。《全編》賀州卷(第3204—3205頁)引《輿地碑記目》《廣西通志》以爲李郃大和四、五年在任,誤。《輿地碑記目·賀州碑記·幽山丹甗記》所謂大和五年當是開成五年之訛。《廣西通志》所謂:"大和四年,慶雲見丹甗山,是年李郃來任。"大和當正作開成,是年當正作明年。

卷二六四　新州(新興郡)

李儉　約調露元年—永淳二年以前(約679—683以前)

說見卷七三齊州李儉條。

卷二七五　桂州(始安郡、建陵郡)

趙慎微　開元元年—二年(713—714)

說見卷七五濟州趙慎微條。

---

① 《洛陽新獲墓誌二〇一五》,第323頁。
② 《洛陽新獲墓誌二〇一五》,第352頁。
③ 《全唐文補遺》第八輯,第165—166頁。

卷二七八　梧州（蒼梧郡）

張有德　當删

此條係王化昆補充，有誤，説見卷十六夏州張有德條。

卷三一〇　安南都護府（交州、鎮南都護府）

李道恩　約貞觀時

《李季英墓誌》："父交州大都督會稽郡王道恩……永徽中，有敕簡宗女，用適吐谷渾。天子見縣主體德敦謹，仁孝有聞……可封金城縣主。"[①]李季英卒於開元六年（718），壽七十六歲。據此上推則李道恩都督交州似當在貞觀時。《全編》安南都護府卷（第3356頁）繫李道恩於待考録，當改正。

附編　開元二十九年前後廢置之州郡

京畿道·宜州

尹元綷　約長壽時

説見卷九八魏州卷尹元綷條。

都畿道·穀州

王思泰　約永徽中

説見卷五三鄭州王思泰條。

淮南道·蓼州

皇甫珍義　武德中

説見卷二三三資州皇甫珍義條。

江南東道·信州

陸紹　大中六年（未之任）（852）

説見卷一三三申州陸紹條。

---

① 吴鋼：《全唐文補遺》第二輯，西安：三秦出版社，1995年，第436頁。

本輯作者工作和學習單位

胡世明   安徽大學徽學研究中心博士研究生

凌文超   北京師範大學歷史學院

馮博文   武漢大學歷史學院博士研究生

嚴耀中   北京師範大學歷史學院

鍾芳華   北京師範大學歷史學院博士研究生

陳　鋅   蘇州大學藝術學院

霍　斌   山西師範大學歷史與旅遊文化學院

王　凱   上海師範大學人文學院博士研究生

吳姚函   清華大學人文學院歷史系博士研究生

羅　凱   四川大學歷史文化學院

齊會君   中國社會科學院中國邊疆研究所

史正玉   南開大學中國社會史研究中心暨歷史學院博士研究生

牛孟恩   清華大學歷史系博士研究生

姚　波   安徽師範大學歷史學院博士研究生

稿　　約

　　《魏晉南北朝隋唐史資料》是武漢大學中國三至九世紀研究所主辦的學術集刊，1979 年由著名歷史學家唐長孺先生創辦。本刊注重實證研究，主要刊載有關中國中古史研究的學術論文，適當譯載國外學者相關研究的重要成果，也刊載與本段歷史密切相關的資料整理成果。

　　本刊接受紙質投稿和電子稿投稿，實行匿名審稿制。來稿請附上中文摘要、關鍵詞、英文題目，及作者姓名、單位、職稱、通訊地址和電子郵箱。稿件不予退還，敬請作者自留底稿。自收到稿件起三個月内，無論采用與否，均將告知作者。

　　郵寄地址：

　　（430072）湖北省武漢市珞珈山武漢大學中國三至九世紀研究所，《魏晉南北朝隋唐史資料》編輯部　收

　　電子郵箱：wjnbcstszl@ whu. edu. cn

撰 寫 規 範

一、標題序號

文內各章節標題序號,依一、(一)、1、(1)等順序表示。

二、注釋位置

注釋采用頁下注(腳注),序號用①、②、③……標識,每頁單獨排序。正文中的注釋序號統一置於包含引文的句子(詞或片語)或段落標點符號之後。

三、古籍引用

首次引用時須注明作者、整理者、書名、卷次、篇名、部類(選項)、出版地點、出版者、出版時間和頁碼。"二十四史"、《資治通鑑》《太平御覽》等常用文獻,可省去作者。如:

《梁書》卷二五《徐勉傳》,北京:中華書局,1973 年,第 377 頁。

《太平御覽》卷七五《地部四○》引《江夏記》,北京:中華書局,1960 年,第 351 頁。

(梁)蕭繹撰,許逸民校箋:《金樓子校箋》卷二《聚書篇第六》,北京:中華書局,2011 年,第 515 頁。

四、今人論著

首次引用時須注明作者、篇名、書名、出版者、出版時間和頁碼。如:

唐長孺:《跋唐天寶七載封北嶽恒山安天王銘》,《山居存稿》,北京:中華書局,1989 年,第 273—292 頁。

五、期刊論文

首次引用時須注明作者、文章題目、期刊名、刊期、頁碼。如:

田餘慶:《〈代歌〉、〈代記〉和北魏國史》,《歷史研究》2001 年第 1 期,第 51—64 頁。

六、西文文獻

可參照中文論著順序標引,文章題目用引號注明,書名、期刊名使用斜體。如:

Stephen F. Teiser, *The Ghost Festival in Medieval China*, Princeton University Press, 1988, pp. 58‑62.

Dennis Grafflin, "Reinventing China: Pseudobureaucracy in the Early Southern Dynasties", in Albert E. Dien, eds., *State and Society in Early Medieval China*, Stanford University Press, 1990, pp. 49 – 72.

Patricia Ebrey, "Tang Guide to Verbal Etiquette", *HJAS*, Vol. 45, No. 2 (1985), pp. 581 – 613.

七、數字使用

年號、古籍卷數等采用中文數字,序數用簡式。公元紀年請用括號內阿拉伯數字標注。如:

《舊唐書》卷一六八《韋温傳》。

唐貞觀十四年(640)。

八、稿件統一使用繁體字,正文用宋體五號,單獨引文用仿宋體五號,注釋用宋體小五號。

圖書在版編目（CIP）數據

魏晉南北朝隋唐史資料. 第四十七輯／武漢大學中國三至九世紀研究所編. —上海：上海古籍出版社，2023.4

ISBN 978－7－5732－0663－3

Ⅰ.①魏… Ⅱ.①武… Ⅲ.①史評—中國—魏晉南北朝時代②史評—中國—隋唐時代 Ⅳ.①K235.07②K241.07

中國國家版本館 CIP 數據核字（2023）第 055035 號

魏晉南北朝隋唐史資料（第四十七輯）

武漢大學中國三至九世紀研究所　編

上海古籍出版社出版發行

（上海市閔行區號景路 159 弄 1－5 號 A 座 5F　郵政編碼 201101）

（1）網址：www.guji.com.cn

（2）E-mail：guji1@guji.com.cn

（3）易文網網址：www.ewen.co

啓東市人民印刷有限公司印刷

開本 787×1092　1/16　印張 19.75　插頁 3　字數 351,000

2023 年 4 月第 1 版　2023 年 4 月第 1 次印刷

ISBN 978－7－5732－0663－3

K·3355　定價：88.00 元

如有質量問題,請與承印公司聯繫